U0936701

本书为北京市社会科学基金重大项目
《北京专史集成》（第三辑）成果

北 京 专 史 集 成

主 编 王 岗

北京经济史

本书主编 高福美

人 民 出 版 社

图书在版编目（CIP）数据

北京经济史 / 高福美主编 .

－北京：人民出版社，2019

（北京专史集成 / 王岗主编）

ISBN 978-7-01-020996-8

Ⅰ.①北… Ⅱ.①高… Ⅲ.①经济史－北京 Ⅳ.① F129

中国版本图书馆 CIP 数据核字（2019）第 128297 号

北京经济史

BEIJING JINGJI SHI

丛书主编：王 岗

丛书策划：张秀平

本书主编：高福美

责任编辑：张秀平

装帧设计：徐 晖

人民出版社出版发行

地 址：北京市东城区隆福寺街 99 号金隆基大厦

邮政编码：100706 http://www.peoplepress.net

经 销：新华书店总店北京发行所经销

印刷装订：北京中科印刷有限公司

出版日期：2019 年 9 月第 1 版 2019 年 9 月第 1 次印刷

开 本：730 毫米 × 960 毫米 1/16

印 张：22.75

字 数：450 千字

书 号：ISBN 978-7-01-020996-8

定 价：79.90 元

《北京专史集成》课题组成员

总 顾 问： 王学勤
总 策 划： 周　航
主　　编： 王　岗
特聘学术顾问（以姓氏笔画排序）：
陈高华　陈祖武　林甘泉　曹子西
蔡美彪　戴　逸
名誉顾问： 崔新建
执行策划： 王　岗　吴文涛　刘仲华　王建伟　章永俊
编委会主任： 李宝臣
编　　委： 王　玲　尹钧科　阎崇年　王灿炽　吴建雍
于德源　李宝臣　孙冬虎　袁　熹　王　岗
吴文涛　郑永华　刘仲华　王建伟
分卷主编：（见各卷）
课题组成员： 王　岗　尹钧科　吴建雍　于德源　李宝臣
袁　熹　邓亦兵　孙冬虎　吴文涛　郑永华
刘仲华　张雅晶　赵雅丽　章永俊　何岩巍
许　辉　张艳丽　董　焱　王建伟　程尔奇
高福美　靳　宝　陈清茹
课题组特邀成员（以姓氏笔画排序）：
马建农　邓瑞全　李建平　宋大川
宋卫忠　杨共乐　赵志强　郗志群
姚　安　黄兴涛　韩　朴　谭烈飞

丛书主编： 王　岗
本书主编： 高福美

本书撰稿人员（以姓氏笔画排序）

王　岗　王建伟　许　辉　高福美　孙冬虎
吴文涛　靳　宝

编写说明

2006年，历史所在北京市社会科学院领导的大力支持下，将《北京专史集成》作为院内重大课题立项。10年来已经出版了17部专著。这些专著是在全所同事的共同努力和所外专家的大力支持下陆续编写、出版的，并得到了从事北京史研究同行们的认可。

2014年我们将已经出版的12部专史编为“第一辑”，又确定了《北京专史集成》第二辑新的12部专史书目，并得到了北京市哲学社会科学规划办公室领导的大力支持，再次把《北京专史集成》第二辑列为北京市哲学社会科学重点项目，我们在此深表感谢。同样，《北京专史集成》第二辑的出版也得到了人民出版社的领导和负责编辑工作的专家们的大力支持。我们在此也深表感谢。

在《北京专史集成》课题立项之后，我们特别聘请了一批著名历史学家作为课题的学术顾问，他们为专史第一辑的撰写工作提出了很多宝贵的意见，我们在此表示深深的敬意与感激。在专史第一辑的撰写过程中，有些著名专家因年事已高而辞世，我们在此也深表悼念之情。学术研究是全社会的事情，这些年事已高的著名专家在学术上的无私帮助给我们今后的研究工作树立了榜样，激励着我们做好专史第二辑的研究工作。我们相信，在院领导的大力支持下，在历史学家们的无私帮助下，在出版社领导和责编的积极推动下，特别是在全所科研人员的共同努力下，北京专史第二辑的编写和出版工作一定会顺利完成。

王岗　2017年11月

目　录

编写说明 …………………………………………………………（1）
前　言 ……………………………………………………………（1）

概　述 ……………………………………………………………（1）
一、北京经济史的发展概况 …………………………………（2）
二、北京经济史的发展特点 …………………………………（4）
三、民族关系对经济发展的作用 ……………………………（7）
四、几种经济主体形态之间的关系 …………………………（9）
五、不同阶层的经济状况………………………………………（11）
六、经济发展对自然环境的影响………………………………（15）

第一章　先秦两汉北京地区的经济概况 ……………………（1）
第一节　农业生产 ……………………………………………（1）
一、史前时期的原始农业 ……………………………………（2）
二、夏商周时期的农业发展 …………………………………（5）
三、战国秦汉时期的农业发展 ………………………………（8）
第二节　手工业的发展…………………………………………（12）
一、史前时期的原始手工业……………………………………（12）
二、夏商周时期的手工业发展…………………………………（14）
三、战国秦汉时期的手工业发展………………………………（16）

第三节 商业与贸易 ……………………………………………………（20）
一、物产资源与贸易互市 ………………………………………………（20）
二、城市与人口 …………………………………………………………（24）

第二章 魏晋南北朝隋唐五代时期的幽州经济 ……………………………（29）
第一节 农业与畜牧业经济 ……………………………………………（30）
一、幽州水利与农业技术对农业发展的促进 …………………………（30）
二、幽州的屯田及农作物 ………………………………………………（33）
三、幽州的畜牧业经济 …………………………………………………（36）
第二节 手工业生产与商业贸易 ………………………………………（38）
一、手工业生产门类 ……………………………………………………（38）
二、互市与商行 …………………………………………………………（40）
第三节 交通、人口与城市消费 ………………………………………（42）
一、魏晋北朝隋唐时期幽州交通状况 …………………………………（42）
二、人口与城市消费 ……………………………………………………（47）

第三章 辽代南京地区的经济 ………………………………………………（51）
第一节 人口迁移与人口规模 …………………………………………（51）
第二节 区域农业的逐渐恢复 …………………………………………（55）
第三节 城乡手工业与商业的发展 ……………………………………（59）

第四章 金中都地区的经济 …………………………………………………（64）
第一节 金中都的城市发展 ……………………………………………（64）
一、金中都经济的恢复与发展 …………………………………………（65）
二、城市建设 ……………………………………………………………（66）
第二节 人口迁移与农业、手工业的发展 ……………………………（68）
一、人口迁移 ……………………………………………………………（68）
二、土地开垦与农业发展 ………………………………………………（70）
三、金中都手工业的发展 ………………………………………………（74）
第三节 商品流通与地区商业 …………………………………………（76）
一、商业贸易 ……………………………………………………………（76）

二、对外交通与物资供应 ……………………………………………………（77）

第五章 元大都的经济发展 ……………………………………………………（80）
第一节 元朝统治者的经济政策及其影响 ………………………………（81）
一、经济政策的发展变化 ………………………………………………（82）
二、相关机构的设置 ……………………………………………………（84）
第二节 农业生产 ……………………………………………………………（86）
一、战乱对农业生产造成的影响 ………………………………………（86）
二、农业生产的逐渐恢复与发展 ………………………………………（88）
三、元代后期的大规模屯垦 ……………………………………………（92）
第三节 畜牧业生产 …………………………………………………………（94）
一、燕地的畜牧业生产环境及发展状况 ………………………………（95）
二、大都畜牧业的影响 …………………………………………………（99）
第四节 手工业生产 …………………………………………………………（101）
一、独特的手工业体系设置 ……………………………………………（102）
二、官营手工业生产状况 ………………………………………………（105）
三、官营手工业生产的管理和工匠的生活状况 ………………………（109）
四、私营手工业的生产状况 ……………………………………………（111）
第五节 商业贸易 ……………………………………………………………（116）
一、新旧商业市场的变化及发展 ………………………………………（117）
二、兴盛的商业贸易 ……………………………………………………（119）
三、商业管理与税收 ……………………………………………………（123）

第六章 明代北京经济的发展 ………………………………………………（127）
第一节 人口迁移与地区农业的发展 ……………………………………（128）
一、洪武及永乐年间的大规模移民 ……………………………………（128）
二、屯田 …………………………………………………………………（131）
三、农业生产 ……………………………………………………………（135）
四、繁重的赋役 …………………………………………………………（136）
第二节 手工业的发展 ………………………………………………………（137）
一、官营手工业 …………………………………………………………（138）
二、官营手工业的工匠 …………………………………………………（145）

三、官营手工业的发展趋势 …………………………………………………… (151)
四、民间手工业 …………………………………………………………………… (155)
五、民间手工业的管理 ………………………………………………………… (157)
第三节　都城营建与物料采办 ……………………………………………… (159)
一、木材采办与运输 …………………………………………………………… (162)
二、砖石烧造与运输 …………………………………………………………… (165)
三、石料运解 ……………………………………………………………………… (167)
第四节　人口结构与日用消费 ……………………………………………… (169)
一、人口结构与规模 …………………………………………………………… (169)
二、粮食消费与漕运 …………………………………………………………… (174)
三、柴炭消耗 ……………………………………………………………………… (177)
四、官方其他日用消费 ………………………………………………………… (182)
第五节　商业贸易与市场范围 ……………………………………………… (185)
一、高档商业市场的兴盛 ……………………………………………………… (185)
二、固定商业街区的形成 ……………………………………………………… (186)
三、明代北京“三大市” ……………………………………………………… (188)
四、塌房与官店 …………………………………………………………………… (193)

第七章　清代北京经济的繁荣 ……………………………………………… (200)
第一节　农业发展 ………………………………………………………………… (200)
一、清初京畿地区的圈地 ……………………………………………………… (200)
二、水利建设与京郊的农业 …………………………………………………… (203)
三、水稻种植的推广 …………………………………………………………… (204)
四、果品生产 ……………………………………………………………………… (207)
五、蔬菜生产 ……………………………………………………………………… (210)
六、花卉种植 ……………………………………………………………………… (212)
七、京师农事试验场 …………………………………………………………… (213)
第二节　清代京师的手工业与晚清工业 ………………………………… (216)
一、清代京师的官营手工业 …………………………………………………… (217)
二、清代京师的民间手工业 …………………………………………………… (229)
三、北京近代工业的产生与发展 …………………………………………… (238)
第三节　商业贸易 ………………………………………………………………… (242)
一、外城商业街市 ……………………………………………………………… (243)

二、内城商业市场 …………………………………………………… (246)
三、其他类型的商业市场 ………………………………………… (247)
四、晚清商业市场的变迁 ………………………………………… (248)
第四节 税收与商品流通 …………………………………………… (249)
一、税关与税收 …………………………………………………… (250)
二、商品运输与流通 ……………………………………………… (254)
第五节 金融与信贷 ………………………………………………… (256)
一、银钱及其比价变动 …………………………………………… (256)
二、钱铺 …………………………………………………………… (269)

第八章 民国北京经济的多元化发展 ………………………………… (276)
第一节 民国北京经济发展总体态势 ……………………………… (276)
第二节 工业 ………………………………………………………… (286)
一、重工业 ………………………………………………………… (286)
二、轻工业及特色手工业 ………………………………………… (289)
第三节 商业 ………………………………………………………… (296)
一、民国初年新商业区的兴起 …………………………………… (297)
二、庙市与集市 …………………………………………………… (310)
三、洋行业 ………………………………………………………… (316)

参考文献 ……………………………………………………………… (320)
后 记 ………………………………………………………………… (330)

前　言

在人类文明发展史上，经济占有最重要的地位。一个家庭要生存，一个部落要发展，一个国家要富强，没有经济的支撑是不可能的。在中国古代的历史上，许多庞大的帝国之所以衰亡，皆是由于经济的崩溃。有些帝国的灭亡，虽然是由于外敌的入侵，但是抗敌斗争是需要雄厚经济力量为依托的，而经济力量的耗尽，也会导致抵抗的失败，最终导致帝国的灭亡。因此，经济的发展或衰败，是决定一个家庭、一个部落、一个国家兴亡的最重要因素。

古代中国地大物博，经济发展亦呈现出多元化的状态。中原及江南的大部分地区是以农耕经济为主体，北方大草原则是以游牧经济为主体，而青藏高原及东北地区，则是以农牧、渔猎的混合型经济为主体。这种多元化的经济状态，必然导致不同区域之间经济发展的不平衡，有的区域经济发展相对发达，而有的区域则相对落后。

虽然中国古代的经济发展呈现出多元化的特点，但是，作为主体经济的乃是农业生产。不仅在中国是如此，在整个人类进入文明发展阶段之后，大多数国家皆是如此。四大文明古国，即是以农业立国。因此，当时的这个历史发展阶段（即大机器工业产生之前）所产生的人类文明，皆与农业生产有直接的关系。虽然这个时期的手工业和商业的发展也已经达到很高水准，对社会经济的繁荣有着较大影响，但是却仍然处于农业生产的辅助位置。

在中国古代，经济发展的不平衡，会导致社会发展的不平衡，以及由社会发展的不平衡而带来的文化发展的差异。即便是在同一种类型的经济发展区域内，也存在着发达地区与落后地区的差异。相对而言，在每个发展区域中，都会形成一个或者多个发展中心，在这个

（这些）中心，通常会表现出经济发展的最发达状态。例如在春秋战国时期，齐、楚、秦、燕等诸侯国的都城就是各个地区的中心所在，也就是经济最发达的地方。又如在金、宋对峙时期，金朝的中都城和南宋的临安城（今浙江杭州）就是这两个区域中经济最发达的地方。

在经济发展对社会发展产生重要影响的同时，社会发展也会对经济发展产生巨大影响。北京地区的历史发展进程，经历了诸侯国都城、北方军事重镇、割据政权的陪都和首都、全国的都城等几个发展阶段。而随着这里社会发展进程不断发生变化的同时，经济发展也出现很大变化，北京地区的经济发展，经历了从全国经济发展的支脉转变为全国经济发展主脉的过程。

都城经济在中国古代占有举足轻重的地位，如周、秦、汉、唐时期的西京长安和东都洛阳，除了是全国的政治和文化中心之外，也是全国的经济中心。而北京在成为全国都城之后，经济的发展变化也就开始对全国经济发展和变化产生了巨大的影响。因此，北京经济史乃是中国经济史的一个重要组成部分，特别是在元、明、清时期，更是如此。

早在先秦时期，就有了“四民”之说，即四种生活在社会基层的民众：士、农、工、商。而在“四民”之中，士与农、工与商之间的关系相对比较密切。士出于农，士受封邑，农受井田，为天子及诸侯服务。而“工商食官”，则是直接受官府供养，并为官府服务。这种血缘关系、地缘关系、政治关系、经济关系，错综复杂地纠结在一起，其中“官本位”的社会结构，成为中国古代经济发展的一大特色。

此后，秦始皇统一天下，创立郡县制，进一步扩大了“官本位”在古代社会中的作用及影响。历代政府都对经济发展格外重视，中央政府在考核地方官员的政绩时，“田野辟”是一条重要标准，即农田没有荒废的，庄稼一定要种好。这是出于“民以食为天”、“农耕为立国之本”等观念的历史经验，也就使得“重农”成为历代统治者的基本国策。

与之相对应的，则是“抑商”的经济政策。早在先秦时期，各诸侯国中即出现了富比王侯的大商人，他们通过商业活动牟取暴利。这种做法，又与“土地兼并”联系在一起，导致大批自耕农的破产和逃亡，从而进一步导致整个社会的动荡不安，直接威胁到政府的统治。因此，也才有了历代政府明确的“抑商”举措。抑制商人经济势力的发展，是为了减少“土地兼并”的加剧，也就是为了维持整个社会的稳定。

在历代政府的“抑商”政策中，有一条政治目的非常明确的规定，即商人不能参加科举考试。因为自唐代以来，科举考试是平民进入官府从政的一条主要渠道，不让商人参加科举，就是不让他们做官。这条规定看起来没有道理，科举面前应该人人平等。但是，在规定的背后，却有着十分深刻的道理。在当时的历史条件下，如果商人通过科举而进入官府，拥有了政治上的权力，那他们利用这种权力来经商，牟取整个社会的利益，会造成极为恶劣的结果，加速这个社会阶层聚敛财富的进度，从而导致广大民众再也没有活路。

在四十年前的改革开放之初，中央曾明确规定，政府官员的亲属禁止从事商业活动。这条规定就是从古代的历史经验中得到的教训，也是中国古代“抑商”政策的延续。但是，曾几何时，由于这条规定没有得到认真落实，使得社会上出现了一大批“官倒”和贪官，给改革开放带来了巨大损失，给广大民众带来了巨大伤害。温故知新，在今天的社会环境下，防止政府官员和商人相互勾结以牟取暴利，损害国家和人民的利益，仍然是一项艰巨的工作。

经济史的研究，意义十分重大，有许多重要的现实问题，需要我们从历史经验中找出解决问题的办法。有许多曾经强盛一时的朝代，皆是因为没有处理好经济问题而导致衰亡。因此，对于经济史的研究，不仅仅是经济史学者的任务，而应该引起社会各界的关注。当今的世界动荡不安，经济事件风云迭起，如何处理好这些经济问题，总结历史经验是一条很好的途径。

这部《北京经济史》只是研究了一些北京地区历史上的经济问题，对于全国和全球经济史的发展变化，很少涉及。但是，我们希望通过对北京经济史的研究，能够为人们认识整个中国古代经济史的发展提供一些有益的借鉴，能够为人们解决当前的经济问题提供一些帮助。

王岗

记于2019年9月

概　述

在北京漫长的历史进程中，经济的发展一直占有极为重要的地位。所有在这里活动的人们，都与经济发展有着密不可分的联系。经济史则是研究经济发展规律的科学之一。北京经济史，是以研究北京地区经济发展状况及其规律为主要目的，并通过总结规律，得出经验教训，为今后北京的经济发展提供有益的参考意见。这项研究工作的难度是很大的，因为经济史的范围十分广泛，涉及到人们生活和生产的各个方面，而经济史资料浩如烟海，散见于各种历史文献中，很难加以穷尽。因此，我们的研究工作只能是对北京经济发展的概况加以简单梳理。挂一漏万，在所难免。

在北京经济史的研究中，有几个问题是需要搞清楚的。

首先，是北京经济史的基本发展概况，以及不同发展阶段的划分。北京经济史的发展脉络是很悠久的，从传说时代的黄帝及其后裔就生活在这里，并且开始从事农业生产。西周初年分封蓟国和燕国时，这里已经进入成熟的农耕时代。这个时代的跨度很大，一直到清代中叶，世界进入大机器工业生产的时代，农耕时代才随之没落。清朝的衰败，正是农耕时代没落的真实写照。清代中叶开始的变化，也正是中国从古代封建社会向半殖民地半封建社会的转变。在北京的历史上，经济发展又表现出不同的发展阶段，需要我们加以划分。

其次，是北京经济史的发展特点，以及人为因素所产生的重要作用。北京位于华北平原的北端，有着较为明显的自然环境特色，这些特色对于北京地区经济的发展产生了极大影响。因此，这里经济发展的特点与自然环境的特色有着直接的联系。此外，在自然环境的限制下，北京经济的发展受到极大影响，而为了克服这种不利影响，人们充分发挥了自身的主观能动性，经过努力，促进了北京经济的发展。

再次，是在北京特定的地理环境下，民族关系的发展变化对经济发展产生了巨大作用。北京所在的华北平原北端，正好位于中原农耕文化区域和草原游牧文化区域的交界地带，从而表现出农耕经济和游牧经济之间的交往十分频繁，中原地区的汉族民众和草原地区的少数民族民众之间的交流愈益密切，这些交往和交流共同促进了两大区域的经济发展和社会进步。

第四，是在北京地区的经济发展中，几种经济主体形态（即农业、畜牧业、手工业和商业）之间的相互关系。在这里，农业生产当然是占据主导地位的经济形态。但是，随着北京城市的迅速发展，特别是北京成为都城之后，手工业和商业的发展占据的比重越来越大，在有的历史时期甚至超过了农业生产。而在特定的历史时期，畜牧业也曾占有较为重要的地位。

第五，是在北京城内外，不同阶层的经济状况对北京经济发展的影响。北京地区的经济发展，是以北京城为中心的。而在北京成为都城之后，经济的发展又是以皇家经济为核心、政府财政收支为主体的，此外的市民经济则是以上两种经济的补充形态。在中国古代，能够成为都城的城市并不多，而能够成为全国都城的就更少，近现代及当代也是如此。显然，不同阶层的经济影响也是不同的。

一、北京经济史的发展概况

在北京地区漫长的经济发展进程中，阶段的划分是与朝代的更替、社会性质的变迁密切相关的。在没有产生文字之前的历史，目前人们通常用考古学的标准进行历史阶段的划分，如石器时代（又分为旧石器和新石器等）、金石并用时期、青铜器时代、铁器时代等。如果按照社会性质加以划分，则有原始社会、奴隶社会、封建社会等。各种不同的划分标准，皆可以对应不同的经济发展阶段。如果按照朝代的更替划分，则有三皇五帝、夏商周、春秋战国（以上又通称“先秦时期”）、秦汉魏晋南北朝、隋唐五代、辽宋金元、明清等。

就北京地区而言，经济发展的概况与历史发展是相同的。远古时期的北京地区，与周边地区的经济发展大致处于持平的阶段，黄帝及其后裔曾经生活在这里，开始进入农耕文明的最初阶段。到了夏商周三代，中原地区的经济发展已经超过了位于北方地区的燕地，最发达的地区当属周代的西都镐京及东都洛阳。春秋战国时期，燕国崛起，成为“七雄”之一，当与这里经济的发展有密切关系。

秦汉至隋唐时期，这里一直是中央王朝的北方军事重镇。这就导致了，一方面，这里的经济发展受到社会环境（即长期战乱）的影响而不甚繁荣；另一方面，政府在这里驻扎有大量军队，为了保证对军队的物资供给，又不得不提供较大的经济支持，从而使这里逐渐成为北方地区的一个经济中心，特别是商业贸易活动比较频繁。

从辽代开始，这里划入少数民族政权的辖区，被辽朝提升为辽南京（又称燕京）。在这种情况下，辽南京的经济发展进入了另一条轨道。在辽朝的五京之中，这里是经济最繁荣的陪都，不论是农业生产、手工业生产，还是商业贸易，其水准都超过了其他四京。特别是辽朝政府在这里设置有“互市”（又被称为“榷场”），负责与宋朝之间的贸易往来，就使得这里的商业发展尤为繁盛。这时的辽南京，已经成为整个辽朝的经济中心，也就是整个北方地区的经济中心。

到了金代，特别是金海陵王建立金中都之后，经济发展又出现了较大飞跃。海陵王重新调整了金朝的五京制度，把金中都定为首都，即金朝的政治、经济和文化中心。随着金中都城的不断发展，又历经金世宗、金章宗的大治，使得城市经济发展远远超过了周边地区的其他城市，自江淮一线往北的北半个中国（包括中原地区和东北、西北地区），金中都城是最为繁华的经济中心。

到了元代，这种经济迅猛发展的势头并没有减速或者停滞，而是又出现了一次极大的飞跃。元世祖在统一全国的进程中建造了元大都城，不论是城市建设规模还是城市经济发展，都超过了金中都。特别是京杭大运河及海运的开通，极大促进了城市经济的繁荣。大量官营手工业机构的设置，有力推动了这一地区的生产规模。很快就使得大都城不仅成为全国的政治和文化中心，同时也成为当时中国乃至世界上最繁盛的国际大都会。这个时期大都地区的经济发展水准，已经跃居全国前列。

到了明代，由于短期都城地位的丧失，城市经济受到的影响最大。城市规模被压缩，再次成为中央政府的北方军事重镇。但是，随着明成祖发动“靖难之役”夺得皇权，迁都北京，使这里再次成为全国的统治中心，城市经济得以进一步恢复并逐渐繁荣起来。这时的北京地区，农业生产已经落后于南方，而手工业生产和商业贸易得到进一步发展，成为都城经济的强大支柱。其繁盛程度，逐渐超过了此前的元大都时期，达到一个新的高峰。

到了清代，中国的整体经济发展出现较大变化，主要是由域外的变化引发的。清代前期，北京再次成为全国统治中心，城市和乡村经济仍然按照以往的轨迹运行，特别是城市经济，得到迅速恢复和发展、繁荣。清代中叶，西方大机器工业生产的影响越来越大，北京作为首都，也开始有了越来越多的反映，出现了人们通常所说的“近代化”进程。与上海、天津等城市相比，北京的近代化进程明显要慢一些。因此，在工业化大生产方面，也就逐渐落后了。

在整个中国的社会大变革中，清朝灭亡了，都市经济也随之衰败了。民国时期，政局的动荡不安，给城市经济的发展也带来了更多的不确定因素。随着都城迁往南京，上海取代北京成为全国的经济中心，而北平只是保留了文化中心的地位。此后不久，抗日战争及解放战争相继爆发，对北平地区的经济造成很大的不利影响，使其明显衰退，不复见帝都昔时兴盛景象。

综上所述，北京经济史大致可以划分为五个发展阶段：第一个阶段是先秦时期，这个时期基本上是区域方国经济发展阶段。第二个阶段是秦汉至隋唐五代时期，这个时期的城市功能主要是北方军事重镇，区域内的经济发展主要围绕这个主题展开。第三个阶段，是辽金时期，这个时期是都市经济从产生到逐渐完善的时期。第四个阶段，是元明清时期，这个时期是都市经济发展的最鼎盛时期。随着清朝的灭亡，都市经济也随之衰败。第五个时期，是民国时期，都市经济逐渐消亡，连年战乱带来了严重的经济破坏，北京经济陷入历史发展的最低点。

此后，新中国建立，北京成为首都百废皆兴，旧貌换新颜，北京经济走进了当代的高速发展期。这个时期的内容，已经不在这部《北京经济史》研究的范围之内了。

二、北京经济史的发展特点

任何一个区域的经济发展，都离不开这个区域的自然环境。而不同的自然环境又会直接对区域经济的发展造成较大影响，产生不同的发展特点，北京地区也不例外。这里地势西面和北面高耸，群山林立，众水穿山而出，冲刷出一片肥沃的小平原，又称“北京湾”。由于有群山环抱，挡住了来自西北方面的凛冽寒风，而充沛的河流，又为小平原上的植被生长提供了良好的条件。这种自然环境，十分适宜人类在此生活和从事生产劳动。

首先，北京地区十分适合于农业生产，而且生产种类十分丰富。如谷类、黍类、稻类、豆类，等等，可以供给人们充足的食粮。特别是水稻的种植，一定是在水源充沛的地方才行。而北方大多数地区皆缺少水源。又如桑麻的种植，可以供给人们充足的丝绸和麻布，以制衣蔽体。由此而形成“男耕女织”的家庭生产模式，是中国古代大多数地区的基本模式。这些粮食和绢布产品，都在北京地区的考古发掘中有所显示。

北京地区的果木种植和产量也很丰盛，如桃、杏、梨、柿、枣、栗等。而其中，最著名的果木产品则为枣和栗。这两种果品不仅可以作为时令鲜果加以品尝，而且可以晒干成为干果，一旦这里发生饥荒，枣和栗又可以作为粮食充饥，救人性命。因此，据历史文献记载，北京地区曾经出现过大规模的“栗园”，一园之中的栗树就多达上千棵。著名历史学家司马迁曾比喻称：燕地拥有千树栗者，可比千户侯。

北京地区的矿产也很丰富。在北京城西面和北面的群山之中，储藏有金、银、铁矿，历代政府大多在此设立矿冶，由此而带来这里手工业生产的发展，同时增加了政府的税收。如辽代即在这里发现银矿和铁矿，并开始采炼，元朝政府在檀州（今密云）设置有金矿和铁矿采炼处，明朝政府在昌平开采银矿等。此外，在京西群山中又储藏有大量煤炭，至迟到辽代，都城居民已经使用煤炭在冬季取暖了，煤炭的使用为都城提供了巨大的燃料资源。

在北京地区的群山之中，还储藏着大量的优质石材。从金代开始，都城的宫殿、园林、坛庙、寺观、民居等大量建筑，都需要使用巨额石材作为建筑材料，正是京西山中储存的无尽石材，解决了建筑材料的供应问题。而山中生长的茂密树林，又为都城建设提供了优质的木材。京城西北一带的群山，就是一座巨大的建材仓库，为金、元、明、清的北京城市建设，做出了巨大贡献。

综上所述，北京经济史发展的第一个特点，就是自然环境十分优越，物产极为丰富，从而使得这里的经济发展呈现出农业、林业、矿产业、手工业等各门类生产较为齐全，又能够综合发展的状态。

北京地区位于农耕区域和游牧区域的交界地带，使得这里的交通极为便利。向东不远即可直达海边。向南是一片平原，直达中原各地。向北，通过山海关、古北口、居庸关即可达东北及内蒙古大草原。向西，经紫荆关等古道可达晋陕各地。如此便利的交通环境，也就带来了发达的商业贸易。而频繁的商业贸易活动，又带动了城市经济的繁荣发展。

早在北京成为全国首都之前，这里就有着较为发达的贸易往来。向北，与游牧部落的贸易就占有地利，各种畜牧产品经过这里进入中原地区；而农业、手工业产品，特别是盐、茶等物品，又经过这里进入游牧地区。向东，海边的“鱼盐之利”得以共享。到了辽代，这里又成为辽、宋两国之间进行大规模贸易往来的主要场所，实际上也就是农耕产品和游牧产品的集中贸易地。

到了金代，金中都成为整个北方地区的商业贸易中心。而到了元代，大都城不仅开始成为全国的贸易中心，而且成为从事国际贸易的大都会。此后的明清时期，北京仍然是全国的贸易中心，其商业经济的发达程度，位居全国的前列。与之相伴随的，从元代开始，这里又成为全国的手工业生产中心，特别是官营手工业的生产规模之宏大、生产种类之齐全，所产工艺产品之精美，冠于全国。

北京经济史发展的第二个特点，就是这里便利的交通环境，带来了商业贸易的不断发展。而在都城定位之后，商业和手工业的发展迅速崛起，臻于鼎盛，从而成为了都市经济繁荣发展的主要动力。

北京地区的自然环境固然十分优越，但是，再优越的环境也会存在不足之处。而生活在北京地区的人们会用自己的主观能动性去克服这些不足之处，从而推动了这一地区经济的进一步发展。北京位于华北平原的北端，农业生产比较发达，如果仅仅供应一座普通城市的粮食需求，是没有问题的。但是，如果要供应一座超大型城市，生产能力显然是不够的。当海陵王把这里作为金朝的首都之后，城市规模迅速扩大，城市人口急剧增加，粮食供应立刻就出了问题。为此，海陵王利用了隋朝开凿的永济渠，以便把中原地区的粮食运送到这里，以解决粮食供应问题。此后的金世宗、金章宗也必须为解决这个问题而努力。

到了元代，元世祖建设大都城之后，规模超过了金中都城，人口也超过了金中都城时的数量，这时的粮食供应就需要举全国之力才能够解决。否则，大都城不仅不能够发展，就连能否存在都是个大问题。为此，元朝政府把隋唐大运河加以改造，开凿成为京杭大运河。与此同时，元朝政府又开通了海运，使得全国各地生产的粮食，皆可以顺利运抵都城，从而彻底解决了粮食供应问题。

北京经济史发展的第三个特点，就是通过人为的作用，来有效弥补自然环境的不足，保障了超大型都市的经济发展。这种人为作用一直延续到此后的明清时期。当然，这种人为作用能够产生有效的结果，则是与更大的自然环境的存在为前提的。

三、民族关系对经济发展的作用

早在先秦时期，北京地区就是各民族相互融合的地区，特别是蓟城（又称燕京），更是各民族相互交流的主要场所。先秦时期的山戎，与燕国之间的交往十分密切；秦汉至隋唐五代时期的匈奴、乌桓、鲜卑、羯族、突厥、契丹、奚族等，则大多在幽州及周边地区活动。有些少数民族民众，还定居在此，成为这里的常住居民。例如，唐代前期，东北地区的黑水靺鞨及契丹等少数民族部落经常发生叛乱，唐朝政府就把这一地区的少数民族民众迁移到幽州地区，在这里建立若干羁縻州县，加以安置。这些少数民族民众的迁入，自然会促进这一地区的经济发展，以及民族之间的融合。

到了辽代，契丹统治者从石敬瑭手中得到“燕云十六州”，从而使得中原王朝失去了长城屏障，加大了游牧王朝对中原地区的进攻力度。为了减缓辽朝的军事压力，北宋与之签订“澶渊之盟”，每年要向辽朝进贡巨额的银钱、布帛和粮食。这些进贡的大量物资，都要经过辽南京（今北京）再转运到辽上京（今内蒙古巴林左旗境内），不仅促进了辽上京的经济发展，也加速了辽南京的经济繁荣。在辽代，已经有更多的契丹和奚族民众定居在这里，他们中的许多人开始与汉族民众通婚，进一步加深了民族融合，也加快了这里经济的发展。

到了金代，海陵王在扩建金中都城后，大量东北地区的女真族民众被迁徙到这里定居。特别是金朝疆域向南拓展到江淮一线，更是加强了这里与中原地区的经济联系，使金中都城成为北半个中国经济发展最繁荣的地方。当然，少数民族入主中原之后，首先是从政治方面考虑定都的位置，而北京城所具有的极其重要的军事战略价值，当然使得它成为首选之地。在中国古代，政治地位的提高自然会带来经济的繁荣，这种关系是密不可分的。

到了元代，世祖忽必烈建造大都城，也是必然的选择。作为少数民族领袖而言，政治方面的考虑当然是第一位的。在中原地区的众多主要城市中，只有大都城与上都城、大草原的联系最为便利。而这时的大都城，已经成为全国的统治中心，当然也就变成了全国的经济和文化中心。这里的经济发展，定都之前和定都之后是完全不一样的。在元朝这个时期，这里的民族融合达到了史无前例的程度，而经济发展也达到了空前的高度。

到了明代，明太祖朱元璋推翻元朝，定都南京，民族融合的进程一度阻滞不前，定都南京是明太祖较少考虑民族关系的结果。政治因素放在首位，故而选择以南京作为都城。正是因为北方的民族关系尚未处理好，于是才有了明成祖朱棣重新选择定都北京，被后人称为“天子戍边”。由此可见，就是汉族帝王在选择都城时，仍然必须要把民族关系的重要因素考虑在内。而当明成祖迁都北京之后，又使得北京地区的经济有了长足的发展。而到了此后的嘉靖年间，为了抵御北方游牧部落的侵扰，扩建南城，虽然出于军事目的，但是却也促进了北京南城地区的经济发展。

到了清代，作为女真族后裔的满族统治者，也把都城定在北京，同样是因为这里既便于控制全国的局面，又便于退回东北地区，有着进可攻、退可守的战略优势。在这种情况下，清朝统治者把八旗子弟（包括满洲八旗、蒙古八旗及汉军八旗）全都带到北京，驻扎在内城，而把原有居民驱赶到外城（又称南城）居住。这次京城人口的大变迁，对经济发展也产生了较大影响，使内城和外城人为形成了不同的经济区域。

综上所述，在辽、金、元、明、清的五个朝代中，有四个朝代是由少数民族统治者建立的，他们都把都城确定在这里。而唯一一个汉族统治者建立的明朝，由于要处理好民族关系，也不得不把首都从南京迁移到北京。因此，民族关系一直是这个阶段最重要的社会关系。正是在这个漫长的历史时期中，这里从北方地区的民族融合中心，发展成为全国的民族融合中心。到了清朝，民族融合达到了历史上的最高峰。

与之密切相关的，则是这个地区的经济发展。在没有成为都城之前，这里的经济发展水准与周边地区是大致相同的，突出的表现只是一座军事重镇。而在成为辽朝的陪都辽南京之后，由于成为与宋朝进行商业贸易的窗口，使得这里的经济开始加速发展，逐渐超过了周边地区的水准。而在此后成为金中都城和元大都城，使得这里的经济发展出现了两次大的飞跃，一次是整个北方地区的经济中心，另一次则是全国经济中心，乃至整个亚洲的经济中心。这时，这里的经济发展水准已经远远超过了周边地区。到了此后明、清时期的北京城，基本上保持着经济发展的最高水准。

在这个时期，大量少数民族民众的迁入，带来了这里居民人口结构的变化，而这些迁入民众与当地汉族民众的融合，使这里的居民种族发生了新的变化，契丹、女真等少数民族民众在融入汉族之后消失了，由此带来了新的活力。同时，又带来了城市发展的动力，金中都城的扩建、元大都城的新建、明北京外城的拓展，皆与民族关系的发展变化有着极为密切的联系。因此，民族关系对北京地区经济发展的重要影响必须引起人们足够的重视。

四、几种经济主体形态之间的关系

不论是在一个国家还是一个特定的地区，整体经济在发展变化的进程中，农业、手工业和商业的发展都是不可缺少的主要内容。但是，这三者之间的相互关系，则因地域的不同、时间的不同，而会表现出不同的作用和影响。在北京地区，这三个主要的经济主体都是在先秦时期就已经形成了，并且发挥着各自不同的作用，产生着不同的影响。

就农业生产而言，早在先秦时期就已经发展十分成熟，农耕生产初具规模，基本上可以供应本地区居民的粮食需求。自秦汉至隋唐时期，这里作为北方军事重镇，驻扎有大量军队，故而军队的粮食供应要由中央政府负责，开始有了从外地向这里运送物资的活动。农业生产并没有太大变化。及辽朝占有这里之后，并没有在这里驻扎大量军队，故而农业生产也只是供应本地居民的食粮。

海陵王建立金中都之后，一方面，是把大量女真族民众从东北地区迁移到中都地区，进行屯垦，加快了这里农业生产的步伐；另一方面，则是把隋朝开凿的永济渠加以利用，运送中原地区生产的粮食，以供金中都城里大量居民的食用。这时的农业生产，基本维持着与周边地区同等的发展水准。

及元世祖建立元大都之后，元朝政府也是采取两手做法。一方面，是在这里设置大量军屯和民屯，生产粮食，以减少政府的支出；另一方面，则是开辟漕运和海运两大渠道，以增加对大都城的粮食供应。在这种情况下，农业生产的粮食，其数量已经远远不能和从全国各地运送来的粮食相比，逐渐退到次要的位置。此后的明清时期，漕运仍然是解决京城粮食供应的最主要渠道。

就手工业生产而言，早在先秦时期，这里就有了初步的手工业生产，只是这时的手工业生产主要是为满足人们日常生活的需要，故而生产规模均比较小，生产门类也不是很齐全。到了此后的秦汉至辽代，这里的手工业生产技术有所提高，但是生产门类的变化却不大，仍然是以生产日常生活必需品为主。

到了金代，在海陵王建立金中都之后，一些重要的官营手工业生产部门被设置在这里，使手工业生产有了较大发展。到了元代，早在元大都建立之前，这里就成为北方地区的手工业生产中心，政府甚至把一些远在西域的工匠也征调到这里来进行生产，加快了这里手工业生产的发展速度。及元大都建立以后，大批工匠被调到这里，大批官营手工业场所被设置在这里，从而形成了一个庞大而完备的手工业生产体系，生产种类增加，产品数量增多，使这里的手工业生产有了极大发展。

到了此后的明清时期，这种官营手工业体系仍然存在，并有不同程度的发展。此外，私营手工业的生产则有了进一步发展，许多行业的生产技术都达到了同类产业中的较高水准。从清朝后期开始，这里的手工业生产出现停滞甚至衰退的趋势。一直到民国时期，这种现象也没有得到扭转。

就商业贸易而言，由于蓟城（即燕京）处于交通枢纽之地，早在先秦时期这里的商业就比较发达，成为华北地区农耕生产区域和游牧生产区域之间的商业贸易中心。到秦朝统一全国之后，这里成为中央王朝的军事重镇，商业贸易受到一定的影响，却没有中断。及辽朝占有幽州，并升为辽南京之后，这里的商业贸易功能有了进一步提升，成为辽、宋之间（也就是游牧区域和农耕区域之间）进行商贸活动的主要场所。

到了金代，由于金朝的疆域已经扩张到江淮一线，另外设置了金、宋之间的贸易场所，再加上海陵王定都这里，遂使这里成为了整个金朝的商业贸易中心。在这种情况下，这里的商业发展，特别是城市商业经济出现了一个较大的飞跃。到了元代，由于这里成为全国的统治中心，也很快就成为了全国的商业贸易中心，城市商业经济的发展，出现了空前的繁荣。再加上元朝疆域的辽阔、元朝交通体系的发达，更是促进了元大都商业贸易的不断发展，外贸活动成为这里商业贸易的一项重要内容。

到了此后的明清时期，北京仍然作为全国的首都，也就仍然维持了全国商业贸易中心的地位。而城市商业经济的发展，也有一些进展。到了清朝后期，随着国力的衰退，城市商业经济也开始衰退。到了民国时期，在北京失去都城地位之后，这里的城市商业经济也就失去了全国中心的地位，变得更加萧条。

就这三个经济主体之间的关系而言，在北京成为都城之前，农业生产一直占据主导地位，是支撑整个区域居民基本生活的经济主体。而手工业与商业的发展则是处于辅助地位，是农业生产的补充形态。在有些手工业生产门类中，又是与商业活动密切联系在一起的，其基本结构就是典型的前店后厂，一边生产，一边销售。

而在北京成为都城之后，农业生产虽然也很重要，但是已经不再占据主导地位。大多数居民的食粮主要依靠政府从全国各地运输到这里加以供应，这就使得商业活动进入粮食流通领域。粮食作为一种重要的商品，直接影响到城市居民生活的稳定程度。不仅是粮食，其他日常生活用品也进入商业领域，从牛羊、鸡鸭、鱼虾，到食盐、茶叶、蔬菜、水果，许多需求量很大的食品已经不再是本地的农业产品，而是在外地生产后运送到这里出售。

这时的手工业生产，虽然还有一些前店后厂式的生产模式得以保留，但是，迅速崛起的则是规模更大的、生产种类更加专业、生产技术更加精致的手工业生产机构。由于政府官营手工业的发展，全国各地手艺最为精湛的工匠皆被征调到这里，从事生产，为皇家和政府服务。而在商业贸易领域中，虽然也有经营日常生活用品的店铺，而真正大笔挣钱的则是经营奢侈品的商人。这时的手工业生产和商业贸易活动，已经成为城市经济的主体，发挥了主导作用。农业生产的作用已经退居到了辅助地位。

五、不同阶层的经济状况

在北京地区生活的居民，由于其社会地位的不同，经济实力的不同，在经济生活中的表现也就不同。特别是当北京成为都城之后，这里的社会阶层更加多元化，他们的经济消费水准差异极大，对北京地区的经济发展也就带来了完全不同的影响。在北京城里的社会阶层，大致可分为上中下三层：上层的皇家经济与政府的财政运行；中层的士大夫阶层（包括僧道等宗教界人士）的经济生活；下层则为普通市民的经济生活。概括言之，整个都城经济就是以消费为主体的经济，越是高级别的社会阶层，消费能力越强，对这里经济发展的影响也就越大。（在成为都城之前，北京地区没有皇家经济的存在，而在成为都城之后，皇家经济就成为整个都城的主体经济。）

首先，是为帝王而建造的居住及活动空间，需要建造数以百计甚至更多的宫殿。在这些千门万户的宫殿中，绝大多数并不是为帝王提供居住的空间，而只是活动的空间。但是，即便是活动空间，即便是帝王一年都不一定来一次的活动空间，这些宫殿的建筑也是以最高级别的标准建造的。如金中都和元大都的宫殿，以及明清时期的紫禁城等。

而帝王之外的诸嫔妃、诸皇子皇女、诸宗王、诸外戚、诸功臣，皆建造有豪华的居所。如明朝在北京建造的异姓王府、侯府，和外戚府第，以及清朝建在内城的数十座王府、公主府等。这些住宅的建造也奢华无比，只是在规制上逊色于紫禁城而已。明朝虽然分封诸王皆在外地建造藩府，但是，对于未成年的皇子皇孙，也在北京建造有府第。

其次，是供帝王休闲娱乐的皇家园林。这些园林，或在皇宫附近，以便于帝王随时出游；或在远离都城的名山胜水，有着都城罕见的自然景观。如金朝和明朝修建的东、西、南、北四苑，清朝的三山五园等。这些皇家园林的建造，其费用之高，也远远超过了士大夫和市民的家园建造开支。对于有些帝王而言，其在园林中的活动甚至超过了在宫殿中的时间，成为他们活动的主要场所。

再次，也是为帝王活动而提供的坛庙建筑。在帝王的日常生活中，有着各种祭祀活动，岁时举行，而为其祭祀服务的，则有各种特设的坛庙，如在金中都、元大都及明清北京城，就建有太庙、社稷坛、郊坛（如天坛、地坛等）、孔庙等祭祀场所。这些建筑的规格也很高，需要耗费大量的高档建筑材料。

此外，又有帝王敕建的寺庙、道观等建筑，也是规模十分宏大，远远超过普通的宗教建筑。这些为皇家服务的建筑工程，使得这里的建筑行业十分发达，建筑技艺十分高超，而建造过程也不可避免地促进了经济发展速度。当然，各种耗费的钱财也是巨额的。

为皇室提供的吃穿等生活用品的数量也是非常大的。如帝王每天的食品，并不是按照食用的真正数量计算而供给的。仅元朝帝王的食用羊，元世祖时每年仅由一个草原部落就进贡两千只，到元成宗时增加为每年三千只，而到了元英宗时又要增加为五千只，这些耗费，何止是帝王消费的十倍、百倍。

又如帝王及后妃衣着所费之钱财，也是一笔又一笔巨额开支。嘉靖年间，明世宗曾对大臣称：每逢过节一次，赐给皇太后的首饰所费，即用黄金七八百两、珍珠两三千颗。一年要过许多次节令，仅这一项费用，每年即多达黄金数千两、珍珠上万颗。其他后宫佳丽，所费又何止成千上万。

帝王在生前消费了大量的资财，占据了都城总体消费中的绝大多数份额，而在他们死后，又要修筑奢华的陵寝，以安葬遗体。在北京西面房山区修筑的金朝帝王陵寝，以及在北京北面昌平区修筑的明朝帝王陵寝，皆花费了巨额的人力物力。一座皇陵修筑的费用，比一座皇宫的建造毫不逊色。

由此可见，在都城之内，发挥经济作用最大的就是皇家消费，有些是通过政府办理的，有些则是通过商业贸易活动来实现的。在浩如烟海的历史文献中，这种皇家的经济消费活动随处可见，许多富商大贾就是依靠为皇家提供商业服务而获得巨额利润，促进了都市经济的发展。但是，这种耗费无数民脂民膏的行为所带来的影响确实存在着极为恶劣的结果。大多数王朝的灭亡，就是与帝王的挥霍无度有着直接的关系。

在中国古代的都城中，政府发挥着重要的经济作用，保持着都城经济的平稳运行。即以人们生活中最基本的粮食和食盐的供应为例，这两项物品，在平时供应充足的情况下，价格并不高，而一旦出现短缺，就会使其价格猛涨，甚至出现饥荒，导致饿死人的局面。而从商品运输的角度来看，粮食和食盐的运输又是费力而微利的活动，因此，对于都城居民的粮食供应，在大多数情况下是由政府主持的。京杭大运河的开凿，就是政府为解决粮食供应问题而采取的重要举措。

由政府运输到都城来的粮食，绝大部分是供给帝王、贵族之家，以及政府官员、军队士兵、官属工匠等人员食用的，基本上不进入商品流通领域。而在出现大规模灾害和饥荒的情况下，政府的粮食则会出现在特殊的商贸领域，即由政府开办的降价粜售的粮店中。如果饥荒的情况更加严重，政府的粮食就会出现在赈济的场所，无偿供应给成千上万的饥民。因此，政府的经济活动往往不是以营利为目的，而是出于稳定社会的需要。在都城之中，这种情况表现得尤为突出。

在中国古代的都城中，官僚士大夫的数量是最多的。因此，他们在都城的经济中也占有十分重要的地位。作为这个社会阶层，首先，他们集中生活在都城，并在从中央到地方的各个官僚机构中任职，其数量远远超过周边甚至全国的其他城市。其次，他们的经济状况差异极大，从富可敌国到一贫如洗，什么样的人都有。但是，作为这个阶层主体的是文人士大夫。他们作为一个阶层的存在，对都城经济的发展和繁荣还是起到了一定规模的促进作用。

自唐代以来的绝大多数朝代，录用政府官员是通过科举考试的方式，因此，大多数政府官员都是知识分子，是念书人，由此而造成了都城文化市场的繁荣。在中国古代，文化市场是通过书肆、文房四宝店和字画古玩店的买卖来实现的。清代以来的琉璃厂一条街就是其典型代表，这里是文人士大夫最喜欢光顾的地方。一幅幅名人字画、一部部古旧典籍，价格不菲，成为文人收藏和赠人的珍宝。就连质量较好的文房四宝（如砚台、印章等），也成为文人士大夫日常生活中的必需品，有些也是价格不菲，甚至成为传世文物。

饮酒品茶是文人士大夫的又一嗜好。酒和茶是人们日常的生活用品，价格本来就不便宜，而好酒和好茶，更是出产稀少，价格奇贵，成为人们平时交往相互馈赠的礼品。文人时逢佳节，相聚于园林，或是饮酒赋诗，比斗才思；或是品茗闲聊，畅叙友情。又或是寻访古寺，与高僧饮茶谈禅；或是登临名胜，与亲朋酩酊凭吊。酒和茶皆是文人士大夫日常休闲活动中必不可少之物，而饮酒品茶的消费数额，也是他们一笔十分可观的开支。

至于文人士大夫及其家人的日常吃穿开支，也是比较讲究的。例如明代士人的衣着，分类已经比较细密，头上戴的，巾有玉壶巾、明道巾、折角巾、东坡巾、阳明巾，身上穿的，衣有小深衣、甘泉衣、阳明衣、琴面衣，等等。如阳明巾与阳明衣，应该是配套的服装。又如清朝后期的大学士荣禄，时人称："满人最重衣饰，恒自相夸耀，"荣禄即其最具代表性者，他从每年的十一月初一，到翌年正月元宵节前，每天换一件貂褂，七十多天，不会有重样的。仅这一笔开支，就要消费无数钱财。

至于普通市民，在都城的生活能够达到温饱的水准就已经不容易了。他们的日常消费，主要是生活必需品。如在元代的大都城里，设置有米市、面市、柴草市及柴炭市、菜市、鹅鸭市、猪市、鱼市、蒸饼市、果市等，为市民们提供了日常食用的各种商品。又设置有段子市（即缎子市）、皮帽市及帽子市、靴市等，为市民们提供穿着的商品。还设置有珠子市、沙剌市（即珠宝市）、胭粉市、文籍市、纸札市等，为市民提供吃穿之外的日常生活用品。

综上所述，在北京成为都城之后，这里的社会阶层是最全的，类型是最复杂的，而这些居民（上至帝王、下至平民）的生活状况则是差异最大的。所谓“朱门酒肉臭，路有冻死骨”的现象，在中国古代的都城中是一种普遍现象，不论是先秦时期的镐京、洛邑，还是明清时期的北京，皆是如此。因此，皇家经济对都城的影响是最大的，居于主导的地位，其经济状况也是最好的；文人士大夫经济的影响与之相比，逊色不少；而普通市民的影响是最小的，居于从属的地位，其经济状况也是最差的。

六、经济发展对自然环境的影响

早在先秦时期，北京地区的自然环境十分优越。随着城市经济的不断发展，人们对自然环境的影响也越来越大。出于农业生产发展的需要，人们开始在这里兴修水利设施，其最典型的代表就是车箱渠的开凿。由于有了水利设施的建造，加强了农田的灌溉功能，会明显提高农业生产的效率。

又如水运设施的建造，增强了这里的整体运输能力。曹魏时期，曹操率军东征乌桓，开凿有泉州渠与平虏渠，增强了运输能力，为东征乌桓取得胜利提供了经济上的支持。而隋朝开凿永济渠，向这里运送大量军队和战备物资，以支持远征辽东的军事行动，也取得巨大作用。此后，金朝利用这条运河，把中原地区的粮食运送到金中都城来，进一步促进了金中都的经济发展。

此外，天然河流的运输作用也不容忽视。今日得见有元人绘画的一幅《卢沟运筏图》，描写的就是当时人们为了建造大都城，通过卢沟河将从西山砍伐的大量木材运往建筑工地的情景。这个情景在当时是十分普遍的现象，如果没有卢沟河的运输作用，从西山运送大量木材到大都城来，是极为困难的。

随着北京城市经济的不断发展，人们开始过度开采周边地区的自然资源，由此造成了自然环境的逐渐恶化。在金代，海陵王为了扩建中都城，需要使用大量的木材和石材，使得金中都周围的树林遭到大量砍伐、山体遭到开凿。到了元代，这个大规模破坏自然环境的进程仍然得不到缓解，反而更加严重。新大都城的建造需要更多的木材和石材，绝大多数都是取材于周边地区。而到了此后的明清时期，破坏的程度愈演愈烈，使北京周围的自然环境也变得越来越恶劣。

不仅人们在改善居住环境时对自然环境造成极大破坏，而且在许多生活环节中也存在严重破坏自然环境的现象。从金中都时期开始，在都城生活的人口就多达几十万人，此后历经元、明、清各朝代，都城人口有增无减。在如此众多的人口生活中，供给日常炊烧和冬季取暖的燃料就是一项极大的开销。当时人们的燃料主要有两类：一类是柴草，另一类的煤炭。使用柴草必然要砍伐树木，使用煤炭必然要开挖煤矿。这两类燃料的取得皆是以破坏自然环境为前提的。

综上所述，在北京经济不断发展的同时，人们逐渐对自然环境加以破坏，经济发展的速度越快、规模越大，对自然环境的破坏也就越严重。这种现象，在古代是如此，在近现代也是如此，到了当代更是如此。环境恶化带来的结果已经令人无法忍受。

随着经济的进一步发展，人们逐渐认识到破坏自然环境的恶劣影响，开始反省以往的行为，提出了“环境文明”的战略目标，并开始向着这一目标前进。我们相信，有大家的共同努力，改变发展模式，不久的将来，就会出现经济发展和环境保护同步的良性循环，北京地区很快就会再现“绿水青山”的优越环境。

第一章　先秦两汉北京地区的经济概况

距今70万年前，今北京地区就开始有了人类活动。进入新石器时代，这一地域上的人类活动更加频繁，原始农业和手工业逐渐萌生并得到初步发展。殷商时期，燕、蓟等方国的确立，使得这一地域经济又向前推进了不少。自西周分封，燕、蓟进入诸侯王国的发展时代，至东汉末年，在这长达1200余年的历史时段，今北京地区经济发展更值得关注，是我们系统而全面认识北京都城文化形成的一个重要环节和前提。尽管相关文献史料记载较为零散而稀少，但不少考古实物资料，为我们还原这一历史时期的北京地区经济发展面貌，提供了条件。

第一节　农业生产

中国古代是一个农业占主体地位的社会，以中原地区为核心，逐渐波及周边地区。从其产生年代来讲，大约一万年前的旧石器时代末期或新石器时代初期，原始农业在采集经济基础上应运而生。大约到了8000年前，原始农业进入了一个新阶段；距今6000多年开始，原始农业进入了发展时期；约从5000多年前到4000多年前，原始农业处于发达阶段。夏商周时期，中国农业社会基本确立并得到了初步发展。进入秦汉大一统时代，中国农业进入一个繁荣发展的历史时期。对于这一长历史时段的北京区域经济而言，同样经历了相似的发展阶段；同时，还呈现出了自身的农业经济特征。

一、史前时期的原始农业

距今70万年的北京猿人化石及其相关遗存，是北京地区旧石器时代初期文化的代表。与现代人相比，北京猿人的上下肢骨发展较快，最接近现代人，而头骨则保留更多的原始性。从发现的石器来看，当时已使用砸击法，这是同时代人类打片方法中所未见的。采集工具类型不断分化，如刮削器、尖状器数量增加，石锥等新型工具出现，这都从一个侧面反映出采集和狩猎经济水平的提高。大量动物化石的发现，则呈现出当时北京猿人的食物来源。

距今约20万—10万年前，北京历史进入了旧石器时代中期，代表是新洞人。所发现的很多动物化石和一粒被烧过的朴树籽，表明新洞人基本上以狩猎经济为主，其狩猎技术要高于北京猿人。大量灰烬和烧骨的存在，说明新洞人习用熟食。以狩猎为主的生活方式，决定了新洞人的活动地域较北京猿人时期更为广阔。

距今1.8万年左右的山顶洞人，代表北京地区旧石器时代晚期文化。这时期，气候从温暖向寒冷过渡。大量石器发现，也说明这一阶段仍以狩猎经济为主。

距今1万年左右的新石器时代早期，气候逐渐变暖，为原始农业产生提供了条件。北京门头沟东胡林墓葬和怀柔转年遗址是这一文化的区域呈现。

东胡林墓葬，20世纪60年代发现这处遗址时，① 仅仅确定是一处新石器早期的3具尸骨的合葬墓，所属文物遗存，除了少量贝壳装饰品外，仅有8件石片，似乎没有能够反映原始农业产生的文化遗存。然而，2001年有关考古人员对东胡林遗址进行了深入发掘，出土了大量石器、陶器、骨器、兽骨、人骨等遗存和烧火遗迹。2003年考古人员又对该遗址进行了发掘，除了大量石器、陶器、骨器等遗存外，还发现一处完整的新石器早期墓葬。② 2005年再次进行发掘，遗存更为丰富，不仅有烧火遗迹，还有灰坑、房址和另一处完整墓葬。③ 21世纪以来的三次发掘，出土的石器中，除了狩猎所用的石片、石核等外，还有石磨盘、石磨棒、石斧和石容器，且均有使用痕迹。所出土的陶

---

① 周国兴、龙玉柱：《北京东胡林人的新石器墓葬》，《考古》1972年第6期。

② 东胡林考古队：《北京新石器早期考古的重要突破》，《中国文物报》2003年11月7日；赵朝洪、郁金城、王涛：《北京东胡林新石器时代早期遗址获得重要发现》，《中国文物报》2003年5月9日。

③ 东胡林考古队：《记2005年中国重大考古新发现》，《光明日报》2006年1月27日。

器为夹砂粗陶，制作技术原始。

转年遗址，是1992年有关考古部门在怀柔宝山寺乡转年村发现的一处新石器时代早期遗址。1995年—1996年，考古人员对此进行了正式发掘。该遗址包括四层文化层，其中第四层为新石器早期文化层，发现有打制石器、细石器和磨制石器等，如石斧、石磨棒、石磨盘和石容器残片等，是比较重要的工具。①

距今约6000年左右的上宅遗址、北埝头遗址、燕落寨遗址和镇江营遗址，均属新石器时代中期文化遗存。上宅遗址出土约2000余件石器，其中也包含有一些农业生产工具，如石斧、石铲、石磨棒、石磨盘和锄形器。当然，还有不少反映渔猎经济特征的细石器，如石镞、掷球、弹丸以及捕鱼工具等。遗址中出土的大量石质农业生产工具和多种类型的陶制大口深腹罐、盆、钵、支架形器，以及陶塑猪头等工艺品，表明上宅氏族部落是以农业为主的定居的氏族部落。同时，遗址中出土的鹿角、熊头等动物雕塑，石质捕鱼工具，猪、羊头陶塑，以及大量的炭化榛子、山核桃与果核、种子等，表明这一氏族还有一定的狩猎、捕鱼、家畜饲养和采集等多种辅助经济手段。从早晚阶段石器工具的变化，可以看出这一文化生产力不断发展的轨迹，渔猎经济比重愈益下降，农业经济成分日益增长，构成了这一氏族经济形态的基本趋势。② 北埝头遗址，发现10座半地穴式建筑遗迹，在每座房址地面中部附近，都埋有一个或两个较大的深腹罐，罐内存有灰烬和木炭等，这类陶罐应作为烧煮食物和保存火种的灶膛。所发现的大型石器，也有石斧、石铲、石磨盘、石磨棒、石镞等。燕落寨遗址中更发现了石斧和石磨棒的多种类型，如弧顶弧刃石斧、楔形石斧，柱状石磨棒和月牙状石磨棒等，特别是出土了石杵这一新型生产工具。

北京新石器时代晚期遗存的代表是雪山遗址，可分为雪山一期和雪山二期遗存。雪山一期文化，发现圆形灰坑，可能是用于贮藏物品的。出土陶器，主要是陶罐，有做炊器的夹砂敞口罐，贮水器的泥质小口高领罐等，此外还有陶钵、盆和纺轮等。石器有斧、凿、刀、磨棒、镞等。雪山二期文化，发现半地穴式房址地基3座，出土陶器类型较丰富，如鬲、斝等；石器以石斧最多，其次有石凿、刀、锛、环等，以及镞、刮削器等细石器。

此外，如在怀柔大榛峪村北发现石磨盘和石磨棒，密云南石城、

① 郁金城等：《北京转年新石器时代早期遗址的发现》，《北京文博》1998年第3期。

② 北京市文物研究所编：《北京考古四十年》，北京燕山出版社，1990年，第27页。

怀柔宝山寺、喇叭沟门和怀柔水库，还发现了石铲、石锄、石镰等。

判定北京原始农业起源及产生的重要依据就是转年、东胡林等遗址出土的石磨盘、石磨棒以及石容器。有学者对此进行推测分析，认为东胡林遗址的新发现中，石磨盘、石磨棒是伴随着标志原始农业文明的夹砂粗陶一同出土，这无疑证明当时已经进入原始农业社会；对于转年遗址，作者更认为该遗址出土物体现出原始农业、狩猎、采集几种文化共存的特征，而这一特征可以确定北京地区原始农业起源于距今1万年以前。① 但也有学者根据东胡林遗址目前并没有发现粟类和禾本科植物，故对东胡林人是否发明了农业，表示质疑。

关于中国史前时期出土的石磨盘、石磨棒的功能问题，学术界主要有三种看法，一是认为它们属谷物加工工具，理由是它们与粟类植物共存；二是认为它们非粮食加工工具，理由之一是农业发达地区并未见或少见石磨盘，理由之二是采集渔猎经济时期发现较多，理由之三是实验表明用石磨盘加工谷物，尤其是粟米，是不可行的；三是认为它们的功能是多元化的，动态的，具体而言，有制陶、谷物加工、纺织的诸多功能。② 随着科技考古的不断深入，我们对史前石磨盘、石磨棒的功能认识也越来越清晰，即它们的功能确实是多元化的。有关研究人员对从平谷上宅遗址出土的石磨盘和石磨棒上提取出来的植物淀粉进行了研究，指出这些植物种类达7种，包括各种需要去壳和碾压的种子和果实，植物种类的多样性就代表了上宅遗址磨盘和磨棒在用途上的多样性，也证明了以前对磨盘、磨棒功能的推断是不完善的。来自北京上宅遗址磨盘和磨棒的淀粉粒，还反映了距今7000年前后华北地区人类社会的经济模式和人类日常生活的食物组成。由于淀粉粒的来源既有栽培的粟和黍，又有采集的橡子，而且橡子种类与数量在可鉴定的淀粉粒中占有很大比例，可以推断，农业和采集在当时的社会经济中都占有重要地位。这也说明，真正的农业社会在距今7000年前还没有形成，而当时先民的食物组成，当包括粟、黍、橡子以及一些块茎类和杂草类植物的种子和果实。③ 平谷上宅遗址植物淀粉的考古科技研究，并不是孤立的，如果加上山西柿子滩遗址的相应研究，那么我们是可以得出更为广泛的认识结论，至少认为华北地区旧石器时

---

① 于德源：《北京农业史》，人民出版社，2014年，第27、25页。

② 曹慧芳、朱宏斌：《关于中国新石器时代石磨盘用途的几点思考》，《农业考古》2012年第3期。

③ 杨晓燕、郁金城等：《北京平谷上宅遗址磨盘、磨棒分析：来自植物淀粉粒的证据》，《中国科学》（D辑·地球科学）2009年第9期。

代晚期或新石器时代早期开始，原始农业已产生，只不过还没有形成真正的农业社会。柿子滩遗址属旧石器时代晚期遗址，出土了石磨盘、石磨棒，考古人员通过残留物分析、微痕分析，认为石磨盘兼具植物食物加工（野生谷类、块茎、坚果的加工）、颜料研磨和装饰品磨制等多种功能，且从黍亚科植物所占比例等看出，此时乃人类农业起源的最初阶段。①

至于石容器的功能认识，分歧较大。一种意见认为，石容器是用来蒸煮食物的，乃原始农业产生的重要依据；② 而另一种意见认为，石容器的出现应当在陶器之后，是对遗址中陶器的一种仿制，它是一种盛放或烧烤工具或烤食器。③ 更有甚者提出，燕山南北发现的史前石容器是祭祀或行巫术的辅助工具。④ 因此，我们判定原始农业产生，石容器遗存并非一个特定的理想来源。

东胡林、转年遗址，虽然出土遗存仍以细石器和打制石器为主，但人们对植物的利用已达到了一个新的阶段。东胡林遗址出现的墓葬和火塘，则说明此时的定居生活比较成熟。从东胡林出土的动物骨骼来看，鹿类成了主要目标，生计方式发生了重大变化，利用植物占据了重要地位。至迟这一时期有了最早的栽培，并向成熟农业转变。⑤ 这与中国整体农业起源的阶段性是一致的。⑥

二、夏商周时期的农业发展

夏商周三代，今北京地区原始农业进入了一个飞跃式发展阶段，特别是西周时期。北京地区商文化遗存并不多见，但也有一些能呈现出当时这一区域农业发展的态势。平谷刘家河商墓，是北京地区商代考古遗存的重要代表。墓中出土的一件铁刃铜钺，其中铁刃包入铜内的根部残存约 1 厘米，发掘时尚有少量铁质未氧化。考古人员推测，

① 宋艳花、石金鸣、刘莉：《从柿子滩遗址 S9 地点石磨盘的功能看华北粟作农业的起源》，《中国农史》2013 年第 3 期。

② 于德源：《北京农业史》，第 26 页。

③ 郭京宁：《略论中国史前的石容器》，《考古学研究》（七），2008 年。

④ 朱永刚：《燕山南北地区发现的史前石容器及相关问题》，《中原文物》2008 年第 6 期。

⑤ 郭明建：《中国北方农业起源研究的理论和实践》，《华夏考古》2012 年第 1 期。

⑥ 陈文华：《中国原始农业的起源和发展》一文指出，农业是在采集经济基础上产生的，产生的时间大约是在一万年前的旧石器时代末期或新石器时代初期。大约到了 8000 年前，原始农业进入了一个新阶段。大约距今 6000 多年开始，原始农业进入了发展时期。大约从 5000 多年前到 4000 多年前，原始农业发达时期。

这可能为陨铁锻制，说明铁已被当时人们所认识，使用陨铁不是偶然现象。[①] 铁的产生，对农业生产发展是一个重要节点。因此，平谷刘家河商墓铁刃铜钺的出土，对我们认识商代中期今北京地区农业发展提供了非常宝贵的实物资料。再者，商代燕地酿酒业十分发达，鉴于其由粮食酿制而成，故从酿酒业也能透射出一定的农业发展水平。平谷刘家河商墓中所出土的16件青铜礼器中，就有酒器5件（爵1件、斝1件、卣1件、罍1件、瓿1件），这在一定程度上反映了商代北京地区农业的发展。此外，还在残碎铜泡上发现织物印痕，经鉴定，为平纹麻布。[②]这也说明商代中期，北京地区就已开始种植麻。这也表明，当时的人们不仅种植供给自己食用的粮食作物，而且也种植供人们纺织和穿戴的经济作物，这是当时农业经济的一大进步。[③] 在刘李店商代遗址和丁家洼商代遗址分别出土加工农作物的石杵。[④]

西周时期，随着燕国的分封，这一区域农业经济也进入了一个新的阶段。[⑤] 传世的青铜铭文就有“召公耤匽”，[⑥] 说明身居西周王朝要职的召公，曾亲自躬耕于燕地。对于燕都所在地的今北京地区，也有一些文化遗存能够反映这一地域的农业发展水平。如琉璃河遗址2002年发掘出土的铜礼器主要为酒器，顺义金牛村一墓葬中出土8件青铜礼器，其中7件属酒器。到目前为止西周燕国考古出土的铅器仅有琉璃河3件和昌平1件，其中就有1件酒器。这从侧面反映了西周北京地区粮食生产是比较丰富的。《逸周书·王会解》载山戎向周成王进贡“戎菽”，这个“菽”就是我们所说的豆。延庆山戎遗址的发现发掘，表明北京地区西周时期也种植豆类作物。北京地区西周遗址与墓葬中，出土不少纺轮。在琉璃河遗址中发现了麻织品，“未见成形者，多粘附在青铜器表面，经纬痕清楚，也有似绢一类的残迹。经鉴定，质料为绢丝，组织为平纹，密度为28×27根/厘米”。[⑦] 这说明西周北京地区已广泛种植麻，成为人们食物和纺织的重要原料。在琉璃河西周时期的

---

①② 北京市文物管理处：《北京市平谷县发现商代墓葬》，《文物》1977年第11期。

③ 张量：《从考古发现略述北京地区古代农业生产》，《古今农业》1988年第1期。

④ 北京市文物工作队：《北京房山县考古调查简报》，《考古》1963年第3期；北京市文物局考古队：《建国以来北京市考古和文物保护工作》，《文物考古工作三十年》，文物出版社，1979年。

⑤ 关于西周燕国农业发展，参见李爱玲：《西周燕国农业探研》，《农业考古》2013年第4期。

⑥ 陈梦家：《西周铜器断代》（二），《考古学报》1955年第10册。

⑦ 北京市文物研究所：《琉璃河西周燕国墓地1973—1977》，文物出版社，1995年，第241页。

部分墓葬中有羊牛狗猪等动物的骨骼，这些动物不可能是野生的，作为家畜饲养，必须用大量的饲料。也就是说，是建立在农业产品有较多的剩余基础之上，这说明此时的农业生产水平较之以前又有了新的飞跃。[①]

农具是农业生产的重要利器，是决定农业生产水平的重要标尺。农具有石制、蚌制、骨制、铜制、陶制等，种类颇多，有斧、刀、铲、镰、锛、锄、凿、杵、臼等。从燕国出土的农具来看，可以划分为翻土农具：斧、铲、锄等，收割工具：刀、镰等；去皮工具：杵、臼、磨棒、磨盘等。[②] 1956 年在昌平宝山遗址发现的石斧、石锛，及其以东的龙母庄遗址发现的石斧、石锛、石铲等物，年代都不超过西周。[③] 1959 年在房山周口店蔡庄古城遗址发现属西周时代的青石制石镰残片。[④] 1995 年琉璃河居址发掘中，出土了石刀、石凿、蚌镰等农具。[⑤] 在琉璃河遗址还出土了一件鹿角斧，其形状和现代的斧头几乎一模一样，刃部有使用的剥落斑痕，中间有孔，可以安装手柄，也当为一件生产工具；还出土一件石镰头，已经残断，从残存部分看，此镰头磨制光滑、精致，镰头中心有一圆的钻孔，可能为衔接镰头与镰把之用。[⑥]在琉璃河商周墓葬中，还出土铜锛 1 件，有人认为其应定名为䦆头。[⑦] 20 世纪 70 年代中期，考古工作者在昌平白浮村发掘了一座西周时期的木椁墓，出土了一些生产工具，有斧 2 件，形制基本相同，长方形銎，中存木柄残痕，两侧有双范合铸遗留的中线；锛 2 件，形状相同。1960 年在房山丁家洼出土 1 件石杵，这是更高水平意义上的粮食加工工具。

北京地区的商周遗址中虽然也多次出土铜器，但主要是礼器、兵器和车具等物，铜制工具只见铜刀、锛、斧、凿 4 种，不见锄、梨、镰等农业工具。[⑧] 如 1193 号大墓出土有铜斧、锛、凿等工具。[⑨] 在琉璃河商周墓葬中，还出土铜刀 2 件。[⑩] 昌平雪山夏家店下层文化层中曾发

---

①⑥　张量：《从考古发现略述北京地区古代农业生产》，《古今农业》1988 年第 1 期。

②　李爱玲：《西周燕国农业探研》，《农业考古》2013 年第 4 期。

③　苏天钧：《十年来北京市所发现的重要古代墓葬和遗址》，《考古》1959 年第 3 期。

④　王汉彦：《周口店蔡庄古城遗址》，《文物》1959 年第 5 期。

⑤　北京大学考古学系、北京市文物研究所：《1995 年琉璃河周代居址发掘简报》，《文物》1996 年第 6 期

⑦　齐心：《北京出土文物》，《学习与研究》1982 年第 1 期。

⑧　于德源：《北京农业史》，第 49 页。

⑨　中国社会科学院考古研究所、北京市文物研究所琉璃河考古队：《北京琉璃河 1193 号大墓发掘简报》，《考古》1999 年第 1 期。

⑩　琉璃河考古工作队：《北京附近发现的西周奴隶殉葬墓》，《考古》1974 年第 5 期。

现有青铜小刀，这是北京地区出土的时代最早的青铜工具。① 20世纪70年代后期，考古人员在延庆西拨子村发现一处窖藏铜工具，时代为西周和春秋早期，有刀7件、斧7件、锛2件等。② 这些说明，虽然这一时期农业生产水平比史前时期有很大提高，但并无根本性的变化；这种提高是一种缓进型的进步，而不是一场生产革命；它主要表现为生产技术的熟练和劳动人手的增加，但是并没有明显的生产工具的进步和创造。③

西周时期北京地区，农业占主体地位，但仍存在渔猎等其他经济方式。如1995年琉璃河墓葬中出土了大量海贝、扇贝等海水之物，而且出土了骨镞等渔猎器。④ 1996年琉璃河遗址发掘，出土了蚌刀、骨锥、陶网坠、铜镞。⑤

三、战国秦汉时期的农业发展

春秋时期，各诸侯国都在积极进行经济改革，如齐国在齐桓公之世废除了公田制、鲁国在鲁宣公十五年实行了初税亩，楚国在公元前548年实行按田定军赋，郑国在公元前538年实行作丘赋，等等。而燕国见于文献的改革记录则是在战国时期，特别是燕昭王所开创的燕国复兴改革。《史记·燕召公世家》载曰："燕昭王于破燕之后即位，卑身厚币以招贤者。谓郭隗曰：'齐因孤之国乱而袭破燕，孤极知燕小力少，不足以报。然诚得贤士以共国，以雪先王之耻，孤之愿也。先生视可者，得身事之。'郭隗曰：'王必欲致士，先从隗始。况贤于隗者，岂远千里哉！'于是昭王为隗改筑宫而师事之。乐毅自魏往，邹衍自齐往，剧辛自赵往，士争趋燕。燕王吊死问孤，与百姓同甘苦。二十八年，燕国殷富，士卒乐轶轻战，于是遂以乐毅为上将军，与秦、楚、三晋合谋以伐齐。齐兵败，闵王出亡于外。燕兵独追北，入至临淄，尽取齐宝，烧其宫室宗庙。""燕国殷富"说明这一改革对燕国经济发展起到了非常大的推动作用，铁制农具的使用印证了这一方面。

战国早期，燕国的铁农具出土较少，燕国铁农具的广泛使用大约从战国中期前后开始。战国中期以后，在燕国的广阔疆域内出土了大

① 张量：《从考古发现略述北京地区古代农业生产》，《古今农业》1988年第1期。

② 北京市文物管理处：《北京市延庆县西拨子村窖藏铜器》，《考古》1979年第3期。

③ 于德源：《北京农业史》，第49页。

④ 北京市文物研究所、北京大学考古学系：《1995年琉璃河遗址墓葬区发掘简报》，《文物》1996年第6期。

⑤ 琉璃河考古队：《琉璃河遗址1996年度发掘简报》，《文物》1997年第6期。

批的铁工具，分布范围相当广泛。① 新中国成立后，北京地区出土了一些战国时期的铁制生产工具。如顺义兰家营出土了铁镰刀1件、铁镐头1件、铁裤铲1件，顺义英各庄发现战国时期铁斧1件。房山窦店公社田家园大队曾出土一件红陶三系带盖仓，这说明当时北京地区的人们已开始仓储粮食。在北京外城的西北角一带，曾发现了36座战国陶井，最密集的地方在白云观以东至宣武门豁口一段。② 这么多的陶井被发现，一方面反映当时这里的人口是较密集的，陶井是为了满足人们生活用水，另一方面是为了农作物的灌溉的需要。

北京古代属幽州，《周礼·夏官·职方氏》："东北曰幽州……其谷宜三种"。郑玄注曰："三种，黍、稷、稻"。这与《战国策·燕策》所载燕国"粟支十年"是一致的。2006年，北京市文物研究所南水北调考古工作队对房山区城关镇丁家洼村西南的丁家洼遗址进行了发掘，共发掘东周时期灰坑127个、灰沟4条。③ 在该遗址105份浮选土样中总共发现了487粒炭化植物种子，经鉴定，这些出土的炭化植物种子包括有粟、黍、大豆、荞麦和大麻等五种农作物的籽粒，合计410粒。这既有谷类作物，又有豆类和经济类作物，说明当时的农业已经开始实施多品种农作物种植制度。由出土概率和数量来看，其中粟所表现出的绝对优势，说明其与当时的日常生活最为密切，也就是说在当时人们的粮食消费中，粟是占第一位的。

燕国农业生产迅速发展的另一个显著标志，就是居住遗址的广泛分布。如考古人员在房山黑古台遗址西北3公里处发掘战国晚期灰坑两座，出土陶豆、陶釜、陶盆、陶罐等陶器以及筒瓦、板瓦、瓦当等建筑材料，所发现的卷云饕餮纹等战国瓦当，为探讨黑古台遗址的性质提供了有价值的资料。④ 这些遗址绝大部分是从事农业生产的人们的定居点即村落遗址。

农业是中国古代社会的决定性生产部门，在秦汉时期它同样是最主要的社会生产部门，当时称之为"天下之大业"，⑤ "巍峨的秦汉文明大厦，就是在农业发展的基础上建筑起来的"。⑥ 汉代北京地区的经

---

① 石永士：《战国时期燕国农业生产的发展》，《农业考古》1985年第1期。

② 北京市文物工作队：《北京西郊白云观遗址》，《考古》1963年第3期。

③ 北京市文物研究所：《北京段考古发掘报告集》，南水北调线一期工程文物保护项目北京市考古发掘报告第1号，科学出版社，2008年。

④ 北京市文物研究所：《北京市东阎村战国灰坑发掘简报》，《文物春秋》2011年第2期。

⑤ 王利器校注：《盐铁论·水旱篇》，中华书局，1992年。

⑥ 林剑鸣主编：《秦汉社会文明》，西北大学出版社，1985年，第44页。

济也相对发达，并具有北方的一些经济特征。

由于西汉前期“休养生息”的推行，特别是汉武帝继位后，进一步巩固汉皇朝的统治，使得大一统社会秩序得以继续确立，同时，也促进各地区经济文化的交流与发展。燕蓟地区虽处于农耕与游牧文化交融地带，但其农业发展仍带有时代特征。

一是广泛使用了铁农具，主要有铁铧犁、镢头、锄、铲、镰刀等。用于农耕作业新发明的铁足耧车播种技术，在这里也已使用。① 这在北京地区所发掘的汉墓及其他遗址当中，均有所反映。清河镇朱房村古城址发现一处西汉早期铜铁冶铸遗址，其中采集到锄、镢、铲、耧足等铁农具。耧是播种工具。铁足耧具的发现，说明西汉时期北京地区农业技术是比较先进的。铁铲系可锻性铸铁，可能是用于翻土的木锸上的铁刃套。② 1975 年在北京紫竹院公园出土过一件铁刃木锸，年代大约是东汉至北朝时期。这与湖南长沙马王堆汉墓出土的木锸形制基本相同。1960 年在北京昌平史家桥汉墓出土一件铁锄。20 世纪 50 年代初期，在清河镇还曾发现汉代铁犁铧 2 件，形制较小，为破土所用，不是畜耕农具而系人耕之犁铧。《汉书 · 地理志》载，渔阳郡渔阳县，设有铁官。在大葆台西汉墓出土的器物中，就有一件铸有“渔”字的铁斧，为渔阳郡铁官作坊标记，系首次发现。③ 这就为农业生产的发展创造了条件，“铁器者，农夫之死士”。④

二是兴修水利，灌溉农田。20 世纪 50 年代以来，在北京地区发现大量汉代古陶井，根据考古学家的推断，这些陶井除供人饮用外，可能还负有灌溉农田的作用。如 1956 年在北京宣武门以西的象来街豁口东西两侧到和平门一带发现 151 座古瓦井，其中 115 座属汉代。1965 年在宣武区陶然亭、姚家井、广安门大街北线阁、白云观、宣武门内南顺城街、和平门外海王村等处，共发现 65 座古瓦井。东汉时期，渔阳太守张堪在狐奴县（今顺义东北）利用流经境内的沽水（今白河）和鲍丘水（今潮河），引水灌田，“开稻田八千余顷，劝民耕种，以致殷富。百姓歌曰：‘桑无附枝，麦穗两歧。张君为政，乐不可支。’视事八年，匈奴不敢犯塞”。⑤ 汉章帝建初元年，邓训率黎阳兵屯狐奴，亦开水田，“抚接边民，为幽部所归”。

---

① 齐心主编：《图说北京史》，北京燕山出版社，1999 年，第 73 页。

② 于德源：《北京农业史》，第 63 页。

③ 大葆台汉墓发掘组：《北京大葆台汉墓》，文物出版社，1989 年，第 43 页。

④ 《盐铁论 · 禁耕篇》。

⑤ 《后汉书》卷三十一《张堪传》。

三是农作物种植初具规模，粮食储存、加工也有了一些发展。秦汉时主食的基本构成是：黍、粟、麦、菽、稻。粟，即小米，亦称谷子。凡古人单言“米”或“饭”多是指粟而言。在大葆台一号墓北面外回廊的大陶瓮里，就发现有带壳的小米，现已仅剩空壳；在内棺南端和西面内回廊中，都发现有栗子皮（果已无存），这种栗子为山毛榉科板栗属的板栗。这符合《史记·货殖列传》关于“燕、秦千树栗”的记载。在二号墓中，出土有小米和枣子等食品，小米已成粉末状，枣子仅有枣核。经中国科学院植物研究所鉴定，枣子是鼠李科，属普通枣。① 粟的实物遗存的再次发现，如果结合丁家洼东周食物遗存，那我们可以说，北京地区东周至秦汉，粮食作物应是承接、延续的。

北京所发掘的汉墓和遗址，出土了数量很多的与农业有关的器物，这也充分反映了当时的农业发展情况。如 1959 年—1960 年在怀柔县城北的东汉墓中出土 1 件双人踏碓俑，② 可知当时虽仍使用人力操作，但双人同踏，工作效率也应是较高的。同时期在平谷县西柏店、唐庄子东汉墓也出土了陶磨和陶碓。陶碓为用脚踏的一种捣米的加工粮食工具，双人踏碓俑，再现了当时双人扶栏脚踏木碓加工粮食的情景。北京地区两汉时期墓葬明器中的陶仓出土不少，如平谷区杜辛庄汉墓中，9 座西汉墓有 2 座出土有陶仓 2 件，8 座东汉墓有 4 座出土大量陶仓。昌平半截塔东汉墓出土陶仓 10 件，海淀区永定路东汉墓出土绿釉陶仓楼 1 件，怀柔城北东汉墓出土陶仓 4 件。只有农业生产水平的显著发展，才有贮存粮食的陶仓的大量发现。

四是屯田。屯田也是农业生产发展的一方面反映。汉武帝元光六年秋，韩安国率军屯渔阳。不久，韩安国上奏朝廷请罢屯田。结果，匈奴出其不意袭击渔阳，围困韩安国于军寨，当时汉军士卒多在外耕作，寨中仅有 700 余人，出战失利。为此，韩安国受到汉武帝责备，忧郁而死。另据《后汉书·百官志》载，西汉开始就“边郡置农都尉，主屯田殖谷”。东汉初年，光武帝下令省诸郡都尉，但在边郡仍“往往置都尉”。东汉末年，幽州牧刘虞才“罢省屯兵，务广恩信”。当时，刘虞还曾“遂自率诸屯兵众合十万人以攻公孙瓒”，这反映出蓟城及其周围地区农业生产力水平是比较高的。根据《文献通考》载，西汉时边地屯田每人耕种 20 亩，蓟城及其周围的屯田应达两万余顷。刘虞在

① 大葆台汉墓发掘组：《北京大葆台汉墓》，文物出版社，1989 年。

② 北京市文物工作队：《北京怀柔城北东周两汉墓葬》，《考古》1962 年 5 期。

任期间，还“劝督农植，……民悦年登，谷石三十”。① 公孙瓒也曾“开置屯田，稍稍得给”。②

第二节　手工业的发展

原始手工业产生于石器时代，成熟于青铜时代。进入秦汉大一统时期，中国手工业得到了一次飞跃式发展。幽燕地区，虽然长期处于文化发展的边缘地带，但手工业生产同样有自身的演进历程。

一、史前时期的原始手工业

旧石器时代，北京猿人、山顶洞人、新洞人等都制造和使用石器。如北京猿人，石器原料主要为脉石英，较为劣质，后期才开始选用优质石英。这表明北京猿人通过长期生产实践，对岩性的认识逐步有了提高。打制石片方法，主要是砸击法。这一方法，是同时代人类打片方法中所未见的。存在大量的砸击石片，是北京猿人石器最鲜明的特点。北京猿人加工石器的工具，以石片工具为主，多向背面加工，并有很多未经第二次加工就使用的石片，还存在很多小工具。据初步统计，北京猿人遗址中出土的石片和石器约近 10 万件。根据石器的变化，北京猿人的经济水平可分为三个阶段：早期，工具类型简单，主要包括刮削器、砍砸器，修理工作比较细致；中期，端刃刮削器作为新的类型出现，尖状器大量出现，砍砸器减少；晚期，砸击法的应用更为成熟，工具类型进一步分化，刮削器、端刃刮削器数量增加，尖状器数量猛增，类型增加，修理精致，进一步小型化，雕刻器数量增多，并出现了新的工具—石锥，砍砸器进一步衰落，这些情况都从一个侧面反映出采集和狩猎水平有了提高。

关于北京猿人使用骨器的说法，长期存在争议。以贾兰坡为代表的考古学家基本持肯定的认识，③ 但也只是一种考古学意义上的推测，缺乏实证。进入旧石器时代中期的新洞人阶段，在周口店原第四地点曾发现过 2 件磨过的骨片，这是我国最早的磨制骨质品，代表了一种新的磨制工艺技术的开端。④ 而到了山顶洞人阶段，社会经济发展一个

① 《后汉书》卷七十三《刘虞传》。

② 《日下旧闻考》引《汉末英雄记》。

③ 关于这一方面研究成果，可参见章永俊：《北京手工业史》，人民出版社，2011 年，第 3 页。

④ 北京市文物研究所编：《北京考古四十年》，第 8 页。

突出标志就是骨器的制作和使用。骨制品中具有代表性的是一枚磨过的骨针，残长 82 毫米，针眼用尖状器对刮而成，针尖圆锐，针身刮磨得通体光滑，略有弯曲。这表明，山顶洞人已经能用兽皮之类缝制衣服了。

山顶洞人的社会经济发展水平提高的另一项标志就是装饰品的大量出现。如穿孔的兽牙、钻孔石珠等，多达 140 件。最为精致细巧的装饰品是一种穿孔小石珠，最大直径仅 6.5 毫米，白色石灰岩制成，作多面体，其制作经过磨和钻的技术而成，并在表面涂上红色的赤铁矿粉。这些反映了当时社会生产力的发展和生活水平的提高。这些装饰品，也可以说是我国古代最早的工艺品。①

进入新石器时代，北京地区原始手工技艺有了一个明显发展与提高，制作精细，艺术性得到了更多的关怀。如新石器时代早期遗存的东胡林墓葬，石器种类有打制石器、磨制石器与细石器，以打制石器为多，其次是细石器，磨制石器较少。骨器的种类较之以往有所增加，如锥、笄、鱼鳔、骨梗石刃刀等，皆用动物肢骨制成，加工精细，磨制光滑。其中骨梗石刃刀，残长 11.4 厘米，骨梗上刻有花纹，发现时尚有一枚石刀片镶嵌在槽中。装饰品继续保留，如用蚌壳或螺壳制作的蚌器，属系挂品。在少女遗骸的颈部和腕部随葬有项链和骨镯，其中项链由 50 多枚细小光亮的螺壳组成，螺壳大小相当匀称，最大者长为 18、宽为 16、厚为 11 毫米，最小者长为 11.5、宽为 8、厚为 6 毫米。骨镯用 7 枚扁状牛肋骨截断磨制，再用绳串联而成。这时，出现了原始陶器。发现的陶器皆为残片，共计 60 余件。均为夹砂陶，器表多不光滑，质地也比较松软，大多为素面，少数附有压印纹等，器底一般为平底器，显示出早期陶器的特征。同时期的怀柔转年遗址，除了打制石器、细石器和磨制石器外，还出现了石容器，并与陶器共存。这在北京属首次发现。出土的细石器，不仅制作精细，数量也更多。

属新石器时代中期遗存的上宅遗址，在石器方面，磨制石器的比重越来越高，在种类上出现了石镞、弹丸、石凿、石铲、石锛、复合刃器等。尽管出土的陶器皆为手制，有的以“贴筑法”成型，器壁较厚，火候不匀，颜色不纯，但有些陶器外红内黑，这是陶器烧成之后进行的又一道工序。② 器壁内还经过压磨，有滑腻感，还有些陶器上红下灰，界线分明，美观实用，陶器纹饰也多样化。值得注意的是，在

① 陕西省西安半坡博物馆：《中国原始社会》，文物出版社，1977 年，第 25 页。

② 李文杰、黄素英：《浅说大溪文化器的渗碳工艺》，《江汉考古》1982 年第 2 期。

上宅村还曾发现一座陶窑，这是新石器时代陶器工艺发展的重要标志。镇江营遗址出土的圜底器，先做出圆泥饼状底部，然后再与已做好的器身粘接，内外壁往往遗有工具刮抹痕迹；带耳、纽、把手附件的器物，都是先捏制好了以后，再粘接到器物上。在陶器类型上，还出现了三足、双耳和带把器皿，这不仅使器物放置更加平稳，使用更加方便，也增加了器物本身的美感，是制陶工艺的一大进步。

特别值得一提的是，上宅遗址还出土了一批陶塑、石刻工艺品。如陶塑猪头、羊头、熊头、海马、蛇等动物小型塑像，以及小石猴、小石龟、小石鱼、耳珰形器等雕刻工艺品。

新石器时代晚期的文化遗存，如雪山一期文化，石器的制作技艺有所提高，其中石凿使用了磨切技术；陶器在制作上出现了夹贝粉的泥质红陶。到了雪山二期文化，陶器的制作则以轮制为主，有些手制的器物，口沿部分也经过了轮制加工，陶器类型更为多样。石器选材更加广泛，细石器全为打制，有的经过二次加工，其他石器以磨制为主，制作时先打制成形，然后琢制，最后磨制完成，多数石器通体磨光，小件石器外形比较美观，有的与工艺品无殊。

二、夏商周时期的手工业发展

夏商周三代，北京地区手工业得到了初步发展，表现之一就是手工业产品种类繁多，除了陶器、石器、骨器、蚌器等外，还有青铜器、金器、玉器等。其中，青铜冶铸与制陶已经成为独立的手工业部门。①

刘家河商墓出土了不少青铜礼器、金器、玉器等，其中16件铜礼器，有鼎、鬲、甗、爵、斝、卣、三羊罍、饕餮纹瓿、盉、盘等。这些青铜器中，以三羊罍、鸟柱龟鱼纹盘的工艺水平最高，堪称同时期青铜器中的杰作。而且刘家河遗址出土的青铜器，与中原地区的殷代青铜器有诸多相似之处，这也反映了北京地区当时与中原地区在经济与文化上有一定的交融。4件金器，有耳环、笄、臂钏，均为妇女装饰品。从这几件金器看，无论是制作工艺水平，还是黄金的质量，都比其他地区出土的器物有较大的进步和提高。12件玉器，有斧、柄、璜、松石珠等。此外，还出土1件铜兵器，即铁刃铜钺，其制造技术并不简单，首先要将天然陨铁锻造成2毫米左右的薄刃，然后再将薄刃与铜浇铸成一体，说明当时的人们已掌握了一定的锻铁技术。

进入西周时期，随着分封制的实践，北京地区手工业生产又向前

① 章永俊：《北京手工业史》，第20页。

迈进了一步。不仅有发达的青铜冶铸业、陶器制造业和玉石器制造业，而且还出现了漆器制造业和原始陶瓷业。

房山琉璃河西周遗址，出土了不少青铜礼器、兵器、车马器和其他青铜工具，尤以青铜礼器最为突出。很多青铜礼器，无论从花纹、造型，还是铸造工艺，都具有相当高的水平和价值。如M251出土的伯矩鬲，通体满饰浮雕牛头纹，造型别致，铸造精工，是商周青铜器中不可多得的珍品。M253出土的堇鼎，通高62厘米，重41.5公斤，造型浑厚端庄，纹饰古朴苍劲，给人以庄重肃穆之感。能够反映当时手工艺水平的，还有原始青瓷器、刻纹陶器、玉器、漆器和象牙器的制作。琉璃河燕国墓地出土的陶器数量也较多，有陶鬲、簋、罐、壶、罍等，质地大多为夹砂灰陶，除了明器外，也有一些属生活用品。值得注意的是，西周燕地陶制品中还发现了施釉工艺的陶器类型，这实际上可称之为原始瓷器。如M52出土一组4件完整的原始青瓷器（釉陶），包括瓷罐1件、豆3件，胎质坚硬，青釉光亮、纯净，器表光洁，扣之有声。M22出土的刻纹陶簋，纹饰精细华丽，代表了当时烧制陶瓷器的水平。还有原始青瓷四系罍和原始青瓷豆，这在北方为首次发现，是北京古代陶瓷史上的一件大事，代表了北京地区早期瓷器的特点。①

漆器种类较多，有豆、杯、俎、簋、彝、觚、壶、罍等器形，有的器表采用蚌片镶嵌技术，并有彩漆绘成各种图案，色泽艳丽，精美绝伦。如M1043出土的一件漆罍，通高54.1厘米，器为朱地褐彩，通体花纹由蚌片和彩绘组成，是漆器群中的上品。② 这些漆器的发现，丰富了人们对西周时期漆器制作工艺的认识，将我国螺钿漆器出现的历史，向前提早了大约1500年。③ 玉器多属小件动物雕刻品，有鱼、龟、鸟、龙、虎、兔、蚕、蝉等，造型生动自然，刻工精细，表现出较高的琢玉水平。

昌平白浮村西周木椁墓，出土了不少富有特色的青铜兵器，其中鹰首剑、马首剑、鹰首刀、带铃匕首等，形制具有明显的北方草原青铜文化的特征，这也从另一层面反映了当时北京地区手工业经济的多元性和复杂性。白浮墓也出土了玉器十余件。此外，1975年在延庆县西拨子村发现了一件青铜釜，内装有50余件青铜器，有鼎、耳环、

---

① 章永俊：《北京手工业史》，第31页。

② 琉璃河考古队：《1981—1983年琉璃河西周燕国墓地发掘简报》，《考古》1984年第5期。

③ 殷玮璋：《记北京琉璃河遗址出土的西周漆器》，《考古》1984年第5期。

斧、锛、凿、刀、猎钩、锥、戈等生活用具、生产工具以及兵器等。经考古人员推测，其年代属西周晚期。① 从器形和花纹来看，这也蕴含了中原文化与北方草原游牧文化交融的现象。

三、战国秦汉时期的手工业发展

进入春秋战国时期，北京地区手工业经济继续发展，不仅范围更加广泛，内部分工更加精细化，而且出现了一批新型手工业部门，如冶铁业、煮盐业等。

1959 年—1960 年怀柔县城北发掘了 23 座东周墓，出土铜带钩 4 件。1977 年在丰台永定门外贾家花园的战国墓中出土有铜钫、铜灯等少量青铜器。1981 年通县中赵甫村西一里左右的一座战国中晚期墓葬中，出土一批铜器，约 30 余件，纹饰极其繁缛华丽。1982 年，顺义县龙湾屯村的一座战国墓中，也出土了一组青铜器，约有 17 件。延庆葫芦沟墓地随葬的青铜器中，如铜带钩，形式多样，构思奇巧，造型古朴别致，铜丝耳环作绕圈螺旋式，铜饰牌则皆为写实动物纹浮雕图像，佩戴在死者颈部，这是比较罕见的。昌平松园战国墓，随葬了一批仿铜陶礼器，如方体陶壶，身高 71 厘米，造型挺拔秀雅，颈部四面雕饰对称兽耳，遍体朱绘云纹，还有大陶盘、鸟形陶匜、方座兽耳陶簋，也皆满身朱绘花纹，精美至极。这些青铜器制作灵巧，纹饰绚丽，反映了当时北京地区青铜铸造业的发达。特别是延庆县境内所发现的山戎文化墓葬遗址，出土了不少青铜遗存，包括工具、装饰品、兵器、车马器等，所展示出来的直刃匕首式青铜短剑具有鲜明的北方少数民族文化特点。

与殷商和西周相比，春秋战国北京地区青铜铸造业有了一些新的特点，表现之一就是新型器物的出现，如铜敦（用作盛黍稷的器物，通县中赵甫就出土一件，延庆县河湾村也拣选出一件，造型生动，铸造精细灵巧）、带钩（通县中赵甫、昌平下苑和怀柔等地均有出土，有的作琵琶形，有的镂成蟠螭形）、铜钫（丰台贾家花园出土一件）、异型铜鼎（贾家花园出土）、青铜削刀（延庆玉皇庙、葫芦沟山戎墓地出土不少）；表现之二就是一些新型青铜工艺部门的出现，如铜制铸币业，北京地区发现不少战国时期的铜币；表现之三就是青铜铸造业水平的大幅度提升，如装饰工艺的兴起，出土的青铜实物中往往镶嵌有错金、错银、错红铜等工艺产品。

---

① 北京市文物管理处：《北京市延庆县西拨子村窖藏铜器》，《考古》1979 年第 3 期。

制陶业方面，主要有这么几个变化，一是陶窑发现增多，如1982年在平谷夏各庄东大地和刘店乡的胡店村先后发现战国陶窑7座，仅出土一些碎陶片；二是属于建筑构建的筒瓦、板瓦和瓦当逐渐发展起来，这是日用生活陶器基础上发展起来的一种新型制陶业。如1960年在房山良乡镇南5公里处发现东周时期的砖瓦窑数座，出土不少板瓦、筒瓦和兽面瓦当等。此外，东城区呼家楼遗址、房山周口店蔡家庄古城址、房山卢村城址和长沟城址也都发现少量筒瓦、板瓦等建筑构件。

丰台贾家花园战国墓，出土的漆盒，上套扣有错金银铜箍4道，箍上饰错金银卷云纹、草叶纹或菱形纹，华美绝伦。①

在冶铁业方面，北京地区目前仅有零星铁器被发现，如顺义兰家营村出土战国铁镰、䦆各1件，但如果结合附近地区出土铁制生产工具（如河北兴隆和易县都曾发现冶铁遗址，遗物丰富），尤其是铁范等铸造模具，我们是可以得出战国时期北京冶铁业也是较为发达的。

秦汉大一统，今北京地区在行政制度上属于郡国并行制，而总体来讲，郡县制度占据主导地位。虽有来自边防少数民族的侵扰，但这是短暂的，绝大时间上的和平稳定的政治、军事环境，为幽燕地区的手工业发展奠定了基础，提供了有利条件。故这一时期，今北京地区，冶铁业、制陶业、玉器业、纺织业、漆器业都有了非常大的提高，甚至有的是一种变革式的发展。

先秦时期，人们已掌握铁的锻造工艺，人工冶炼的铁器实物也已出现。至秦汉，铁器的冶铸技术、铜器的制作工艺更为先进，产品数量增多，种类多样，冶金业是当时最大的手工业生产部门。正所谓，"铜铁则千里往往山出棋置"②。燕蓟地区，设有铁官，统一管理冶铁业。而且还有冶铁作坊，在铁器铸造技术上，也具有领先地位。20世纪50年代，在海淀区清河镇朱房村曾发现一处汉代遗址，在抢救性考古发掘时，发现存有汉代铜铁冶坊遗址，炼炉已不完整，铜、铁炉渣、残碎的炼炉壁，铜镞等很多，还有汉绳纹砖砌的残墙一堵。砖窑还在其附近掘出一堆铁刀、剑、戟、锄、裤铲、䦆、镜、车轴瓦等许多铁兵器和铁农具，可能就是这一冶坊的产品。③ 而大葆台汉墓所发掘的铁锹、铁簪和箭杆，经北京钢铁研究院《中国冶金史》编写组金相检查，这几件铁器是用一种铸铁固态脱炭成钢的新工艺方法制成的，是我国

① 张先得：《北京丰台区出土战国铜器》，《文物》1978年第3期。

② 《史记》卷一百二十九《货殖列传》。

③ 参见北京市文物研究所编：《北京考古四十年》，北京燕山出版社，1990年。

目前发现的最早铸铁脱碳钢实例,[①] 这就把这种新工艺的出现，从魏晋又向前提早了百余年。[②] 满城中山王墓出土的铁镞也与此相同，说明西汉中期铁业官营以后，钢铁冶炼技术有了较大发展。这在世界冶金技术发展史上都有重要意义。

20 世纪 50 年代修建怀柔水库时，在主坝东侧龙山脚下曾出土了铸造五铢钱的作坊，并出土了陶范和五铢钱。1981 年在怀柔梨园庄附近出土了五铢钱、铜镜等。1982 年在怀柔县城关龙山坡下发现一钱币作坊遗址，其面积南北 80 米，东西 50 米，出土陶钱范四十余件，不少范上刻有五铢二字。[③] 房山窦店乡西安庄村西一带发现一处汉代冶铁遗址，即位于窦店古城东南隅，曾出土有铁块、残铁器、红烧土，还有土炼炉痕迹。[④]

秦汉时的农具、手工业工具、兵器尽管以铁器为主，不过青铜铸造业仍在继续发展。北京地区汉代铜器比较倾向于实用，工艺方面则采用错金银、鎏金、镶嵌等技术，类型主要有铜镜、灯、炉、壶等，特别是铜镜成为铜器的代表。大葆台汉墓就出土铜器七十余件，如鎏金铜铺首、鎏金铜龙头枕、鎏金铜豹、八棱兵器以及多枚铜镜。

制陶业也是汉代北京地区发达的手工业，在已发掘的墓葬和遗址中，出土了大量的陶器。特别是一些仿铜陶器，多做出活耳，鼎和壶上加有博山炉盖，色彩用红、白、蓝、黑等各种颜色，不但造型美观，还在陶器表面绘出各种图案，器物出土时颜色非常绚丽。仿漆陶器外表涂一层黑漆衣，乌黑发亮，十分美观，在出土的西汉陶器中极少见。在海淀上地村汉代墓地发现了较多的烧砖的窑址和水井，反映出当时制陶业在分工上也更加明确了。另外，釉陶器的数量增多，制作精美，显示了制陶业的发展。[⑤] 在北京地区东汉墓中发现的陶器，相当丰富，造型多样，有陶楼、陶狗、陶猪、陶鸡、陶鸭、陶奁、陶耳杯、陶炉、陶罐、陶灯、陶碗、陶俑、陶磨、陶碓，等等。如 1975 年北京顺义临河汉墓出土的一件彩绘陶灯，器分三节，最上为平盘，中间突起尖状

---

① 林剑鸣主编:《秦汉社会文明》，西北大学出版社，1985 年，第 93 页。

② 马希桂:《黄肠题凑露真容——大葆台汉墓发掘追记》，《中国文物报》1995 年 1 月 15 日、2 月 26 日、4 月 2 日、4 月 9 日。

③ 怀柔县志编纂委员会:《怀柔县志》，北京出版社，2000 年，第 263 页；赵光林:《北京冶炼、铸造遗址》，《北京文物报》1990 年 8 月第 21 期。

④ 北京市文物研究所拒马河考古队:《北京市窦店古城调查与试掘报告》，《考古》1992 年第 8 期。

⑤ 参见齐心主编:《图说北京史》，北京燕山出版社，1999 年，第 74 页。

灯杆，第二层饰三龙首及火焰花饰，最下层为喇叭形灯座，上面贴塑百戏杂技人物，亦分三层，上层有双人吹乐、倒立、跳丸、长袖舞各一；中层有双人吹乐、打击乐俑各一；下层有骑马俑一组。奏乐者、倒立者、长袖舞者衣均涂红彩，造型生动，通高52厘米。①

纺织业在中国古代是普遍的家庭手工业，具有悠久的历史。北京地区汉代墓葬中出土了一些精美的丝织品，有的保存完整，有的残缺不全。这多少反映了当时北京地区的丝织品行业的发展情况。如大葆台汉墓就出土了12件丝织品，有绢类、刺绣、漆纱和组带等。因棺椁坍塌，纺织品多错落褶皱粘结为一体，很难展开，故全貌已不可辨。不过，从残存标本仍可看出当时纺织水平。如绢织物平滑光洁细薄如纸，织得极为紧密，其密度仅次于满城刘胜墓出土的细绢，是当时称为纨素的高级平纹丝织物。绛紫绢地刺绣色调沉着艳丽，应是战国以来名贵一时的“齐紫”传统染法染成的，绣工精致，图案是典型的汉代式藤本植物，按菱形格排列组成面饰。漆纱和组带，编织精细，加工难度大，工艺水平高，是当时具有代表性的产品。同时，组带的发现给组的定名和识别，得到了肯定的证据。2000年发掘的老山汉墓，出土的中棺棺盖上的丝织品，是一件特别设计绣制的珍品，绣品面积之大之完整也属北方之最。②

漆器制造业在汉代已经非常发达，这在当时的北京地区也有所体现。在大葆台汉墓出土漆器12件，漆器嵌件155件，漆木器5件，器形主要有漆床、卷云纹漆板、云龙纹漆器、铜扣漆耳杯、平脱漆奁、漆弓等。其中，云龙纹漆器，漆色均匀艳丽，各种动物花纹，绘画得生动细致，是不可多得的一件汉代精美艺术品，它充分反映了汉代绘画艺术的高超和漆器制作艺术的精巧。老山汉墓也出土了大量的漆器制品以及漆器构件等，这在北方汉墓中极为罕见。而且出土的漆器规格高、种类多、制作精美，如大型漆案、耳杯、盒、壶等，为不可多得的漆器精品。

此外，在北京地区还出土了一些其他器物，如精美的玉器等，反映出汉代北京地区在手工业方面的高超技艺和卓越成就。大葆台汉墓共出土玉器七十余件，主要有玉璧、玉璜、玉环、玉舞人、玉觿等，制作精美灵巧，开料工整，琢磨技术较高，最小的器物仅有0.15厘米，

---

① 黄秀纯：《北京顺义临河村东汉墓发掘简报》，《考古》1977年6期。

②③ 参见宋大川：《近年来北京考古新成果》，《北京文物与考古》第5辑，北京燕山出版社，2002年。

最薄的只有0.5毫米。这些说明玉器制造水平已经达到了很高水平。大葆台汉墓出土一些骨制品，也说明北京地区当时制骨业也很发达。

第三节　商业与贸易

商品交换所产生出来的商业与贸易，是社会发展到一定阶段的产物。对于处于北方边地的幽燕地区而言，这样的商业与贸易自然更晚一些，发展的程度也相对低一些。除了利用自身特产进行对外商品交换外，还存在货币等其他方式的贸易往来。商业依赖于城市的发展，而城市的发展也要以商业为条件。燕国城市发展与人口增幅，见证了这一地区商品经济的发展态势。

一、物产资源与贸易互市

先秦两汉时期，北京地区及其所属的燕蓟地区，物产很丰富。史载，燕地“粟支数年，南有碣石、雁门之饶，北有枣栗之利，民虽不佃作，而足于枣栗矣。此所谓天府者也”。① 《史记·货殖列传》也载曰：“燕有鱼、盐、枣、栗之饶。”不仅如此，而且种植规模大、收成好，可以享受较高的身份和等级，“燕秦千树栗，其人与千户侯等”。②战国秦汉时期，燕蓟地区盛行神仙方术之思想，这也给当地的物产资源增添了几分炫耀之色。如《神异记》对北方枣有这样一段描写：

> 北方荒中，有枣林焉，其高五十丈，敷张枝条数里余，疾风不能偃，雷电不能摧，其子长六七寸，围过其长，熟色如朱，轧之不缩，气味润泽，殊于常枣，食之可以安躯益气。故方书云，此枣枝条，盛于常枣，亦益气安躯。赤松子云，北方大枣味有殊，既可益气又安躯。③

这多少有些夸大。但也大体可信。三国时陆机对燕地所产栗就有这样的赞美之辞：“五方皆有栗，惟渔阳、范阳栗甜美味长，他方者悉不及也。”④

除了枣、栗果品外，北京地区古代还产杏和梅。1977年，北京市文物工作队在丰台区贾家花园发掘一座战国墓，出土的铜钫中，尚存

① 《史记》卷六十九《苏秦列传》。

② 《史记》卷一百二十九《货殖列传》。

③ 《太平广记》卷四百十《北方枣》引《神异记》。

④ 陆机：《毛诗草木鸟兽虫鱼疏》，汉魏丛书本。

有杏或梅核残壳十数个。[①]

桑蚕业在燕蓟地区也很重要，而且这个地区植桑养蚕的历史很早。《晏子春秋·内篇杂上》中说："丝蚕于燕，牧马于鲁。"《史记·货殖列传》云："燕代田畜而事桑。"东汉时，燕地仍植桑。当时的一首民谣曰："桑无附枝，麦穗两歧，张君为政，乐不可支。"[②] 张君是指当时的渔阳太守张堪，这是当地人们对张堪任职渔阳太守时劝民耕种而使民富裕的一种赞誉。一些文学家对燕蓟地区的桑蚕事业之盛每每赞不绝口，如庾子山《燕歌行》云："寒雁邕邕度辽水，桑叶纷纷落蓟门"。王介甫《白沟行》也云："万里钽耰接塞垣，幽燕桑叶暗川原。"[③]

蓟城，这一称谓何以得来？北魏郦道元在《水经注》中曾言："昔周武王封尧后于蓟，今城内西北隅有蓟丘，因丘以名邑也。"这是说，周武王当年封尧后于蓟，这个蓟是因城内西北角有一个蓟丘而得名。那么蓟丘又是因何而来呢？有的人推测，这显然是由于当地盛产蓟草的原因。[④] 如果这样结论成立的话，那么北京地区早在3000多年前就已是蓟草繁茂的地区了。

蓟为多年生草本植物，有不同品种，也有不同名称。《尔雅·释草》载："术，山蓟。杨，枹蓟。"晋郭璞注云："《本草》云：'术，一名山蓟。今术似蓟而生山中。'"邢昺疏云："此辨蓟生山中及平地者名也。生平地者即名蓟，生山中者一名术。"据传，生于山中之"术"，在古代很受重视，不仅可以食用，而且还有特异作用，被视为仙药，可以长生。晋葛洪《抱朴子》载曰："南阳文氏，说其先祖，汉末大乱，逃去山中，饥困欲死，有一人教之食术，遂不能饥。数十年，及来还乡里，颜色更少，气力胜故，自说在山中时，身轻欲跳，登高履险，历日不极，行冷雪中，了不知寒。……术，一名山蓟，一名山精，故《神药经》曰：'必欲长生，常服山精。'"虽说是古代食术的神话故事，但也不无一定的存在来源。

燕地以盛产蓟草闻名的现象，历史上为时不短，至少在宋代仍如此。沈括在随辽使者出使北方来时，曾见到燕地的蓟草生长得十分茂盛，感到很新鲜，立刻作了记录："余使虏至契丹界，大蓟茇如车盖，

① 北京市文物管理处：《北京丰台区出土战国铜器》，《文物》1978年第3期。

② 《后汉书》卷二十七《张堪传》。

③ 《王临川全集》卷五。

④ 王采梅：《燕国简史》附录《燕地古代特产小记》，紫禁城出版社，2001年，第290页。

中国无此大者，其地名蓟，恐其因此也”。①

古之燕地，处于北方少数民族地区，畜牧业占有一定地位。而在畜牧业中，最突出的是养马。商代甲骨文中就有了记载：“奚来白马”、“贞奚不其来白马五”、“晏乎取白马氏”。其中，“奚”是位于燕国北部的民族；“晏”，即古“匽”字，亦即西周以前生活于燕地的古燕国，它们都与产马有关。再如，《左传》昭公四年云：“冀之北土，马之所生。”杜预注：冀北指“燕、代”。《史记·苏秦列传》载苏秦说楚威王：“大王诚能用臣之愚计……燕代橐驼之良马必实外厩”。东汉光武帝复兴，燕地“突骑”可谓立下汗马功劳。直到清代，还有在赞叹北方名马之盛：“冀野多名马，千金价自高，却怜辕下老，难遇九方皋”。②

燕地还盛产牛角，而且十分贵重，是制造良弓的优质材料。《尔雅·释地》载曰：“北方之美者，有幽都之筋角焉。”郭璞注云：“幽都，山名，谓多野牛角。”《考工记》载：“燕之角，……此才之美者也。”《韩诗外传》也载：“太山之南、乌号之柘、燕牛之角、荆麋之筋、河鱼之胶也。四物者，天下之练材也。”③ 这提到了当时制弓所用的四种最好的材料，其中燕牛角为一。

文献与考古均证实，汉代北京地区设有铁官，进行冶铁和铁器贸易。《汉书·地理志》载，渔阳郡渔阳县，设有铁官。在大葆台西汉墓出土的器物中，就有一件铸有“渔”字的铁斧，为渔阳郡铁官作坊标记，系首次发现。④ 燕王刘旦“谋反”前，曾“赋敛铜铁作甲兵，数阅其车骑材官卒，建旌旗鼓车，旄头先驱，郎中侍从者著貂羽，黄金附蝉，皆号侍中”。⑤ 唐代学者颜师古注曰：“貂羽，以貂尾为冠之羽也。附蝉，为金蝉以附冠前也。凡此旄头先驱，皆天子之制。而貂羽附蝉，又天子侍中之饰，王僭为之。”可见，当时以蓟城为核心的燕国，资源非常丰厚，除了盛产铜铁外，还有黄金储藏。再看看燕王刘旦当时居住的王宫，更能说明这一点。据文献记载，当时的王宫有饮井水、大官灶，并饲养大群的猪等家畜。其主体建筑由万载宫、明光殿、端门、城楼、城门构成，还有台水、葭水等溪流，环境优美，结

① 《梦溪笔谈》卷二十五《杂志二》。

② （清）樊问青：《燕都风土丛书·燕都杂咏》。

③ 许维遹：《韩诗外传集释》卷八。

④ 大葆台汉墓发掘组：《北京大葆台汉墓》，文物出版社，1989年，第43页。

⑤ 《汉书》卷六十三《武五子传》。

构恢宏，规模颇丰。[1] 由于历史原因，这些已无存，只能依据文献的只言片语来对其描绘了，但依然能窥测其奢华的气派。此外，幽燕地区为“铠马所出”之地。东汉蔡邕在上疏时提到这一点，“伏见幽、冀旧壤，铠马所出，比年兵饥，渐至空耗”。[2] 铠，甲也。《周礼·考工记》曰：“燕无函。”函亦甲也，言幽、燕之地，家家皆能为函，故无函也。

除了这些物产资源外，燕地还有诸如鱼、盐、燕石等较为丰富的特产材料。《盐铁论·本议》载曰：“燕齐之鱼、盐、旃、裘。”

由于燕蓟地区的天然地理优势和丰富的物产资源，贸易互市也是比较非常突出的。《史记·货殖列传》载曰：“夫燕亦勃、碣之间一都会也。南通齐、赵，东北边胡。……北邻乌桓、夫余，东绾秽貉、朝鲜、真番之利。”东汉初年，渔阳地区在战乱时期仍能保持富裕的状态，这不得不归功于贸易往来，《后汉书·彭宠传》：“是时北州破散，而渔阳差完，有旧盐铁官，（彭）宠转以贸谷，积珍宝，益富强。”尤其是与北部少数民族之间的贸易互市，更为频繁，且有一定的政府宏观行为。

燕国燕山地区产燕石，《山海经·北山经》云：“北百二十里，曰燕山，多婴石。燕山出焉，东流注于河。”郭璞注曰：“言石似玉有符彩婴带，所谓燕石者。”郝懿行疏：“婴疑燕声之转，未必取婴带为义。”无论怎样注解，都说明燕地是产燕石的，似玉，为一种特产。《抱朴子·外篇·吴失》载：“进无悦色，退无戚容者，固有伏死于瓮牖，安肯沽衒以进趋，揭其不赀之宝，以竞燕石之售哉!”

约当春秋晚期，金属货币即开始在燕赵地区铸行，这是北方地区社会生产力和商品交换关系获得超前发展的重要标志。刀币，作为燕国最主要的金属铸币形制，在春秋、战国之际及整个战国时期，不仅在燕都所在的腹地，而且在其邻近地区和其文化影响所及地区，都有广泛的分布。其流布地域，包括今北京、天津地区和河北、辽宁、吉林、山西、山东、河南、山西等省和内蒙古自治区，以至远及朝鲜半岛南部、日本九州，甚至达到琉球那霸。[3] 明刀的大量出土，及其流通区、流布区都很广阔，从一个侧面反映出当时燕国的商品经济是颇为发达的。[4] 具体到今北京地区，据有关人士初步统计，该地区共出土

---

① 《汉书》卷六十三《武五子传》、《汉书·五行志》等。

② 《后汉书》卷六十下《蔡邕传》。

③ 北京市文物研究所编：《北京考古四十年》，第63页。

④ 阎忠：《从考古资料看战国时期燕国经济的发展》，《辽海文物学刊》1995年第2期。

5300 余枚和 600 余斤,[①] 几乎分布于全市区范围，具体出土地点有 40 余处。

1957 年在朝阳区呼家楼北京机械学校操场，发现战国金属铸币窖藏一座，出土各种战国铸币 3876 枚。这批铜币，分刀、布两种。其中刀币为 2884 枚，包括“匽”字刀币 2767 枚、邯郸小直刀币 117 枚；三晋布币 992 枚。[②] 1953 年在海淀区紫竹院发现“匽”字刀币约 4 公斤，1976 年在海淀区温泉公社东埠头村地下发现“匽”字刀币数百枚，1978 年在海淀区梁家园西山农场果树三队发现“匽”字刀币约 2 公斤，1965 年在丰台区长辛店南洛平村发现“匽”字刀币约 1.5 公斤，1974 年在丰台区黄土岗公社大葆台汉墓封土堆中出土“匽”字刀币 5 枚，1966 年在原崇文区天坛公园内发现“匽”字刀币 1 枚，1972 年在崇文区山涧口橡胶厂内发现“匽”字刀币 15 枚，1970 年在西城区六铺炕石油部后院发现“匽”字刀币约 7.5 公斤，1971 年、1972 年先后在宣武区牛街、白纸坊街以及笤帚胡同共发现“匽”字刀币 15 枚、0.75 公斤。此外，还在怀柔、顺义、通县、房山、平谷、密云、延庆、昌平、大兴发现数量不等的“匽”字刀币，其中怀柔 67 枚、5 公斤，顺义 2 枚，通县 5 枚、7.5 公斤，房山 11 枚、406.5 公斤，平谷 30 枚、3.1 公斤，密云 552 枚，延庆 33 枚、103 公斤，昌平 3.5 公斤，大兴 232 枚。

刀币是从实用工具青铜小刀演变而来的，主要流通于燕齐地区；而布币则是从古农具铲形演变来的，主要流通于三晋及两周地区。燕国也有布币，主要是为适应通行于布币的国家而铸造的。如 1957 年北京朝阳门外呼家楼的一个土穴中，出土了大量燕国货币，其中有 4 枚完整的燕国布币，币背铸有“左”字，或“右”、“左一”、“右一”等字。

二、城市与人口

今北京地区在夏商时代尚未发现筑城的证据，而西周初年，周王朝在这里先后分封了两个诸侯国——蓟与燕。蓟在北，燕在南。迄今为止，我们所知道的北京地区城市发展的历史由此开始。[③] 后由于燕国势力强于蓟国，燕国很快灭掉蓟国，但却放弃了原来的都城，将自己

① 阎忠:《从考古资料看战国时期燕国经济的发展》,《辽海文物学刊》1995 年第 2 期。

② 北京市文物工作队:《北京朝阳门外出土的战国货币》,《考古》1962 年第 5 期。

③ 侯仁之主编:《北京城市历史地理》，北京燕山出版社，2000 年，第 18 页。

的国都改设在蓟城。西周初年建立的蓟城，因其地理位置优越，后人在同一地点反复修建城市，所以早期蓟城的遗址很难保存下来。而燕城因废弃之后再无任何人在这里建立大型城镇，故遗址得以保存至今，即房山董家林古城遗址。

不过，北京地区城市体系的初步形成还是在战国时期。[①] 特别是燕国复兴强大后，又在今易县东南建燕下都，在蓟城与下都之间建燕中都。经调查和考古试掘，初步认定今房山区窦店古城中的大城为燕中都，大城东北套着的小城，则为汉良乡城。[②] 同是，燕国又建北方五郡，即上谷郡、渔阳郡、右北平郡、辽西郡和辽东郡。

具体而言，至西汉时期，燕国曾属于今北京地区的就有 16 县之多，涉及到广阳郡、上谷郡、渔阳郡、涿郡等。其中，广阳郡辖有蓟城（今北京市西南城区）、广阳（今北京市房山长阳镇古城）、阴乡（今北京城西南）3 个县，上谷郡辖有居庸（今北京市延庆东）、昌平（今北京市昌平东南）、军都（今北京市昌平西南 17 里土城村）和夷舆（今北京市延庆东北 20 里古城）4 个县，渔阳郡辖有渔阳（今北京市怀柔梨园庄）、狐奴（今北京市顺义东北 30 里）、潞（今北京市通州东部潞城镇古城村）、平谷（今北京市平谷西北 12 里城子庄）、安乐（今北京市顺义西北）、厗奚（今北京市密云东北古北口内）、犷平（今北京市密云东北石匣一带）7 个县，还包括涿郡所辖的良乡（今北京市房山东南十八里窦店西土城）、西乡（今北京市房山西南长沟村古城）等。实际上，这只是东汉史学家班固对西汉末年燕蓟地区的记载。上述 16 个县，目前基本上都得到了考古调查或发掘的证实，有的残存部分城墙，有的清晰可见轮廓。即使东汉时期，通过省并郡县制度，今北京地区属幽州，所辖地域仍很广阔，其中广阳郡领 5 县，4 县在今北京境，为蓟、广阳、昌平、军都；涿郡领七县，一县在今北京境，为良乡；上谷郡领 8 县，一县在今北京境，为居庸；渔阳郡领 9 县，7 县在今北京境，为渔阳、狐奴、潞、平谷、安乐、奚、犷平；右北平郡，领 4 县，无终县西部在今北京境。除此这些都城、郡治所在县城和一些侯城外，考古发现的海淀区朱房古城遗址、房山区的蔡庄古城遗址，是史书没有记载的专业性城。

这样密切的设县，特别是在当时属于北方边地的北京地区十分罕

---

① 北京市大葆台西汉墓博物馆：《北京地区汉代城址调查与研究》，北京燕山出版社，2009 年，第 8 页。

② 参见叶学明、陈光：《北京市窦店古城调查报告》，《考古》1990 年第 8 期。

见。同时也反映了两汉对北京地区的重视，以及当时的北京地区已经有较高的经济发展水平。因为通常某地县治的始置，是地方开发成熟的标志。谭其骧先生就曾经指出："一地方至于创建县治，大致即可以表示该地区开发已臻成熟；而其设县以前所隶属之县，又大致即为开发此县所自来。故研求各县之设治时代及其析置所自，骤视之似为一琐碎乏味的工作，但就全国或某一区域内各县作一综合观察，则不啻为一部简要的地方开发史。"①

虽然，西汉时期，蓟城所在的行政区划，性质不定，郡国屡变。但蓟城始终为封国（郡）之中心，说明其地位之重。② 东汉时期，蓟城又为刺史或州牧驻地，在政治上，为全国一级城市。③光武帝刘秀，就是借助于渔阳、上谷两郡兵力，以蓟城为转折点，初步奠定了自己的实力，从而为东汉中兴做了很好的基础性准备。

而且蓟城在秦汉之前就为天下名都，到了两汉时期，依然备受关注。《汉书·地理志下》载曰："蓟，南通齐、赵，勃、碣之间一都会也。"《盐铁论·通有》载大夫言："燕之涿、蓟，赵之邯郸，魏之温、轵，韩之荥阳，齐之临淄，楚之宛丘，郑之阳翟，三川之二周，富冠海内，皆为天下名都。"同时，它还是正统宗国传承之代表，历史悠久，这可以用燕王刘旦的一句话来说明："燕国虽小，成周之建国也，上自召公，下及昭、襄，于今千载。"④ 如今发掘的琉璃河西周遗址和大量的战国、秦汉时期的陶井、墓葬，对此均有所反映。蓟城宫室还有"燕市"，即商品交换的集结地。《史记·刺客列传》："荆轲嗜酒，日与狗屠即高渐离饮于燕市，酒酣以往，高渐离击筑，荆轲和而歌于市中，相乐也，已而相泣，旁若无人者。"

汉代北京地区的人口也要稠密一些。文献记载令、长都是汉代一县的行政长官，大县称"令"，小县称"长"。《汉书·百官公卿表》所说："万户以上为令，秩千石至六百石；减万户为长，秩五百石至三百石。"从东汉封泥"蓟令之印"⑤ 看，说明蓟县在东汉时已经发展为超过万户的大县了。又文献记载，汉县设尉官，小县设一尉官，大县

① 谭其骧：《浙江省历代行政区划——兼论浙江各地区的开发过程》，《长水集》（上册），人民出版社，1987 年。

②③ 侯仁之主编：《北京城市历史地理》，北京燕山出版社，2000 年，第 37、38 页。

④ 《汉书》卷六三《武五子传》。

⑤ 孙慰祖编：《两汉官印汇考》，大业公司、上海书画出版社，1993 年。封泥"蓟令之印"，东汉中期，上海博物馆藏。

设左、右两尉官。西汉中晚期，“渔阳右尉”① 和东汉“军都左尉”②官印就说明此二县都设置左右两尉官，为人口大县。渔阳为渔阳郡治，大县，在西汉时人口过万户，是可以理解的。军都县在西汉时乃一普通县，属上谷郡，东汉和昌平县一起归为广阳郡，也发展成为大县，人口过万户。这就清楚地说明东汉时此地人口在继续增长，经济在持续开发。

另根据《汉书·地理志》记载，经粗略统计，西汉末年今北京地区约有64781户，人口约为292448，每户平均约4.5口，每县平均约为18278人。再拿西汉广阳国来说，领4县，其中3县属于今北京地区，每县平均5185户，每户平均近于4人，每平方公里平均约26人。同幽州统部各郡人口密度相较，广阳国低于涿郡（每平方公里约为49人），渤海郡（每平方公里约为40人），但高于其他各郡（每平方公里不足10人或5人）。③ 尤其到了东汉时期，诸多郡国人口在减少，而北京地区则在较高增长。④ 当时的广阳郡辖5县，其中4县属于今北京地区，每县平均8910户，每户平均近7人，相比西汉时期，净增159174人，增长约1.3倍，平均每平方公里约78人。这样的人口密度，不仅在幽州所辖郡国中居高位（涿郡每平方公里为64人），而且在全国105个郡、国中，亦居于前20位。⑤ 因此，从城市的分布和人口数量，也可以看出汉代北京地区的重要性。

可以说，两汉时期，相对整个幽燕地区“地广民希”⑥ 而言，北京地区的城市密度还是比较大的，人口基本处于一种增幅态势，这就从一个侧面反映出汉代北京地区商业的发展程度。

司马迁《史记·货殖列传》把战国至汉初的中国经济划分为四个区域，即“山西”、“山东”、“江南”、“龙门、碣石北”，并分别指出了这四个经济区域的特征。根据历史地理学家史念海先生的研究，司马迁所言的龙门、碣石之间，乃是中国战国至秦汉时期北方农牧地区

---

① “渔阳右尉”官印，瓦钮，西汉中晚期，上海博物馆藏。见孙慰祖编：《两汉官印汇考》，大业公司、上海书画出版社，1993年。

② “军都左尉”铜印，瓦钮，东汉中晚期。见吴云：《二百兰亭斋古印考藏》，同治二年刊本。

③ 参见曹子西主编：《北京通史》第一卷，中国书店，1994年，第148页。

④ 如东汉郭伋任渔阳太守时，“示以信赏，纤戮渠帅，盗贼销散，时匈奴数抄郡界，边境苦之，伋整勒士马，设攻守之略，匈奴畏惮远迹，不敢复入塞，民得安业，在职五岁，户口倍增”。(《后汉书·郭伋传》)

⑤ 参见曹子西主编：《北京通史》，第184页。

⑥ 《汉书》卷二十八下《地理志下》。

的分界线，这条分界线由今河北昌黎县北的碣石起，向西北经居庸折向西南，经太原，最后止于黄河岸边的龙门。① 据此，“燕国由于这条分界线从它的西半部地区的中部穿过，当然它是一个既经营农业又经营畜牧业的国度了。具体来说，燕国的畜牧业区域当在上谷、渔阳、右北平三郡地区，而农业区域则当在蓟城以南的地区”。② 若以此，战国秦汉时期今北京地区，大部分属于农业经济形态，而怀柔等郊区县则属畜牧业经济形态。当然，这样的经济形态也只是一种相对，蓟城及其以南的区域，也会存在游牧与渔猎生活的掠影，而怀柔等地亦有农业经济生活的成分。西周以来，特别是战国秦汉时期，今北京地区的经济发展为以后北京都城文化形成与发展奠定了基础，准备了条件，这一点是不能被忽略的。

① 史念海：《河山集》，第 188 页。

② 阎忠：《从考古资料看战国时期燕国经济的发展》，《辽海文物学刊》1995 年第 2 期。

第二章　魏晋南北朝隋唐五代时期的幽州经济

魏晋北朝时期幽州经历了政治上的动荡，为了维持政权的稳定，统治者也尽力通过施行宽松的政策来促进经济发展，兴修水利工程，重视农业生产。戾陵堰、车厢渠和督亢陂等水利工程建设，为幽州农业经济生产提供了动力，扩大了耕地面积，吸引大量人口来到幽州进行农业开发。因少数民族人口不断进入幽州，他们逐渐学习到汉族的先进农业生产技术并定居下来。同时因为战乱外迁的幽州人民也将农业技术输送到塞北地区，促进了当地农业的发展。大量的人口流动，促进了农业技术交流以及商品流通，对幽州地区的经济发展起到了积极作用。

这时手工业也有所发展，因为各民族之间的交流，手工业生产的物品种类与技术都不断提高。从大量考古发现中可以看到各式各样精巧的金银器皿及陶瓷用品。有关不同手工业行会的记载，也显示这一时期幽州的手工业较为发达。商品流通也因为人口迁徙和政权更迭而变得频繁，幽州是少数民族进入中原的门户，大量的对外贸易也在幽州进行，国内外的商人都聚集在幽州进行商品交换。互市的设置和大量胡商来到幽州贸易，证实幽州有着发达的商业贸易。

随着隋唐大一统时代的到来，政局的稳定促进了幽州地区经济的繁荣。均田制及租庸调制的推行，使幽州的农业生产得到恢复，人口增长也很迅速。大量少数民族迁入幽州，对幽州的社会经济产生了积极作用。幽州地处华北平原北端，是中原与东北地区、草原地区的交通枢纽，随着大运河的开凿，不仅幽州当地的物产，各地的商品也可以通过幽州转运输送，加强了幽州与周边地区的经济往来。

唐后期的藩镇割据，在很大程度上使幽州陷于封闭状态，与周边地区的经济交流急剧减少。在农业生产方面，唐后期幽州节度使在辖区内普遍推行屯田，基本维持了农业生产的运行。由于区域间的经济交流有限，手工业、盐业、矿业等物资皆依赖幽州当地自产，从而造成产量较少、质量较差的局面。

第一节　农业与畜牧业经济

一、幽州水利与农业技术对农业发展的促进

魏晋北朝隋唐时期幽州地处华北平原的北端，东邻大海，北依燕山，西靠太行，东南是一片平原，即所谓的“北京小平原”。以燕山为界，幽州可分为山前（山南）、山后（山北）两部分。燕山以北是内蒙草原与华北平原之间的过渡地带，以山地、丘陵为主，为半农半牧地区。山间还有一系列盆地，盆地内狭长的冲积平原，是人口较稠密，农业较发达的地区，即今天宣化、怀来、承德等地。

燕山以南连接华北平原，是发达的农耕地区。这种“左环沧海，右拥太行”，宜耕宜牧的地理条件和北通草原及东北各地、南达江淮的重要交通位置，决定幽州了从秦汉到隋唐，这里一直是重要的军事重镇，随着人口的迁入和屯田垦荒的开展，经济得以持续增长。

魏晋北朝时期，幽州人口迁徙频繁，给农业生产带来很大影响。幽州战乱之时，人口逃散，农业凋敝。从汉末动乱开始，幽州人口大量逃散入乌桓鲜卑，建安七年（202）袁尚被曹操所破，“奔踢顿時，幽冀吏人奔乌桓者十万余户”。① 环伺幽州边境的少数民族乘乱大量掠夺人口，《三国志·魏书·武帝纪》载：“三郡乌桓承天下乱，破幽州，略有汉民合十余万户”。西晋末年，幽州再度发生了人口大量流失的现象。永嘉之乱时，王浚为幽州刺史，“初，中国士民避乱者，多北依王浚，浚不能存抚，又政法不立，士民往往复去之”。② 而这些离去的士民又去投奔辽西鲜卑段氏和慕容氏。

随着政局稳定，州牧安抚，重视农耕，农业经济开始出现回升。一部分流民又返回幽州等地，为幽州的农业复兴提供了劳动力。同时，

---

① 《后汉书》卷一百二十《乌桓传》。

② 《通鉴》卷八十八，晋愍帝建兴元年五月条。

也有大量少数民族人口迁入到幽州，开始定居并从事农业。后燕初年，慕容农为幽州牧，“先是，幽、冀流民多入高句丽，农以骠骑司马范阳庞渊为辽东太守，招抚之”。[①] 北魏初，尉诺为幽州刺史，“在州前后十数年，还业者万余家”。[②] 幽州统治者通过各种安抚政策，吸引人口回归，并兴修水利，提供良好的农耕条件，促进农业经济的发展。

戾陵堰与车厢渠北京地区历史上第一个大规模引永定河（㶟水）灌溉农田的水利工程，是三国时魏国镇北将军刘靖创修。刘靖与其父刘馥、其子刘弘，是中国历史上少有的祖孙三代致力于兴修水利的杰出人物，并对后世的水利事业产生了深远影响。《三国志》记载，刘靖非常重视百姓疾苦与农业生产，“富民之术，日引月长。……农器必具，无失时之阙。蚕麦有苫备之用，无雨湿之虞。封符指期，无流连之吏。鳏寡孤独，蒙廪振之实”。由大司农卫尉迁镇北将军、假节都督河北诸军事之后，“靖以为‘经常之大法，莫善于守防，使民夷有别’。遂开拓边守，屯据险要。又修广戾陵渠大堨，水溉灌蓟南北，三更种稻，边民利之”。[③] 为了保持边境地区长期稳定，刘靖一方面加强险要地段的军事防御，一方面开渠引水灌溉农田、种植水稻，解决军粮供应与地方经济问题。

到了西晋元康四年（294），刘靖的小儿子骁骑将军、平乡侯刘弘，被朝廷任命为使持节监幽州诸军事、兼任护乌丸校尉、宁朔将军。此时，距离他父亲刘靖主持开凿戾陵堰，已经过去了46年。元康五年（295）六月，㶟水上下洪水暴发，毁损了戾陵堰四分之三的坝体，导致车厢渠渠道无法容纳洪水而四处决溢。刘弘追思其父修建戾陵堰的业绩，亲临实地考察山川形势，指导制定河渠治理的规划方略，建起㶟水沿岸的长堤，恢复多处被冲垮的石渠，维修遭到山洪重创的主遏，改造已经不敷应用的水门。刘弘恢复了车箱渠水路畅通、便利民众的灌溉，所有工程一律严格遵循旧有规制，总计用工四万有余。

从三国至西晋，利用戾陵堰与车厢渠引㶟水灌溉蓟城南北的广阔土地，持续获益数十年之久。晋室南渡之后，北方陷入战乱频仍的十六国时期，这一大型水利工程因年久失修而废毁。到了社会相对稳定的北朝，戾陵堰与车厢渠这套灌溉系统又曾几度兴复。

---

① 《通鉴》卷一百六，晋孝武帝太元十年十一月条。

② 《魏书》卷二十六《尉古真传附尉诺传》。

③ 《三国志》卷十五《刘馥传附刘靖传》。

北魏孝明帝时，裴延儁任平北将军、幽州刺史，在水旱灾害频发、民众饥寒交迫的情况下，他上表提出修复废毁多年的督亢渠、戾陵堰和车厢渠等旧有渠道："范阳郡有旧督亢渠，径五十里；渔阳燕郡有故戾陵诸堰，广袤三十里。皆废毁多时，莫能修复。时水旱不调，民多饥馁，延儁谓疏通旧迹，势必可成，乃表求营造。遂躬自履行，相度水形，随力分督，未几而就。溉田百万余亩，为利十倍，百姓至今赖之"。① 督亢渠在今河北涿州一带，裴延儁对勘测河道形势在内的各个环节事必躬亲，安排各级官员分头督促，不久就完成了整修渠道的任务。整修后的灌溉面积达到一百多万亩，收益为旱地的十倍，这些水利设施直到北齐时期仍在造福百姓。

北齐河清三年（564），斛律羡担任使持节都督幽、安、平、南（营）、北营、东燕六州诸军事，幽州刺史，也对幽州农业生产十分重视，他兴修水利，囤积军粮，积极防御突厥。天统元年（565），斛律羡又导高梁水北合易京，东会于潞，因以灌田，边储岁积，转漕用省，公私获利焉。② 斛律羡把高梁水向北引入易京水（《水经注》作"易荆水"，即今"温榆河"），再向东注入潞水（今"白河"），利用了车箱渠故道而且还有所扩充，灌溉了沿途的大片农田。"转漕用省"一语说明北齐向幽州地区运送粮饷已由陆运改为水运，官方因为水运节省费用而减轻财政负担，幽州百姓则随着引水渠道的延长扩大了灌溉面积，由此收到"公私获利"的社会效果。

隋唐时期在桑干河（古永定河）下游引水灌溉土地、种植水稻的事迹，也见于文献记载。唐高宗永徽年间，"裴行方检校幽州都督，引卢沟水广开稻田数千顷，百姓赖以丰给"。③ 裴行方的举动与东汉张堪开渠种稻异曲同工。

其后又有姜师度，时人称："司农卿姜师度明于川途，善于沟洫，尝于蓟北约魏帝旧渠，傍海新创，号曰平虏渠，以避海难，馈运利焉。时太史令傅孝忠明于玄象，京师为之语曰：'傅孝忠两眼窥天，姜师度一心看地。'言其思穿凿之利也"。④ 也是兴修水利的能手。

农业生产工具的改进及广泛使用，对农业生产力提高起到重要作用。西汉以来中国的农作物种植和农业生产技术都不断更新，北方发明了耕、耙、耢相结合的耕作技术，改良了土壤，使作物产量有了很

① 《魏书》卷六十九《裴延儁传》。

② 《北齐书》卷十七《斛律羡传》。

③ 【宋】王钦若等辑：《册府元龟》卷六百七十八《牧守部·兴利劝课》。

④ 《大唐新语》卷四《政能第八》。

大的提高。北魏因重视农业，太和九年（485）又实行均田制，把无主荒地分给无地或少地农民耕种。统治者的励精图治，使农业生产蒸蒸日上，贾思勰的《齐民要术》就是在这种背景下撰写出来的，表现了魏晋北朝时期北方农业生产的发展状况。

到唐代，在开放稳定的政局下，均田制和租庸调制的施行，鼓励了农民的生产积极性，农业技术再度飞跃。曲辕犁的出现并广泛使用，灌溉器具也有了很大改进，翻车灌溉技术在唐代得到了很大推广，又创造了筒车，进一步提高了农业种植中的灌溉能力，农业生产更加发达兴旺。

二、幽州的屯田及农作物

魏晋北朝时期的幽州，除了大量农户兢兢业业从事农耕，促进了幽州农业生产之外，值得一提的是幽州的屯田。屯田是集约化的农业生产方式，分民屯和军屯两种，民屯是为了补充政府财政不足，军屯是为了补充军资，尤其自北朝开始，为筹集军粮，军屯已经成为一项基本国策。后赵王典率众万余人，自幽州东至白狼戍屯垦。《北齐书》载："孝昭帝皇建中，平州刺史嵇晔建议开幽州督亢旧陂（今范阳郡范阳县界），长城左右营屯田，岁收稻粟数十万石，北境得以周赡"。《隋书》也载："文帝开皇三年，突厥犯塞，吐谷浑寇边，转输劳弊，乃命朔方总管赵仲卿於长城以北大兴屯田"。

幽州作为军事重镇，屯田由来已久，到唐代，屯田的相关制度已经非常完善。"开元二十五年令诸屯隶司农等者，每三十顷以下、二十顷以上为一屯，隶州镇诸军者，每五十顷为一屯"。种植作物多为大麦、荞麦、萝卜，幽州属河北道，是屯田的重要区域，据《太平御览》载："天宝八年，天下屯田百九十一万三千九百六十石，关内五十六万三千八百一十石，河北四十万三千二百八十石，河东二十四万五千八百八十石，河西二十六万八十八石，陇右四十四万九百二石"。[①] 幽州具体屯田数，据《唐六典》载有五十五屯之多，在各地屯田中是遥遥领先的。

在"安史之乱"以前，幽州作为军事重镇，有中央提供军粮支援，而在"安史之乱"以后，贡赋不入中央，所有军队供给，都靠本地解决，因此开垦屯田越发重要。刘怦任雄武军使时广开屯田，政绩卓著。

① 《太平御览》卷六十四《兵部》。

节度使刘济在天旱蝗虫为灾时，“絜斋蔬菲，默以心祷”。[①] 张仲武任雄武军使时“年年丰熟”[②]，后任节度使期间，“每春则劝农，及夏亲行县，以较其民之稼穑。见稊莠不去者必挞之，见滋长如云者必坐于木阴，赐酒茗以厚之”。[③] 幽州屯田经营卓有成效，尽管内乱频繁，征战连年，却仍然能“兵储不外求而足”[④]。咸通九年，庞勋起义时，幽州节度使张允伸一次性出米五十万石，盐二万石，以助中央剿平起义，幽州仓廪之充实，由此可见一斑，而屯田之功绩，实在不可低估。

大规模屯垦生产，部分解决了军队供应，减轻了百姓负担。同时大量荒地得以开垦利用，促进了北方边地的开发。

幽州的农业种植品种也较为丰富，与华北平原的农作物种类大致相同。魏晋北朝隋唐时期幽州的主要粮食作物有：粟、大麦、小麦，荞麦、穬麦（即燕麦）、稻、荞、豆、胡麻等，其中粟、麦是主要粮食作物，尤其小麦在汉代以后普遍种植。随着人口滋长，人们除了扩大耕地面积外，就靠提高复种指数来增加产量。小麦不但产量高，品质好，而且是越冬作物，可以和粟等作物轮作，又能解决青黄不接时的口粮问题。于是原来多在东方近海一带平原种植的小麦就向黄土高原扩展开来。

小麦种植在魏晋以后成为主粮大面积种植的原因，还依赖水利条件和加工工具的进步。小麦生长期长，不大耐旱，它的需水量比粟大一倍，而华北地区雨量较小，秋冬春三季降水量更少，尤不宜小麦的播种和生长。竺可桢指出：“如种小麦则四五月值小麦需雨最急之时，华北四五月平均雨量已嫌不足，若降至平均以下，必遭歉收。所以若无灌溉设施，华北种小麦是不适宜的。”[⑤] 而魏晋时期幽州执政官大力开发水利，灌溉农田，精耕细作的水平也不断提高，有助于小麦生产的推广。

王守泰《山顶浮图后记》载：“大唐十八年，金仙公主为奏圣上，赐大唐新旧译经四千余卷，充幽府范阳县（云居寺）为石经本。又奏范阳县东南五十里上垡村赵襄子淀中麦田庄并果园一所……永充供给

---

① 《全唐文》卷五百五《故幽州卢龙军节度副大使知节度事管内支度营田观察处置押奚契丹两蕃经略卢龙军等使开府仪同三司检校司徒兼中书令幽州大都督府长史上柱国彭城郡王赠太师刘公墓志铭并序》。

② 《册府元龟》卷四百五十一《将帅部·矜伐》。

③ 《册府元龟》卷六百七十八《牧守部·兴利劝课》。

④ 《宋史》卷一百九十二《兵志六》。

⑤ 《地理学报》1964年30卷1期。

山门所用”。[①] 这正说明当时的幽州种植小麦的状况。

促进小麦种植扩展的另一个原因是石磨的发明和推广。在石磨发明以前，人们是把麦子大豆都煮成饭吃的，汉魏时期正是我国碾磨普及推广时期，有了石磨，就可以把麦子磨成面粉，房山云居寺所藏唐代石经题记中有幽州磨行的题名，说明幽州的小麦加工业很发达。由“粒食”改为面食是我们民族饮食史上的一大进步，唐代的面食也丰富多彩，烧饼、面条、水饺、馒头、包子都很常见了。

粟的种植历史很古老，直到唐代，都是中国的主要粮食作物，尤其在北方种植最为普遍。粟即小米，营养价值高，生长期比小麦和水稻短，特别适合在黄河流域栽培。粟还有坚实的外壳，防潮防虫，极耐储藏，“五谷之中，惟粟耐陈，可历远年”。[②] 由于耐储藏，是备荒的重要粮食，一直到唐代为止，都是我国的主要粮食。诗人李白曾遭遇关中饥荒，就感叹：“虽有数斗玉，不如一盘粟”。[③] 幽州也大量种植粟，隋末群雄纷争，高开道占据的怀来盆地及延庆，就是盛产粟，当时的幽州总管罗艺还要向他借粟生存，“时幽州大饥，开道许给之粟，（艺）请粟开道”。开元中，粟是粮食成为计量标准：“诸营田，……其大麦、荞麦、干萝卜等，准粟计折斛斗，以定等级”。[④]

稻米生产到了唐代已经很普遍，由于南方经济和人口的发展，水稻成为南方主要粮食作物，在全国粮食总产量中它很快地超过小麦而成为主要粮食产品。但是在幽州，从汉代张堪兴修水利种稻开始，稻的种植也一直在推广中，魏晋北朝时期大型水利工程戾陵堰，车厢渠及督亢陂的建设，为水稻的种植提供了良好的条件。

唐高宗永徽中，裴行方检校幽州都督，引卢沟水灌溉稻田数千顷，水稻的种植也颇为可观。唐代幽州稻米的生产加工较为发达，在房山云居寺唐代石经题记中有幽州大米行、粳米行，很大部分是来源于江南的军粮，稻米作为主食被幽州驻军所接受，可以推测幽州稻米生产也较为普遍。

除了稻、粟、小麦等主粮生产，幽州还有胡麻、豌豆、穬麦等作物。胡麻即芝麻，是古代油料来源，很早就在中国开始种植。《唐诗纪事》记载了幽州种植胡麻的事例：“朱滔括兵，不择士族，悉令赴军，自阅于球场。有士子容止可观，进趋纯雅，滔问曰：‘所业者何？’曰：

① 《日下旧闻考》卷一百三十一《京畿·房山县二》引《吉金贞石志》。

② 胡锡文编：《中国农学遗产遗集·粮食作物》，中国农业出版社1959年，第238页。

③ 《全唐诗》卷一百六十一，李白《书怀赠南陵常赞府》。

④ 《通典》卷二《食货二·屯田》。

‘学为诗。’曰：‘有妻否？’曰：‘有。’即令作寄内诗，援笔立成，……又令代妻作诗，答曰：‘蓬鬓荆钗世所稀，布裙犹是嫁时衣。胡麻好种无人种，合是归时底不归？’滔遗以束帛，放归”。

而穬麦在南朝梁陶弘景的《本草经集注》中就有记载，是北方常见的农作物，《唐本草》也对穬麦有所记载，有药用价值，主要用于饲养马匹，“穬麦，此是今马食者，然则大、穬二麦，种别各异，而世人以为一物，谬矣”。① 因在幽州养马业颇为发达，所以穬麦在幽州种植较为广泛。

三、幽州的畜牧业经济

临近边塞，幽州有着良好的畜牧业条件，幽州境内，到处都是马、牛、羊的繁息之所。畜牧业能为生产、生活提供畜力和肉类，马、牛、驴、骡、驼等大牲畜是较为常用的交通工具和动力来源，而猪、羊、鸡、鸭小牲畜饲养，则为改善生活。束皙在西晋惠帝时建议开发农业，在幽州等旷野之地推广畜牧业，他上疏称：“案古今之语，以为马之所生，实在冀北，大贾牂羊，取之清渤，放豕之歌，起于钜鹿，是其效也。可悉徙诸牧，以充其地，使马牛猪羊龁草于空虚之田，游食之人受业于赋给之赐，此地利之可致者也”。②

冀北自然环境很适宜饲养牲畜，而养马业一直在幽州畜牧业中占有重要地位。幽州的战马自古驰名，称幽州突骑，在当时闻名天下。南朝王僧孺《白马篇》：“千里生冀北，玉鞘黄金勒，”③ 也说明冀州以北地区产名马。石虎统治幽州时，“自幽州以东至白狼，大兴屯田。悉括取民马，有敢私匿者腰斩，凡得四万余匹。大阅于宛阳，欲以击燕”。④ 能从民间搜刮如此大数量的马，说明幽州养马业十分发达。北朝末年，幽州刺史斛律羡“在州养马二千匹，部曲三千，以备边，突厥谓之南面可汗”。⑤ 为了抵御突厥，斛律羡的私兵就配备了二千匹马，可见饲养马匹的数量相当可观。

幽州为四战之地，对战马的需求很大，因此也十分重视养马业。魏晋北朝时期，幽州马匹很多通过与鲜卑、乌桓等游牧民族的贸易购买，或者由游牧部落贡献。魏文帝时，鲜卑首领步度根多次“遣使献

① 《农政全书》卷二十六《穬麦》。

② 《晋书》卷一百四《束皙传》。

③ （清）陈祚明：《采菽堂古诗选》（二），上海古籍出版社 2008 年，第 791 页。

④ 《资治通鉴》卷九六，晋成帝咸康六年三月条。

⑤ 《北史》卷四十二《斛律羡传》。

马，帝拜为王”，另一鲜卑大人柯比能在延康初，也“遣使献马”，与曹魏建立友好关系。曹魏黄初二年（222），柯比能“率部落大人小子代郡乌丸修武卢等三千余骑，驱牛马七万余口交市”，[①] 输入幽州的马匹数量十分惊人。

游牧民族徙居幽州，也壮大了幽州的养马业，汉末鲜卑与乌桓经常出入幽州，辽东、辽西、右北平的乌桓部落强大，兵强马壮，曹操征伐乌桓后，阎柔帅其余部归附，“及幽州、并州（阎）柔所统乌丸万余落，悉徙其族居中国，帅从其侯王大人种众与征伐。由是三郡乌丸为天下名骑”。[②]归附的乌桓人因拥有优良的战马，成为名扬天下的幽州突骑。

在唐代，国家特别重视养马业，中央设太仆一职，管理国马，下设监牧，负责养马。在西北地区设四十八监牧，养马七十余万匹，还在全国设立了六十多个监牧所，管理养马。不止国家进行大规模牧养，就是私家、上至官僚贵族、下至平民百姓，也注重养马：“王侯、将相、外戚牛驼羊马之牧布于诸道，百倍于县官”。

唐代养马不仅数量大，而且品质也有很大提高，《新唐书·兵志》记：“陇右之牧，既杂胡种，马乃益壮”。后世史家也公认为：“秦汉以来，唐马最盛”。因此，唐代的马匹也大量应用于普通人的生活，例如妇女也乘马，体育活动也用到马，如在幽州等地普遍流行的马球戏等。

幽州养马等畜牧业的发达，在唐后期表现更为突出，藩镇为图存自保，扩充骑兵装备的紧迫需要，迫使藩镇将畜牧业重心都放在养马业。除了大力在境内繁育马匹，幽州藩镇还通过购买及战场获胜掠夺马匹牛羊。此外，幽州藩镇还通过向朝廷进献马匹以表达对中央政府的忠心。

朱泚为幽州节度使时，其幕僚蔡廷玉受到宠信，“又劝归贡赋助天子经费，献牛马系道，储偫为单”。[③] 其后刘总为获得朝廷支持，“献马万五千匹，群臣或疑其诈，帝（穆宗）独纳之，使给事中薛存庆宣慰，给所部复一岁，缗钱百万劳军。高年徇独不能自存者，官吏就问，赐粟帛”。[④] 长庆二年（822）幽州卢龙节度使朱克融再度向朝廷献马羊，“因进检校工部尚书，表献马万匹，羊十万，请直赏军”。[⑤] 唐后期幽州节度使为获取朝廷欢心，进献这样多的马匹，可见这里畜牧业生产

①②《三国志》卷三十《魏志·乌桓鲜卑东夷传》。

③《新唐书》卷一百九十三《忠义下·蔡廷玉传》。

④《新唐书》卷二百十二《藩镇卢龙·刘怦传》。

⑤《新唐书》卷二百十二《藩镇卢龙·朱克融传》。

的发达。

幽州养马业十分发达，但不完全依靠幽州当地饲养，很多马匹也是通过战争来获取。会昌间，回鹘特勒那颉啜拥赤心部七千帐攻逼渔阳，范阳兵马留后张仲武，“使其弟仲至与别将游奉寰等率锐兵三万破之，获马、牛、橐它、旗纛不胜计，遣吏献状，进检校兵部尚书”。大中初，仲武“又破奚北部及山奚，俘获杂畜不赀”。[①] 禧宗中和末，卢龙节度李可举击李克用沙陀兵于药儿岭，“斩首七千级，杀其将朱耶尽忠等，收牛、马、器铠数万”。[②] 与游牧民族的交往和战争，也是促进幽州畜牧业发达的重要原因。而在长期的藩镇兼并战争中，幽州藩镇依仗精良的马骑，能够获得一席生存之地。

幽州的农业与畜牧业经济有着强烈的地域特色，由于这里的混合型自然环境，使得幽州的农业与畜牧业能够同时发展，实现了经济发展的多样化。其发展状况则受到社会环境的影响，呈现出较大的起伏。总体上说，魏晋、隋唐两个时期政治局面较为稳定，农业生产发展较快，而北朝时期因为政治动荡，农业生产出现下滑。而幽州与各游牧民族之间的频繁往来，又使得这里的畜牧业一直保持着发展与较为繁荣的状态。

第二节　手工业生产与商业贸易

一、手工业生产门类

魏晋北朝时期幽州地区的手工业，由于统治者之间的混战受到极大破坏，加上北魏统治者把北方各地手工业者强制集中到平城（今山西大同）去，使幽州地区的手工业一度遭到破坏，但是这里的手工业生产仍有不同程度的发展。幽州民间麻，布的生产数量相当大，人民负担的户调，就是用麻和布缴纳的。

密云是铁矿的产地。平谷西北有盐池，北魏在这里设斛盐戍，驻兵守卫。幽州人民有经营畜牧业的传统，幽州的筋角，是制造弓弩的必备材料，曹魏文人陈琳的《武库赋》和晋朝文人江统的《弧矢铭》中，都对用幽州筋角做成的弓弩备加赞扬。

公元 307 年（西晋永嘉元年）幽州刺史王浚曾葬其妻华芳于幽州

---

① 《新唐书》卷二百十二《藩镇卢龙·张仲武传》。

② 《新唐书》卷二百十二《藩镇卢龙·李茂勋传》。

西二十里（今北京西郊八宝山革命公墓西半里），随葬品残存有铜熏炉、铜弩机、银铃、漆盘等物，造工十分精巧，其葬具为漆棺，有精致彩绘。公元 357 年（前燕光寿元年），慕容儁下令，为慕容皝坐骑“赫白”铸铜像，置于幽州东掖门，时称铜马门。其铸像惟妙惟肖，栩栩如生，反映出当时幽州冶铸工艺的惊人成就。

幽州地区的丝织业在战国时期就很发达，西晋北朝时期因气候的影响曾一度衰退。隋唐时期正处于中国近五千年气候变迁中的第三温暖期，气候回暖，桑蚕业重新恢复起来。从北京房山区云居寺唐代石经题记中可以发现，当时幽州诸行业中。丝织行业最为发达，其经济实力虽比不上米行、肉行，但行业分工已经很细，有绢行、小绢行、大绢行、新绢行、彩帛行、绵行，等等。

据《新唐书·地理志》记载，幽州范阳郡每年向朝廷贡纳的土产除角弓、栗、人参外。还有绫、纬、绢。据《大唐六典·尚书户部》载，开元中幽州主要贡纳的丝织品为绫，绵、绢多充作幽州百姓的赋调。又据同书《太府寺》载，充作赋调的绢布按精粗分类，绢分八等，布分九等。幽州绢为第五等，属中等水平。相传唐玄宗开元中（718—720）张说为幽州都督时，“每岁入关。辄长辕輓辐车，辇河间、蓟州佣调缯布，驾槽连杌，坌入关门，输于王府”。①

幽州自古有渔盐之利，盐业生产自秦汉至隋唐相沿不辍。开元二十五年（737）屯田格称：“幽州盐屯，每屯配丁五十人，一年收率满二千八百石以上，准营田第二等；二千四百石以上，准第三等；二千石以上，准第四等。”② 可见开元时幽州盐业生产是由官府经营。为此。唐政府专门设置所谓“盐屯”，以屯田收获的粮食来维持盐业生产。即使在安史之乱以后，藩镇割据，不再向朝廷缴纳盐赋，但盐业生产并没有罢废。张允伸为幽州卢龙节度使时，一次即向朝廷上纳盐二万石。

唐代幽州地区的冶铸业继汉魏之后仍持续发展，幽州是北方军事重镇，无论是出征作战，还是从事农业生产，都需要大量铁器。据北京房山区云居寺唐代石经题记，当时幽州城内有生铁行。另外。幽州还有铸钱的钱炉，唐高祖武德四年（621）七月，置钱监于幽州及洛、并、盖等州。幽州钱铸造精美，唐玄宗之世，安禄山曾以之作为贡品。从北京地区已经发现的辽金时期铁制农具来看，可以肯定唐代幽州地区铁制生产工具比汉魏时期更为普遍，而且形制也更为接近现代农具。

① 《太平广记》卷四百八十五《东城老父传》。

② 《通典》卷十《食货典》。

铁制工具的普遍使用当然是以发达的冶铸业为基础，同时也推动冶铸业进一步发展。

二、互市与商行

幽州附近设有“胡市”，又称“互市”，是中原与塞外游牧民族和平交易互通有无的场所，它对各民族的经济交流起着巨大作用。“胡市”交换的产品，输出的主要是粮食，铁器以及其他手工产品，输入的主要是畜产品。在曹魏时，鲜卑经常以牛马与汉魏进行交易。如曹魏黄初三年（222），柯比能等驱牛马七万余口交市，换回中原地区的精金良铁及布帛绛缯、粮食等生活用品乃至奇珍异宝。因为马匹为战略资源，故而鲜卑部落首领有时又禁止用马作为交易品。如魏文帝时，鲜卑各部首领“乃共要誓，皆不得以马与中国市”。① 北魏时期，幽州以北辽西、辽东盛产名马，常与北魏在和龙、密云地区互市。

幽州作为隋唐东北的军事重镇，作为沟通东北与中原的孔道，经济贸易较为发达。尤其隋及唐前期，为保障军事需要，在水陆交通开拓方面，将幽州与周边地域连接起来，更加促进了幽州的商业贸易。隋代大运河的开凿，将唐幽州城与江淮、关东富庶之区联系起来，贸易比往日更加繁荣。东北少数民族兴起，与隋唐王朝的交往日益频繁，突厥、契丹、奚、靺鞨等少数与中原的经济交流主要通过幽州来实现。

少数民族给幽州的城市生活带来许多异域风情，大量少数民族商品纷纷涌入幽州，在互市中的商品以绢、马为主，名马、丰貂、麝香、珍珠等多种域外商品大受欢迎。幽州的市位于幽州城北，又称幽州市、互市。通过幽州互市，双方不仅能够交换各种商品，而且对不同的文化习俗增进了解，加强了各民族之间的文化融合。

隋初阴寿任幽州总管，曾献给独孤皇后珍珠一斗，很显然是通过互市从少数民族商人手中获得的。在安禄山掌权时期，胡人从事商业贸易最为活跃，据《安禄山事迹》载：“每商（胡商）至，则禄山胡服坐重床，烧香列珍宝，令百胡侍左右。群胡罗拜于下，邀福于天。禄山盛陈牲牢，诸巫击鼓歌舞，至暮而散”。安禄山本从事互市贸易，通晓多种语言，有着与胡商直接交易往来的丰富经验。

为了发动叛乱，他“分遣商胡诣诸道贩鬻，岁输珍货数百万”，②

① 《三国志》卷二十六《魏书·田豫传》。

② 《资治通鉴》卷二百十六，唐玄宗天宝十载二月条。

并“阴令群贾市锦采朱紫服数万为叛资”。① 金银珠宝以及丝绸服装是安禄山经营的重要项目，马匹牛羊也是在幽州交易的大宗商品。安禄山同时积攒了大量的马匹牛羊以备叛乱，“禄山阴有逆谋，于范阳北筑雄武城，外示御寇，内贮兵器，积谷为保守之计，战马万五千匹，牛羊称是”。② 除了他自己储备大量马匹牛羊，为讨得朝廷欢心，他还不时进献，“每月进奉生口驼马鹰犬不绝”，③幽州向朝廷贡献马匹等牲畜的记载屡见于史籍，如元和十三年（818）“三月，范阳节度使刘总，请进马一万五千匹”。④ 在进献的数量庞大的马匹中，很多都是与游牧民族互市而来的。

因为繁荣的商品交易，也促进了幽州城市的工商业发展。从北京房山区云居寺唐代石经题记中，可以得知当时幽州城内有米行、白米行、大米行、粳米行、屠行、肉行、油行、五熟行、果子行、椒笋行、炭行、生铁行、磨行、染行、布行、绢行、大绢行、小绢行、新绢行、小彩行、丝棉行、丝帛行、幞头行、杂行、杂货行、新货行等。从题记来看，食品与纺织品是其中较为兴盛的行业，不仅为满足幽州城市居民生活的需要，而且也是为满足对外贸易的需要。

隋唐时期，漕运与海运的开通，也便利了南方物产运输到幽州。隋大业六年（610），为准备平定辽东叛乱，就征调了大量军资汇集幽州，“有司奏兵马已多损耗。诏又课天下富人，量其赀产，出钱市武马，填元数，限令取足。复点兵具器仗，皆令精新，滥恶则使人便斩。于是马匹至十万。七年冬，大会涿郡”。⑤ 直到隋末群雄并起，幽州城作为隋炀帝征辽的基地，屯聚了大量精兵和军备，“天下盗起，涿郡号富饶，伐辽兵仗多在，而仓庤盈羡，又临朔宫多珍宝，屯师且数万”。⑥

唐代幽州常常因为军事需求而积储了大量物质。武后时契丹孙万荣叛乱，为扫平叛乱，政府也从江南调遣了大量粮食到幽州，随同出征的陈子昂在上书中提到：“即日江南、淮南诸州租船数千艘已至巩洛，计有百余万斛，所司便勒往幽州，纳充军粮”。⑦ 因为属于军事重地和交通的便利，幽州的物资十分丰富，这为幽州贸易发展提供了

① 《新唐书》卷二百二十五《安禄山传》。
②③《旧唐书》卷一百五十《安禄山传》。
④ 《唐会要》卷七十二《京城诸军》。
⑤ 《隋书》卷二十四《食货志》。
⑥ 《新唐书》卷九十二《罗艺传》。
⑦ 《全唐文》卷二百一十一，陈子昂《上军国机要事》。

基础。

唐末五代，幽州藩镇局限于北方一隅，与邻藩经济交流大受限制，由于战争导致的动荡，人员离散，大量手工匠人被契丹掳掠，加上统治者的残酷统治，导致工商业凋零。刘仁恭统治幽州时，大肆搜刮，“以堇土为钱，敛真钱，穴山藏之，杀匠灭口。禁南方茶，自撷山为茶，号山曰大恩，以邀利”。① 刘仁恭的苛酷统治，对幽州城市经济及商业流通造成直接危害，造成了幽州经济的衰退。

第三节　交通、人口与城市消费

秦汉统一国家建立后，交通道路以国家的首都为中心向全国辐射，各区域之间的道路也更加畅通无阻。无论是陆路交通的开辟还是水路交通的开凿，都有显著成就。由于国家制度的进一步完善，对交通线路的管理机构和相关律令更为严密，在道路上设置的馆驿更加系统化，交通工具也随着社会经济的发展不断更新。

与之相比，分裂战乱的汉末和北朝时期，因为政权的频繁更替，地域之间的交通受到很大阻碍和限制，道路的开拓和改进也相对缓慢。但是，幽州的交通枢纽作用却没有削弱。特别是在北朝时期，由辽东崛起的鲜卑族政权更是依赖幽州这一战略位置，以其为基地向中原地区不断扩张。由幽州通往华北平原的交通要道因其在政治、军事等各方面的巨大作用而愈加重要。

一、魏晋北朝隋唐时期幽州交通状况

东汉末年，曹操为征伐乌桓，开凿了平虏渠和泉州渠。十六国和北朝时期的幽州地区虽然先后为不同民族的政权所占据，与南北方的水陆交通也时常被阻隔，但仍有与疏通运河及漕运有关的记载。北齐河清三年（564），斛律羡任幽州刺史时，引高梁水北合易荆水（今温榆河），东汇入潞水（今潮白河），“因以灌田，边储岁积，转漕用省，公私获利焉”。② 说明北齐政权的运送粮饷已由“转输”改为“转漕”，即由陆运改为水运。同时，使北京地区的百姓因高梁河水道延长、灌溉面积扩大，而得到好处。

隋唐时期是秦汉之后再度实现全国统一的王朝，交通道路的建设

① 《新唐书》卷二百十二《刘仁恭传》。

② 《北齐书》卷十七《斛律羡传》。

有了显著进展。隋炀帝在西北道路的修建以及大运河的开凿上，投入了巨大的人力与物力。尽管这些举措给他的统治带来了灾难性的影响，但幽州地区的交通因此有了很大改观。经大运河可南达中原，与繁荣的大都会洛阳的联系更为密切。

经过北朝时期长期的民族融合，幽州与北方游牧民族的交往更加密切。隋炀帝时期积极经营西北，他所巡行的地域远达今日青海。隋朝征讨辽东的战争，使涿郡成为重要的军事基地，促进了涿郡通往东北道路的发展。唐朝开放的民族文化政策吸引了很多国外使臣、商贸人士及游人，稳定的政治局面和繁荣的经济也使得国内外交流十分频繁，这一切都为幽州地区与外地的交通发展提供了推动力，在隋代基础上继续有所提升。

唐后期的藩镇割据，使幽州的对外交通受到很多约束。无论通往中原还是西北、东北的交通线，都因为军事上的对抗而被限制，无复盛唐时代四通八达的风光。不过，由于经济和政治上的需要，即使需要通过重重关卡，幽州与外界的交通并未完全断绝。唐末五代的分裂割据，使幽州的交通主要局限于周边地区，而不能顺利通达华北以及江淮地区。

中国古代的水路交通在隋朝有了空前的发展，隋文帝承继北周基业之后又攻下了陈朝，完成了大江南北的统一。隋炀帝亲率大军南下，嗣后即位不久，就着手开凿南起余杭（今浙江杭州）、西至洛阳、北至涿郡（今北京）的大运河，进一步巩固统一局面、加强南北联系。

大运河的开凿，源于经济和技术发展的推动。从南北朝时期以来，南方逐渐成为全国的经济重心。隋朝统一后，江南财赋为关中以及北方提供了大量支持。隋文帝时期，关中粮食短缺，就常需仰仗从洛阳转运的漕粮供应。逢关中严重饥荒时，隋文帝甚至不得不率百官到洛阳就食，因此被讥为“逐粮天子”。隋朝以洛阳为集结点，将山东和江淮的粮食、布帛等聚集于此，以备关中不时之需。炀帝即位不久，就营建洛阳为东都，并置洛口、回洛等仓。

开皇四年（584），隋文帝以京师仓廪空虚，诏令漕运关东及汾、晋之粟输京师，“命宇文恺率水工凿渠，引渭水，自大兴城东至潼关，三百余里，名曰广通渠。转运通利，关内赖之”。① 由此沟通了关中地

① 《隋书》卷二十四《食货志》。

区到洛阳的漕运。开皇七年（587）“四月，于扬州开山阳渎以通运”。[①] 山阳渎南起江都（今江苏扬州），北至山阳（今江苏淮安），是在邗沟旧渎的基础上开凿的，沟通了江、淮水系。这样，南北方的水利都有了初步开发。到隋炀帝时，又营建东都洛阳，开启了南达余杭、北通涿郡、西联洛阳及长安的大运河水利工程。

隋代大运河的开凿始于大业元年（605）三月，“辛亥，命尚书右丞皇甫议发河南、淮北诸郡民，前后百余万，开通济渠。自西苑引谷、洛水达于河，复自板渚引河，历荥泽入汴；又自大梁之东引汴水入泗，达于淮；又发淮南民十余万开邗沟，自山阳至扬子入江。渠广四十步，渠旁皆筑御道，树以柳”。[②] 运河中的通济渠和山阳渎段最早开发，通济渠是西自洛阳西苑引谷、洛二水东北流，入黄河；东自板渚（今河南荥阳汜水镇东北）引黄河入汴水，至今开封附近又分汴水往东南流，至盱眙北流入淮河，沟通了黄河与淮河。山阳渎则连接了淮河与长江。这段大运河完成了从江南向东都洛阳的漕运工程。

大业四年（608）正月，“诏发河北诸郡男女百余万开永济渠，引沁水南达于河，北通涿郡”。[③] 北通涿郡的永济渠是隋代大运河的北段，推动永济渠开凿的除了经济、技术因素外，尚有政治与军事的需要。《隋书·阎毗传》：隋炀帝“将兴辽东之役，自洛口开渠，达于涿郡，以通运漕。毗督其役”。[④] 因此，永济渠为联系东都洛阳与北方重镇幽州的直接渠道。隋及唐前期用兵辽东和契丹、突厥，以黎阳、洛阳为中转，利用永济渠转输军粮等至幽州，发挥了很大作用。

大业七年（611），隋炀帝开始征伐辽东，“二月乙亥，自江都行幸涿郡，御龙舟，渡河入永济渠”，[⑤] “四月庚午，车驾至涿郡之临朔宫”。[⑥] 随后在七月“发江淮以南民夫及船运黎阳（今河南浚县西南30里）及洛口（今河南巩义市东南）诸仓米至涿郡，舳舻相次千余里”。[⑦] 武后时为讨伐突厥、契丹，也运送江淮粮食到幽州。陈子昂《上军国机要事》称：“即日江南、淮南诸州租船数千艘，已至巩、洛，

① 《资治通鉴》卷一百七十六，陈祯明二年四月条。

② 《资治通鉴》卷一百八十，隋大业元年三月条。

③ 《隋书》卷三《炀帝纪上》。

④ 《隋书》卷六十八《阎毗传》。

⑤ 《资治通鉴》卷一百八十一隋大业七年二月条。

⑥ 《资治通鉴》卷一百八十一隋大业七年四月条。

⑦ 《资治通鉴》卷一百八十一隋大业七年七月条。

计有百余万斛，所司便勒往幽州，纳充军粮”。① 安史之乱时，清河就因堆积了大量江淮军需物资，而被称之为“北库”，清河人李萼请颜真卿凭此抵御叛军：“今清河，公之西邻。国家平日聚江、淮、河南钱帛于彼以赡北军，谓之‘天下北库’。今有布三百余万匹，帛八十余万匹，钱三十余万缗，粮三十余万斛。昔讨默啜，甲兵皆贮清河库，今有五十余万事……公诚资以士卒，抚而有之，以二郡为腹心，则余郡如四支，无不随所使矣”。② 运河永济渠段沟通幽州与东都洛阳，在隋唐王朝东北交通中作用显著。但在唐后期，由于河北藩镇割据，永济渠的作用较之以前黯然失色。

隋朝开凿大运河的最后一段为江南河，大业六年（610）十二月，“敕穿江南河，自京口至余杭八百余里，广十余丈，使可通龙舟，并置驿宫、草顿，欲东巡会稽”。③ 江南河自京口（今江苏镇江）引长江水南入钱塘江，抵达余杭（今浙江杭州市）。至此，隋朝大运河全线贯通，沟通海河、黄河、淮河、长江、钱塘江五大水系，以洛阳为中心，北至蓟城（今北京），西至大兴城（今陕西西安），南至余杭（今浙江杭州）的水运基本畅通。

唐末五代，藩镇割据政权分裂，使通往北方的河道、海路运输几乎断绝，这时期幽州的水路运输仅限于附近区域之内。

唐末五代契丹日渐强盛，屡屡侵逼幽州。为抵御契丹，驻守幽州的节度使赵德钧苦心经营，在幽州东筑城、置县、驻兵，以保障粮草运输。《资治通鉴》记载：“幽州城门之外，虏骑充斥。每自涿州运粮入幽州，虏多伏兵于阎沟，掠取之。及赵德钧为节度使，城阎沟而戍之，为良乡县，粮道稍通。幽州东十里之外，人不敢樵牧；德钧于州东五十里城潞县而戍之，近州之民始得稼穑。至是，又于州东北百余里城三河县以通蓟州运路，虏骑来争，德钧击却之。九月，庚辰朔，奏城三河毕。边人赖之”。④

另外，他又积极开辟幽州粮运水道。后唐长兴三年“六月壬子朔，幽州赵德钧奏：新开东南河，自王马口至淤口，长一百六十五里，阔六十五步，深一丈二尺，以通漕运，舟胜千石，画图以献”。⑤ 赵德钧所开东南河，起自淤口（今河北信安），接巨马河，终于王马口（今河

① 《全唐文》卷二百一十一，陈子昂《上军国机要事》。

② 《资治通鉴》卷二百一十七唐至德元载三月条。

③ 《资治通鉴》卷一百八十一，隋大业六年十二月条。

④ 《资治通鉴》卷二百七十八，后唐长兴三年六月条。

⑤ 《旧五代史》卷四十三《唐书·明宗纪九》

北廊坊西南王玛村），靠近桑干河（今永定河）在固安、永清一线的南派河道。河北南部运粮船沿原永济渠至今天津独流镇以后，西北折入巨马河，溯流西上至淤口，再循新开凿的东南河向东北行，经永清县东境至王马口入桑干河南派，西北浮航至幽州蓟城西南。这条自淤口至王马口的"东南河"，代替了旧有的永济渠北端，《太平寰宇记》等文献于是亦称之为"永济河"、"永济渠"，但显然已非隋唐的永济渠了。

周世宗柴荣是一位颇有作为的君主，他志在收复幽燕之地，屡有北伐契丹之心，而隋代旧永济渠给其北伐提供了有利条件。后周都大梁（今河南开封），由此出兵攻取幽州，要依赖运河航道。《旧五代史》载："帝（周世宗）之北征也，凡供军之物，皆令自京递送行在"。唐末五代时，永济渠开掘既久，而割据藩镇急于军事所需，极少疏治的河道渐渐淤塞。故而，周世宗北伐之前先行疏通。显德六年二月"甲子，诏以北鄙未复，将幸沧州"，先遣水军疏治河道，"丁卯，命侍卫亲军都虞侯韩通等将水陆军先发"。① 周世宗自率大军从大梁出发，"四月庚寅，韩通奏自沧州治水道入契丹境，栅于乾宁军南，补坏防，开游三十六，遂通瀛、莫。辛卯，上至沧州，即日帅步骑数万发沧州，直趋契丹之境"。② 次日就占领了宁州。"乙未，大治水军，分命诸将水陆俱下，以韩通为陆路都部署，太祖皇帝（按：指后来的北宋太祖赵匡胤）为水路都部署。丁酉，上御龙舟沿流而北，舳舻相连数十里。己亥，至独流口，泝流而西。辛丑，至益津关，契丹守将终廷辉以城降。自是以西，水路渐隘，不能胜巨舰，乃舍之。……癸卯，太祖皇帝先至瓦桥关（今河北雄县），契丹守将姚内斌举城降……甲辰，契丹莫州刺史刘楚信举城降。五月，乙巳朔，侍卫亲军都指挥使、天平节度使李重进等始引兵继至，契丹瀛州刺史高彦晖举城降。……于是关南悉平"。③ 不过短短十二天，周世宗便收复三州三关（宁州、莫州、瀛州，淤口、益津、瓦桥）。这次军事上的大捷，赖于周世宗出兵果断神速，而隋唐运河又功莫大焉。宋人王巩《闻见近录》称："世宗开御河，本为蓟燕漕运计，御河其不可废也"。他认为御河在北宋收复北方失地战争中也会发挥重大作用，所以应加以疏浚、维护，不可任其湮废。

五代时期的幽州地区政局纷乱、战争频繁，经济发展也处于极不

① 《资治通鉴》卷二百九十四，后周显德六年二月条。

②③《资治通鉴》卷二百九十四，后周显德六年四月条。

稳定的状态，但运河的功能依然时断时续地保持着，对运输河道的疏浚始终是历任幽州经营者最关心的政务之一。无论是对中原王朝还是对北方政权而言，幽州地区极具战略地位。从中原连通幽州地区的运河以及陆上大道，牢牢地维系着不同区域的政治、经济、文化的联系，成为历史上的北京在后来崛起为国家首都的重要因素之一。

二、人口与城市消费

魏晋北朝时期，幽州地区政治形势变幻无常，居民的民族成分也经常发生变化。这里居民的主体仍然是汉族人民，但内迁的乌桓、鲜卑人也不少。当慕容儁以蓟城为都时，曾把前燕文武官员，士兵以及鲜卑人及其家属迁到蓟城居住。神䴥（429），北魏还把塞外几十万高车族人强制安置在从阴山到滦河上游地带进行农牧，幽州北部地区就包括在这一地带之中。延和元年（432），北魏又从东北营丘，成周、辽东，乐浪，带方、玄菟六郡徙民3万家于幽州。

除此之外，在军阀混战时，流民也常常自发地向幽州集中。刘虞时，中原流民进入幽州的达百万多口。后燕慕容农作幽州牧时，四方流民有几万人聚集到这里，北魏时，代人尉诺为幽州刺史，有惠政，在州前后十余年，逃亡在外的幽州人回乡者有一万余户。这些流民以汉人为主，也有久居塞内的其他各族人民。正光四年（523），六镇起义时。边镇各族兵民流入蓟城地区的非常之多，其起义首领杜洛周，就是柔玄镇（内蒙古兴和县西北）的流民。

由于幽州地区的战乱动荡，幽州地区人口向外流动的现象也经常发生。东晋咸康四年（338），后赵石虎强制幽州居民万余家迁至中原。咸康六年（340），鲜卑幕容皝掠徙幽、冀居民三万多户北走。东晋太元十年（385），后燕叛将徐岩入蓟后，掠千余户而去。陆续入居幽州地区的鲜卑族慕容部人民，除了已与本地居民完全融合以外，绝大部分被北魏征服者强徙到平城。由于人口的经常流动和统治者的强制迁徙，致使幽州地区居民的民族结构不断发生变化。

隋唐五代是北方游牧部落发展较为强盛的时期，突厥及契丹及奚族的势力直接影响到隋唐王朝在北方统治的稳定，为稳定民族关系，隋唐王朝采取了武力征伐兼政治联姻的手段，招抚这些少数民族。这些民族政策在很大程度上促进了民族交往与融合，大量的少数民族人口归附隋唐王朝并入迁到幽州及周边，甚至内地。

隋代幽州人口构成在北朝民族融合的基础上，发生很大变化，随着隋朝的建立与统治的巩固，东北少数民族源源不断进入幽州，如隋朝的李崇，“开皇三年，除幽州总管。突厥犯塞，崇辄破之。奚、霫、契丹等慑其威略，争来内附”。[①] 到唐代，迁入幽州的少数民族人口就更多了。从高祖武德年间到中宗神龙年间，很多少数民族羁縻州县置于幽州。大量少数民族以部落为单位，徙居幽州各县，计有奚、契丹、突厥、靺鞨等族，此外还有同罗、回纥等族人口也在幽州居住，幽州城的居民相当一部分是少数民族，从幽州城坊（里）的名称，如肃慎坊、罽宾坊、归仁里、归化里等等，亦可见幽州城各民族汇聚聚居的情形。

大量少数民族民众入居幽州，使幽州成为侨治蕃州最为集中的地区，容纳了突厥、奚、契丹、室韦、新罗等多个少数民族民众，而顺、瑞、燕、夷宾、黎、归义、鲜、崇等二十几个侨治蕃州，所领蕃户在天宝中至少二万多，约占幽州汉蕃总户的三分之一，此外，活跃在这里的少数民族民众远远超过此数。

但是唐末五代的战乱，造成了幽州人口的大量流失，“刘守光暴虐，幽、涿之人多亡入契丹。阿保机乘间入塞，攻陷城邑，俘其人民，依唐州县置城以居之”。[②] 从幽州奔逃至契丹的人口数量很多，阿保机将这批人口集中起来，仿效幽州之制建立了城市，“汉城在炭山东南滦河上，有盐铁之利，乃后魏滑盐县也。其地可植五谷，阿保机率汉人耕种，为治城郭、邑屋、廛市，如幽州制度，汉人安之，不复思归”。[③]阿保机通过这种方法壮大了自己的势力，也使辽在占据幽州后，很快采用汉人制度统治幽州，保持了幽州的稳定和繁荣。

隋唐五代时期，幽州依然是北方民族融合的一大中心，突厥、契丹、奚、靺褐、高丽、室韦、铁勒等各族人民迁来幽州城及附近地区。幽州城里民族杂居，这种杂居促使内迁民族的内部结构、生活方式及生产关系都发生了极大的变化。

唐代实行坊市制度，是将城市中各类建筑划分成封闭的行政空间，将城市居民分区居住并保持相对独立性的一种封闭式管理模式。坊为居民住宅居住区，市为商业区。幽州城内如同棋盘一样被道路分隔为整齐封闭区域，划分为多个里坊。宋人路振《乘轺录》记：“（幽州）城中凡 26 坊，坊有门楼，大署其额”。路振所见辽南京城有 26 坊，如路振载“罽宾、肃慎、卢龙等坊，并唐时旧名”，这些坊名一直沿用到辽朝。

---

① 《资治通鉴》卷一百九十二，唐高祖武德六年五月条

②③《新五代史》卷七十二《四夷附录第一》

据目前考古资料的发现，已知唐代幽州城坊里名称有 24 个，即：卢龙坊、燕都坊、花严坊、东通圜里、通圜坊、归仁坊、通肆坊、时和里、遵化里、平朔里、辽西坊、归化里、蓟宁里、肃慎坊、蓟北坊、铜马坊、军都坊、招圣里、劝利坊、隗台坊、永平坊、齐里坊、显忠坊、罽宾坊。

从唐朝中期开始，夜禁逐渐废弛，而幽州属于军事重镇，夜禁仍然很严，居民的活动往往受严格控制。在唐宪宗平定河北三镇后，由朝廷派遣的节度使张弘靖来到幽州，“弘靖之入幽州也，蓟人无老幼男女，皆夹道而观焉。……从事有韦雍、张宗厚数辈，复轻肆嗜酒，常夜饮醉归，烛火满街，前后呵斥，蓟人所不习之事”。[①] 显而易见，幽州的城市管理与其他地区有很大区别。

大量的少数民族来到幽州，在开放的民族政策下，逐渐融入到幽州大众中。他们所从事的职业也是多种多样的，农业、工商业以及军队都不乏少数民族人士的身影。农耕并非少数民族民众所擅长，在进入幽州后，即有较多少数民族民众选择从事工商业活动或者从军，如安禄山、史思明就曾为互市牙将，其部族本就是从事商业的胡人。

迁入幽州的人口数量既多，聚集在幽州城内的人口也颇为可观。城市居民人数的增加，为市民阶层的形成提供了基础。在唐代的坊市制度下，城中居住的大多为政府官员、家人随从以及部分军队等。随着城市经济的发展，城中工商业者人数在不断增加。辽占领幽州后，幽州人口已达 30 万，番汉人口相当，幽州城成为繁华都会，“大内壮丽，城北有市，陆海百货，聚于其中。僧居佛寺，冠于北方，锦绣组绮，精绝天下……水甘土厚，人多技艺”。[②] 由此推知盛唐之时的幽州城，其繁华景象不亚于此。

少数民族迁居幽州，带来了他们的风俗与文化，比如觱篥这种乐器传自龟兹国，在幽州就颇受欢迎，据《乐府杂录》载：大历年间，幽州有王麻奴善吹觱篥，河北推为第一，听闻长安有尉迟青，以吹觱篥冠绝今古。即前往交流，最终被尉迟青折服。这个故事得以流传，反映当时觱篥在幽州是十分盛行的乐器。

不仅音乐歌舞，在幽州城市生活中，杂耍也是一项很受欢迎的技艺。《朝野佥载》记载了当时艺人高超的演技：“幽州人刘交，戴长竿高七十尺，自擎上下。有女十二，甚端正，于竿上置定，跨盘独立。

---

① 《旧唐书》卷一三三《张延赏子弘靖传》。

② 《契丹国志》卷一《南京》。

见者不忍，女无惧色”。[①] 总之，隋唐五代时期的幽州处于汉族民众与少数民族民众相互融合的历史大背景下，城市生活融入了大量少数民族文化因素，使得幽州的城市生活独具特色。

① 《朝野佥载》卷六《西京杂记》（外二十一种），上海古籍出版社，1991年，第281页。

第三章　辽代南京地区的经济

唐末五代时期围绕军事重镇幽州的频繁战争，使这座城市及其周边地区一直处于动荡的社会环境之中。后梁、后唐、后晋、后汉通常把塞北的契丹引为外援，后晋更是契丹直接扶植下建立起来的小朝廷，但它们也不时遭受契丹的军事进攻。辽太宗十一年（936），后晋石敬瑭把幽、蓟等十六州土地割让给契丹。两年之后的会同元年（938），幽州被提升为辽的陪都南京，中原政权向北进兵的前沿据点由此变为北方契丹伺机南下的桥头堡。战争中的掳掠和杀戮，必然造成人口衰减和经济凋敝。在后周世宗以及北宋初年收复幽州的北伐战争过后，宋朝被迫以岁币财帛换和平，在景德元年十二月（1005 年 1 月）与契丹签订澶渊之盟，辽代南京地区的社会经济也得以逐渐恢复和发展。

第一节　人口迁移与人口规模

在以农业为主要经济支柱的传统社会，人口尤其是成年丁壮，是推动经济发展的最关键的生产力因素。

契丹占据幽蓟地区之前，耶律阿保机多次入塞进兵，将掳掠的人口北迁至契丹旧境从事生产，幽州及其以南成为人口输出之地。当幽州变为辽南京之后，人口就开始从其他区域向这里聚集，而且往往与战争相关。

唐天复三年（903）十月，耶律阿保机“引军略至蓟北，俘获以还”；天祐二年（905）十月，他与唐河东节度使李克用合击占据幽州的刘仁恭，“拨数州，尽徙其民以归”。[①] 阿保机即位的第六年（912）春，“亲征幽州，东西旌旗相望，亘数百里。所经郡县，望风皆下，俘获甚众，振旅而还”；契丹神册元年（916）十一月，“攻蔚、新、武、妫、儒五州（分别治今河北蔚县、涿鹿、宣化、怀来与北京延庆），俘获不可胜纪”。[②] 六年十一月“下古北口”，“分兵略檀（今北京密云）、顺（今北京顺义）、安远（今天津蓟县西北）、三河（今河北三河）、良乡（今北京良乡）、望都（今河北望都）、潞（今北京通州）、满城（今河北满城）、遂城（今河北徐水）等十余城，俘其民徙内地”，即契丹在北方的兴起之地；十二月“诏徙檀、顺民于东平（治今辽宁开原中固镇）、沈州（治今辽宁沈阳老城区）”。天赞元年（922）二月“复徇幽、蓟地”；三年正月“遣兵略地燕南”，五月“徙蓟州民实辽州（治今辽宁新民市辽滨塔）地”。[③]

对于流徙塞外以及乘乱掳掠的幽州等地民众，阿保机采取了安抚存恤政策，使他们在契丹境内耕种，促进了当地的农业生产。他即位九年（915）时，在滦河沿岸的泽州神山县（治今河北平泉西南察罕城）设立汉城，“率汉人耕种，为治城郭、邑屋、廛市，如幽州制度，汉人安之，不复思归”。[④] 击败渤海国后，“徙其名帐千余户于燕，给以田畴，捐其赋入，往来贸易关市皆不征，有战则用为前驱”。[⑤] 汉民除了散处契丹旧境者之外，通常“依唐州县置城以居之”，[⑥] 并且大多沿用其故土的州县名称。这些同名异地的州县，成为记录人口来源的显著标志。

（1）上京道（治今内蒙古巴林左旗东南）：临潢县，“太祖天赞初南攻燕、蓟，以所俘人户散居潢水之北，县临潢水，故以名。地宜种植，户三千五百”。潞县，“本幽州潞县民，天赞元年，太祖破蓟州，掠潞县民，布于京东，与渤海人杂处。隶崇德宫，户三千”。[⑦] 怀州，“太宗行帐放牧于此。天赞中，从太祖破扶余城，下龙泉府，俘其人，筑寨居之。会同中，掠燕、蓟所俘亦置此”。长春州长春县，“本混同江地，燕、蓟犯罪者流配于此，户二千”。乌州爱民县，“拨剌王从军南征，俘汉民置于此。户一千”。龙化州龙化县，“太祖东伐女直，南

① 《辽史》卷一《太祖本纪上》。

② 《辽史》卷三十四《兵卫志上》。

③ 《辽史》卷二《太祖本纪下》。

④⑥《新五代史》卷七十二《四夷附录一》。

⑤ 洪皓：《松漠纪闻》卷一。《四库全书》史部杂史类。

⑦ 《辽史》卷三十七《地理志一》。

掠燕、蓟，所俘建城置邑，户一千”。[①] 此外，诸王、外戚、大臣及诸部为安置俘掠的人口，“加以私奴置投下州”或作“头下州”，大致与幽蓟地区相关的有：壕州，“国舅宰相南征，俘掠汉民，居辽东西安平县故地，……户六千”。原州，“国舅金德俘掠汉民建城，……户五百”。福州，“国舅萧宁建。南征俘掠汉民，居北安平县故地，……户三百”。顺州，“横帐南王府俘掠燕、蓟、顺州之民，建城居之，……户一千”。[②]后周广顺三年（953）从契丹逃回的胡峤追述：上京“有绫锦诸工作、宦者、翰林、伎术、教坊、角羝、秀才、僧、尼、道士等，皆中国人，而并、汾、幽、蓟之人尤多”。[③]

（2）东京道（治今辽宁辽阳老城）：沈州乐郊县，“太祖俘蓟州三河民，建三河县，后更名”。灵源县，“太祖俘蓟州吏民，建渔阳县，后更名”。祺州，“本渤海蒙州地，太祖以檀州俘于此建檀州，后更名”。祺州所辖庆云县，“太祖俘密云民，于此建密云县，后更名”。龙州，“开泰九年，迁城于东北，以宗州、檀州汉户一千复置”。[④]

（3）中京道（治今内蒙古宁城大明镇）：泽州，“太祖俘蔚州民，立寨居之，采炼陷河银冶。……开泰中置泽州”。兴中府兴中县，“本汉柳城县地。太祖掠汉民居此，建霸城县。重熙中置府，更名”，这都是“太祖平奚及俘燕民”的结果。[⑤]

（4）南京道（治今北京西南）：檀州行唐县，“本定州行唐县。太祖掠定州，破行唐，尽驱其民，北至檀州，择旷土居之，凡置十寨，仍名行唐县。隶彰愍宫，户三千”。平州，“太祖天赞二年取之，以定州俘户错置其地”，下辖的安喜县是“太祖以定州安喜县俘户置，……户五千”，望都县是“太祖以定州望都县俘户置，……户三千”，滦州也是“太祖以俘户置”。[⑥]

掳掠人口是契丹立国初期多次战争的主要目的之一，幽州地区的人口被大量迁移到契丹旧境，河北南部的部分人口也曾安置在幽州地区。人口迁移在客观上促使先进的汉族农耕技术及相关制度、文化等向契丹所在的北方传播，但它的代价是战争背景下广大民众的死亡流离。宋太宗北伐失败之后，“河朔之民，数被其毒，驱掠善良入国中，分诸路落，鞭笞凌辱，酷不可闻。汉民每被分时，父母妻子各随虏骑

---

①②《辽史》卷三十七《地理志一》。

③《新五代史》卷七十三《四夷附录二》。

④《辽史》卷三十八《地理志二》。

⑤《辽史》卷三十九《地理志三》。

⑥《辽史》卷四十《地理志四》。

而去，号哭之声，震动天地，见者为之变色，闻者无不伤心焉”。[①] 辽圣宗统和年间与北宋数次交战，边民归附、边将归降与众多战俘，增强了人口向南京周边较大规模的聚集。统和元年（983）二月，“南京统军使耶律善补奏，宋边七十余村来附，诏抚存之”。[②] 七年正月，“宋鸡壁砦守将郭荣率众来降，诏屯南京”，随后契丹大军攻破易州，“迁易州军民于燕京”。二月，“诏鸡壁砦民二百户徙居檀、顺、蓟三州”。[③] 在契丹境内，统和十五年“诏山前后未纳税户，并于密云、燕乐两县占田置业入税”，[④] 这也属于局部的人口迁移。此外，自然灾害是推动人口迁移的另一巨大力量。早在北周广顺元年（辽应历元年，951），饥馑造成的幽州流民已散入北周所辖的沧州境内。二年十月“沧州奏：自十月已前，蕃归汉户万九千八百户。是时，北境饥馑，人民转徙，襁负而归中土者，散居河北州县，凡数十万口”。[⑤] 不仅如此，“冬十月，辽瀛、莫、幽州大水，流民入塞者数十万口，本国亦不之禁。周诏所在赈给存处之，中国民被掠得归者什五六”。[⑥] 此后，由于自然灾害、眷恋故土或民族矛盾，屡有汉人南逃后周或北宋。随着澶渊之盟的签订，辽宋之间进入了和平共处的稳定发展时期。经过几代人之后，民族的隔阂在逐渐消除。正如北宋田况描述的那样，“岁月既久，汉民宿齿尽逝，新少者渐服习不怪，甚至右虏而下汉。其间士人及有识者亦尝怅然，无可奈何”。[⑦] 北宋元祐四年（1089），翰林学士苏辙出使契丹，在经过今河北平泉一带时也曾赋诗感叹：“汉人何年被流徙，衣服渐变存语言。力耕分获世为客，赋役稀少聊偷生”。[⑧] 当时，辽道宗与宋朝“和好年深，蕃汉人户休养生息，人人安居，不乐战斗”，苏辙接触的辽国大臣“皆言及和好，咨嗟叹息，以为自古所未有”。[⑨] 长期的和平环境，为人口自然增长和经济恢复发展提供了根本保障。

辽南京地区人口迁移的方向，随着区域归属和城市性质的变化而

---

① 田况：《儒林公议》。文渊阁四库全书本。

② 《辽史》卷十《圣宗本纪一》。

③ 《辽史》卷十二《圣宗本纪三》。

④ 《辽史》卷五十九《食货志上》。

⑤ 《旧五代史》卷一百一十二《周太祖纪三》。

⑥ 《契丹国志》卷五《穆宗天顺皇帝》。

⑦ 田况：《儒林公议》。文渊阁四库全书本。

⑧ 苏辙：《栾城集》卷十六《奉使契丹二十八首》之《出山》，上海古籍出版社，1987年。

⑨ 苏辙：《栾城集》卷四十二《北使还论北边事劄子五道》之二《论北朝政事大略》。

转换，人口迁移与发展的结果还影响到近千年来北京建都的历史进程。“在契丹贵族获得对南京地区的统治前后，以军事手段强制人口迁移，形成了人口离散迁移与内聚迁移交错进行的复杂局面。总的看，先以离散迁移为主，使区域人口迅速减少；后以内聚迁移为主，使区域人口得到补偿甚至增加，为南京地区人口的空前增长奠定了基础，从而在南京地区形成了汉人与契丹、奚、渤海、室韦等少数民族人口杂居共处，共同开发区域经济的新形势，推动和促进了民族融合的进程，同时也揭开了创建多民族统一国家并奠都燕京的历史序幕”。① 据韩光辉教授研究，在人口大量流徙、俘迁的唐末五代至契丹初据期间，幽州（南京）地区人口约在2.5万户、10万人，城市人口约为0.5万户、2.2万人。② 到辽朝后期的天庆三年（1113）左右，依照《辽史·地理志》的记载，位于今北京市范围内的州县赋役户数，包括南京析津府析津县2万，宛平2.2万，昌平7千，良乡7千，潞县6千，玉河1千，漷阴5千，怀柔5千，密云5千，行唐3千户；西京道儒州缙山县5千户。③ 上述诸州县总计8.6万户，如以每户5人估算，则合43万人。再加上与今北京市毗邻交错的范阳、三河、渔阳、兴化诸县的部分人口，总数当在9.3万户、46.5万人。至于南京地区的总人口，还要加上宫卫军户七八万人、僧尼人口4万人。④ 在南京城内，以26坊每坊容纳600户、每户5口估算，约有1.6万户、赋役居民8万人；再与军队、僧尼人口合计，总共约为2.5万户、15.8万人。⑤《契丹国志》称南京“户口三十万”，⑥ 仅仅是对“户”与“口”笼统而言的形容，不能视为关于城市人口规模的确切数据。

第二节　区域农业的逐渐恢复

契丹在与中原政权的战争中，对幽州等地多次烧杀掳掠。但在占有幽州以后，不仅将城市提升为首都之外的次一级政治中心，而且实行了由汉官管理汉族区域事务的政策，为周边乡村农业经济的恢复和发展提供了相对稳定的环境。

会同九年（946）契丹军队南下讨伐后晋，“秋七月辛亥，诏征诸

---

① 韩光辉：《北京历史人口地理》235页，北京大学出版社，1996年。

②⑤《北京历史人口地理》55—59页。

③ 《辽史》卷四十《地理志四》，卷四十一《地理志五》。

④ 《北京历史人口地理》52页。

⑥ 叶隆礼：《契丹国志》卷二十二《四京本末》“南京”，上海古籍出版社，1985年。

道兵，敢伤禾稼者，以军法论”，[①] 在境外肆意杀掠、对本国的庄稼则严加保护。在与北宋的战争中屡建大功的耶律休哥，辽圣宗统和年间总揽南京地区的军务，“均戍兵，立更休法，劝农桑，修武备，边境大治。……休哥以燕民疲弊，省赋役，恤孤寡，戒戍兵无犯宋境，虽马牛逸于北者悉还之。远近向化，边鄙以安”。[②] 耶律休哥致力于减轻兵役负担与维护边境和平，使百姓获得了从事农业生产的基本条件。

在辽代最称繁盛的圣宗时期，朝廷采取多种措施鼓励恢复生产。《辽史·圣宗本纪》载：统和四年（986）十月，“以南院大王留宁言，复南院部民今年租赋”。[③] 留宁当时负责掌管汉族为主的辽国南部的军政事务，在他的建议下免除了所辖区域的年度田租赋税。统和七年（989）正月，先有“宋鸡壁砦守将郭荣率众来降，诏屯南京”，随后在进兵易州时“禁部从伐民桑梓”，攻下易州后又“迁易州军民于燕京”；二月“诏鸡壁砦民二百户徙居檀、顺、蓟三州”；六月，“诏燕乐（治今密云东北燕落村）、密云二县荒地许民耕种，免赋役十年”。[④] 契丹招纳的降卒与掳掠的百姓，被用来充实了南京周边地区的农垦劳力，同时注重开垦密云山区、半山区的荒地。另据《辽史·食货志》：统和六年（988）“徙吉避寨居民三百户于檀、顺、蓟三州，择沃壤，给牛、种谷”。[⑤] 虽与《辽史·圣宗本纪》所述从“鸡壁砦”（“吉避寨”是其近音异写）迁民的年份、户数都有不同，二者记载的却是同一事件。统和十三年（995）六月初二，“诏减前岁括田租赋”，为前年官府核查统计过的土地普遍减轻负担；十一日“诏许昌平、怀柔等县诸人请业荒地”。[⑥] 同年“诏诸道置义仓”，十五年“诏免南京旧欠义仓粟，仍禁诸军官非时畋牧妨农”。[⑦] 这些措施，都有利于恢复和发展南京地区的农业生产。辽圣宗太平二年（1022）、道宗清宁六年（1060），耶律宗政两度“判武定军节度，奉圣、归化、儒、可汗等州观察处置巡检屯田劝农等使”。[⑧] 奉圣、归化、可汗州分别治今河北涿鹿、宣化、怀来旧城，儒州治今北京延庆。耶律宗政的任职情况表明，

---

① 《辽史》卷四《太宗本纪下》。

② 《辽史》卷八十三《耶律休哥传》。

③ 《辽史》卷十一《圣宗本纪二》。

④ 《辽史》卷十二《圣宗本纪三》。

⑤⑦《辽史》卷五十九《食货志上》。

⑥ 《辽史》卷十三《圣宗本纪四》。

⑧ 王寔：《耶律宗政墓志铭》，陈述辑校：《全辽文》，中华书局，1982 年，第 156—157 页。

这些地方在数十年间有相当数量的屯田，包括延庆在内的桑干河流域的农业开发应已比较普遍。

幽燕之地素以盛产枣栗闻名，在辽代的职官系统中有“南京栗园司”，职责就是“典南京栗园”。[①] 统和二十八年（1010），萧韩家奴担任此职。辽圣宗“尝从容问曰：‘卿居外有异闻乎？’韩家奴对曰：‘臣惟知炒栗：小者熟，则大者必生；大者熟，则小者必焦。使大小均熟，始为尽美。不知其他。’盖尝掌栗园，故托栗以讽谏。帝大笑”。[②] 从明清文献的追述看，白云观西南、宛平西四十四里以及固安县境内，都有称为“栗园”的村落。[③] 房山北郑村出土的应历五年（955）《佛顶尊胜陁罗尼幢记》提到“北衙栗园庄官”，[④] 应是“北面官”系统中与“南京栗园司”分别管理栗园事务的官员。在幽燕寺院冠于北方的辽代，佛寺的田产数量不菲。清宁五年（1059），辽道宗驾临南京，随行的懿德皇后之母秦越国大长主拿出自己的住宅兴建寺院（后来建成大昊天寺），而且还施舍了“稻畦百顷，户口百家，枣栗蔬园”以及各类其他器物。[⑤] 距离南京不远的蓟州上方感化寺，亦是“野有良田百余顷，园有甘栗万余株”，[⑥] 除了少量自营之外大部分出租给佃农。

相对稳定的环境促进了农业经济的恢复，辽人眼里的幽燕之地，是“红稻青秔，实鱼盐之沃壤”。[⑦] 宋金联合灭辽之后不久，北宋宣和七年（乙巳，1125）许亢宗出使金国，经过暂时归还宋朝的燕山府（即此前的辽南京），留下的印象是“锦绣组绮，精绝天下。膏腴蔬蓏、果实稻粱之类，靡不毕出；而桑柘麦麻、羊豕雉兔，不问可知”。[⑧] 然而，契丹为避免给骑兵的往来造成障碍，很长时期内禁止在与北宋交界的边境地区种植水稻。景宗保宁年间（969—979），南院枢密使高勋“以南京郊内多隙地，请疏畦种稻”，就遭到林牙耶律昆的反对：“果令种稻，引水为畦，设以京叛，官军何自而入？”[⑨] 清宁十年（1064）二

---

① 《辽史》卷四十八《百官志四》。

② 《辽史》卷一百三《文学列传上》“萧韩家奴”。

③ 参见《日下旧闻考》卷九十五引《析津日记》；《读史方舆纪要》卷十一“固安县”；《光绪顺天府志》地理志九。

④ 陈述：《全辽文》181 页注释。

⑤ 即满：《妙行大师行状碑》，陈述辑校《全辽文》，第 301 页。

⑥ 南抃：《上方感化寺碑》，陈述辑校《全辽文》，第 290 页。

⑦ 李仲宣：《祐唐寺创建讲堂碑》，陈述辑校《全辽文》第 96 页。

⑧ 徐梦莘《三朝北盟会编》卷二十《宣和乙巳奉使行程录》。

⑨ 《辽史》卷八十五《高勋传》。

月，仍在“禁南京民决水种粳稻”，[①] 却从反面证明南京周围已在一定范围内突破了这条禁令。在边境的另一侧，北宋把海河上游的众多淀泊连成一条水网，首要意图就是用以阻滞契丹骑兵南下奔袭。沈括记载：“自保州（治今河北保定）西北沉远泊，东尽沧州泥枯（今天津塘沽以西）海口，几八百里悉为潴潦，阔者有及六十里者，至今以为藩篱”。与此同时，还收到了种植水稻与改良土壤的显著成效：“深、冀、沧、瀛间，惟大河、滹沱、漳水所淤方为美田，淤淀不至处悉是斥卤，不可种艺。异日惟是聚集游民，刮碱煮盐，颇干盐禁，时为盗寇。自为潴泊，奸盐遂少，而鱼蟹菰苇之利，人亦赖之”。[②] 宋朝的农业成就，势必对边界北侧的契丹具有很大影响，而南京地区的粮食需求确实在不断增长，这就迫使辽道宗在咸雍四年（北宋熙宁元年，1068）三月解除禁令，“诏南京除军行地，余皆得种稻”。[③] 这一年，苏颂奉命出使契丹，其《初过白沟北望燕山》诗有“青山如壁地如盘，千里耕桑一望宽”之句。[④] 熙宁八年（1075）沈括在出使途中看到：“北白沟馆，南距雄州三十八里，面拒马河，负北塘，广三四里，陂泽绎属，略如三关。近岁，狄人稍为缭堤畜水，以仿塞南”。[⑤] 契丹仿效北宋筑堤蓄水，构筑拒马河一线宽阔水网的同时，也为种稻开辟了水源。在辽南京以北的顺州（今北京顺义），“其地平斥，土厚宜稼。城北依涧水为险，水之苿数百步，地广多粟”；“自顺以南，皆平陆广饶，桑穀沃茂”。[⑥] 这些诗歌和行记，都是南京地区富饶的农耕条件与农田水利事业获得一定进展的反映。

虽然契丹早期的耶律休哥治理南京以保境安民著称，道宗时期的良乡令大公鼎也致力于“省徭役，务农桑”，[⑦] 但南京地区汉族百姓的负担仍然相当沉重。北宋大中祥符元年（契丹统和二十六年，1008）出使契丹的路振写道：“虏政苛刻，幽蓟苦之。围桑税亩，数倍于中国。水旱虫蝗之灾，无蠲减焉。以是服田之家十夫并耨，而老者之食不得精凿”。[⑧] 排除了文学色彩的比喻与夸张，可见辽代政治制度对农

① 《辽史》卷二十二《道宗本纪二》。

② 沈括：《梦溪笔谈》卷十三《权智》，《元刊梦溪笔谈》本，文物出版社，1975 年。

③ 《辽史》卷二十二《道宗本纪二》。

④ 苏颂：《苏魏公文集》卷十三《前使辽诗》，中华书局，1988 年。

⑤ 沈括：《熙宁使虏图抄》，《永乐大典》卷 10877，中华书局，1986 年影印本。

⑥ 《熙宁使虏图抄》。

⑦ 《辽史》卷一百五《能吏列传》“大公鼎”。

⑧ 路振：《乘轺录》，贾敬颜《五代宋金元人边疆行记十三种疏证稿》本，中华书局，2004 年。

业经济与社会生活的强烈制约。开泰三年（1014）“夏四月戊午，诏南京管内毋淹刑狱，以妨农务”。[①] 所谓“淹”即广泛、迟延之意，这道诏令表明，过重的刑罚已经导致了农业耕作的正常进行。大安年间（1085—1094）朝廷派遣括天荒使者巡查南京地区的农田，“以豪民所首，谓执契不明，遂围以官封，旷为牧地”。[②] 正在恢复中的农业经济不可避免地遭到破坏，普通百姓失去土地后的境遇更是可想而知。

第三节　城乡手工业与商业的发展

早在契丹神册二年（917）与六年（921），晋王李克用属下的新州裨将卢文进与防御使王郁相继带领所部军民投降契丹。《唐明宗实录》称：“庄宗（按：后唐李存勖）未即位，卢文进、王郁相继入辽，皆驱率数州士女，为虏南藩，教其织纫工作。中国所为，虏中悉备。……（卢文进）率奚劲骑，倏来忽往，幽蓟荆榛满目，寂无人烟”。[③] 这两名叛将随后的屡次侵扰使幽蓟一带社会萧条，中原纺织技术的北传却带动了契丹境内的丝织业。在北宋使者路振笔下，虽然契丹境内“力蚕之妇，十手并织，而老者之衣不得缯絮。征敛调发，急于剽掠”[④]，但丝织业仍然是在幽州地区占有重要地位的一个手工业门类。北宋景德二年（1005），契丹回馈了包括“线缕机绫共三百匹”在内的国礼，宋真宗“以礼物宣示近臣，又出祖宗朝所献礼物示宰相，其制颇朴拙，今多工巧，盖幽州有织工耳”。[⑤] 由“朴拙”到“工巧”，正是丝织技术进步的反映。1955年在拆除北京西长安街马路当中的庆寿寺与双塔时，出土了一批图案生动、染色精美的辽金丝棉织品与刺绣。[⑥] 契丹清宁十年（1064）十一月，“定吏民衣服之制”，“诏南京不得私造御用彩缎，私货铁，及非时饮酒”。[⑦] 这条诏令从侧面证实，辽南京的彩缎织造水平已经相当高超，酿酒业以及顺州（今顺义）银冶山等地的冶

① 《辽史》卷十五《圣宗本纪六》。

② 南抃：《上方感化寺碑》，陈述辑校《全辽文》290页。

③ 厉鹗《辽史拾遗》卷一引《唐明宗实录》，商务印书馆，1936年《丛书集成初编》本。

④ 路振：《乘轺录》，商务印书馆，1936年，《丛书集成初编》本。

⑤ 徐松辑：《宋会要辑稿》第一百九十六册“蕃夷一”之三六，中华书局，1957年影印本。

⑥ 北京市文化局文物调查研究组：《北京市双塔庆寿寺出土的丝绵制品及绣花》，《文物参考资料》1958年第9期。

⑦ 《辽史》卷二十二《道宗本纪二》。

炼都有一定规模。

北宋太平兴国四年（979）六月，宋太宗亲率大军进攻幽州，这就是著名的高梁河之战。时有“山后八军伪瓷窑官三人，以所授处牌印来献”。[①] 他们管辖的瓷窑或其中之一在今北京门头沟区龙泉务。1975年的考古发掘显示，龙泉务官窑遗址南北长约300米，东西宽约200米，在采集到的标本中，“瓷器以碗、盘为主，另外间有碟、净水瓶、罐、盂、盒、壶、瓶等；釉色以白瓷为主，还有少量褐、黑、青瓷。窑具有匣钵、支钉、印模”。根据赵德钧墓等墓葬年代及出土瓷器推断，龙泉务窑在辽应历八年（958）以前就已经设置，到天庆三年（1113）还在烧造瓷器。北京地区墓葬、塔基出土的辽代白瓷、黑瓷，“大部分应属于龙泉务瓷窑所烧制”。[②] 1981年，在密云县小水峪村发现了辽金窑址，[③] 出土了以白瓷为主的碗、罐等，但器物的胎质、釉色、火候均不及龙泉务窑。

辽南京有比较发达的印刷业，官方的管理机构是印经院。在山西应县木塔发现的辽代刻经中，咸雍七年（1071）刻《释摩诃衍论通赞疏卷第十》和《释摩诃衍通赞疏科卷下》题记，有“燕京弘法寺奉宣校勘雕印流通，……印经院判官……韩资睦提点”。民间刊刻的佛经也很多，《上生经疏科文》是统和八年（990）“燕京仰山寺前杨家印造”；太平五年（1025）刻《妙法莲华经卷第四》，题记有“摄大定府文学庞可升书，同雕造孙寿益、权同展、赵从业、弟从善雕，燕京檀州街显忠坊门南颊住冯家印造”。另外，《佛说八师经》是“大昊天寺福慧楼下成造”，其地在今北京西便门大街西；《新雕诸杂赞》雕印于“燕台大悯忠寺”，即今北京法源寺；《称赞大乘功德经》刻于“燕台圣寿寺”。另一种刻本的《妙法莲华经卷第四》，卷首题字有“燕京雕日历赵守俊并长男、次弟同雕记”，这是一个父子叔侄都从事刻板业务的家庭。《法华经玄赞会古通今新抄》卷第二、卷第六题记，分别有“孙守节等四十七人同雕”与“赵俊等四十五人同雕”，这是多人合作长篇巨制的证明。[④] 由此可见燕京雕刻印刷的盛况，“表明辽燕京印经院和坊间拥有一批从事书写、绘画、雕刻、印刷、装裱等专业的技术工匠，同时造纸、制墨、锻造、织作业也相应发达。凡此皆说明，公

---

① 《宋会要辑稿》第一百九十六册《蕃夷一》之五。

② 鲁琪：《北京门头沟区龙泉务发现辽代瓷窑》，《文物》1978年5期。

③ 赵光林：《密云小水峪村发现辽金窑址》，《北京日报》1981年7月8日。

④ 傅振伦：《辽代雕印的佛经佛像》，陈述主编《辽金史论集》（一），上海古籍出版社，1987年。

元10世纪时，燕京是我国雕版印刷的一个重要中心"。[①] 除了佛经之外，燕京有刻印销售的民间书铺。虽然清宁十年（1064）十月"禁民私刊印文字"，[②] 但也表明此前民间刻书并没有限制，此后民间刻书也不可遏止。元祐四年（1089）苏辙出使契丹时，《神水馆寄子瞻兄四绝》之三有"谁将家集过幽都，逢见胡人问大苏"之句，[③] 所反映的应是宋朝书籍北传的情形。归来后所上札子指出："本朝民间开版印行文字，臣等窃料北界无所不有。……其间臣僚章疏及士子策论，言朝廷得失、军国利害，盖为不少。……若使尽得流传北界，上则泄露机密，下则取笑夷狄，皆极不便"。因此，建议有选择地加以审查和限制。[④] 绍圣元年（1094）张舜民（字芸叟）再度出使时，不仅在幽州驿馆见到题壁的苏轼《老人行》诗，而且"闻范阳书肆亦刻子瞻诗数十篇，谓《大苏小集》"，[⑤] 已是辽国在刊印苏轼的诗集。

辽南京以独特的交通地理优势，成为连接北宋与契丹之间政治经济文化交流的中转站。经由此地的对外贸易与城市本身的商业发展，是辽南京商业状况的基本内容。北宋在雄州（今河北雄县）、保州（今河北保定）设立榷场，契丹也在振武军（内蒙古和林格尔西北土城子）设立榷场，由此开辟了辽南京与中原及西北地区的贸易通道。辽圣宗统和元年（983）九月，南京地区秋雨成灾，导致庄稼歉收、粮食紧张。燕京留守司提出："民艰食，请弛居庸关税，以通山西籴易"。[⑥] 要求大幅度减少通过居庸关的税额，以便关南百姓能够前往今山西、内蒙古一带购粮度荒。此后，"开奇峰路以通易州（治今河北易县）贸易"，[⑦]进一步加强了辽南京与周边地区的经济联系。在以畜牧产品交换中原的丝绢、茶叶等物资的同时，通过榆关、松亭关、古北口、石门关等驿道，辽南京与高丽、西夏乃至西域地区建立了商业联系。

辽代的盐、铁、铸铜业一律官营，为了防止战略物资外流、保障国家铸钱需要，禁止私人货卖经营的法律颇为严苛。圣宗开泰年间，

---

① 张畅耕等：《应县木塔辽代秘藏考》，《文化交流》1994年3期。

② 《辽史》卷二十二《道宗本纪二》。

③ 苏辙：《栾城集》卷十六《奉使契丹二十八首》，上海古籍出版社，1987年。

④ 苏辙：《栾城集》卷四十二《北使还论北边事劄子五道》之一《论北朝所见与朝廷不便事》。

⑤ 王辟之：《渑水燕谈录》卷七《歌咏》，中华书局，1997年。

⑥⑦《辽史》卷六十《食货志下》。

"诏禁诸路不得货铜铁，以防私铸，又禁铜铁卖入回鹘，法益严矣"。[①]兴宗重熙元年（1032）之前，"南京三司销钱作器皿三斤，持钱出南京十贯，及盗遗火家物五贯者处死。至是，铜逾三斤，持钱及所盗物二十贯以上处死"。[②] 道宗清宁年间，再次"诏禁诸路不得货铜铁，以防私铸，又禁铜铁卖入回鹘"。[③]但是，契丹自铸的钱币有限，商业活动中大量流通的钱币来自北宋铸造，还有一部分是唐与五代的旧钱。宋朝每年所铸铜钱以百万计，却仍然不敷使用，原因之一就是越过边界大量散入辽境所致。元祐四年（1089）苏辙出使契丹时看到，"北界别无钱币，公私交易，并使本朝铜钱"，因此建议严加限制。[④] 1988年在昌平马池口附近的辛店村，发现了装有唐宋铜钱242.5公斤的一只陶罐；1986年在南口镇陈庄辽墓，出土了"咸平元宝"、"天禧通宝"等7枚北宋铸造的钱币，[⑤] 这些都是契丹大量使用唐宋钱币的见证。

在幽州城内，"太宗得燕，置南京，城北有市，百物山偫，命有司治其征"，[⑥]通过征缴市场贸易的税收以充实国库。"偫"意为储备。宋金联合灭辽后不久，许亢宗出使金国途中路经燕山府，即刚刚归还宋朝的辽南京，多种南宋文献以不同名目征引了他记载沿途见闻的行程录。《靖康稗史》称这里"户口安堵，人物繁庶。大康广陌，皆有条理。州宅用契丹旧内，壮丽夐绝。城北有三市，陆海百货，萃于其中。僧居佛宇，冠于北方。锦绣组绮，精绝天下。膏腴蔬蓏、果实稻粱之类，靡不毕出，而桑柘麦麻、羊豕雉兔，不问可知"；[⑦] 其他几种文献对城北市场的表述略有差异，《三朝北盟会编》作"城北有互市"，[⑧]《大金国志》称"城北有市"，[⑨]《契丹国志》亦称"城北有市"，并有"自晋割弃，建为南京，又为燕京析津府，户口三十万"等语。[⑩] 许亢宗的见闻，大体可以代表辽南京时代的城市面貌。

南京地区是辽朝最发达的经济中心区域与最重要的财赋供应之地，

---

①③⑥ 《辽史》卷六十《食货志下》。

② 《辽史》卷六十二《刑法志下》。

④ 苏辙：《栾城集》卷四十二《北使还论北边事劄子五道》之一《论北朝所见于朝廷不便事》。

⑤ 于璞：《北京考古史·辽代卷》，上海古籍出版社，2013年，第89、118页。

⑦ 《宣和乙巳奉使金国行程录》，中华书局，1988年《靖康稗史笺证》本。

⑧ 徐梦莘编：《三朝北盟会编》卷二十引《宣和乙巳奉使行程录》。

⑨ 宇文懋昭：《大金国志》卷四十《许奉使行程录》，中华书局，1986年《大金国志校证》本。

⑩ 叶隆礼：《契丹国志》卷二十二"南京"条，上海古籍出版社，1985年。

契丹社会后期的法律、官制、赋税、城市、科举等项制度，大都是从南京吸收之后再推广到塞北地区，由此推进了契丹的社会变革。上京仿照中原的城市格局修建，“中国人并、汾、幽、蓟为多”；[①] 中京的崛起，更是“择良工于幽蓟”的结果。[②] 辽南京处于北宋汴京与契丹上京之间，南北双方的使节往来、民间交往、商业贸易，都要通过这个特殊地理位置上的中转站来实现。这里也是把不同民族、不同文化连接在一起的纽带和桥梁，从经济交换和相互通婚开始，以汉族为主的社会语言、生产方式、生活习俗与法律制度，在各民族相互学习、相互接纳的过程中变得更加丰富。在这个意义上，辽代南京地区堪称推进契丹经济文化发展的引领者与民族融合的大熔炉。

① 《辽史》卷三十七《地理志一》。

② 《辽史》卷三十九《地理志三》。

第四章　金中都地区的经济

12 世纪初，北方的女真族崛起于黑龙江流域。1115 年，完颜阿骨打建立金朝，10 年以后，金朝又相继灭掉辽与北宋，占据了淮河和秦岭以北的地方，与南方的南宋形成南北对峙的局面。1153 年金朝将宫室南迁至燕京（今北京），以此作为金朝的中都，直至 1215 年被蒙古兵占领。金中都虽然只存在了短短六十余年，但它为北京地区的历史发展开创了新的格局，尤其在北京城市发展史上具有里程碑的意义，是今天的北京由北方重镇发展为国家首都的转折点。它在民族融合、经济与社会发展、城市规划与建设等多方面为后来元明清定都北京奠定了坚实的基础。

第一节　金中都的城市发展

金朝海陵王即位之后，内侍梁汉臣上奏："燕京自古霸国，虎视中原，为万世之基。陛下宜修燕京，时复巡幸"。天德二年（944），皇帝再次征求迁都意见，朝官一致认为应迁都燕京，相对而言上京"官艰于转漕，民难于赴诉，不若徙燕，以应天地之中"。① 金中都城市的营建，以中原王朝的都城为范本，同时利用辽南京已有的城市格局，将城垣向东、西、南、北四面进行了不同程度的拓展，使作为权力象征的宫城从偏居城内一隅变为基本处于全城中心；在城垣、宫殿、坊巷、园林的衬托下，城市的中轴线凸显于总体布局之中。这座极具设计感、

① 《金史》卷二《补艺文志》。

规范化的城市上承汉唐长安，下启元大都与明清北京城，在都城建设史上具有标志性的意义。

一、金中都经济的恢复与发展

辽朝末年，燕京地区经济已经有了较大发展。辽金与宋朝对峙期间，因宋朝的妥协常而换得了燕京地区短暂的安稳。其中在1004年签订的宋辽澶渊之盟，曾使双方获得了一百多年安宁。当时燕京地区虽然处于辽的南部边界，但随着辽南京政治地位的上升，经济上也得到了一定程度的恢复和发展："膏腴蔬蓏、果实稻粱之类，靡不毕出，而桑柘麻麦、羊豕雉兔，不问可知。水甘土厚，人多技艺"。①

1141年，绍兴和议将宋金对峙的边界线迁移到淮河一线。金海陵王迁都燕京之后，给本地区带来了宝贵的发展契机。与迁都同步，庞大的皇室贵族、文武官僚及其附属人群也随之进入燕京，由此带动了本地区的消费增长；都城地位的确立，也带动了周边地区的农业开垦及城市手工业、商业迅速兴旺起来。金中都设立以来，制定了相应的人口鼓励政策，"凡四方之民欲居中都者，给复十年，以实京城"，②地区人口"殆逾于百万"。③ 当然，百万人口之数并不准确，据《金史·地理志》记载，金泰和七年（1207），中都路户口总数达到了478051户；④ 韩光辉先生据此推断中都城市人口已达到6.2万户40万人左右，⑤ 燕京地区成为中国北半部政权中最大的城市（北宋东京鼎盛时的人口约为150万）。⑥

金朝政权建立之后，为巩固统治并稳定社会秩序，采取了一系列恢复经济的措施。首先，推行"偃兵息民"、主动"汉化"等改革举措。从天会四年（1126）至十二年（1134），刘彦宗、韩资正等多位辽宋降金官员在金朝得到重用。政权过渡时期的得力措施，使得燕京地区社会秩序很快得到稳定，因而得以"治官政、庀民事，务农积谷，内供京师，外给转饷"。⑦ 海陵王即位之后，更是将政治中心南迁位于

---

① 许亢宗：《宣和乙巳奉使行程录》，徐梦莘《三朝北盟会编》卷二十引，清光绪三十四年刻本。

② 《金史》卷八十三《张浩传》。

③ 《金史》卷九十六《梁襄传》。

④ 《金史》卷二十四《地理志上》

⑤ 韩光辉：《北京历史人口地理》，北京大学出版社，1996年，第67页。

⑥ 朱士光主编：《中国八大古都》，人民出版社，2007年，第329页。

⑦ 《金史》卷七十八《赞语》。

汉地的燕京。此外，金世宗对内坚持改革，整顿吏治；对外不失时机地与宋和议，解除了南北战争状态和紧张局势，建立安定的外部环境。据《金史·世宗纪》记载金世宗“即位五载而南北讲好，与民休息。于是躬节俭，崇孝悌，信赏罚，重农桑，慎守令之选，严廉察之责，却任得敬分国之请，拒赵位宠郡县之献，孳孳为治，夜以继日，可谓得为君之道矣。当此之时，群臣守职，上下相安，家给人足，仓廪有余，刑部岁断死罪或十七人或二十人，号称小尧舜，此其效验也”。① 及至章宗时，“南北和好四十余载，民不知兵”，“治平日久，宇内小康，乃正礼乐，修刑法，定官制，典章文物粲然成一代治规。……盖欲跨辽宋而比迹於汉唐，亦可谓有志于治者矣”。② 第二，制定了积极的人口政策。首先出台了一系列社会保障政策，包括放奴为良，增加编户；婚嫁以时，鼓励生育；抚育幼稚，养赡老弱；发展医药，疗治士民；赈济灾歉，制止流亡等措施，并取得了十分良好的社会效应。金代中期，中都及其周边地区出现了“国家承平日久，户口增息”、“地狭民众”的兴盛景象。金世宗时，“中都、河北、河东、山东久被抚宁，人稠地窄，寸土悉耕”。③ 又据《金史·食货志》记载：大定二十三年（1183）统计，猛安谋克户有“田一百六十九万三百八十顷有奇”，仅这个数目就已经超过了北宋时期金人统治区的总垦田数。④ 耕地的扩大促进了本地区粮食生产的发展，金世宗时“一岁所收，可支三年”，⑤ 到章宗时则增加到“积粟……可备官兵五年之食，米……可备四年之用”。⑥

二、城市建设

金中都的城市是仿照北宋都城汴京（今河南开封）的建筑格局和宫室制度，在辽南京城的基础上进行的大规模扩建而成的。值得一提的是，金中都营建过程所需要的部分建筑材料也来自于北宋都城汴京。

在动手营建中都城之前，金海陵王“先遣画工写京师（汴京）宫

① 《金史》卷八《世宗纪下》。

② 《金史》卷十二《章宗纪四》。

③ 赵秉文：《闲闲老人滏水文集》卷一一《保大军节度使梁公墓铭》。四部丛刊本。

④ 王育民：《中国历史地理概论》下册，第120页，转引自毕仲衍《中书备对》，人民教育出版社，1988年。

⑤ 《金史》卷四十七《食货志二》“牛具税”。

⑥ 《金史》卷五十《食货志五》“常平仓”。

室制度，至于阔狭、短曲画其数，授之左相张浩辈，按图以修之”。[①]同时，“命左右丞相张浩、张通，左丞蔡松年，调诸路民夫筑燕京，制度如汴”。[②] 金中都城的营建在贞元元年竣工，“其宫阙壮丽，延亘阡陌，上切霄汉，虽秦阿房、汉建章不过如是”。[③] 完工后的金中都城建筑格局十分讲究：首先，城市规制效仿北宋东京核心内涵，便是利用整个城市向外扩建的契机，从而巧妙地把皇城放置于全城的中心位置。金中都之前的辽南京，其宫殿苑囿位于整个城市的西南部，这是延续了汉唐时期幽州城的旧格局。而完颜亮在扩建金中都城时，根据辽南京城市的城市格局，并不是将整个城市的四面均等向外扩展，而是将其东、南、西三面向外扩展，便使得原来偏于城市西南部的宫殿苑囿变成了整个城市的中心。其次，仿照中原都城的格局，除宫殿之外，在整个都城中配套了相应的皇家园林，安葬帝王的皇家陵寝，举行各种重要礼仪活动的坛庙场所，以及从中央到地方的各级官僚衙署等，从而使中都城符合了中原王朝国都的规范化标准。第三，宫殿之外，又依次设置了官署、内省、宗庙、学府、寺院、苑囿等，使金中都具备了布局方正、中轴对称、面朝后市、坊巷分割、状如棋盘的规划特点。另外，为了体现少数民族政权的特点，金朝统治者特别注重园林景观的规划，不仅把园林纳入皇城，在皇城内外都建有园林，而且在城外风景优美的地方如玉泉山、白莲潭（今什刹海一带）、南海子等均兴建离宫别苑。这种体现草原民族逐水草而居的理念，在中国都城规划及建设史上具有承上启下的作用，为后来元大都的规划提供了直接的蓝本和架构基础。总之，金中都城的营建，一方面采纳了中原王朝城市建设的核心理念，体现了中国传统都城布局的文化内涵；同时又展现北方民族的生活追求和地域特点，具有很强的文化包容性和融合度。

与都城地位适应，金中都城的管理体制已经不是单纯的军事机构统属，而是建立了一整套完备的行政管理机构：具体为行政（路府州县）、司法（按察使、警巡院）、经济（都转运司及其附属机构）、城防（警备，如武卫军都指挥使司、都巡检使司、兵马司等）四大系统组成。同时，金朝尚书省各部还在中都设立了可以垂直管理的直属机构，如榷货场、交钞库、市令司等，鲜明地体现出政治中心的功能与

① 《三朝北盟会编》卷二四四，引张棣《金虏图经》。

② 《日下旧闻考》卷三十七《京城总记》。

③ 《日下旧闻考》卷二十九《海陵集》。

作用。为了体现金朝满汉一体的统治理念，金朝对于相关行政机构的官员选择上，既有女真贵族，也有汉人、契丹人及其他族人，他们之间也没有严格的高低等级划分。

第二节 人口迁移与农业、手工业的发展

燕京地区政治地位几经变动，动使得周边的人口迁移也经历了“离散——内聚——离散”的变化过程。金朝迁都燕京之后，政治中心地位的确立，使得人口大量集聚，农业生产不断恢复，地区手工业也得到了初步发展。

一、人口迁移

金天辅六年（辽保大二年，1122），完颜阿骨打率领女真军队攻占辽南京，并于次年四月，“命习古乃、婆卢火监护长胜军，及燕京豪族工匠，由松亭关徙之内地”,① 将大量人口迁移到上京地区。此外，又按约定将燕山府交还宋朝前，“根括燕山府所管州县百五十贯已上家业者，得三万余户，尽数起发，合境不胜残扰”。② 这些汉民被迫“由松亭关去燕中”,③ “凡燕之金帛、子女、职官、民户，为金人席卷而东。宋朝捐岁币数百万，所得者空城而已”。④ 战乱使得“因分遣诸州赡之，凡州县动数千口，至少犹不下五七百口”。⑤天会三年（1125）金人复得燕山府，并于五年四月攻克北宋汴京，随之宋朝的徽钦二帝、后妃、大臣、官吏及大批工匠、商贾等被掳。时人记载，“天会时掠致宋国男妇不下二十万”,⑥ “男女北迁者五百人为一队，虏以数十骑驱之，如驱羊豕。京师人不能徒走远涉，稍不前即敲杀，遗骸蔽野”⑦。宋金之间的战争，使得大量人口被迫迁徙。“畿辅所破郡县，尽皆驱虏北行，何啻千万。比到燕山，无论贵贱壮弱，路途之遥，饥饿之困，死者枕藉，骨肉遍野。壮强者仅至燕山，各便生养。有力者营生铺肆，无力者喝货挟托，老者乞丐于市，南人以类各相嫁娶。燕山有

---

① 《金史》卷二《太祖本纪》。

② 徐梦莘编：《三朝北盟会编》卷十五引《茅斋自叙》。

③⑤《三朝北盟会编》卷十六引《北征纪实》。

④ 宇文懋昭：《大金国志》卷二《太祖纪年下》。

⑥ 确庵、耐庵编：《靖康稗史》卷六《呻吟语》引《燕人麈》。

⑦ 《三朝北盟会编》卷九十九引《汴都记》。

市卖人，凡军兵虏得南人，视人立价卖之。此本朝人陷虏，于此可见也”。① 有幸存活下来的汴京及其周边的人口，有一部分滞留在燕京周边。随着对宋战争的胜利，天会六年二月“迁洛阳、襄阳、颍昌、汝、郑、均、房、唐、邓、陈、蔡之民于河北”。② 而金朝大规模的人口迁移，在海陵王贞元元年（1153）迁都燕京之后达到高峰。首先海陵王采纳张浩建议，“凡四方之民欲居中都者，给复十年，以实京城”。③ “恐上京宗室起而图之，故不问疏近，并徙之南”④。另外，因要安置从上京会宁府迁来的中央机构与中都设置的地方官员，其数量应与《金史·职官志》所载的金代中期情形近似，其总数在3000名以上。《金史·兵志》载：“贞元迁都，遂徙上京路太祖、辽王宗干、秦王宗翰之猛安，并为合扎猛安，及右谏议乌里补猛安，太师勖、宗正宗敏之族，处之中都”。⑤ 金熙宗时期，采纳宰臣建议，“徙辽阳、渤海之民于燕南”。⑥

金朝末年，因遭受蒙古铁骑的侵扰，从大安三年（1211）以后中都连逐渐走入衰败的态势，“京师乏粮，军民饿死者十四五”。⑦ 贞祐二年（1214）五月金宣宗迁都南京，随之宫眷、侍卫、百官、宗室与各类人等随驾南下，涿州地方官所献“顿食”（短暂停宿的膳食）“凡二千舆”即二千车，渡黄河时需要“办沿河船凡四千艘”，⑧可见南迁的人口数量十分众多。迁都后的朝廷致力于“裒兵徒，徙豪民，以实南京”，⑨ 不仅“听民南渡”而且动员河北民众南逃，“所至加存恤”。⑩ 因此，燕京地区人口开始大量前往南京地区，“河北军户徙河南者几百万口”，⑪ “河北失业之民侨居河南、陕西，盖不可以数计”，以致造成了“百司用度，三军调发，一人耕之，百人食之”。⑫ 据称天兴元年（1232）五月“汴京大疫凡五十日，诸门出死者九十余万人，贫不能葬

① 《三朝北盟会编》卷九十八引《燕云录》。
② 《金史》卷三《太宗本纪》。
③ 《金史》卷八十三《张浩传》。
④ 《金史》卷八《世宗本纪下》。
⑤ 《金史》卷四十四《兵志》。
⑥ 《金史》卷四《熙宗本纪》。
⑦⑧《大金国志》卷二十四《宣宗纪年上》。
⑨ 《金史》卷一百五《张翰传》。
⑩ 《金史》卷十四《宣宗本纪上》。
⑪ 《金史》卷一百七《高汝砺传》。
⑫ 《金史》卷一百二《田琢传》。

者不在是数”。[①] 即使如此，嗣后蒙古军队破城之时，依然有“避兵居汴者得百四十七万人”。[②] 在这前后，留在中都周边的部分人口则被蒙古军队掠至北方草原。在屡经战乱、饥馑、南逃、北迁之后，中都地区在金朝结束时大约只有不足30万人，离散迁移等造成的人口耗减却高达130万人以上。[③]

金朝末年的中都城屡次受到蒙古军队的侵略，对于本地区造成了毁灭性的破坏。据《大金国志》记载，大安三年（1211）十二月，蒙古军队抵达昌平，中都“城内外乱甚，老弱奔号。……民皆饥冻，死者相望”。“大兴尹乌陵用章，分命京畿诸将毁在城桥梁，瓦石悉运入四城，往来以舟渡，运不及者投之于水。拆近城民屋为薪，纳之城中”。在中都城的巷战中，“纵火，烧两旁民屋”。蒙古军队攻城时，“拆民屋为楼，与城上相敌，随毁随立”。[④] 将近一百年未罹兵革的中都，“僧寺、道观、内外园苑、百司庶府，室屋华盛，至是焚毁无遗”。[⑤] 一时间“京师市井萧条，草莽葱茂。……田之荒者动至百余里，草莽弥望，狐兔出没，盗贼纵横”。[⑥] 崇庆元年（1212）十一月，中都守军再次抵御蒙古军队的进攻，“独城内柴薪乏，拆绛霄殿、翠霄殿、琼华阁分给四城”。[⑦] 贞祐二年（1214）三月，蒙古军“复围燕京。京师乏粮，军民饿死者十四五。……京城白金三斤不能易米三升，死者不可胜计”。[⑧] 贞祐三年五月庚申（1215年5月31日），留守中都的穆延尽忠弃城逃跑，蒙古兵入城后，“宫室为乱兵所焚”。[⑨] “两河既破，赤地千里，人烟断绝，满目蓬蒿。燕京宫阙雄丽，为古今冠，至是为乱兵所焚，火月余不绝。其所积货财，初无所用，至以银为马槽，金为酒瓮，大者重数千两”。[⑩]

二、土地开垦与农业发展

金朝初年统治者对于农业生产十分重视，并一再提倡“劝农”和

① 《金史》卷十七《哀宗本纪上》。

② 《元史》卷一百四十六《耶律楚材传》。

③ 《北京历史人口地理》第246页。

④ 宇文懋昭：《大金国志》卷二十二。

⑤⑥⑦ 宇文懋昭：《大金国志》卷二十三。

⑧ 宇文懋昭：《大金国志》卷二十四。

⑨ 毕沅：《续资治通鉴》卷一百六十《宋纪一百六十》。

⑩ 宇文懋昭：《大金国志》卷二十五。

“毋忘稼穑之艰难”。[①] 金海陵王曾“以京城隙地赐朝官及卫士”，[②] 听任女真人放牧。金世宗时开始纠正了一些妨害农业的做法，大定十一年（1171），世宗对侍臣说：“往岁，清暑山西，傍路皆禾稼，殆无牧地。尝下令，使民五里外乃得耕垦。今闻其民以此去之他所，甚可矜悯。其令依旧耕种，毋致失业”。[③] 金章宗明昌四年（1193）正月“谕点检司，行宫外地及围猎之处悉与民耕，虽禁地，听民持农器出入”。[④] 在一系列与民生息和发展农业的等政策的落实之后，燕京地区的农业生产开始得到恢复。据北京地区出土的近代农具可知，当时北京地区的农产品种类已经十分丰富，包括蔬、蓏、果实、稻、粮、桑、柘、麻、麦、羊等。[⑤]

屯田是金中都农业生产的重要内容。金代兼领女真兵士家口与民户的军事编制单位，初期以三百户为一“谋克”、十“谋克”为一“猛安”，后来减少到二十五人为一“谋克”、四“谋克”为一“猛安”。天会十一年（1133）“起女真国土人散居汉地”，“女真，一部族耳。后既广汉地，恐人见其虚实，遂尽起本国之土人，棋布星列，散居四方。令下之日，比屋连村，屯结而起”。[⑥] 金熙宗皇统五年（1145），因“虑中州怀二三之意，始置屯田军，非止女真，契丹、奚家亦有之”，[⑦] 于是“创屯田军，凡女真、契丹之人，皆自本部徙居中州，与百姓杂处，计其户口授以官田，使其播种。春秋量给衣马，若遇出军，始给其钱米。凡屯田之所，自燕之南、淮陇之北皆有之，多至六万人，皆筑垒于村落间”。[⑧] 金灭北宋后，为保障边境安全，将猛安谋克户迁到燕南地区。当年奚、契丹人组成屯田军，“凡屯田之所，自燕山之南、怀陇之北皆有之，多至六万人，皆筑垒于村落间”。[⑨] 九年八月又采纳宰臣提议，“徙辽阳、勃海之民于燕南”。[⑩] 自贞元迁都到正隆初年，又将上京地区的女真族大规模迁移到燕京地区进行安置：

---

① 《金史》卷七十三《阿离合懑传》。

② 《金史》卷五《海陵本纪》。

③ 《金史》卷四十七《食货志二》。

④ 《金史》卷十《章宗本纪二》。

⑤ 曹子西：《北京通史》第四卷，第29页。

⑥ 《大金国志》卷八《太宗纪年六》。

⑦ 《大金国志》卷三十六《屯田》。

⑧ 宇文懋昭：《大金国志》卷十二《纪年》“熙宗孝成皇帝四”。

⑨ 《大金国志》卷十二《熙宗纪年四》。

⑩ 《金史》卷四《熙宗本纪》。

“贞元初，起上京诸猛安于中都、山东等路安置”，[①] 正隆元年（1156）二月，“遣刑部尚书纥石烈娄室等十一人，分行大兴府、山东、真定府，拘括系官或荒闲牧地，及官民占射逃绝户地，戍兵占佃宫籍监、外路官本业外增置土田，及大兴府、平州路僧尼道士女冠等地，盖以授所迁之猛安谋克户，且令民请射，而官得其租也”，[②] 太师勖同年“与宗室俱迁中都”。[③] 虽然正隆三年（1158）七月为准备南下伐宋，“迁中都屯军二猛安于南京（今河南开封），遣吏部尚书李惇等分地安置”，[④] 但世宗即位不久的大定二年（1162）正月，就把此前从征的“咸平、济州军二万人屯京师”，[⑤] 此后又“诏徙女直猛安谋克于中都，给以近郊官地”。[⑥] 由此估算，金人先后迁入中都地区的猛安谋克户、官吏及四方民户“累计约 4 万户，30 万人”。[⑦]

为了合理调配土地并安置南迁人口，海陵王正隆元年（1156）二月，“遣刑部尚书纥石烈娄室等十一人，分行大兴府（治今北京）、山东、真定府（治今河北正定），拘括系官或荒闲牧地，及官民占射逃绝户地，戍兵占佃宫籍监、外路官本业外增置土田，及大兴府、平州路（治今河北卢龙）僧尼、道士、女冠等地，盖以授所迁之猛安谋克户，且令民请射，而官得其租也”。[⑧]大定十七年（1177），因中都附近猛安谋克户的官地大多比较瘠薄，金世宗派遣同知中都路转运使张九思前去检括，[⑨] “凡地名疑似者，如皇后店、太子庄、燕乐城之类，不问民田契验，一切籍之”，[⑩] 世宗得知后予以阻止。此外，对于勋贵占领土地情况进行惩治，如二十二年（1182）八月，“以赵王永中等四王府冒占官田，罪其各府长史、府掾，及安次、新城、宛平、昌平、永清、怀柔六县官，皆罚赎有差”。[⑪]承安五年（1200）九月，鉴于中都、山东、河北大量军屯土地被冒占，金章宗命枢密使宗浩等“诣诸道括籍，凡得地三十余万顷”。[⑫] 不过，因猛安谋克大多不事农商，故分配给他们的土地又大多转手汉人耕种。金世宗大定五年（1165）十二月，“京畿两猛安民户不自耕垦及伐桑枣为薪鬻之”；二十一年，“闻猛安谋克

---

① 《金史》卷八十三《纳合椿年传》。

②⑧⑨⑪ 《金史》卷四十七《食货志二》。

③ 《金史》卷六十六《勖同年传》。

④ 《金史》卷五《海陵本纪》。

⑤ 《金史》卷六《世宗本纪上》。

⑥ 《金史》卷八十三《张汝弼传》。

⑦ 《北京历史人口地理》242 页。

⑩ 《金史》卷九十《张九思传》。

⑫ 《金史》卷九十三《宗浩传》。

人惟酒是务，往往以田租人而预借三二年租课者，或种而不耘听其荒芜者”；二十二年，则有“附都猛安户不自种，悉租于民，有一家百口垅无一苗者”。①

金中都官田中还有一大部分是寺院所占官田。明朝万历年间的沈榜在其《宛署杂记》中载有金朝大定十八年（1178）十月初一日的一则文告：宛平县李仁莹等诬告仰山寺僧人法诠侵占山林，寺院一方以金熙宗天会十五年（1137）、皇统二年（1142）及海陵王贞元二年（1154）关于山林属寺院所有的判决书和碑文为证得以胜诉，官府判决“东至芋头口，南至逗平口，西至铁岭道，北至搭地鞍”依旧归寺院所有，并要求“不得于本寺山林四至内乱行非理采斫，如有违犯，许令本寺收拿赴官，以凭申覆上衙断罪施行，不得违犯，各令省会知委”。②此外，金世宗大定二十六年（1186）三月癸巳，“香山寺成，幸其寺，赐名大永安，给田二千亩，栗七千株，钱二万贯”。③卫绍王崇庆元年四月二十二日（1212 年 6 月 4 日）的《奉先县禁山榜示碑》，也记载了奉先县六聘山天开寺十方禅院（今北京房山区上方山诸寺）的一场山林诉讼。经官府裁决，“山林四至，东至望海囗（按：字迹不清），南至神仙峪，西至紫云岭神仙洞，北至龙虎峪”禁民樵采。④

金中都地区的水利工程以疏凿运河、保障漕运为主，同时兼顾农田灌溉。大定二十七年三月，宰臣建议堵塞金口时招致反对，理由为“若固塞之，则所灌稻田俱为陆地，种植禾麦亦非旷土”。⑤可见金代引卢沟水不仅是济漕运，还有灌溉农田甚至种植水稻之效。后来元朝的郭守敬建议忽必烈重开金口河时，亦称当年“灌田若干顷，其利不可胜计”。⑥金章宗承安二年（1197），“敕放白莲潭东闸水与百姓溉田。三年，又命勿毁高梁河闸，从民灌溉”。⑦分别将白莲潭和高梁河用以灌溉北京城区东南与西北部的田地。泰和四年（1204）开凿自通州至中都的通济河，“为牐以节高良（梁）河、白莲潭诸水以通山东、河北之粟”。⑧此时又有大兴知府承晖曾经拒绝对“豪民与人争种稻水

① 《金史》卷四十七《食货志二》。
② 沈榜：《宛署杂记》卷二十《志遗七》。
③ 《金史》卷八《世宗本纪下》。
④ 《奉先县禁山榜示碑》。国家图书馆中文拓片资源库收录。
⑤ 《金史》卷二十七《河渠志》“卢沟河”。
⑥ 《元史》卷一百六十四《郭守敬传》。
⑦ 《金史》卷五十《食货志五》。
⑧ 《金史》卷二十七《河渠志》“漕渠”。

利”加以袒护。[①] 金章宗明昌四年（1193）曾在中都城南试验“区田法”，依靠土地分区精耕细作增加产量，承安元年（1196）至泰和四年（1204）间加以推广。[②] 分区开畦有利于“穿土作井，随宜灌溉”，[③] 在抗旱方面尤其有效。1975 年发掘丰台区大堡台西汉墓时，发现了北京地区唯一保存完好的金代砖井，“井口直径 1. 4 米，井深 8 米，井壁用 17 厘米 ×5 厘米素面青砖，以三辅一立方式砌成，井内同期出土大量金代文物”。[④] 可见北京地区自先秦以来凿井历史的悠久与连续性。

为保护工业生产，减轻民众负担，金朝多次实行免税政策。大定十二年（1172）“以水旱免……租税”；十八年又“免中都……前年被灾租税”，次年因水旱伤民田，“诏蠲其租”[⑤] 以后分别在十九年、二十一年及二十七年均有过蠲免田租的记录。此外，金朝统治者对于农业灾害亦可积极应对。如大定三年（1163）因“中都以南八路蝗，诏尚书省遣官捕之”。此外，金世宗多次下令要严惩毁农伤稼之事。大定七年（1170）谕令点检司“沿路禾稼甚佳，其扈从人少有蹂践，则但汝罪”。十年秋外出打猎时再次强调“敕扈从人纵畜牧蹂践禾稼者，杖之，仍偿其直”。[⑥]

三、金中都手工业的发展

金灭北宋之后，将大批汴京的工匠被掠到中都，为本地区手工业的恢复和发展创造了条件。“东京取医官、教坊、内侍、内人、作匠、司天、官吏，国主、元帅、大酋共分驱使燕山，得国主指挥，更不发遣，厚与养济，于诸寺院内安泊。内侍、内人，皆为大酋所有。医官开铺，乐人作场，司天行术，作匠执艺，各自营生，衣食方足。畿辅所破郡县尽皆驱虏，北行何啻千万。……燕山有市卖人，凡军兵虏得南人，视人立价卖之”。[⑦]

金中都设置有完整的手工业管理部门。朝廷设置机构中，工部“掌修造营建法式、诸作工匠、屯田、山林川泽之禁、江河堤岸、道路

---

① 《金史》卷一百一《承晖传》。
② 《金史》卷五十《食货志五》。
③ 《金史》卷一百《孟铸传》。
④ 北京市文物局编:《北京辽金史迹图志》（上），北京燕山出版社，2003 年，第 102 页。
⑤ 《金史》卷四十七《食货志》。
⑥ 《金史》卷六《世宗纪》。
⑦ 徐梦莘:《三朝北盟会编》卷九十八引赵子砥《燕云录》。

桥梁之事”。[①] 太府监下辖的酒坊“掌醞造御酒及支用诸色酒醴”。少府监“掌邦国百工营造之事”，下辖的尚方署“掌造金银器物、亭帐、车舆、床榻、帘席、鞍辔、伞扇及装钉之事”；图画署“掌图画缕金匠”；裁造署“掌造龙凤车具、亭帐、铺陈诸物，宫中随位床榻、屏风、帘额、绦结等，及陵庙诸物并省台部内所用物”。明昌三年（1192）“裁造匠六人，针工妇人三十七人”；文绣署“掌绣造御用并妃嫔等服饰、及烛笼照道花卉”，有“绣工一人，都绣头一人，副绣头四人，女四百九十六人”；织染署“掌织纴、色染诸供御及宫中锦绮币帛纱縠”。军器监“掌修治邦国戎器之事”，下辖的利器署“掌修弓弩刀槊之属”。[②]

金中都纺织业十分发达。大定十三年（1173）太常寺拟定的服饰制度中，“花纱绫罗丝绸”只准士人、八品以上官员及部分僧尼道士穿用，“庶人止许服絁绸、绢布、毛褐、花纱、无纹素罗、丝绵，其头巾、系腰、领帕许用芝麻罗、绦用绒织成者。……兵卒许服无纹压罗、絁绸、绢布、毛褐。奴婢止许服絁绸、绢布、毛褐”。[③] 1955 年北京西长安街双塔出土的金代精美丝织物则是北宋工艺引入中都、使丝织业的生产技术与花色品种大为改观的实物证明。

酿酒业。正隆二年进士、大兴人王启诗中有“燕京名酒四海传”之句。[④] 大定三年（1163）颁诏惩治宗室私酿酒者，接着“省奏中都酒户多逃，以故课额愈亏。上曰：此官不严禁私酿所致也。命设军百人，隶兵马司，同酒使副合千人巡察，虽权要家亦许搜索。奴婢犯禁，杖其主百。且令大兴少尹招复酒户”。[⑤] 大定九年，“大兴县官以广阳镇务亏课，而惧夺其俸，乃以酒散部民，使输其税”，[⑥]官营的酒坊被迫向民营开放。

金代大兴府“产金银铜铁”。[⑦] 金海陵王正隆年间开始，“民间铜禁甚严，……民用铜器不可阙者，皆造于官而鬻之。既而官不胜烦，民不胜病，乃听民冶铜造器，而官为立价以售”。[⑧] 大定八年（1168）、十一年、二十六年，金世宗都有“禁私铸铜镜，旧有铜器悉送官”之

①②《金史》卷五十五《百官志一》。

③ 《金史》卷四十三《舆服志下》“衣服通制”。

④ 王启：《王右辖许送名酒，久而不到，以诗戏之》，元好问编《中州集》卷八，中华书局，1959 年。

⑤⑥《金史》卷四十九《食货志四》。

⑦ 《金史》卷二十四《地理志上》。

⑧ 《金史》卷四十六《食货志一》。

类的诏令。①

采矿业。金中都居民家中已出现以煤为燃料的暖炕。金代诗人赵秉文《滏水文集》中记载：“京师苦寒岁，桂玉不易求；斗粟换束薪，掉臂不肯酬。日粜五升米，未有旦夕忧；近山富黑璧，百金不难谋。地炕规玲珑，火穴通深幽；长舒两脚睡，瑷律初回邹。门前三尺雪，鼻息方齁齁；田家烧榾柮，湿烟泫泪流。浑家身上衣，灸背晓未休；谁能献此术，助汝当衾裯”。② 诗里所说的“黑璧”，产于中都以西的山区，可以燃烧供暖，中都人以此铺凿精致的地炕，也就是后来北方民居所普遍使用的土炕。

第三节　商品流通与地区商业

随着金中都成为中国北方的政治中心，中都的城市商业也开始进入一个上升的轨道。庞大的人口规模是中都商业发展的重要基础，都城核心阶层等高端群体巨大的消费力以及强大的购买力刺激着本地区商品市场的发展，推动着中都城市商业的繁荣。

一、商业贸易

金朝统治者对于中都商业十分重视。据《金史·百官志》记载，金代出现了一个直属中央的新机构——中都市令司，“掌平物价，察度量衡之违式、百货之估值”，也就是有权制定物价，权估货物之价格，检查度量衡，并监督物价有无违法行为，是一个管理城市物价的具体机构。此外，金朝对中都的商业活动采取鼓励政策，减轻商税，禁止官府扰商。大定二十年（1180）正月，“定商税法，金银百分取一，诸物百分取三”。③ 在较低的税率之外，金世宗还尽量避免干扰市肆营业。次年二月，他到兴德宫祭奠元妃李氏，“过市肆不闻乐声，谓宰臣曰：岂以妃故禁之耶？细民日作而食，若禁之，是废其生计也，其勿禁。朕前将诣兴德宫，有司请由蓟门，朕恐妨市民生业，特从他道。顾见街衢门肆或有毁撤，障以帘箔，何必尔也，自今勿复毁撤”。④ 大定年

① 《金史》卷四十八《食货志三》。

② （金）赵秉文：《闲闲老人滏水文集：附补遗》卷五《夜卧炕暖》，中华书局，1985年，第63页。

③ 《金史》卷四十九《食货志四》。

④ 《金史》卷八《世宗本纪下》。

间，中都税使司每年税收16万余贯，承安元年（1196）达到21万余贯。[①] 商税的增加表明，当时的商业活动已相当活跃。

金中都时期，除旧辽南京城北部的市场外，又新辟市场多处。完颜亮于贞元元年迁都中都后，当年即以都城内的空地，赐给金廷大小官僚及亲军官兵用来设肆经商征税，此举直接改变了中都的商业格局和城市面貌，商业空间大为拓展，中都的商业贸易活动因此而遍及全城，景象繁荣。此后，中都城的许多条大街和城门的关厢也开始有店铺开张，售卖各种货物。今天的菜市口西至广安门一线就是当年繁华的大街。辽代曾经兴盛一时的城北市场，此时变得更加繁荣，规模也得到扩大。尤其是市场周边出现了不少经营性的楼堂馆所，如在蓟门北的状元楼、在燕市的西楼、在燕市东的明义楼等。

随着商业空间的扩大，中都城从事商贸活动的商人也大幅增多，例如，金中都内新辟的市场之一——东开阳坊东面的天宝宫，该市场中仅从事马匹买卖交易的商人就达到二百二十多人。仅这一条商品交易链上就有如此数目庞大的商人身影，那么诸多行业在整个中都市场上的商人数量之多就可想而知了。中都城内还出现了拥有金六七万缗的大商人。

中都市场上的大宗商品最初主要是粮食、纺织品和日用手工业品。随着时间的推移，尤其是宋金议和以后，中都市场上的商品内容也越来越丰富，马匹、水果和蔬菜等也成为交易的大宗商品。而金银珠宝、玛瑙、首饰、化妆品、各类丝绵绢布、各类服装和皮草、鞋帽、床榻、帘席、车具、笔墨纸砚、各类器皿、蜡烛、柴炭、药材、各类铁器工具等商品在中大市场上琳琅满目，应有尽有。通过商品贸易，中原汉族的生产生活方式很大程度地影响到了女真人，除了日常的吃穿用等，饮茶之风也在金朝兴盛起来。金朝境内的茶叶一部分是宋人岁供，一部分在宋朝榷场以金帛、丝绢、食盐等交换，造卖私茶也比较普遍，金世宗、章宗多次以“费国用而资敌”为由加以限制。泰和四年（1204）十一月尚书省奏：“茶，饮食之余，非必用之物。比岁下上竞啜，农民尤甚，市井茶肆相属。商旅多以丝绢易茶，岁费不下百万，是以有用之物而易无用之物也。若不禁，恐耗财弥甚”。因“犯者不少衰，而边民又窥利，越境私易”。[②]

二、对外交通与物资供应

金代以中都为中心的陆路交通线主要有四条：

太行山东麓大道，这条道路自古就是南北交通的重要通道，宋金

①② 《金史》卷四十九《食货志四》。

使者往来的必经之路。其路线在宋人的使金记录中有详细记载。以楼钥《北行日录》所记为例：由盱眙渡淮河至泗州，进入金境，沿汴水经临淮、青阳镇、静安镇、宿州、蕲泽镇、柳子镇、永城、会亭镇、沙冈、谷熟、归德府、宁陵、拱州（即睢州）、雍丘、陈留、开封、李固渡（黄河渡口）、武城镇、滑州、浚州、屯子河、汤阴、相州、漳水、磁州、邯郸、临铭镇、沙河、邢州、内丘、柏乡、洨河、赵州、栾城、真定、新乐、中山府（即定州）、庆都、安肃军（即安肃州）、定兴、涿州、琉璃河、良乡、卢沟河，最后到达中都城。范成大、周辉、程卓使金时，也基本上是沿此路线。

居庸关大道，这条道路是沟通中都和山西、蒙古高原的重要通道。据后晋胡峤《陷辽记》记载，自幽州西北入居庸关，经石门关、可汗州、新武州、鸡鸣山、永定关、归化州、登天岭、黑榆林、渡潢水、黑水、至汤城淀、仪坤州、至赤涯、至上京（西楼）。

古北口大道，由此路穿越燕山腹地，向东北行，可达东北平原。这条道路在宋辽及金代前期时期常为两国使臣，经行之路。据王曾《上契丹事》可知此路线为：由燕京东北行，经顺州、檀州、古北口、新馆、卧如来馆、滦州、柳河馆、至打造部落馆、牛山馆、鹿儿峡馆、铁浆馆、富谷馆、通天馆、至中京大定府。

榆关道，此路为燕山南麓大道，榆关即今山海关，金崛起于东北，并曾以平州为南京，作为南下灭宋的跳板，所以榆关道的地位也日益凸显。金初，许亢宗就是由此路前往上京。据许《奉使行程录》记载，他自雄州出发，至新城县，经涿州、良乡、燕山府、潞县、三河、蓟州、玉田、韩城镇、清州、滦州、望都、营州、润州、迁州、习州、来州、海云寺、红花务、锦州出榆关东行进入东北地区。这条道路相对古北口大道较为宽阔便捷。金初，宋金使者往来多由此道。又据《新唐书·地理志》的记载，从幽州经潞县、蓟州渔阳县、渡滦河，经卢龙镇、斗陉镇、受米城、沿土护真河至奚、契丹、室韦衙帐，这也是早期中原进入东北地区的重要交通线。

金大定二十八年（1188）五月，世宗“诏卢沟河使旅往来之津要，另建石桥。未行而世宗崩。章宗大定二十九年六月，复以涉者病河流湍急，诏命造舟，既而更命建石桥。明昌三年三月成，敕命曰广利”。①这广利桥也称卢沟桥，因处于北上东北平原和内蒙古高原的必经之路上，建成后的卢沟桥也就成为金中都沟通南北的咽喉要道。桥长三百

① 《金史》卷二十七《河渠志》。

步，宽逾八步，可十骑并行。桥两旁雕大理石栏与石柱，每柱上均有数量不等，形态迥异的石狮雕刻，刻工精致，惟妙惟肖，故有“卢沟桥狮子——数不清”的北京歇后语。根据北京文物工作队的实地调查，卢沟桥共有 11 孔，长 212. 2 米，两侧石栏杆望柱 280 个，而著名的卢沟桥石狮雕刻，共有大小 485 尊。从卢沟桥始建迄今已有 800 多年，至今仍屹立于永定河上。卢沟桥的建成，极大改善了中都城的交通状况，加强了中都与全国各地的联系交流。

除上述四条主要通道外，位于今河北省易县西紫荆岭上的蒲阴径也是一条由中都通往山西的要道。它虽不在中都地区范围内，但因其对中都军事防御具有至关重要的作用，值得一提。岭上的紫荆关与居庸关南北呼应，是防卫中都南部的一处军事要隘。所谓“居庸则吾之背也，紫荆则吾之喉也，卒有急则扼吾之喉而附吾之背”。

金中都水路与陆路交通的完善，为外地物资尤其是粮食的大量输入提供了便利条件。民以食为天，“宝者，米粟是也，一日不食则饥，三日则疾，七日则死；有则百姓安，无则天下乱”，故京师粮食的供需成为王朝关注的重大问题，大量输入外地粮食是保障中都城市人口粮食供给的基本措施。

海陵迁都之初即于中都设置了都转运使司，以进行区际粮食调剂、保障中都城市的粮食供应；并想方设法开通漕运“以通山东、河北之粟”。大定初，为解决兵兴久欠的乏粮问题，金政府除实行纳粟补官和卖放度牒等筹粮的权宜之计外，于山东广行和籴，仅山东籴运京师的粟米就达 45 万石；至大定二十一年（1181 年）来自山东恩、献等州、漕运至中都的粟已达 100 余万石。大安初，又“诏运大名粟，由御河抵通州”。粟之外，漕粮还有麦豆等。如《金史·河渠志》载，承安中漕边河仓州县折纳菽 20 万石入京师，“仍漕麦十万石”。

商旅贩运同样是金代京师粮食的重要来源。明昌中，曾因通州米粟甚贱，章宗尝谕令以平价官籴之。明昌四年（1193）章宗听说通州米粟甚贱，户部官员奏称：“中都路去岁不熟，今其价稍减者，以商旅运贩继至故也”。① 商人贩运粮食到中都，稳定乃至降低了粮价。

总之，金代中都由军事重镇逐渐上升为国家政治中心，中都城市和中都地区人口规模迅速扩大，粮食需求亦因之大增。而政局紊乱、粮食供应渠道一旦阻断必然带来人口流迁或饥疫死亡的恶果，直接影响和制约城市和区域人口的增长过程而发生短期内的人口锐减。

---

① 《金史》卷五十《食货志五》。

第五章　元大都的经济发展

在北京的历史上，元代的经济发展出现了一个从迅速衰落、到逐渐恢复，又到进一步发展，达到高峰的过程。此后，又经历了随着元朝统治的日益腐败而逐渐衰亡，直至元朝灭亡的过程。这个过程，历时150年左右。

在此前的北京地区，很长一段时期这里的经济发展都落后于其他地区，一直到辽朝提升这里为陪都南京，才使得其政治和军事地位更加重要，而经济和文化发展也逐渐居于辽朝五京之首。但是与南面的宋朝相比，经济和文化方面也还是有较大差距。到了金代，海陵王迁都之后，这里的政治、经济、文化各方面都有了进一步发展，在整个北方地区已经占有领先位置。金朝末年的战乱不仅使整个北方地区残破不堪，而且对金中都地区的破坏尤为严重。元大都的经济发展正是在这种情况下开始的。

蒙古国攻占金中都后，在这里设置燕京行省，作为进一步向中原地区扩张势力的政治和军事中心。及蒙古国占领中原地区后，这里又作为整个中原地区的统治中心。在这个时期，城市经济、农业和手工业逐渐有所恢复，却还远远没有达到金中都全盛时期的水准。

忽必烈夺得皇权，建立元朝，兴建大都城，攻灭南宋，一系列的重大政治和军事举措促进了大都地区的经济发展，很快就使得大都城在作为全国政治和文化中心的同时，也变成了全国的经济中心。

农业生产得到迅速恢复，并有了进一步发展。大量因为战乱而逃离家乡的农民纷纷回到故里恢复农业生产；大批驻扎在大都地区的军队设置了数量和规模都很可观的军屯，促进了这里的农业生产。很快在大都地区就找不到荒田了。

手工业生产不仅迅速恢复，而且有了非常大的发展，达到北京地区手工业生产的历史最高峰。早在蒙古国时期，蒙古统治者就从西域等地征调大批工匠到燕京，设置手工业司局，从事生产。及元世祖忽必烈建立元大都前后，更是在这里设置了大量手工业司局，调集全国的能工巧匠，从事大规模的生产活动，其生产门类之多，工艺制作之精，都远远超过了以往的水平。

商业的发展更加繁盛。由于蒙古统治者对于商业活动采取了鼓励的态度，就使得国内外的商业贸易特别活跃，而大都城作为全国的经济中心，商业贸易尤为繁盛。再加上元朝纸钞的发行和使用，给商业贸易带来了极大的便利，更是促进了商业发展的速度。大都新城的开放性，使得商业活动没有了坊墙的阻隔，从另一个方面也促进了商业的发展。而陆路和水路的畅通无阻，也为大都地区商业的发展提供了重要的支持和保障。

综上所述，在元代的大都地区，经济发展出现了一个空前的辉煌，农业、手工业和商业的发展都达到了历史上的空前程度。城市经济也由此而日臻繁盛，歌楼酒馆遍布新旧两城，市肆商贩排满大街小巷，使得都市居民的商业消费极为便利，穷奢极侈。这时的大都城，堪称世界上最繁华的国际大都会之一。

第一节　元朝统治者的经济政策及其影响

在中国古代，统治者的经济政策会对整个社会的经济发展产生很大影响。元朝统治者起自朔漠，对于游牧经济是比较熟悉的，而对于农耕经济则比较陌生。因此，在他们进入中原地区之初，甚至想要把农田变成牧场，用来放养牲畜。在经过一段时间的接触和了解之后，他们才会认识到农耕经济的重要作用，并且开始采取各种鼓励农业生产的政策和举措。这个转变，对整个社会经济的发展产生了较大的促进作用。

作为草原上的牧民，虽然与农民交往的机会不多，但是与工匠和商人交往的机会却比较多。很多生产和生活工具（如毡帐、毡车等）是需要工匠们来制造和修理的，也需要商人提供很多生活品（如茶、粮食和布匹等），因此，蒙古统治者对工匠和商人是非常重视的。在蒙古国崛起之初，每当攻陷一座抵抗的城市时，往往采取“屠城”的野蛮行动，妇孺皆不能免遭毒手，但是工匠却可以免死，被送往大草原，为蒙古统治者提供技能服务。这种对手工业和商业的重视，也直接影响到各种经济政策的制定和实施。

一、经济政策的发展变化

在蒙古国崛起之初，北方草原上的蒙古权贵们对于农耕生产的认识堪称无知。这一点，从元太宗时大臣耶律楚材和蒙古权贵别迭之间的对话即可看出。时人称："自太祖西征之后，仓廪府库无斗粟尺帛，而中使别迭等言：'虽得汉人亦无所用，不若尽去之，使草木畅茂，以为牧地。'公（指耶律楚材）即前曰：'夫以天下之广，四海之富，何求而不得，但不为耳，何名无用哉！'"① 别迭的言论虽然未必就能够实行，但是却代表了相当多蒙古权贵们的观点。这时的元太宗任用耶律楚材主持中原赋税，得到大量粮食和布帛、银两，故而对这种财政制度有了一定的重视，但是，这也只不过是一些皮毛的认识，还没有制定相对完善的经济制度。

史称："农桑，王政之本也。太祖起朔方，其俗不待蚕而衣，不待耕而食，初无所事焉。世祖即位之初，首诏天下，国以民为本，民以衣食为本，衣食以农桑为本"。② 这个描述，大致表达了当时的状况，但是元太宗时已经开始有所转变了。

及元宪宗时忽必烈受命主持中原地区政务之后，才开始对农主业生产有了更加深入的了解，而当忽必烈夺得皇权之后，更是采取各项政策，以保证农业生产的正常进行。首先，是督促各地政府官员重视农业生产。史称：中统二年（1261）四月，忽必烈下令，"命宣抚司官劝农桑，抑游惰"。③ 此后在至元六年（1269）八月，忽必烈又下令，"诏诸路劝课农桑"。④

其次，是严禁各种破坏农业生产的行为。史称：中统三年（1262）正月，忽必烈又下令，"禁诸道戍兵及势家纵畜牧、犯桑枣禾稼者"。军队和权贵往往为了私利而损害百姓的庄稼，忽必烈特别加以禁止。又如，也是在这一年的十二月，"申严屠杀牛马之禁"。⑤ 因为牛和马都是进行农业生产的重要工具，此前的各朝代多有禁杀牛马的举措，忽必烈加以遵行。

再次，是用科技指导农业生产。史称：至元二十三年（1286）六

---

① 《国朝名臣事略》卷五《中书耶律文正王》。
② 《元史》卷九十三《食货志》。
③ 《元史》卷四《世祖纪》。
④ 《元史》卷六《世祖纪》。
⑤ 《元史》卷五《世祖纪》。

月，“诏以大司农司所定《农桑辑要》书颁诸路”。[1] 书前有名士王磐在至元十年（1273）十月撰写的序言称：是时司农司官员们“于是遍求古今所有农家之书，披阅参考，删其繁重，摭其切要，纂成一书，目曰《农桑辑要》，凡七卷，镂为版本，进呈毕，将以颁布天下”。[2] 据此可知，这是元朝农官们的集体之作。这部书的颁行，在社会上产生了巨大影响。除了官方颁行的版本外，各地官员和民众也纷纷刻板印行。

元朝统治者因为来自草原，故而对畜牧业生产十分重视，而他们的生活也与畜牧业有着密切联系。因此，当他们定都在大都城时，必然会把畜牧业生产也带到这里。在大都地区，畜牧业的季节性特点极为突出，是与两都巡幸制联系在一起的。每年的秋天，元朝统治者从元上都回到大都，带来了大批马、驼、牛、羊等牲畜，放在这里饲养；而到了第二年的春天，再将这些牲畜赶到元上地区的草原上去放牧。

就是在这从秋天到春天的牲畜饲养过程，促进了大都地区的畜牧业发展，同时，也给大都地区的百姓带来巨大负担。因为这种畜牧生产不是正常社会生产的状态，而是在特定历史时期的特殊产物。而大都地区的饲养环境显然不如大草原的优越，要受到许多自然环境的限制。为此，元朝统治者不得不采取一些特别的政策，以适应中原地区的自然环境。如分区域的饲养、建立“盐折草”的制度等。

在对待手工业生产和商业发展方面，元朝统治者的政策颇类似于先秦时期“工商食官”的做法。他们把手工业者专门编入一种特殊的户籍，称为“匠户”，并强制工匠们世裔职业，父死子继，不许从事别的工作。甚至连他们的婚姻状况也要加以强制管理，匠户只能与匠户通婚，以保证他们的后代能够继承这项职业。元朝政府为这些工匠提供粮食、钱钞和生产原料，让他们生产各种手工产品，以供皇家贵族和政府享用。

而对于商人，则没有固定的户籍，只是征收数额较少的商税。有些商人，还以政府官员的身份出外经商，然后把一部分利润交给政府。这种做法显然是有利于商业贸易的发展，从而使得在元代的商业活动十分繁荣，商人也有着较高的社会地位。整个元大都地区的手工业和商业比前代有了较大发展，是与元朝统治者的经济政策有直接的关系。

---

① 《元史》卷十四《世祖纪》。

② 《农桑辑要》书前序。

二、相关机构的设置

在蒙古立国之初，整个国家的重心是放在大草原上的。忽必烈即位后，取消和林城的都城地位，建立元大都城，整个国家的重心开始转移到中原地区。在这种情况下，农业生产就成为国家经济生产的重中之重，即所谓的“立国之本”。为此，元朝政府专门设立了一些主管农业生产的机构。

元朝最早设置的相关机构为劝农司，设置的时间是中统二年（1261）八月，史称：“初立劝农司，以陈邃、崔斌、成仲宽、粘合从中为滨棣、平阳、济南、河间劝农使，李士勉、陈天锡、陈膺武、忙古带为邢洺、河南、东平、涿州劝农使”。① 这时的劝农司，只是在局部地区实行督促农业生产之事。

到至元七年（1270）二月，进一步完善这一机构。史称：“立司农司，以参知政事张文谦为卿，设四道巡行劝农司”。同年十二月，又将这一机构的级别再次提升，“改司农司为大司农司，添设巡行劝农使、副各四员，以御史中丞孛罗兼大司农卿。安童言孛罗以台臣兼领，前无此例。有旨：‘司农非细事，朕深谕此，其令孛罗总之’”。② 安童是当朝的宰相，却还没有元世祖对于农业生产的认识深刻。

在大司农司设置之后，曾经几度变动。史称：“大司农司，秩正二品。凡农桑、水利、学校、饥荒之事，悉掌之。至元七年始立，置官五员。十四年罢，以按察司兼领劝农事。十八年，改立农政院，置官六员。二十年，又改立务农司，秩从三品，置达鲁花赤一员、务农使一员、同知二员。是年，又改司农寺，达鲁花赤一员，司农卿二员，司丞一员。二十三年，仍为大司农司，秩仍正二品”。③ 据此可知，大司农司设置之后，曾经一度罢废，由各地按察司兼领其事，此后，又改称农政院、务农司、司农寺等名目，最后仍称大司农司。

这时的大司农司，除了管理农业生产之外，还要兼管水利兴修、学校教育、饥荒救济等事，权力范围是很宽的。此后，在元成宗、元仁宗时，又增加大司农司的职官数量，提升其品级，使其管理能力逐步提高。一直到元朝后期，元顺帝也对大司农司的权力十分重视，并在后至元元年（1335）正月，重颁旧制，“申命廉访司察郡县劝农官勤

① 《元史》卷四《世祖纪》。
② 《元史》卷七《世祖纪》。
③ 《元史》卷八十七《百官志》。

惰，达大司农司，以凭黜陟”。[①] 这种把官员职务升降的权力归于大司农司，还是能够起到一定作用的。

大司农司在设置之后，确实对全国的农业生产等各方面的工作起到了管理效益。如重置大司农司的至元二十三年（1282），“大司农司上诸路学校凡二万一百六十六所，储义粮九万五百三十五石，植桑枣杂菓诸树二千三百九万四千六百七十二株”。[②] 在这里列出了大司农司的三项主要职能：其一为管理学校，其二为管理饥荒（即储义粮），其三为管理种植树木，皆有成效。

到至元二十五年（1284）十二月，“大司农言：耕旷地三千五百七十顷，立学校二万四千四百余所，积义粮三十一万五千五百余石”。[③] 这个数字显示，大司农司的工作是很有成绩的，两年之间，学校增加了四千二百多所，增加幅度达到了20%；义粮增加了22万余石，增加幅度竟高达二倍多；又开垦荒田3570顷。

元朝统治者管理牲畜的机构有多处，最主要的有：在中央政府下面设置的太仆寺与尚乘寺，在徽政院下面设置的群牧监，以及由储政院下面设置的典牧监，等等。时人称：“国朝肇基朔方，地大以远，橐驼马羊牛不可以限量而数计。今牧马之地，东越耽罗，北踰火里秃麻，西至甘肃，南暨云南，凡十有四所。又大都、上都以及玉你伯牙、折连怯呆儿地，周回万里，莫非监牧之野。在朝置太仆寺，典御马及供宗庙、影堂、山陵祭祀，与玉食之桐乳”。[④] 据此可知，在太仆寺之下，又设置有14处牧场，遍及大都、上都及四方边陲，统称之为“马政”。

马匹在中国古代不仅是重要的生产工具，而且是重要的军事工具，蒙古国崛起，征战四方，所向披靡，主要依靠的就是战马。因此，养马与饲养其他牲畜（如牛、羊、驼等）的意义是完全不同的。同时，养马还与元朝统治者的日常生活密切相关，太仆寺在养马的同时，还要生产马奶（即文中所云之“桐乳”），以供统治者祭祀宗庙、影堂、陵寝之需，以及供统治者饮用。

元朝政府管理手工业和商业的机构最为繁杂，因为工匠的数量很多，生产门类很多，隶属的衙门也很多，因此，可以用多如牛毛来加以形容。这些管理工匠的机构大多称为某某总管府或是某某司局，如中书省工部下辖的有：大都人匠总管府、大都等路诸色民匠总管府、

① 《元史》卷三十八《顺帝纪》。

② 《元史》卷十四《世祖纪》。

③ 《元史》卷十五《世祖纪》。

④ 《国朝文类》卷四十一《杂著》。

诸路杂造总管府、诸司局人匠总管府、大都金银器盒局、大都毡局、织染局，等等。又如隶属于蒙古贵族徽政院的有：随路诸色人匠都总管府、大都等路诸色民匠提举司、织染杂造人匠总管府、玛瑙玉局、绫锦局、文绮局，等等。这些机构主要是管理工匠的生活，并安排他们进行手工生产。有些总管府和司局的管理者就是著名的工匠。而管理商业贸易的机构则不算多，主要从事税收工作。

第二节 农业生产

农业生产在中国古代是最重要的一项活动，直接关系到国家的强盛和弱小、百姓的贫困和富有、社会的安定与动荡。俗语所谓“民以食为天”，即是指此。大都地区在北方，与南方相比，农业生产的环境要差一些，农业产品的数量要少一些。但是，与北方的其他地区相比，则算是物产比较丰富，耕作和放牧都比较适宜的地方。

大都地区在成为全国政治和文化中心的过程中，人口不断增加，为农业生产提供了大量劳动力，因此，这里的农业生产状况是比较好的，在农田开垦、水利兴修、农器的制造和使用等各方面，也都优于周边的地区。但是，正因为都城人口极为稠密，使得大都地区农业生产的粮食无法满足对如此大量人口的供给，遂不得不从全国各地大量漕运粮食到都城来，以满足巨额的粮食消耗。

一、战乱对农业生产造成的影响

在蒙古军队攻占金中都城之前，金中都地区的农业生产发展是比较兴盛的，有数量可观的农民在从事耕作劳动。但是，在蒙古军队向金中都发动进攻之后，这种局面遭到严重破坏。时人称：“我太祖法天启运圣武皇帝，以有名之师，而释奕世之忾；以无敌之仁，而收兆民之心。劲卒捣居庸关，北拊其背；大军出紫荆口，南搤其吭。指顾可成于隽功，操纵莫窥于庙算，惩彼取辽之暴，容其涉河以迁。太宗英文皇帝席卷云、朔，而徇地并、营，囊括赵、代，而传檄齐、鲁，灭夏国以蹴秦、巩，通宋人以偪河、淮。睿宗仁圣景襄皇帝冒万险，出饶风，长驱平陆；战三峰，乘大雪，遂定中原”。① 这是元朝后期纂修《金史》的大臣叙述金元之际时的回顾。

从元太祖（铁木真）出师中原、攻占金中都，到元太宗（窝阔

① 《金史》附录《进金史表》。

台）和睿宗（拖雷）挥师灭金，其间历时二十多年，而在这期间，被蒙古军队掠夺、屠杀的民众成千上万，千里涂炭，荒无人烟。在这个时期，蒙古军采用的最残酷办法称为“屠城”，即凡遇抵抗之处，攻占城市之后，老幼皆被杀害。如蒙古军与宋军围金末帝于汝南城中，经过激战，“汝南既破，下令屠城，一小校缚十人以待，一人貌独异，（张）柔问之，状元王鹗也，解其缚，宾礼之”。[①] 除了王鹗属于特例之外，其他百姓皆被杀害。

在中国古代，农业生产是以劳动力的多少来决定生产能力大小的，没有劳动力就没有耕种和收获。在当时的战乱中，大批的农业生产劳动力都逃到了最近的城市中避难，而一旦这些城市被蒙古军队攻陷，就会遭到“屠城”的惨祸，人口因此大量削减，使得农业生产不得不中断。

除了“屠城”带来的劳动力大量损失之外，原来生活在大都地区和中原各地的广大农民为了躲避战乱，纷纷逃往黄河以南地区，从而再次给农业生产带来了巨大的灾难。当蒙古军队大举南下中原之时，金朝统治者考虑的不是如何有效抵御这种侵扰，而是如何保护自己的安全。为了使自己得到安全，别的东西，甚至连宗庙、陵寝等国之重器，也可以随时抛弃。于是，在蒙古军队第二次大规模向中原地区发动侵扰之后，金朝统治者决定逃往黄河以南的汴京（今河南开封），想用黄河的天险来抵御蒙古军队的进攻。

而在金朝统治者放弃金中都城南逃的时候，大量都城地区的民众也纷纷放弃农业生产，背井离乡，逃到黄河以南的地方。这种民众的大量逃亡，加速了包括金中都地区在内的辽阔中原大地的人口消亡过程。如金末文士刘伯熙，“贞祐初，从乘舆入汴。金亡而复归燕，往来燕赵之间二十余年。”[②] 又如侯士温之妻李氏，适逢金末之乱，蒙古军南侵，“金主畏偪，徙都汴以避其锋，驱士民抢攘南渡。夫人携幼孤裹粮从之。”[③] 在金元之际的文献中，如《遗山集》、《青崖集》、《秋涧集》等，记载了许多这样的事情。

后人称：“金亡，时汴京人口，据文正神道碑云：户一百四十七万，元史本传则云凡一百四十七万人。盖以户一百四十七万当得四五百万人，故改户为口。然《金史·哀宗纪》，天兴元年五月汴京大疫，

① 《元史》卷一百四十七《张柔传》。

② 郝经：《陵川集》卷三十五《房山先生墓铭》。

③ 《国朝文类》卷二十《侯府君夫人李氏祠堂碑》。

凡五十日，诸门出死者九十余万人，贫不能葬者不在此数。又崔立传，人人窃相谓曰，攻城之后，七八日之中，诸门出葬者，开封府计之凡百余万人。则汴京人口其庶可知。盖此时河南北被兵，又盗贼蜂起，故金之民人皆萃于汴京，则一百四十七万户之说当非尽诬。”① 在死于汴京的百万人左右的民众中，有相当大的一部分人来自金中都地区。这些人再也不能回到故乡从事农业生产了。

经过战乱之后的燕京地区，情景十分悲凉。著名学者元好问曾作诗描述曰：“朔方幽都，燕曰北门。土风厚完，海山雄吞。……大安失邦，南渡崩奔。……太行西东，在所寇攘。盗贩黥髡，自为侯王。妖狐夜号，平民昼藏。千里萧条，道殣相望。”② 这种战乱对农业生产的破坏，其影响持续了很长时间。

二、农业生产的逐渐恢复与发展

蒙古政权在占据中原地区之后，即把金中都改称燕京，并在这里设置行省，派遣达鲁花赤、扎鲁忽赤等官员来到这里，把这里作为管理中原政务的中心。随着中原战乱逐渐平息，蒙、宋联手灭金之后，战线南移到江淮一带，许多从燕地南逃汴京的百姓也都陆续回到燕京地区。如通州潞县郭和，“贞祐初，燕不能国，遂避地徙河南，公奉母杨，挈弟侄，至复州乡梓，往返数千里间，冒涉艰梗，举宗全庆，竟不失旧物。”③ 回乡后，在设于漕运司的衙署中任职。

又如名士杨时照，时人称：“庸斋杨先生，蓟州玉田人，尝避地河南，北渡后居燕，以教授为业……有‘布衣孟尝君’之号。”④ 此后，又受命提举河间常平事、卫辉劝农事，后任兴文署丞。兴文署设在大都。由此可见，一些在战乱之时南逃的百姓，如郭和、杨时照等，在蒙古军队攻下汴京之后，都陆续回到了燕京地区。

元朝政府为了鼓励农业生产，往往任用比较干练的官员来主持其事。如当时在大都任职的刘伯杰。他的祖父刘仁自金末由燕地移居宣德，元太宗时任诸路人匠提举，升总管。刘伯杰在郭汝梅任大兴尹之时为佐吏，元宪宗时受到赏识，任警巡院判官，升院使。“京师号难治，若内县得一善满辄蹈足以去，君所为官凡七迁，皆畿赤繁职”，最

① 《湛然居士文集》附录载王国维《耶律文正公年谱余记》。

② 《元好问全集》卷二十六《顺天万户张公勋德第二碑》。

③ 《秋涧集》卷五十五《大都通州郭氏迁茔碑铭》。

④ 《青崖集》卷五《庸斋先生哀挽诗引》。

终任昌平路屯田总管。[1] 他于至元二十三年（1286）卒于任所。

又如聂祯，元世祖时从伐宋，以军功授江淮都转运使，于至元二十五年（1288）“改任广威将军、大都屯田万户，一载间，区尽营屯，耕稼有法，比前政收获倍蓰。（至元）二十六年，更授右翼万户，田旌闪闪，有万屯晓唱之乐”。[2] 使京畿农业生产有所发展。

大都地区农业生产的恢复和发展，在很大程度上是依靠的军屯设置。元世祖建造大都城之后，在这里驻扎有大量军队，而众多士兵的粮食供应就成为一个亟待解决的问题。为此，在谋臣们的建议下，元朝政府遂在大都地区设置了大量军屯，利用士兵们进行农业生产，以保证一部分的粮食供应。

这种军屯，早在元太祖时既已有之。史称：霸州人石抹孛迭儿在蒙古大将木华黎进攻中原时归降，“辛巳，木华黎承制升孛迭儿为龙虎卫上将军、霸州等路元帅，佩金虎符，以黑军镇守固安水寨。既至，令兵士屯田，且耕且战，披荆棘，立庐舍，数年之间，城市悉完，为燕京外蔽。”[3] 辛巳年（1221）为元太祖十六年，这时的黑军，已经是“且耕且战”，开始恢复农业生产。这是在燕京地区较早从事军屯的事例。

在元世祖即位后，开始在大都地区组织有较大规模的军屯活动。仅据《元史·世祖纪》中的记载即有：

至元元年（1264）正月，以益都武卫军千人屯田燕京，官给牛具。

至元十一年（1274）十一月，以香河荒地千顷置中卫屯。

至元十五年（1278）十一月，贷侍卫军屯田者钞二千锭，市牛具。

至元十六年（1279）五月，徙丁子峪所驻侍卫军万人，屯田昌平。

同年六月，以新附军二万分隶六卫屯田。

至元十八年（1281）九月，大都立蒙古站屯田。

同年十二月，调新附军屯田。

至元二十年（1283）四月，枢密院请调整蒙古侍卫军屯田，从之。

至元二十二年（1285）正月，诏括京师荒地，令宿卫士耕种。

至元二十三年（1286）二月，调京师新附军二千，立营屯田。

至元二十六年（1289）二月，立左右翼屯田万户府。等等。

这类事情，又散见于《元史》中的人物传记中。如至元八年

---

① 《清容居士集》卷二十八《刘伯杰墓志》。

② 《秋涧集》卷五十八《大元故广威将军屯田万户聂公神碑铭》。

③ 《元史》卷一百五十一《石抹孛迭儿传》。

(1271)，重要大臣商挺任枢密副使，“使四千人屯田，开垦三万亩，收其获以饷亲军”。[①] 因为枢密院只管军队之事，因此，商挺所指使的四千人皆为军人，开垦之田即为军屯。

又如武将王庆端，中统末、至元初年升任侍卫军都指挥使，“建威武营，以处卫兵，经画田庐，使各安业。别立神锋军，亲教以蹶张弩技，作整暇堂、犀利局。浚渠构室，如治家事”。[②]

《元史·兵志》中对大都地区的军屯有较为全面的记载。

其中枢密院所辖屯田有：

左卫屯田，在东安州、永清县一带，耕田一千三百余顷。(中统三年设)

右卫屯田，在永清县、益津县一带，耕田也是一千三百余顷。(中统三年设)

中卫屯田，在武清县、香河县一带，后迁至河西务一带，耕田一千余顷。(至元四年设)

前卫屯田，在霸州、涿州一带，耕田一千顷。(至元十五年设)

后卫屯田，在永清一带，后迁至昌平，耕田一千四百余顷。(至元十五年设，泰定三年迁回永清)

武卫屯田，在涿州、霸州等地，耕田一千八百余顷。(至元十八年设)

左翼屯田万户府，在霸州、河间等处，耕田约一千四百顷。(至元二十六年设)

右翼屯田万户府，在武清县，耕田约七百顷。(至元二十六年设)

左卫率府屯田，在大都漷州、武清县等处，耕田一千五百顷。(至大元年设)

其他各处屯田，或在外地，或规模较小，从略。以上九处屯田相加，共耕垦农田一万一千余顷。

元朝政府建立一处屯田，就等于建立了一处规模可观的村镇。例如建于涿州的武卫屯田，时人撰文称：“国家初建大都，乃分侍卫亲军为列卫，布诸畿内，武卫其一也。至元廿六年始置营，在涿州南，去京师二百里。凡卫必有营，营有城郭、楼堞、门障、关禁、官治、行伍庐舍、库庾、阛巷、市井。而特立先圣孔子之庙，儒学在焉”。[③] 这

① 《元史》卷一百五十九《商挺传》。

② 《元史》卷一百五十一《王庆端传》。

③ 《道园学古录》卷二十三《武卫新建先圣庙学碑》。

种建设规模，显然超过了普通的村庄。

武卫亲军的衙署设在大都城里，涿州的衙署专门负责耕种之事。所派官员，每3年轮换一次。除了农业生产之外，在农闲之时，即命学官教育军队士兵学习儒家文化，学官则是政府专门派来的教授。武卫亲军的官员还在屯营的旁边又划出两千亩地，作为学田，以供学校经费。

这种情况在当时设置的军屯中是比较普遍的。又如设置在涿州范阳县的前卫屯田，规模也很可观。时人称："世祖皇帝既一中夏，休兵息民，以建太平。乃于畿甸之南，列置诸营，环拱京都，分给屯田。居者佃作以为养，出者扈卫以启行，军制肃然而有法矣。于是诸营有阅兵之所，劭农之治，庾廪、府库之藏，田庐、市井之众，而儒学、医学亦各设官以司其教焉。前卫屯营在涿州范阳县之境，建于至元十六年，而医学之设则肇于后至元二年也。三皇之祀，寓于医学，自国朝始"。① 在前卫屯田之处，不仅有儒学，又设有医学。由此可见，一处军屯，就是一处繁荣的村镇。

随着大都地区的农业生产不断恢复和发展，农田大多数已经得到开垦，而军屯的设置因此而受到影响。如元世祖至元后期，大臣董文用在御史台任职，因弹劾奸臣桑哥受到排挤，改任大司农，"时又欲夺民田为屯田，公固执不可，则又迁公为翰林学士承旨"。② 这时"夺民田为屯田"的，应该是至元二十六年（1289）设置的左右翼屯田万户府。董文用因为反对这件事，被调离大司农的岗位。

而军屯侵占农田的情况在当时是比较普遍的。如至元初年京官王恽就专门写有军屯侵占农田的奏折称："今察到武清县北乡等处有河海万户下屯田军人，于至元二年倚赖形势，于上司原拨屯田地段四至外，强将诸人庄子及开耕作熟桑枣地土侵夺，讫二十余顷，俱是各家系税地数。往年虽经陈告总管府，行下本县归着，本县累次约会本官不到，至今不曾吐追就责。得各地主状供与所察相同，卑职看详，本乡两面河占，中间地土窄狭，今者强为军人夺占，使农民至有失业者。所谓兼并纵暴贫弱、冤苦不能自伸者，莫此为甚。据此合行纠弹，伏乞御史台照详施行。今将侵占讫诸人地段数目开具如右"。③

因为农业生产不断发展，农田的重要性日益彰显，遂引起各方面

① 《滋溪文稿》卷二《前卫新建三皇庙记》。

② 《国朝文类》卷四十九《董文用行状》。

③ 《秋涧集》卷八十九《弹河海万户屯田军人侵占民田事状》。

的争夺。董文用所反对的，是政府出面对农田的占夺，而王恽所弹劾的，则是屯田军人私下对农田的占夺。对此，反对皆无任何效果。董文用的反对遭至官职的调动，而王恽的弹劾也不可能产生任何效果。因为武清县官找军屯总管协调此事，总管府的官员置之不理，连县官都没有办法，临时纠察又能怎样。

就是在军屯当中，也存在许多问题，其中最严重的就是屯田军官仗势欺压士兵的现象比较普遍。据历史文献记载："又照得大德八年三月二十八日奏过事内一件：节该大都有的高拔都儿、普闲虔等伴当每奏将来，各卫翼屯田这几年田禾不曾收，有屯田军官每与行军官每一例占使扎也，却将那扎也合种的田地交别军每种的上头，屯种的勾当失误了的缘故是这般有。如今将它的扎也减了一半，交屯种勾当不失误了也者，说将来有俺商量来，伴当每言语是的一般拟定来奏呵。奉圣旨，减了一半扎也，交屯种者。钦此。议得军官合设扎也已有定例，今后多余占使，事发到官，钦依断罪"。(《元典章·兵部·军制》)文中的"扎也"是女真语，意为"文武参佐"，到了清代，译为"章京"，是军官们的幕僚。这些人在军屯中是有耕作任务的，但是军官们却让士兵们去承担劳动。

又如元朝政府多次下令："不得差倩（倩字当为遣字之误）屯田军人并牛只、车辆耕种私己田禾，般载己物"。"各卫屯田官地多与军官自己土地相靠。倘遇灾伤，军官将被灾者冒作官田，收成者妄为己地。今后不得似前作弊"。① 在这里又提出了官田与军官私田的不同，军官侵占官田的收成，就是侵占士兵的劳动成果。

三、元代后期的大规模屯垦

元世祖忽必烈在定鼎大都城之后，相继开通了漕运与海运两大运输体系，把大量江南和中原地区生产的粮食源源不断的运送到大都城来，从而保证了大都城的迅速发展，人口急剧增加，由此而导致漕运和海运粮食的数量也在不断增加。这种状况，一直延续到元朝后期。仅据元代的统计资料显示，元代官方通过海运从江南运送到大都来的粮食，就从几万石到几十万石，最多增加为几百万石。这个粮食供应的数量，是全国的财力所集，而绝非任何一个地区所能够承担的。而通过京杭大运河漕运到大都城来的粮食，比海运还要多。

到了元代后期，随着元朝的统治愈益腐败，人民的反抗也越来越

① 《元典章》卷三十四《兵部卷一·军官》。

激烈，最终爆发了元末农民大起义。当农民起义的风暴席卷大江南北，首当其冲的，就是漕运与海运这两条经济大动脉。由于受到农民起义军的冲击，漕运与海运相继断绝，以往正常供应大都城消费的粮食突然没有了。这种经济上的巨大冲击，更甚于军事上的打击，一座近百万人口的大都市突然失去了粮食，就会造成巨大的灾难。面对这种局面，元朝政府必须出面加以解决。

江南地区的粮食来源既然断绝，元朝政府就想到要从东北地区调集粮食供应京城。时人称："中书左丞史克新戍辽阳，时江南饷道绝，各屯田以食军士食且不给。廷议欲征其米五万石，人难之，不敢往，彬卿毅然请行。初至军，有欲害之者，彬卿色不变，亹亹为陈利害，众咸感动，卒致三千四百斛以归"。[①] 辽东虽然有屯田，但是其产量仅够自给自足，并没有多余的粮食可以拿出来。所以，刘彬卿虽然很努心尽心，也只能得到"三千四百斛"的粮食，对于京城的饥荒而言，只是杯水车薪而已。

时人又称："先是至正庚寅间，参议贾鲁以当承平之时，无所垂名，欲立事功于世，首劝脱脱丞相开河北水田，务民屯种。脱从之，先于大都开田以试之，前后所费凡十数万锭。及开西山水闸灌田，山水迅暴，几坏都城，遂止"。[②] 文中所称"至正庚寅"是至正十年（1350），这时的大都开垦农田，只是一种试验性质，结果却是劳民伤财，归于失败。

到至正十二年（1352），因为海运断绝，"中书左司郎中田本初言：'江南漕运不至，谊垦内地课种。昔渔阳太守张堪，种稻八百余顷，今其迹尚存，可举行之。'于是，起山东益都、濮阳等一十三路农民种之，秋收，课所得，不偿所废。次年，农民皆散罢去"。[③] 这是元朝政府第一次尝试在大都地区举行大规模屯田活动，以补充大都城粮食供应不足。但是，这次尝试最终也以失败而结束。

值得一提的，是元末名士危素在京畿地区的屯田活动。时人称："其居兵部也，奉诏垦田于雄、霸二州，相地受略，薙除荆棘，辟田几千万亩。使民有道，民德之"。这一次的垦田活动，是在至正十三年（1353），与田本初的建议时间较为接近。时人又称："其官大司农也，分治京南保定之境，几无旷土。时海输不至，军国多仰焉"。[④] 这一次

① 《文宪集》卷十《刘彬卿传》。

② 《草木子》卷三上《克谨篇》。

③ 《庚申外史》卷上。

④ 《文宪集》卷十八《危素新墓碑铭》。

的垦田活动，是在至正十六年（1356 年）至十七年之时，而他的这两次屯垦活动是有些绩效的。又有人的记载称："危素为司农司丞，于京师雄、霸等州屯种，给京师，号曰'京粮'。为浙西被陷，海运不通故也。"①

当时的京畿垦田活动，不仅仅是京城周边地区之事，其影响范围相当广泛。如时人成廷珪就曾作有《送曹德辅州判率淮农三百人赴畿内垦田之行》一诗称："茱萸湾上发官航，农事相催入帝乡。玉雪手标多似舅，风云意气已为郎。诸公妙算回天地，百谷神功叶雨旸。来岁随班见明主，定颁鸾诰锡髙堂。"② 他还作有《送刘禹玄州判率农夫多人诣畿垦田》一诗，也是描述南方民众参加京畿垦殖活动的事情。

但是，这种垦田活动，虽然可以缓解京城粮食供应的一时之急，却没有办法从根本上解决问题。京畿的垦田活动做得再好，也无法与江南地区的粮食生产相比。对政府而言，只是没有办法的举措，而对于众多的京城居民而言，粮食供应才是最关键的地方，没有粮食，人们就无法生存。随之而来的，是京城爆发了大规模的饥荒和瘟疫，用死去大量民众的事实削减了人口的数量。即便如此，在漕运与海运都已断绝的情况下，元朝政府的统治自然是无法维持很长时间的。

第三节　畜牧业生产

因为元朝统治者是来自大草原上的牧民，故而他们对于游牧的兴趣要远远大于农耕。这种文化上的趋向也随着元朝统一全国的进程而逐渐深入到中原和江南各地。其中，又以大都地区所受到的影响最为广泛。元朝统治者实行的"两都巡幸"制度，使得绝大多数的蒙古帝王和许多蒙古贵族有一半时间在草原生活，另一半时间在大都生活，而在这些人的生活中，是离不开牲畜饲养的，众多的马驼、牛羊是他们财富的象征，而在他们的日常生活中，也离不开牲畜的皮肉等产品。因此，他们走到哪里，畜牧业也随之发展到哪里。

而这时的大都地区，农业生产已经成为最主要的生产行业，畜牧业生产只是象征性的一种辅助生产，在这种情况下，如果要发展畜牧业生产，必然会影响农业生产，甚至会对农业生产造成较大的伤害。

① 《庚申外史》卷上。

② 《居竹轩诗集》卷三。

而在元朝统治者的眼里，畜牧业生产是不能没有的，就算是对农业生产有不利影响，他们仍然会坚持畜牧业生产，只不过是把对农业生产的损失尽量减少到最低程度。

纵观整个大都地区的畜牧业生产，比起此前的各个朝代，是有所发展的，而这种发展又确实对大都地区的农业生产带来了诸多不利影响。这种农、牧业生产之间的矛盾一直没有得到很好解决。单就畜牧业生产而言，也不是一种社会经济正常发展的产物，而是在当时社会发展的特殊环境下的必然结果。随着元朝统治的灭亡，这种畸形发展的畜牧业也随之而逐渐衰落了。

一、燕地的畜牧业生产环境及发展状况

北京地区自古以来的自然环境是非常适宜人类生活的。早在先秦时期，人们就认识到，燕国“地方二千余里，带甲数十万，车七百乘，骑六千疋，粟支十年。南有碣石、雁门之饶，北有枣粟之利，民虽不由田作，枣栗之实，足食于民矣。此所谓天府也”。[①] 通过时人的描述可知，这里的物产十分丰富，即便是民众不参加农业生产，也可以无饥荒之忧。但是，在这里却没有提及燕地有畜牧业的便利环境。

就大的自然环境状况而言，北京地区位于农耕区域与游牧区域的交界处，往北跨越长城一线即进入游牧区域，往南一片平原，是较为理想的农耕区域。而北京地区本身，也有着大片农田已经被开垦。虽然山地也较多，但是植被繁茂，且多有果树，盛产大量干鲜果品。如枣、栗等干果，桃、李、瓜、梨等鲜果，驰名全国。

就人文环境而言，在元代之前，虽然已经有了辽、金两代少数民族政权的统治，但是主要的生产还是农业，而很少有畜牧业。因为不论是以游牧业为主的契丹少数民族，还是以渔猎与农业混合为主的女真少数民族，在进入中原地区之后，皆要适用这里的自然环境，少数民族首领就算占据了统治地位，也无法改变自然环境的大局。要想发展畜牧业，不得不到草原上去。

而到了元代，在建造了大都城之后，一大批以游牧业为主的少数民族民众伴随着蒙古统治者一起来到这里，也就同时带来了数量巨大的牲畜。这些蒙古贵族和少数民族民众饲养的牲畜，每家每户少则几百头、上千多头，多则几万头，汇聚到一起，就变成极为可观的数量，不仅对大都地区带来很大影响，就连大都周边地区也受到或多或少的

---

① 《战国策》卷二十九《燕一》。

影响。这个时候大都地区的畜牧业发展，在很大程度上只是一小部分人的需要，而不是社会经济发展的自然需求的反映。

另一方面，是蒙古贵族和政府对畜牧业的需求量十分巨大，于是出现了政府直接管理畜牧业生产的状况，特别是对马的饲养，当时称为“马政”。元朝大臣称：“国朝肇基朔方，地大以远，橐驼、马、羊、牛，不可以限量而数计。今牧马之地，东越耽罗，北踰火里秃麻，西至甘肃，南暨云南，凡十有四所。又大都、上都，以及玉你伯牙折连怯呆儿地，周回万里，莫非监牧之野”。① 在这里，专门提到了大都在全国马政中的重要地位。而与大都并提的上都等地，自古以来就是放牧的场所。

而管理众多畜牧之事的政府机构主要有：太仆寺及尚乘寺，这两处机构是专门为元朝帝王服务的衙门。又有典牧监，是为皇太子服务的机构；群牧监，是为皇后服务的机构。这些机构的主要负责人，大多数是受到宠信的少数民族官员。这些机构的名称有些在前朝就有，在元朝又加以设置，但是功能却有所改变。

如此前宋朝的太仆寺：“卿掌车辂、厩牧之令，少卿为之贰，丞参领之。国有大礼，供其辇辂、属车，前期戒有司教阅象马。凡仪仗既陈，则巡视其行列。后妃、亲王、公主、执政官应给车乘者，视品秩而颁之。总国之马政，籍京都坊监、畿甸牧地畜马之数，谨其饲养，察其治疗，考蕃息损耗之实，而定其赏罚焉，死则敛其骔尾、筋革入于官府”。②

而元朝的太仆寺则是：“掌阿塔思马匹，受给造作鞍辔之事。中统四年，设群牧所。至元十六年，改尚牧监。十九年，又改太仆院。二十年改卫尉院，二十四年，罢院，立太仆寺。又别置尚乘寺以管鞍辔，而本寺止管阿塔思马匹”。而尚乘寺，则只有元朝才有：“掌上御鞍辔舆辇，阿塔思群牧骟马驴骡，及领随路局院鞍辔等造作，收支行省岁造鞍辔，理四怯薛阿塔赤词讼，起取南北远方马匹等事”。③

还有一些相关机构，是与畜牧业相关的。史称：“丰闰署：世祖至元二十二年，创立于大都路蓟州之丰闰县，为户八百三十七，为田三百四十九顷”。④ 史又称：“丰润署，秩从五品。掌岁入刍粟，以给饲

① 《国朝文类》卷四十一《杂著·兵杂录》。

② 《宋史》卷一百一十七《职官志》。

③ 《元史》卷九十《百官志》。

④ 《元史》卷一百《兵志》。

养驼马之事”。[1] 前文中的“丰闰署”当即后文中的“丰润署”，至元二十二年（1285）创立的丰闰署，是为了垦田生产粮食。而这里生产的粮食，其用途则是“以给饲养驼马之事”。因为这处机构隶属于宣徽院，故而生产的粮食是用来饲养皇帝的“驼马”。

元朝虽然设置了一些与马政相关的专门机构，但是大规模的饲养管理工作还是要由中书省等机构负责，而饲养的任务却是由各地百姓承担。如中统元年（1260），“中书省檄诸路养禁卫之羸马，数以万计，刍秣与其什器，前期戒备”。时任燕京等路宣抚使的徐世隆则认为：“上新临天下，京畿根本地，烦扰之事，必不为之。马将不来”。[2] 因此没有让众多百姓准备“刍秣”等饲料及用具，从而减轻了百姓的负担。

在元代的大都地区，究竟饲养了多少牲畜，相关史料有零星记载。如大德十一年（1307）十一月，中书省官员上奏称：“宿卫廪给及马驼刍料，……今会是年十月终，马驼九万三千余，至来春二月，阙刍六百万束、料十五万石。比又增马五万余匹”。[3] 据此可知，这时在大都地区饲养的马驼等，共计九万三千余匹（头）。

翌年九月，中书省官员又称：“大都去岁饲马九万四千匹，今请减为五万匹，外路饲马十一万九千余匹，今请减为六万匹，自十月十五日为始”。[4]据此可知，当时官方饲养的马驼等合计为二十一万三千余匹。其中，在大都地区饲养的为九万四千匹，在大都周围饲养的为十一万九千余匹。至于大都地区是否从九万余匹减为六万匹，则不得而知了。

到元文宗时，官方饲养牲畜的数量有所减少。至顺二年（1331）九月，中书省官员称：“今岁当饲马驼十四万八千四百匹，京城饲六万匹，余令外郡分饲。每匹给刍粟价钞四锭”。[5] 据此可知，大都地区饲养牲畜的数量，在二十多年后，已经从九万四千匹减少为六万匹。其减少的原因，应该是饲养成本越来越高，而不得不加以减少。

时人曾称：“大驾岁幸上都，公卿宿卫之士扈从而还，悉出驼马分饲山东、河朔，以少者留京师，度支即以刍料给之。比岁或惮地远，恃贵幸多不肯行，于是京师供给愈烦，财用或不足矣。公（即李羽）不恤怨，议度郡县远近、年谷丰歉，皆命驱驼马出之，而国用亦少纾焉”。[6] 这种情况的出现，正是在元顺帝即位之初，与元文宗的时候十

① 《元史》卷八十七《百官志》。
② 《元史》卷一百六十《徐世隆传》。
③④《元史》卷二十二《武宗纪》。
⑤ 《元史》卷三十五《文宗纪》。
⑥ 《滋溪文稿》卷十六《李羽墓碑铭》。

分接近。

元朝政府在大都地区饲养牲畜，是要付出相当代价的。史称："和籴自唐始，所以备边庭军需也，其弊至于害民者，盖有之矣。元和籴之名有二，曰市籴粮，曰盐折草，率皆增其直而市于民。于是边庭之兵不乏食，京师之马不乏刍，而民亦用以不困，其为法不亦善乎"。其中的"市籴粮"是为了供应边疆军队的食粮，而"盐折草"则是为了供应大都地区的驼马饲料。所谓"盐折草之法，成宗大德八年，定其则例。每年以河间盐，令有司于五月预给京畿郡县之民，至秋成，各验盐数输草，以给京师秣马之用。每盐二斤，折草一束，重一十斤。岁用草八百万束，折盐四万引云"。① 这每年的八百万束草，就是饲养九万余头马驼的费用。

时人又有描述称："天食者民之所急，故八政以食为先。况边庭所需军储，尤不可一日阙者。自中统二年，省臣奉旨，命户部发钞或盐引，令有司增其市直，于上都、北京、西京等处，募客旅和籴粮，以供军需，以待歉年，岁以为常。又在京饲马之刍，惟用河间盐，令有司以五月预给京畿郡县之民，至秋成，各验盐数以输之，名曰'盐折草'。每盐二斤，折草一束，须重一十斤。计岁用草八百万束，折盐四万引。此国家市籴之大略也"。② 据此可知，盐折草的办法不是始于大德八年（1304），而是始于中统二年（1261）。这个"盐折草"的规矩也是中统二年定的。

除了大都地区的百姓每年要为元朝饲养众多的马驼之外，元朝统治者又专门设置有牧驼户，为其饲养牲畜。而对于这些人，是多少有些照顾的。如在大德三年（1299）十一月，元成宗"赐隆福宫牧驼者钞十万二千锭"，③ 隆福宫是他母亲阔阔真的住所（即至元年间的东宫），而这些牧驼者就是隶属于阔阔真帐下的牧人。又如延祐七年（1320）八月，"诸王木南即部饥，兴圣宫牧驼户贫乏，并赈之"。④ 兴圣宫则是元仁宗的母后答己的住所，而这些牧驼户在贫乏之时，是可以得到政府赈济的。

在大都地区，除了百姓用"盐折草"饲养驼马之外，也有一些百姓是专门从事养马的，又称养马户。元代著名文士马祖常就曾经作诗描述了养马户的艰辛。诗曰：

---

① 《元史》卷九十六《食货志》。

② 《国朝文类》卷四十《杂著》。

③ 《元史》卷二十《成宗纪》。

④ 《元史》卷二十七《仁宗纪》。

马足与石斗，石齿啮马足。足跛背生疮，突兀瘦见骨。
官家日有事，陆续使者出。使者贵臣子，骑驰日逐毂。
驿吏报马毙，鞭挞寡妇哭。寡妇养马户，前年夫死役。
占籍广川郡，有田种菽粟。翁姑昔时在，城邑复有屋。
连岁水兼旱，洊饥罹不淑。夫死翁姑亡，田屋尽质鬻。
寡妇自养马，远适雕窝谷。绩纺无麻丝，头葆胫肤黑。
塞下藜苋小，空釜煮水泣。驿吏鞭买马，磨笄向山石。
安得天雨金，马壮口有食。①

在马祖常的笔下，这家养马户已经濒临破产的关头而无法自拔。

对于马祖常描述养马户的情景，当时著名文士许有壬亦有同感，并作诗和之曰：

盛冬裘无完，丰岁食不足。为民籍占驿，马骨犹我骨。
束刍与斗菽，皆自血汗出。才释鹰师鞍，又服梵子毂。
边声或玄象，去马便可哭。朝廷播政令，黎庶供力役。
生儿甘作奴，养马愿饲粟。源源急星火，金符出黄屋。
譬舟苟使覆，载物其能淑。百年具成规，受他贫敢鬻。
粟麦被阳阪，黍稌满寒谷。圃蔬接畛青，树果屯云黑。
一朝化榛莽，坐使歌成泣。我身非土梗，我马非铁石。
糊口有四方，从渠安传食。②

诗前注文云："时尽夺驿地，马户益窘"。由此可见，养马户的悲惨境况，在当时是十分普遍的。而马祖常、许有壬描述的养马户，当时属于驿传系统。

二、大都畜牧业的影响

在以农耕为主的大都地区，原本不太适合大规模饲养牲畜，但是，因为这里是都城，元朝统治者和一大批贵族每年有一半时间要生活在这里，也就带来了大量的马驼、牛羊在此放牧。这种情况，因为不是顺其自然的生产模式，而是强加的模式，故而对大都地区百姓的正常

① 《石田文集》卷一《六月七日至昌平赋养马户》。
② 《至正集》卷三《养马户次同年马伯庸中丞韵》。

农耕生产带来极大的破坏作用。这种农、牧之间的矛盾在元代始终没有得到解决。

时人称："初，朝廷岁命卫士以驼马分饲民家，及闻民多被扰，始命郡县筑驼圈，作马厩，官吏董之，庶几编民不至受害"。① 这是描述至元年间的情景。但是，一直到元代中期，宿卫之士放牧扰民的情况仍然十分严重，元朝统治者不得不多次颁布诏书，对这种扰民现象加以禁止。

如大德十一年（1307）十二月颁布的诏书称："世祖皇帝以来累降诏条，诫谕劝课。而有司奉行不至，加之军马营寨、飞放围猎，喂养马驼人等纵放头疋食践田禾、损坏树木，以致农桑隳废。今后路府州县达鲁花赤长官常切禁约，若有违犯之人，断罪赔偿。各管头目有失钤束，具以名闻"。② 这是从元世祖时即有严重的扰民现象。

至大四年（1311）三月，元仁宗在即位后不久称："登宝位诏书内一款：农桑衣食之本，仰提调官司申明。累降条画，谆切劝课，务要田畴开辟，桑果增盛，乃为实效。诸官豪势要经过军马及昔宝赤探马赤喂养马驼人等，索取饮食草料，纵放头疋食践田禾、桑果者，所在官司断罪赔偿。仍仰监察御史、肃政廉访司常切纠察，考其殿最，以凭黜降"。③

到了延祐四年（1317）七月，主持农桑之务的大司农司官员又上奏："俺司农司去年为大都周回并外放头匹人每将田禾食践偷盗了上头奏，奉圣旨，食践田禾偷盗了田禾人每若拿住呵，交赔偿了。要罪过者么道。圣旨有来，各怯薛、各枝儿并大都路里俺行了文书来。今年大都周回随处田禾好生好有，恐怕各枝儿、各怯薛、诸色人等牧放头匹、食践田禾、口口困咬桑果、斫伐树枝。今岁比及上位回还大都，若不严行禁约呵，坏了田禾树枝一般，俺与省家文书，各怯薛、各枝儿、诸色人等若有放纵头匹食践偷盗了田禾口口困咬桑果等树，违犯的人每赔偿了，依例追断，有司官不为用心提调呵，受敕的就便断罪。受宣的取招申大司农司闻奏"。④ 在这里，专门提到放牧者对大都地区的危害。

到了泰定二年（1325）四月，元朝统治者不得不再次下令："敕宿卫驼马散牧民间者，归官厩饲之"。⑤ 至于这条敕令能否确实取得实效则不得而知了。其一，这些放牧的宿卫士都是元朝统治者的亲信，有些还有很雄厚的政治背景，与他们相比，大都地区的农民是微不足道

---

① 《滋溪文稿》卷十七《和洽墓碑铭》。

②③《元典章·圣政卷一》。

④ 《元典章》卷二十三《户部》。

⑤ 《元史》卷二十九《泰定帝纪》。

的。其二，放牧的牲畜数量很大，要想把这些牲畜管理好，不让它们啃食庄稼和果树是不可能的事情。因此，元朝统治者的三令五申只不过是做做样子而已。

元朝统治者为了饲养大量牲畜，又曾下令，禁止大都地区的百姓在秋天收割完粮食之后进行秋耕。而秋耕对于农业生产是非常重要的，其一，是把庄稼秆翻到地底，以作为来年的肥料，可以保持土地的肥沃程度。其二，是把地下害虫的虫卵翻上地面，很快死去，以减少来年的虫害。但是，元朝统治者为了让大量牲畜能够在田野中食用庄稼秆，就下令禁止大都地区百姓的秋耕。这种做法无疑会对这里的农业生产带来极大的负面影响。

而对于这种负面影响，元朝统治者也是有所了解的，故而有时也会偶尔解除禁令。如至元二十八年（1291）七月，元世祖即曾下令，"弛畿内秋耕禁"。[①] 这里的"畿内"，就是指的大都地区。因为以往有着比较严格的禁止秋耕的命令，故而这次特别放宽了一次，允许这一年的秋天农民们可以秋耕。

而在此后的至大三年（1310）二月，大司农司为了鼓励农业生产，拟定了若干相关条画，其中一条称："秋耕其利甚大。除牧养系官马驰去处，照依元行条画，秋耕一半。其余去处，随其风土所宜，听民尽力秋耕"。[②] 这个条画得到了元武宗的认可。

而在此后不久，元朝政府再次颁布命令，"皇庆二年七月二十一日，大司农司奏奉圣旨节该：大都路为头五路里种田的地，一半秋耕，其余路分听民尽力秋耕。依着这般行呵，也宜趁天气未寒时月，将阳气掩在地中，蝗蝻遗下种子也曝晒死，次年种来的苗稼荣旺耐旱。依着这般行呵，秋成丰稔，农事有成效的一般奏呵。奉圣旨：那般者，依着薛禅皇帝行来的行者。您与省家文书教遍行者"。[③] 据此可知，一直到元代中期，大都地区的农田只有一半面积是可以进行秋耕的，而另一半仍然在禁耕的范围内。

第四节　手工业生产

在元代的大都地区，手工业的发展出现了一个空前的飞跃。从蒙

① 《元史》卷十六《世祖纪》。

② 《元典章》卷二十三《户部·农桑》。

③ 《通制条格》卷十六《田令》。

古军队攻占金中都城之后，在这里就逐渐形成了一个手工业生产的中心。此后，元世祖忽必烈在这里建立都城，进一步使大都地区发展成为全国的手工业生产中心，从而建立了一个庞大的手工业生产体系。在这个体系中，有着来自全国各地的最优秀的工匠，为皇家贵族、政府机构等不同部门进行大规模的手工业生产。

这个庞大的手工业体系，采取的是类似于准军队编制的队伍，工匠们的户籍被编入特别的户口系统，称之为“匠户”。对于他们有着很强的人身强制措施，工匠的子孙都要世世代代继承这个行业，而且匠户之间必须互通婚姻，不允许与其他户别，如民户、军户、站户等联姻。这种制度对于手工业生产而言，是有利有弊的。有利之处是父子相传的技艺是没有保留的；有弊之处则是工匠在没有亲人继承的情况下，又不能把技艺传给外人，就会导致技艺失传。

在大都地区官营手工业兴盛发展的同时，非官方管辖的私营手工业也有了一些发展，私营工匠们的生产门类往往只是强大的官营手工业的一种补充。换言之，在大都地区的整体手工业生产中，官营手工业占据着支配地位，不论是生产门类的众多，还是生产的手工业产品数量之多，都是私营手工业无法与之相比的。

一、独特的手工业体系设置

自从元太祖立国，四处征伐，就对有手艺的工匠特别重视，每到一地，即把工匠们搜集到一起，收为已用。而在正史中，元朝政府在大都地区建立手工业机构的记载称：“癸未，授（刘敏）安抚使，便宜行事，兼燕京路征收税课、漕运、盐场、僧道、司天等事，给以西域工匠千余户，及山东、山西兵士，立两军戍燕。置二总管府，以敏从子二人，佩金符为二府长，命敏总其役，赐玉印，佩金虎符”。① 文中“癸未”年，为元太祖十八年（1223），“二总管府”，就是管理西域千余户工匠的机构。至少从这一年开始，大都地区就有了官营手工业的生产活动。

到元太宗时，燕京的工匠仍有增加。如少数民族大臣布鲁海牙，“庄圣太后闻其廉谨，以名求之于太宗，凡中宫军民匠户之在燕京、中山者，悉命统之”。② 据此可知，忽必烈之母庄圣太后当时已经有隶属的工匠在燕京（即后来的大都）从事手工业生产。

---

① 《元史》卷一百五十三《刘敏传》。

② 《元史》卷一百二十五《布鲁海牙传》。

到元宪宗时，燕京匠局的地位逐渐受到重视。史称："岁壬子，奉命签诸路军籍，以丁壮产多者充之，所至编籍无挠，人皆德之。及还，帝悦，命领燕京匠局"。① 文中"岁壬子"，是元宪宗二年（1252）大臣阔阔是在这一年开始主持燕京匠局的工作，一直到元世祖忽必烈即位后，才转任中书省左丞。

而在大都地区大规模的设置手工业管理机构，是从元世祖定都这里的前后开始的。如始建于至元三十年（1293）的将作院，是一个管理众多工匠的政府机构，其下辖有：诸路金玉人匠总管府，其下又辖有玉局提举司、金银器盒提举司、玛瑙提举司、金丝子局、鞓带斜皮局、瓘玉局、画局、妆钉局、大小雕木局等机构。而这些机构都比将作院设置的时间早。

在中统二年（1261）设置的有：诸路金玉人匠总管府、玉局提举司、金丝子局等。在至元九年（1272）设置的有大都等处玛瑙局（后改玛瑙提举司），在至元十五年（1278）设置的有金银局（后改金银器盒提举司）、鞓带斜皮局、瓘玉局、画局、妆钉局、大小雕木局等。这些机构，主要设置在大都地区。

在将作院下面又辖有异样局总管府，其下又辖有异样纹绣提举司（中统二年设立）、绫绵织染提举司（至元二十四年改局设司）、纱罗提举司（至元十二年改局设司）、纱金颜料总库（中统二年设立）等。在这些隶属于中书省的衙署中，管辖着成千上万的能工巧匠。

又如隶属于中书省工部的大都人匠总管府，设置于至元六年（1269），其下辖有四个手工业生产管理机构：1、绣局："掌绣造诸王、百官缎匹"。2、纹锦总院："掌织诸王、百官缎匹"。3、涿州罗局："掌织造纱罗缎匹"。4、尚方库："掌出纳丝金颜料等物"。② 由此可见，由政府机构掌管的手工业生产机构，有时也要为"诸王"等贵族们服务。其他隶属于皇家系统的（帝王、后妃等）、大都留守司系统的手工业机构，在大都地区还有很多，不胜枚举。

元朝政府对于这些工匠的管理是十分严格的，为此专门制定了匠户的户籍。而这种户籍的制订，应该是元太宗时候就有了。当时处于战乱时期，有很多没有技艺的百姓为了活命也投入到匠籍之中，而到元世祖即位之后，中原地区基本得到安定，元朝政府也就开始对工匠队伍加以整理，以剔除那些没有技艺的百姓。

---

① 《元史》卷一百三十四《阔阔传》。

② 《元史》卷八十五《百官志》。

如中统三年（1262）十一月，元世祖下令："汰少府监工匠，存其良者千二百户"。① 少府监始设于隋朝，主要是掌管手工业生产活动，元代也是如此。到至元二十一年（1284），少府监的主官通常由大都留守司的主官兼任，而大都留守司的职责主要是负责对皇城内各项建筑及设施的修缮工程。这里的"汰"工匠，就是淘汰那些没有技艺的百姓。

又如至元二十七年（1290）三月，元世祖忽必烈又下令："凡工匠隶吕合剌、阿尼哥、段贞无役者，皆区别为民"。② 这里所说的吕合剌、阿尼哥、段贞都是掌管工匠的官员。吕合剌、阿尼哥是将作院的官员，段贞（《元史》中又作段桢、段天祐）则是大都留守司的官员。这里所谓"无役者"实际应该都是"无技艺"者，自然要被剔除出工匠队伍。

当时元大都的工匠们不仅要在大都地区从事手工业生产，而且有时还要到元上都去从事生产活动。与元大都相比，元上都的经济供应更加困难，政府要供给众多工匠们的生活费用也十分困难。如在至元三十年（1293）五月，中书省官员就曾上奏说："上都工匠二千九百九十九户，岁糜官粮万五千二百余石，宜择其不切于用者，俾就食大都"。③ 这项奏请得到了元世祖的同意。

元朝政府对于工匠的管理在历史发展进程中也在逐渐规范化。如在至元十七年（1280）十一月，元世祖曾下令："敕别置局院，以处童匠，有贫乏者，给以钞币"。④ 第一，此时的元朝管理机构已经把使用"童匠"和成人工匠加以区别，而且专门设置了相关机构。第二，对于工匠中的"贫乏者"给以钞币的救助。

元朝政府在不断剔除工匠队伍中无技艺者的同时，对于那些原来隶属于匠籍而又不愿意从事手工业生产的有技艺的民众，又逃出匠籍者，则要把他们强行再拉回到工匠的队伍中来。如至元二十二年（1285）九月，元世祖忽必烈下令："收集工匠之隐匿者"。⑤ 这里所说的"隐匿者"，就是那些已经逃出匠户户籍的民众。

工匠是有技艺的劳动者，这些人在社会上的数量是很少的。但是，元朝政府在组建庞大的手工业生产体系的过程中，却需要大量的工匠，

① 《元史》卷五《世祖纪》。
② 《元史》卷十六《世祖纪》。
③ 《元史》卷十七《世祖纪》。
④ 《元史》卷十一《世祖纪》。
⑤ 《元史》卷十三《世祖纪》。

于是，有时也会从民众中选取部分壮丁来充实工匠队伍。如在宫相总管府的下面，曾经设置有绫锦局和纹绵局两个机构，以管理数百名工匠进行生产。

史称："绫锦局，秩从七品。大使一员，副使一员。至元八年置。九年，以招收析居、放良、还俗僧道为工匠，二百八十有二户，教习织造之事，遂定置以上官"。又称："纹绵局，秩从七品。大使一员，副使一员。国初，以招收漏籍人户，各管教习立局，领送纳丝银物料织造段匹。至元八年，设长官。十二年，以诸人匠赐东宫。十三年，罢长官，设以上官掌之"。① 据此可知，这两个机构中的工匠，由放良户（由奴婢转为平民）、析居户（由主户中分出的户口）、漏籍户（政府统计遗漏的民户）及还俗僧道们组成，并由政府派人教给他们生产技艺。

元代的匠户到底有多少人，是无法统计的。因为这些人分别隶属于不同的管理机构，很难准确统计。而有多少匠户是在大都地区从事手工业生产活动的，更难统计。但是，有些数字是可供参考的。一个数字，是在元上都的工匠人数，为"二千九百九十九户"，这个数字与大都相比，大概连十分之一也不到。另一个数字，则是江南的工匠人数。

史称：至元二十一年（1284）五月，有政府官员称："曩于江南民户中拨匠户三十万，其无艺业者多，今已选定诸色工匠，余十九万九百余户，宜纵令为民"。② 这个请求得到元世祖的同意。这个时候，正是元朝攻灭南宋、统一天下不久，对江南民众进行户籍统计。当时初选为匠户的民众有三十万户，而经过进一步的选择，去掉了十九万九百余户，得到政府承认的是十万余户。这些人中的技艺高超者，很快就会被征调到大都来服役，从事手工业生产。

二、官营手工业生产状况

在元世祖中统、至元年间（1260—1294），大都地区逐渐建立了一支较为完备的官营手工业生产体系。这个体系在建立的过程中即开始从事大规模的生产活动。而在这个体系建立之后，其生产门类之多，生产量之大，技艺之精湛，都是大都地区前所未有的。

首先，是官营手工业的生产门类众多。在大都地区的各个政府部

---

① 《元史》卷八十九《百官志》。

② 《元史》卷十三《世祖纪》。

门中，大多设置有管理手工业生产的机构，分门别类地组织工匠们进行生产活动。这些机构大致分为皇家机构、中央政府机构，以及地方政府机构。例如大都留守司，从性质上是属于地方机构，却是直接为皇家和中央政府服务的。

在留守司下面，设有修内司，“修内司，秩从五品。领十四局人匠四百五十户，掌修建宫殿及大都造作等事。提点一员，大使一员，副使一员，直长五员，吏目一员，照磨一员，部役七员，司吏六人。中统二年置，至元中，增工匠，计一千二百七十有二户”。这个中统二年(1261）设置的机构，最初管理工匠450户，但是到了至元年间，只有十几年，工匠数量就猛增为1272户，增加了两成左右。而在修内司下，又分设有大木局、小木局、泥厦局、车局、妆钉局、铜局、竹作局、绳局等机构，以管理不同门类的工匠。

大都留守司下面，又设有祗应司，“祗应司，秩从五品，掌内府诸王邸第异巧工作，修禳应办寺观营缮，领工匠七百户”。这700户工匠，又被分为油漆局、画局、销金局、裱褙局、烧红局等部门加以管理。[①] 以上的手工业管理机构，仅仅是官营手工业生产体系中的极小一部分（两个司)，只负责建筑工程的相关生产，就被分成了13个不同门类的管理机构。

此外，就连负责管理相关手工业生产材料的器物局，其下即辖有：铁局、减铁局、盒钵局、成鞍局、羊山鞍局、网局、刀子局、旋局、银局、轿子局、采石局、山场等12个部门，分别掌管不同的“器物”。

就建筑实例而言，辑佚的《大元官制杂记》中记载了大司农司建造籍田署正厅、櫺星门和东、西架阁库的工程，所用建筑材料即有：梁木、柱木、方木、檩、椽、压檐尺、尺工条砖、条砖、砖坯、改样磨砖、连檐瓦、尺工板瓦、板瓦、沟瓦、脊条瓦、合脊连沟、猫头瓦、挂当、副沟、长短重脣、石磴、石础、石灰、麻刀、青灰、穰草、苇箔、胶、五寸揑头丁、三寸半揑头丁、四寸丁、二寸半丁、平盖丁、杂丁等。这些建筑材料，应该是最常用的材料。

其次，是这些生产部门所生产的产品数量巨大，决非私营手工业生产部门能够与之相比的。例如毡制品，是草原游牧民族最常用的手工制品，使用范围极为广泛，从铺在地上的毡毯，到当作房屋的毡帐，再到可以四处游动的毡车，都离不开毡制品的生产。正如元太祖时牧民经常唱的歌曲中就有这样的词句：“我愿做披盖的毛毡，大家一同披

① 《元史》卷九十《百官志》。

盖；我愿当挡风的毛毡，共同遮护家乡”。（《蒙古秘史新译并注释》第124节）这些毛毡，是牧民生活中不可缺少的物品。

为了生产毛毡制品，元朝政府设置了许多相关的手工业机构。如在中书省工部的下面，即设有诸司局人匠总管府，从至元二十四年（1287）开始，“止领五局一库，掌毡毯等事”。① 这“五局一库”为：1、大都毡局，至元十三年（1276）设置，掌管工匠125户。2、大都染局，掌管工匠63户（原文为“六千有三户”，点校者认为“千”字为“十”字之误）。3、上都毡局，至元二十年（1283）设置，掌管工匠97户。4、隆兴毡局，至元二十三年（1286）设置，掌管工匠100户。5、剪毛花毯蜡布局，掌管工匠118户。6、收支库，掌管出纳之物。

其中，毡毯的制造数量最多。据辑佚之《大元毡罽工物记》记载，中统三年（1262），元世祖命官员也的迷失至大都设置匠局，“是年，始岁造羊毛毡大小三千二百五十段，赴中尚监送纳”。中尚监原称尚用监，是属于帝王的机构，史称其职能为：“掌大斡耳朵位下怯怜口诸务，及领资成库毡作，供内府陈设帐房、帟幕、车舆、雨衣之用”。② 也的迷失所掌管的工匠司局，也应归于帝王所辖机构。仅这一处工匠生产机构，就每年生产三千多段羊毛毡，可见其生产规模之巨大。

也的迷失所掌管的这些工匠，最初是在云内、东胜二州设局，时间是在元太宗六年（1234）。时人称：“六年甲午，元帅刁剌奉敕聚诸工七千余户。至中统元年，又聚二万九千余户。二年，立都总管府以统之”。③ 翌年，移置于大都地区。这时的工匠都总管府，合计辖有工匠三万六千余户。正是有了大量工匠的聚集，才能够生产如此巨额的毡制品。

元朝帝王在进入中原地区之后，虽然建造有宏伟的宫殿，但是却仍然离不开毡帐。后人称：“元起朔漠，穹庐以居，其皇帝所居之毡帐曰斡耳朵，与中国之宫室相当。国主居于斡耳朵中，游猎时便于移徙也。元代诸帝之斡耳朵，皆有数座，如太祖之斡耳朵有四，太宗之斡耳朵有七，是也”。④ 不仅元朝诸帝一直在使用毡帐，许多蒙古贵族也在使用毡帐。特别是在从大都到上都的“两都巡幸”的路途中，毡帐的使用更加频繁。

---

① 《元史》卷八十五《百官志》。

② 《元史》卷九十《百官志》。

③ 《大元毡罽工物记》。

④ 傅乐淑：《元宫词百章笺注》。

在蒙古帝王及贵族的生活中，有些特殊的环境是必须使用毡帐的。其一，为后妃等生孩子。史称："凡后妃妊身，将及月辰，则移居于外毡帐房。若生皇子孙，则锡百官以金银彩段，谓之撒答海。及弥月，复还内寝。其帐房，则以颁赐近臣云"。其二，为帝后临死之时。史称："凡帝后有疾危殆，度不可愈，亦移居外毡帐房。有不讳，则就殡殓其中。葬后，每日用羊二次烧饭以为祭，至四十九日而后已。其帐房亦以赐近臣云"。① 这些在元代频繁使用的毡帐，大多是由官营手工业机构中的工匠们制造的。

在大都地区的众多工匠中，有许多来自全国各地的能工巧匠，制作出许多手工艺精品，堪称绝世之作。如五云车，时人称："宫中制五云车，车有五箱，以火树为槛式，鸟梭为轮辕。顶悬明珠，左张翠羽，盖曳金铃，结青锦为重（一作层）云覆顶。旁建青龙旗，列磨锷雕银戟五。右张白鸠缉毳，盖曳玉铃（左宜玉，右为金），结素锦为层云覆顶。旁建白虎旗，列豹绒连珠枪五。前张红猴毛毡，盖曳木铃，结赤锦为重云覆顶。前建朱雀旗，列线锋火金戈五。后张黑兔团毫，盖曳竹铃，结墨锦为层云覆顶。后建玄武旗，列画干五。中张雕羽曲柄，盖曳石铃，结黄锦为层云覆顶，建勾陈旗。中箱为帝座，外四箱为妃嫔坐。每晦夜游幸苑中，御此以行，不用灯烛"。②

又如同是为宫廷生活服务的尚食局，曾造有精巧的石磨。时人称："尚食局进御麦面，其磨在楼上，于楼下设机轴以旋之。驴畜之蹂践，人役之往来，皆不能及，且无尘土臭秽所侵。乃巧工瞿氏造者"。③ 这座石磨，不仅制作十分精巧，而且十分合乎卫生标准，把各种不卫生的因素都加以屏蔽。

再如元代大科学家郭守敬曾经制造了一座计时仪器，称七宝灯漏。时人称："公（指郭守敬）于世祖朝进七宝灯漏。今大明殿每朝会，张设之。其中钟鼓，皆应时自鸣。……成宗朝进柜香漏，又作屏风香漏、行漏，以备郊庙从幸"。④ 这些计时仪器虽然都是郭守敬设计的，但是，皆须由能工巧匠们加以制作，才能够展示在大明殿上。这种制作技艺精湛的手工产品，许多都是只能在大都地区的官营手工业机构中加以生产。

---

① 《元史》卷七十七《祭祀志》。

② 《元氏掖庭记》。

③ 《南村辍耕录》卷五《尚食面磨》。

④ 《国朝文类》卷五十载元人齐履谦撰《郭守敬行状》。

三、官营手工业生产的管理和工匠的生活状况

元朝政府在组织了一支庞大的工匠队伍之后，对众多工匠就会有一个如何管理、如何维持的问题。只有解决好这两个问题，才能够保证庞大的工匠队伍进行正常的手工业生产活动。管理方面如果出现问题，就会直接影响到生产效益的充分发挥。维持方面如果出现问题，则会导致这支队伍的衰败和溃散。

元朝政府对工匠加以管理的较早记载，是元太宗在位之时。当时大臣耶律楚材就已经注意到这个问题。史称："时工匠制造，靡费官物，十私八九，楚材请皆考核之，以为定制"。① 这时的管理办法，应该是由政府提供生产原料，再由工匠进行生产，造出产品后交给政府，以领取相关的生活资料及工钱。文中所云"靡费官物"，就是工匠在生产过程中浪费生产原料，而"十私八九"则是把生产原料据为己有。为了解决这两个弊病，耶律楚材建议订立相应的考核机制。

据此后相关规定来看，这种考核及管理的制度并不是十分严格。史称："诸盗局院官物，虽赃不满贯，仍加等，杖七十七，刺字。诸工匠已关出库物料，成造及额余外，不曾还官，因盗出局者，断罪，免刺"。② 以上两种情况，皆属于把官方的原料据为己有，一种是盗出，另一种是没有返还剩余原料，也是据为己有。这两种情况都要遭到处罚。但是，对于"糜费官物"的情况，却没有规定惩罚的措施。自古以来，官方的管理方法总是比不上私人的管理方法精细，应该是一个普遍现象。

同时，元朝政府又动用监察机构来监督手工业生产的管理。如至元二十五年（1288），相关监察机构曾规定："巡按官所到，凡仓库收贮官物，及造作役使工匠去处，须管遍历巡视，用心体察。有收贮不如法，并侵盗、移易、损坏官物，及诸造作役人不应者，随即纠治，申台呈省"。③ 这是对相关仓库体系的工匠进行监督的规定。

又如同是至元年间颁布的相关规定又称："［诸］营建官舍，其所委监造人员皆须躬亲指画，必要每事如法，一切完牢。若岁月不多，未应损坏而有损坏者，并将监造人员、当该工匠，检举究治"。④ 这是对相关建筑行业的工匠和监督人员的共同规定。但是，没有涉及到究

---

① 《元史》卷一百四十六《耶律楚材传》。

② 《元史》卷一百四《刑法志》。

③ 《元典章》卷六《台纲》，卷二《体察》。

④ 《元典章》卷五十八《工部》，卷一《造作》。

竟应该受到怎样的处罚。

至于对纺织行业而言，在元贞元年（1295）中书省曾规定："每月造到段疋及见在物料，委自提调官吏先行计点，须要段疋堪好，别无短少拖欠，如法收贮打夹，按季作运次，依例差官管押，依限送纳，无致损坏。如有侵欺物料，损败段疋，照依已奉圣旨断罪，罢职役陪纳"。而"匠官除关拨丝料、送纳段疋、迎接圣旨外，其余一切事理，有司不得差故。提调官、匠官人等却不得因而带造生活，侵欺物料，亦不得科扰匠户。如违依条断罪罢职"。[①] 纺织行业的生产方法与建筑行业不同，故而其管理方法也不同。在这里值得注意的是，提到了"有司"即政府部门与"匠官"之间的关系，以及匠官与工匠之间的关系。

当时人曾指出：同是工匠，但是在大都地区的却比其他州县的工匠要幸运得多。"如匠户一项，随朝所取匠人，与外路当工者不同。在京都者，月给家口衣粮盐菜等钱，又就开铺席买卖，应役之暇，自可还家工作。皆是本色匠人，供应本役，虽无事产可也。外路所签匠户，尽是贫民，俱无抵业。元居城市者，与局院附近，依靠家生，尚堪存活，然不多户也。其散在各县村落间者，十中八九与局院相隔数十百里，前迫工程，后顾妻子，往来奔驰，实为狼狈。所得衣粮，又多为官司捎除"。[②] 这种状况，应该是当时的一种较为普遍的现象。

对于有些特殊技能的工匠，又会受到特殊的待遇。例如，元朝统治者收藏有许多前代的书画作品，放在秘书监中。对于这些珍贵的书画，要经常加以裱褙修缮。而当时书画裱褙技艺最好的是杭州的工匠，为此，秘书监官员专门从杭州调取工匠，到大都来裱褙书画作品。如当时文献记载："大德五年八月初六日，秘书监据知书画支分裱褙人王芝呈，近蒙都省钦奉圣旨：裱褙书画，差官前到杭州取发芝并匠人陆德祥等共五名，驰驿前来秘书监裱褙书画勾当。所据芝等夏衣已蒙关支，所有冬衣，合行开坐具呈。乞阳依例放支。总计五名。知书画支分裱褙人一名：王芝裱褙匠三名：陆德祥冯斌尤诚接手从人一名：陈德"。这是从外地调到的裱褙工匠。

又有在秘书监供职的工匠，时人称："至元二十一年十月十三日，秘书监据本监管勾董济呈，本监裱褙人匠赵德秀等除已支夏季四月至闰六月盐粮外，有秋季六月至九月合支盐粮数目开坐具呈。得此，关

---

① 《通制条格》卷三十《营缮》。

② 《元代奏议集录·郑介大》。

户部依例放支。一总白米二石四斗、白面一百二十斤、钞一十两。”

赵德秀：“每月白米三斗，白面一十五斤，钞一两五钱。四个月总该米一石二斗，白面六十斤，钞六两。张柏松：每月白米三斗，白面一十五斤，钞一两五钱。四个月计该白米一石二斗，白面六十斤，钞六两”。[①] 这些米面、银钞，就是元朝政府提供给工匠的工钱和口粮。

但是，并不是所有的工匠都能够享受到这种良好的待遇，大多数工匠们的生活也是十分艰辛的。元代前期在大都任职的官员王恽曾上奏称：“其人匠自来按月支请米四斗、盐半斤，不时更有赏赐钱物，其为幸民无甚于此”。这是指按照相关规定时的情况。但有时并非如此，“且如肃山住、储普化两局人匠，俱系迤北人匠，抛失家业，移来中都。今全家入局造作，又为衣食不给，致有庸力将男女质典者”。[②] 文中所云“中都”就是后来的元大都，曾被称为中都。而这些从北方迁移到京城来倒工匠们就面临着生活上的窘境，而有“将男女质典者”的惨状出现。

在对工匠的管理方面，除了元朝政府的官员之外，又有一些匠官，这些人是直接与工匠打交道的，对于工匠的生产与生活有着更大的影响。京官王恽又曾上奏弹劾匠官的不法行为，称：“今体察得中都甲局首领官张外郎至元四年、五年影占合造甲人匠刘仲礼，私下取要工价钞四十四两五钱，却将本人合造甲数逐作抑令其余人匠分造了当。今就问得张外郎名经是实。据此合行开坐纠呈”。[③]

在王恽的这篇文章中，可以看出以下问题：第一，匠官可以私下欺压工匠，包括向工匠勒索钱钞。第二，匠官可以把有些工匠应该承担的生产任务分摊到其他工匠的头上。这种情况，在当时的手工业生产机构中也应该是一种普遍的现象。在元代前期，就已经出现了这些非法现象，到了元代中后期，这种现象会越来越严重，最终导致官营手工业体系的崩溃。

四、私营手工业的生产状况

在大都地区，因为建立了强大的官营手工业生产体系，所以对私营手工业的发展带来了较为不利的影响。换言之，私营手工业生产只能在官营手工业生产的夹缝中间寻找生存的空间。这种情况，从私营

① 《秘书监志》卷三《工匠》。

② 《秋涧集》卷八十九《论肃山住等局人匠偏负事状》。

③ 《秋涧集》卷八十四《弹甲局首领官张经影占工役事状》。

手工业的生产门类中就能够明显表现出来。其一，是纺织行业，因为衣物是生活必需品，市场极大，是官营手工业无法完全覆盖的领域。其二，是文具制造行业，这个行业与人们的文化生活息息相关，也是不可缺少的。其三，是酒的制作，酒为人们日常的主要饮料之一，也有很大的需求空间。特别是在京城，居民的生活消费水准较高，对酒的需求更大。因为造酒业与售酒是连在一起的，在这里就不多叙述，而放在商业门类中。

在中国古代，男耕女织是普遍存在的生产方式，以解决最基本的衣食问题。在这时的纺织生产中，生产的主体是广大妇女，这种传统一直延续到机器工业生产出现之后的相当一段时间。因此，在元代的纺织生产中，仍然是以广大妇女为主，在大都地区也不例外。甚至在许多家庭中，妇女的纺织生产已经成为家庭经济的主要来源。

例如大都永清县妇女高氏，嫁给同县农民王用，“嫁九年而用死，有二婴女，哇哇以泣。两舅姑衣履日穿漏，视高氏抱持二婴，心怦怦内悲，我子已死，妇有女子，无丈夫，子妇一旦必弃王氏去。后高氏纺绩，给养两舅姑益谨。比及老，高氏事之，过其夫用初死时。比其终，高氏谋棺衾，葬且一如大家。身自表率，二女习女工闺门之中”。① 王用死后，高氏以“纺绩”为业，上养“舅姑”（即公公婆婆），以送其终；下养二女，以成其婚。纺织生产遂成为王用一家的基本生活来源。

又如大都易州的李诚，“生二子，长仲义，次仲信。义即英之祖也，字敬之，读书有政事材而不克显。其为驿官，御众有法，涿当西南孔道，使者络绎，供帐舆马，调发仓卒，皆具。卒时年未四十，人咸惜之。先娶涿郡王氏，既生子荣，则卒。继室固安范氏，年三十而寡。家贫姑老，纺绩织纴，以供衣食。岁时祀享，其严抚育三子荣、德、禄、辉，恩爱均一，人或不知为异母也”。② 文中所云固安范氏，以“纺绩织纴”，上供婆婆，下养李荣等四子。其中，李德、李禄、李辉为亲生子，李荣为前妻所生，一同抚养成人。由此可见，当时的纺织生产在家庭经济中占有十分重要的位置。

此外，在元代的大都地区，又有一种纺织生产的匠人，已经脱离了家庭生产的范围，成为职业匠人，这种人当时又被称为“机户”。这些手工业生产者为了增加自己的经济收入，往往采用偷工减料的方法，

① 《石田文集》卷十五《节妇高氏传》。

② 《滋溪文稿》卷二十《易州李氏角山阡表》。

以降低生产成本。为此，元朝政府多次下令加以禁止。如中统四年(1263)九月，元朝政府下令："民间所卖布帛有疏薄狭短者，禁之"。[①] 但是，这种偷工减料的现象一直没有禁绝。

又如至元二十年(1283)中书省户部曾颁布公文称："钦奉圣旨：随路街市(见纰薄段帛例至)别议定罪，已经出榜依上禁治外，据店铺见有不依式样纰薄窄短段疋、盐丝药绵等物，合令大都路，依已行制造不依式条印于上行使，立限一百日，须要发卖尽绝。督责应有机户之家，将见使窄狭苎口增添幅阔织造，清水夹密依式样，疋帛无药丝绵等物，两平发卖，违犯者依例断罪"。[②] 由此可见，机户生产的纺织产品，往往出现窄、薄等质量问题。

在大都地区，又有一位名气很大的纺织匠人，即何失，字得之，昌平人，以纺织为业。但是，他之所以出名，并不是以纺织的产品精美，而是以能诗勤学而著称。时人曾把他与大书画家高克恭、鲜于枢并称，云："高公彦敬画入能品，故其诗神超韵胜，如王摩诘在辋川庄，李伯时泊皖口舟中。思与境会，脱口成章，自有一种奇秀之气。人见其出藩入从，而不知其游戏人间，直其寓耳。姚子敬所书绝句十余，皆昔所逮见，公诗之佳岂止是哉。京城有隐者何得之，曩与公及鲜于伯机同学为诗，年近八十而终。尝作诗题公墨竹，亦萧爽可喜。因明仲好尚不群，手录遗之，或可并寘箧衍中也"。[③] 文中所称"何得之"即何失，高彦敬即高克恭，鲜于伯机即鲜于枢，三人为诗友之交，其诗文皆为当时及后世所称道。

元代名士马祖常曾作《挽何得之先生》诗称："手织乌纱日卖钱，全家闲住五云边。伏生有女书空在，伯道无儿世共怜。北市行歌花烂漫，西亭坐啸月婵娟。少微光气今年闇，知是诗随过海船"。[④] 据此可知，何失虽为昌平人，却已经安家在五云坊(在皇城东南面)的附近，以织纱卖钱度日，却又以所作之诗为一时名士赞许。

何失不仅名重当时，而且受到后世的推崇，专门录入志书之中。称："何失：昌平人，负才气，能诗文。至正间，名公交荐之，以亲老不就。揭傒斯尝推重云：'心事巢由上，文章陶阮间。'虞集见其所作，叹曰：'当序而传之，使后之作者亦知世有斯人'"。[⑤] 这种以诗文而得

---

① 《元史》卷五《世祖纪》。

② 《元典章》卷五十八《工部》，卷一《禁军民段疋服色等第》。

③ 《待制集》卷十八《题赵明仲所藏姚子敬尚书绝句诗后》。

④ 《石田文集》卷三，《挽何得之先生》。

⑤ 《明一统志》卷一《京师》。

享盛誉的工匠，不仅在元代少见，在整个中国古代社会里都是少见的。

在中国古代文化的传播中，文房四宝（通常指笔、墨、纸、砚）的作用是十分重要的。而这些文房中的用品，大多数是在南方生产的。在元代的大都地区，纸张和石砚大多数是从南方生产以后运送到这里，以供文人墨客使用。而笔、墨的生产，则有一些独特的产品，享誉当时。

如制笔匠人张进中，就是大都城享有盛誉的人物之一。时人称："张进中居京师有年，耆老之一也。进中字子正，善为笔。其为笔也，管以坚竹，毫以鼬鼠，极精锐宜书，人争售之。由是四方咸知进中名，得其一者，以为珍异。而尚方时有所需，非进中所为者不用也。进中自持笔以入，必赐以酒。年益高，被玺书蠲其徭役，至八十以终，时延祐七年某月某日也。……张君雅重厚，毅然有容，坐室中。自珍其笔，有来求之者，目其貌非儒生，虽多予价，终不肯出其善者畀之。学士先生，如淇上王仲谋、上党宋齐彦、吴中赵子昂，皆与之善。三家皆世称善书者，其知君良有以夫"。[①] 文中的王仲谋即王恽、宋齐彦即宋渤、赵子昂即赵孟頫，皆为当时著名文士。

作为制笔匠的张进中，虽然不会作诗，与这些文士们的交往却是很密切的。王恽即作有《赠笔工张进中》诗曰："……进中本燕产，茹笔钟楼市。虽出刘远徒，妙有宣城致。我藏一巨拂，用久等簪弊。授之使改作，切厉锋健锐。疏治近月余，去索称不易。先生莫促迫，致思容子细。中书不中书，安用从新系。朅来歘见投，入手知利器。文房三贵人，刮目喜相视"。[②] 王恽在诗中描写了张进中为他改制一枝巨笔的事情，并对张进中的手艺大加赞赏。

著名书画家赵孟頫也作有《赠张进中笔生》一诗称："平生翰墨空余习，喜见张生缚鼠毫。韩子未容夸兔颖，涪翁底用赋猩毛。黑头便有中书意，黄纸宁辞署字劳。千古无人继羲献，世间笔塚为谁高"。[③] 对张进中制作的毛笔也是十分欣赏，并引用前朝的制笔典故加以比喻。

元大都作为全国的文化中心，各种文化活动规模都较大。如元朝统治者因为笃信佛法，常常举办各种抄写佛经的活动，对文具的需求量很大。时人作诗称："朝廷年年写佛经，千人万人集佛庭。张氏施笔知几万，宝藏赫奕腾金英。张氏施笔真施笔，有口未尝言福德。至尊

① 《国朝文类》卷五十六载王士熙《张进中墓表》。
② 《秋涧集》卷五《赠笔工张进中》。
③ 《松雪斋集》卷五《赠张进中笔生》。

得之犹爱惜，众人区区岂常得。张氏初年学刘远，刘远之名翻有腼。始知一技足名世，况乃穷年究坟典。我行偶出钟楼南，马前长揖求停驂。坐我土床劝我酒，不得公句终身惭。学书岂但记名字，用笔贵能知笔意”。[①] 据此可知，第一，张进中的制笔地点是在大都城中心的钟楼南面。第二，他的制笔工作不仅质量很高，数量也很大。第三，他除了售笔之外，还常常向元朝统治者捐赠毛笔，支持抄写佛经的文化活动。

笔在文化创作中是必不可少的，墨同样是非常重要的，也受到文人学者们的高度重视，以制墨而名家者在中国古代也不少见。而在元代的大都地区，也出现了一些以制墨而闻名于世的人物，如金元之际的耶律铸，元代前期的王仲玄，以及元代中后期的朱万初，等等。

耶律铸为元初著名政治家耶律楚材之子，他曾描述了自己制墨的经历，称：“尊大人领省，得江南杨氏子彬，受造墨法，甚神绝。令铸学造一万丸，其妙即远过雪堂而蔑视诸家，可与李廷珪相先后焉。命之曰‘玉泉新墨’，故作诗以纪其事云”。诗句有“柏液煤揉冷剂香，枯胶点漆自仙方”的赞叹。[②] 文中所称“尊大人”即耶律楚材，元太宗时曾任中书令，主持中原政务。李廷珪祖上为易州人，五代时期转徙于蜀国，以擅长造墨著称。而耶律铸所学制墨之法，则来自江南。

王仲玄字子玄，祖上为山西人，因战乱而流落他乡，最后定居在檀州（今北京密云境内）仙台里，王仲玄即出生在这里。最初是以务农为业，“后得制墨法，遂居燕都。不三数载，名动缙绅。……曩岁，累奉旨造墨，选墨工数十人，俾领之。子玄尝入山林，立洞窑，取烟之远者，造龙团至千余饼，悉极其精妙。每进上，甚嘉赏，赐酒尽醉。当时王淡游、李虚舟、王鹿庵诸公俱有诗文见赠。盖平昔孝敬、廉倍类如此。年七十，终于家”。[③] 文中所云“王淡游”即金元之际的著名书画家王庭筠，“李虚舟”未知为何人，“王鹿庵”即元初著名文士王磐。王仲玄与诸位名人之交往，也是道义之交，可惜诸人所撰诗文今已不得见。

朱万初为江西人，元文宗时来到大都，以制墨而得到文人墨客的赞许，进而得到元文宗的赏识，供职京城。当时大文豪虞集称：“天历己巳，天下大定，中外乂安。天子始作奎章之阁于宫庭之西，日亲御

① 《雪楼集》卷二十九《笔歌赠张进中》。

② 《双溪醉隐集》卷四《玉泉新墨（并序）》。

③ 《西岩集》卷十九《王仲玄传》。

翰墨。时荣公存初、康里公子山，皆近侍阁下，以朱万初所制墨进，大称旨，得禄食艺文之馆。其名藉甚，邈在草野，岂胜千古之思乎”。又称：“近世墨以油烟易松滋，媚而不深重。万初既以墨显，得真定刘法石刻墨法，以为刘之精艺深心尽在于此，必无误后世。因覃思而得之，盖取千百年摧朽之余、精英之不可泯者，乃用之非常松也。乌乎！孰肯舍易而求难，必求古人之成法，而后尽其心者乎”。① 朱万初虽为南方人，而其制墨之法则源自北方。

是时，又有江西人潘云谷，亦前来大都，以能制墨而得到文士们的赏识。时人称：“临江潘云谷善造墨，至顺间携之京师，翰林虞伯生见而奇之。先是，朱万初以墨进文皇，敕授奎章阁直长。伯生欲奏潘代朱，潘辞以亲老，愿归养，于是一时名公益奇之，作诗文赠者亡虑数十篇。潘君荣其归，因语人曰：‘吾与墨若宿好，为之几四十年，而伎穷于是矣。时至山谷，择松之膏馥，烈炬然之，覆以密器，复穴傍以泄烟，使传数器，而后烟始清。弥日夕，忘饥渴，而所取仅铢两。法用金珠贵剂捣和，使久益光润。吾贫无资，至鬻他器物，购之不靳也。故吾墨不多得’”。② 潘云谷的这种制墨之法，造价高而产品少，显然不适合于市场贸易。

第五节　商业贸易

在元代，蒙古统治者对商业贸易的态度，与此前大多数中原王朝的帝王有所不同，采取的不是“抑商”，而是鼓励商业的政策。因此，元代的商业贸易是十分发达的。元朝一统天下，消除了自唐末以来的分裂割据局面，为全国的商品流通提供了政治方面的保障。而元朝及诸蒙古汗国的建立，又为中国及周边地区的贸易往来提供了较为稳定的社会基础，使得各国之间的贸易更加便利。

元代钞币体系的建立则为商业贸易的进一步发展繁荣提供了经济方面的便利。纸钞替代贵重金属（金、银、铜钱等）货币成为商业贸易的交流手段，无疑使得交易双方更加便利，一是交易额的大小可以不受钱币多少的影响，二是为远途交易提供了节省运输巨额钱币的麻烦。这种用纸钞作为贸易载体的做法，在当时全球贸易中都是最先进的方法。

---

① 《道园学古录》卷二十九《赠朱万初（四首）》。

② 《蒲室集》卷十四《玄乡赞》。

大都城作为元朝的政治和文化中心，同时也就变成了元朝商业贸易最重要的都市之一。不论是国内各地之间的贸易往来，还是欧亚各国（乃至非洲）与中国之间的外贸活动，也都是以这里作为中心的。欧洲著名商人马可波罗的商业活动及其较为生动和详细的记载，就是这个时期商业贸易的真实写照。这种规模巨大、品种繁多的商业贸易活动，给整个欧洲带来极大震撼，让这里的人们对地球上的另一半有了新的认识。这种效应则是商业贸易活动之外的重要收获。

一、新旧商业市场的变化及发展

在金元之际，大都地区的城市发展出现了较大的变化，从而直接影响到商业市场的发展变化。其一，是城市空间的移动及扩展所带来的商业发展新机遇。在元朝定鼎大都之前，这里的城市空间是以先秦时期的蓟城（即燕京）为中心的。此后，在辽朝定为陪都南京，城市空间没有太大变化，而在金朝定为首都金中都之后，城市空间曾经有过较大拓展，而城市空间的拓展对商业的发展会起到促进作用。特别是金中都成为北半部江山的政治中心之后，也形成了颇具规模的经济和商业贸易中心。这个商业贸易方面的发展，是以城市拓展和政治地位的提高为前提的。

到了元代，元世祖忽必烈在即位前，中都城一直是蒙古国在中原地区的统治中心，自然也是商业贸易中心。及元世祖即位后，决定营建大都城，并且很快就加以落实，一座新的宏大都城出现在燕京城（即中都城）的东北方，从而形成了新、旧两座都城并存的局面。这时旧城的商市依然存在，而新城的商市逐步建立和不断完善，也就形成了新、旧两城商市并存的局面。这个局面使得大都城不仅成为全国的政治和文化中心，也成为全国的商贸中心，而这里的商市，不论是数量还是经营规模，都有了成倍的增加。这种城市空间的拓展，是千载难逢的发展机遇。

其二，是城市模式的变化对商业发展带来的巨大影响。在元代建造大都新城之前，这里的城市模式主要采用的是汉唐以来的封闭式坊巷管理模式，城里的街道两旁，修筑有高大的坊墙，把民居、衙署、寺观、商市等设施都封闭在坊墙之内。政府在每个坊的墙上开有坊门，早上开启坊门，人们才能够自由出入；晚上关闭坊门，人们必须在坊门关闭前回到坊内。这时的城市坐标，是以坊为单位的，每个坊门上标出了坊名，如卢龙坊、安仁坊、归义坊、仙露坊，等等。显然，都城中的人们主要生活在一种封闭的状态中。

而新建造的大都城，与旧燕京城的模式是完全不同的。在新建的都城里，已经没有高大的坊墙把城市空间分隔成一个又一个的坊里，而是形成了一种全新的开放式格局，所有的民居、衙署、寺观、商市都没有了坊墙的阻隔。人们一走进大都新城，第一眼见到的不再是高大的坊墙，而是宽阔的街道和纵横的胡同。这时的城市坐标，已经从坊里改变为胡同。这种完全开放式的城市模式，对于商业的发展是最有利的，人们在街道两旁，就可以见到各种商市，并且随时开展各种贸易活动。

有些研究者认为大都城的这种完全开放式的城市模式的出现，是和这里城市商业发展的需求相适应的，换言之，新的大都城是以北宋开封府的东京城为模式建造的。但是，笔者在查阅相关历史文献的记载之后，认为大都城的开放性与商业发展没有任何关系。因为在建造大都新城时，元朝统治者所要考虑的因素，重中之重的是政治上是否安全，而不是经济上的商业贸易是否方便。在元朝统治者眼里，高大的坊墙不是安全的标志，而是各种不安全因素的屏障。换言之，没有坊门阻隔的城市，才是最安全的城市。这也才是新建的大都城出现开放模式的根本原因。

在大都新城建造完成之前，旧燕京城是商业最繁华的地方。自蒙古军队攻占金中都城，到忽必烈夺得皇权，其间经历了半个世纪的恢复阶段，燕京城的商业有了一些发展和初步的繁荣。虽然与金朝全盛时期相比还有一些差距，但是就整个北方地区而言，这里已经算是比较繁华的都市。而大都新城建造完成之后，政府把大批居民迁入新城，大量的商业设施也随之迁入新城，于是，出现了一个商业区域转徙的过程。

旧燕京城的商业出现了逐渐衰退的变化。这种变化一方面是由于城市居民的迁徙所带来的，旧城的居民越来越少了，特别是那些极为富有的居民都迁入新的都城，直接导致旧城居民的商业消费能力的急剧下降，自然使得商业活动受到巨大影响，出现衰退。另一方面，大都新城的商业发展出现了迅速繁荣。大量有钱有势的居民到此定居，带来了巨大的商业消费需求，而新的商业设施的建造，又为商业发展的进一步繁荣提供了便利。新、旧两城之间的商业变化过程，是与都城空间的变化过程相一致的。

在新建的大都城里，形成了几个商业发展特别迅速的区域。第一个区域，是在城市中心的位置，即鼓楼和钟楼的周围。因为这里是城市中心，四方的居民到这里进行消费活动比较便利，因此，商业的发展十分迅速，很快就形成了商铺林立的局面。而至元末年通惠河的开通，使得许多漕船通过京杭大运河把全国各地的商品运送到积水潭（当时又称“海子”）码头，距钟鼓楼仅咫尺之遥，进一步促进了这个商业区域的发展和繁荣。

第二个区域，是在大都城西南面的平则门（今阜成门）内外一带。因为这里是大都新城和燕京旧城之间的交界处，故而形成了繁华的商业区。大都新城建成之后，大量居民迁居到新城，但是还有相当一部分居民仍然居住在旧城之中，从而形成了新、旧两城居民之间的频繁往来，而人流量的多少又是与商业活动的繁荣有着直接联系，人流越多的地方，商业活动也就越活跃、越繁荣。

第三个比较繁荣的商业区域则是在新都城南面的丽正门、顺承门内外一带。丽正门是大都城的正南门，又被称为“国门”，是人们从外地进入都城的第一门，也是都城居民南下中原和江南地区的陆路交通要道，因此自然会成为商家安排相关商业设施的理想场所。而顺承门也是连接新、旧两城的要道，人们往来于此，人流量也很大，自然也就成为设置商业贸易场所的最佳选择。

这时的燕京旧城，随着居民人数的锐减，商业活动也就受到极大影响。而随着时间的推移，旧城的居民分布和商业设施也在发生变化，靠近大都新城的地方，如旧城的东北一带，仍然保持了较多的居民区和各种商业设施，而远离大都新城的地方，如旧城的西南一带，则逐渐荒废为郊野。燕京旧城在至元年间原有 62 个坊的居住区，而到了元代中后期，已经减少了将近三分之二，仅剩二十多个坊里，商业设施的减少也应该与此大致相同。

二、兴盛的商业贸易

元大都城在建造之前，商业贸易中心是在旧燕京城，当时这里已经成为整个北方地区的商品聚集地。如驻扎在保定的史氏家族，在归降蒙古政权之后，曾让史天泽作为质子前往漠北，时人称：“忠武公方为质太师国王，将觐漠北，在燕市贽物，”① 由此可见，当时的许多商品，是集中在燕京的商市之中。

又如当时人袁湘：“治延之初，假之种牛而授以耒耜，免民饥死。自燕市药，负以百十马牛，即城为楼居之，致医司掌为剂。其间有以疾来者，视所宜药与饵，不求赢利，去民疫死。至今州民戴白者道旧

① 《牧庵集》卷十六《史燿神道碑》。

相语，犹泫然指城楼谓曰：'吾司命也'"。[1] 袁湘在燕京的商市中购买药品，用"百十马牛"驮运回来，给百姓治病，可见燕京商市中的药品储备是十分充足的。

在元大都城建好之后，商业贸易中心也就迁移到了大都新城，并展现出了新的风貌。时人描述其景象曰："京师亿万鼓腹含哺，凿会通之河，而川陕豪商吴楚大贾，飞帆一苇，径抵辇下。……百廛悬旌，万货别区，匪但迩至，亦自远输。氈毼貂豽之温，珠琲香犀之奇，锦纨罗氎之美，椒桂砂芷之储。瑰绣耀于优坊，金璧饬于酒垆。伎效犂靬之术，工集般输之徒。烟尘坌而四合，岁月暇而多娱。若乃九服修职，五等协虑，陛陳璧马，庭列圭币。或以象寄通识，或以鞮译达志。东隅浮巨海而贵筐，西旅越葱岭而献贽，南陬踰炎荒而奉珍，朔部历沙漠而勤事。孝武不能致之名琛大贝登于内府，伯益不能纪之奇禽异兽食于外籞"。[2] 不仅商业的交流十分顺畅，而有些以"进贡"为名而进行的货物交换也很频繁。

又有人曰："论其市，则通衢交错，列巷纷纭。大可以并百蹄，小可以方八轮，街东之望街西，髣而见，髴而闻；城南之走城北，出而晨，归而昏。华区锦市，聚四海之珍异；歌棚舞榭，选九州岛之秾芬。招提拟乎宸居，肆至于宫门。酤户何晔晔哉，扁斗大之金字；富民何振振哉，服龙盘之绣文。奴隶杂处而无辨，王侯并驱而不分。屠千首以终朝，酿万石而一旬。……若乃城闉之外，则文明为舳舻之津，丽正为衣冠之海，顺城为南商之薮，平则为西贾之派。天生地产，鬼宝神爱。人造物化，山奇海怪，不求而自至，不集而自萃"。[3] 这种商业繁荣的气象，已经远远超过了旧燕京时的规模而显现出一种国际大都会的盛况。

在大都城的商市中，粮食的买卖是影响最大的贸易项目之一。因为随着大都的城市经济不断发展，汇聚到这里的人口也越来越多，从而对粮食的需求量也越来越大。除了元朝政府每年从江南海运和漕运大量粮食到京城，以供帝王、贵族和官员、士兵、工匠食用外，大多数居民的粮食则是依靠粮商们运送到京城来出售。因为粮食的价格比较便宜，获利空间较小，故而商人们往往采用成本较低的水运方式。而一旦水运受阻，就会导致大都城的粮价暴涨，给居民带来巨大损失。

① 《牧庵集》卷十二《袁氏先庙碑》。

② 《日下旧闻考》卷六《形胜》引元人李洧孙《大都赋》。

③ 《天下同文集》卷十六载元人黄文仲《大都赋》。

这种状况，在元代屡有发生。

为此，元朝政府曾多次下达命令，以保证运粮商船的行驶畅通。如至元二十九年（1292）正月，主持监察工作的御史台上奏称："大都里每年百姓食用的粮食，多一半是客人从迤南御河里搬将这里来卖有。来的多呵贱，来的少呵贵有。如今街下有来的米，比已前贵有。这米贵了的缘故，官船搬运官粮诸物呵，船户每倚着官司气力，坏了官船也么道，却夺要了客人每的船只，与了钞放了，不与钞呵，教百姓每船运官物。更有气力的人每行呵，客人每根底阻当。为那般呵，客人每来的少的上头，米贵了有"。① 据此可知，运河沿途的官员们，以征用商船运送官物为由，对粮商加以勒索，从而导致运粮不畅，使大都城的粮价不断上涨。

漕运的畅通对于京城粮食供应的影响确实很大，故而元朝政府投入了大量人力物力以保障漕运的畅通。时人作诗称："汉家鼎定天西北，万乘千官必供亿。近年职贡仰江淮，海道转输多覆溺。……役徒三万朞可毕，一动虽劳终古利。裹粮荷锸去莫迟，行看连穑（应为"樯"）东过蓟。……从今粒米斗三钱，狼藉都城乐丰岁"。② 其实不仅是粮食供食要通过漕渠，许多其他物资也是通过京杭大运河输送到京城来的。

又如，作为全国文化中心的大都城，买卖字画文物的商业也很兴盛。元人王旭曾作有一诗《客从书肆中得先君遗墨一纸》，称："谁将遗墨到燕都，手泽如新世事殊。宝玉来归今在否，金瓯缺坏付嗟吁。吾翁墓木俄然拱，先帝山陵早已芜。五十三年成一梦，天涯流落泪如濡"。③ 据此可知，王旭的友人在大都城的书肆中见到他父亲的墨迹，即买回给他。是时，王旭的父亲已经故去，距题写墨迹也有53年了。

在大都城的文化市场中，有着许多前朝字画文玩，成为都城中文人墨客收藏的珍品。如元代前期，名士刘因曾记载一事称："杭州宫扇二，好事者得之燕市。一画雪夜泛舟，一画二色菊，理宗题其背，有'兴尽为期'及'晚节寒香'之句。诸公赋诗，予亦同作"。④ 宋人所绘宫扇并不罕见，而宋理宗的遗墨却十分珍贵。由此引起文士们赋诗留念。这时应该是元世祖平定江南之后，一些珍贵的文物遂由此而北

① 《通制条格》卷二十七《杂令》。

② 《秋涧集》卷十《通漕引》。

③ 《兰轩集》卷四《客从书肆中得先君遗墨一纸》。

④ 《静修集》卷三《宋理宗书宫扇（并序）》。

上，成为大都商市的商品。

在大都的文化市场中，也有一些画家出售画扇。名士许有壬曾回忆称："因思京师旧俗鬻画扇，事率隐僻相胜，有十识其八者得一扇。予时少年，意谓'但不屑往尔，往当日有所得也'。由今观之，幸昔不往，往未必有得也"。[①] 由此可知，这些画扇中的内容皆为历史典故，如果买画扇者能够猜对大多数典故（即"十识其八"），即可白得一把画扇。这种商市中的文化，今天已经很难见到了。

在大都城的商市中，又有很多服务业的活动，为商市增添了许多热闹的气氛，也增加了消费的数额。最常见的服务业活动场所有勾栏、酒肆、茶房和浴堂等。酒文化和茶文化是中华文化的两大组成部分，南方人多喜欢品茶，以显示其高雅。北方人多爱好喝酒，以显示其豪放。而在大都城里，这两项行业的经营都很热闹。

在当时的大都城，不管是旧燕京城还是新大都城，酒肆都是和商市连在一起的。古人大多有相聚、别离之时在一起饮酒吃饭的习俗，往往在诗文中有所体现。如元朝初年的耶律铸，曾作有《燕市送客归长安故居》一诗曰："黄金台上望长安，何处青山是故山。虹断桥梁分雨脚，露摇珠颗偃荷盘。归心暗逐飞鸿尽，病眼空将倦鸟还。芳草不随游子去，日斜烟淡倚栏杆"。[②] 诗中虽然没有提及饮酒吃饭，但是送别的场所一定是燕市中的酒楼，而不是购物的商场。

又如元朝后期的许有壬，曾作有《赴台回留别诸友》一诗曰："尊空燕市晚，回首各西东。千里雁声月，一天霜信风。功名蜗角上，岁月马蹄中。穷达非难较，年来句颇工"。[③] 文中的"赴台回"指到御史台上班之后回来。在这里，提到的"燕市"，是对大都商市的统称，或者是对大都酒肆的代称。而"尊空"则是指饭局已完，于是才有"回首各西东"的离散。

因为这些酒肆、茶房、浴堂等服务业的买卖十分红火，于是他们为了经营方便，就自己制作了一些竹木牌子，以代替钞币，作为结帐时的依据。为此，元朝政府明令加以禁止。"延祐元年九月，中书省：近为街下构栏、酒肆、茶房、浴堂之家，往往自置造竹木牌子，及写帖子，折当宝钞贴爪使用，侵衬钞法。其酒牌止于本店支酒，不许街市流转，其余竹木牌子纸帖并行禁断"。[④] 由此可见，元朝政府

---

① 《至正集》卷四十《记画》。

② 《双溪醉隐集》卷三，《燕市送客归长安故居》。

③ 《至正集》卷十二《赴台回留别诸友》。

④ 《通制条格》卷十四《酒牌侵钞》。

认为这些自制的酒牌等交易凭证是不合法的，但是在大都的商市中却很流行。

三、商业管理与税收

在大都新、旧两城，随着城市经济日益繁荣、商业活动越来越多，政府对商业的管理也越来越系统化，对商税的征收也在不断完备。在商业管理方面，政府的职责主要是维持商业贸易活动得以正常进行，对于干扰正常贸易活动的行为加以制止。在商业税收方面，则是继承了以往各个朝代的做法，设置相关的税收机构，征收商业活动中的交易税。可以说，在元大都的税收额度是比较少的。

元朝政府对于商业的管理，首先是对相关政策的调整。如至元十三年（1276）四月，元世祖“敕南商贸易京师者，毋禁”。① 这一年，正是元朝军队攻占南宋都城临安（今浙江杭州）之时，有些江南的商人前来大都进行贸易活动，得到允许，顺应了全国统一之后商业发展的大趋势。此前必有禁止“南商”来大都从事贸易的命令，恐怕是为了防止南宋间谍以商人的身份到大都刺探情报。

又如至元二十二年（1285）九月，元朝政府下令，“罢禁海商”。② 宋元时期，中国沿海地区的商业活动已经十分频繁，只是管理方面比较松散，经常有禁令，又经常取消禁令。大多数的禁令并不是因为经济因素的影响。而海商在来到京城进行贸易时也要承担较大风险。如康里人（在西域）伯嘉讷曾在大都任职，时遇“屯储卫诱小民梅冻儿诬首海商一百十有六人为盗而掠其赀，狱具，械送刑部，命伯嘉讷审录之，尽得其冤状，白丞相释之，还其赀”。③ 像这种海商被诬告而损失财产甚至丢掉性命的事情经常发生。

在政府的管理职能中，禁止出售假冒伪劣商品是必不可少的职能之一。例如药品的买卖，是当时商市中最常见的交易活动之一。但是，许多药商为了非法牟取暴利，不惜售卖假药，以坑害百姓。为此，元朝政府明令加以禁止。如至元五年（1268）十二月，“据提点太医院奏，开张药铺之家，内有不畏公法者，往往将有毒药物如乌头、附子、巴豆、砒霜之类，寻常发卖与人，其间或有非违，致伤人命；及有不习医道诸色人等，不通医书，不知药性，欺诳俚俗，假医为名，规图

① 《元史》卷九《世祖纪》。

② 《元史》卷十三《世祖纪》。

③ 《元史》卷一百三十六《阿沙不花传》。

财利，乱行针药，误人性命；又有一等妇人，专行堕胎药者，作弊多端，乞禁约事”。[①] 在这里列出的是被重点禁售的“有毒药物”，以及非法行医。

又如元贞二年（1296）七月，中书省和御史台的官员上奏：“切见大都午门外中书省、枢密院前及八匝儿等人烟辏集处，有一等不畏公法假医卖药之徒，调弄蛇禽傀儡、藏撅撇钹、到花钱击鱼鼓之类，引聚人众，诡说妙药。无知小人，利其轻售，或丸或散，用钱赎买，依说服之，药病相反，不无枉死。参详京师天下之本，四方取法者也。太医院不为禁治，不唯误人性命，实伤风化。理宜遍行禁治。”[②]在这里列出的现象已经不是“有毒药物”，而是坑害百姓的假药。这种欺诈行为竟然在大都城午门外出现，确实是需要禁治的。实际上这种现象在全国各地都是十分普遍的，政府很难加以禁绝。

政府管理部门的职能之二，是禁止权豪之家欺行霸市，干扰正常的贸易活动。例如至元二十八年（1291）三月，元世祖曾下令：“数年以来，所在商买，多为有势之家占据行市，豪夺民利，以致商贾不敢往来，物价因而涌贵。在都令监察御史，在外令按察司，常切用心纠察按治。”[③] 这里所说的“有势之家”，是指大贵族或大官僚，他们为了牟取商利，霸占商市，使正当行商的商人们都不敢到商市从事商贸活动，导致商品价格“涌贵”，直接受害的是商人，间接受害的则是大都城的众多百姓。

此外，这些有权有势的恶霸，除了霸占商市之外，还要阻滞商业流通渠道，同样会产生抬高商品价格的作用。如至元十九年（1282）十一月，元朝政府采取措施：“以势家为商贾者阻遏官民船，立沿河巡禁军，犯者没其家。”[④] 这些“势家”（即上文所提到的“有势之家”）为了使自己经营的商品能够卖个好价钱，竟然阻断漕运，同样导致大都城的商品价格暴涨。这种行为在当时肯定十分猖獗，迫使政府不得不在漕河边设置“巡禁军”，以保障商业流通渠道的畅通。

元朝政府设置在大都的税收机构，主要是大都宣课提举司和大都酒课提举司。至元十九年，“并大都旧城两税务为大都税课提举司。至武宗至大元年，改宣课提举司”。这处机构的职责为：“掌诸色课程，并领京城各市”。[⑤] 其下设机构有四处，即：马市、猪羊市、牛驴市、

①②《通制条格》卷二十一《假医》。

③《通制条格》卷十八《牙保欺蔽》。

④《元史》卷十二《世祖纪》。

⑤《元史》卷八十五《百官志》。

果木市。此外的税收机构又有鱼蟹市和煤木所。在此前后，元朝政府又“改上都宣课提领为宣课提举司”。① 大都酒课提举司与大都宣课提举司同时设置，“掌酒醋榷酤之事”。②

明初人曾对元朝的商税加以简要描述：称“世祖中统四年，用阿合马、王光祖等言，凡在京权势之家为商贾，及以官银卖买之人，并令赴务输税，入城不吊引者同匿税法。至元七年，遂定三十分取一之制，以银四万五千锭为额，有溢额者别作增余。……是年（至元二十年），始定上都税课六十分取一；旧城市肆院务迁入都城者，四十分取一。二十二年，又增商税契本，每一道为中统钞一钱。减上都税课，于一百两之中取七钱半。二十六年，从丞相桑哥之请，遂大增天下商税，腹里为二十万锭，江南为二十五万锭”。③ 以上描述虽然反映了当时的基本情况，有些问题也还有进一步研究的必要。

其一，是大都正式征收商税的时间。据《元史·世祖纪》记载，至元十四年（1277）七月，“榷大都商税”。这个时间应该是准确的。其二，商税“三十分取一”的制度不是在至元七年（1270）制定的，而是早在元太宗时由中书令耶律楚材建议订立的，元世祖时只不过重新加以认定而已。而在税额的数量上，自至元二十六年（1289）增加之后，此后似没有再增加过。

在《元史·食货志》中记载有全国商税的税额称：“商税额数：大都宣课提举司，一十万三千六锭一十一两四钱。大都路，八千二百四十二锭九两七锭”。据此可知，除了大都宣课提举司之外，大都路每年也要征收一定数额的商税。大都地区的这个税额一直沿用到元代中后期。如至顺二年（1331）三月，“中书省臣言：‘宣课提举司岁榷商税，为钞十万余锭，比岁数不登，乞凡僧道为商者，仍征其税。’有旨：‘诚为僧者，其仍免之’”。④ 政府官员要想增加商税征收的数量，却没有得到元文宗的批准。

元朝帝王对征收商税一直采取宽容的态度。如在延祐七年（1320）十一月，元英宗即位后，曾发布诏书：“诏书内一款：诸色课程已有定额，商税三十分取一，不得多取，已有定制。今有司考较，于正额增余之外，又求羡余。苟非多取于民，彼将焉出？仰将延祐七年实办到

① 《元史》卷十二《世祖纪》。

② 《元史》卷八十五《百官志》。

③ 《元史》卷九十四《食货志》。

④ 《元史》卷三十五《文宗纪》。

官数目为定额，已后办出增余，增自作增，额自作额”。[①] 显然，这种不以增余作税额的方针，确保了整体税额不会日益增长的趋势。

元代征收的酒税，最初与商税的税额是一样，皆好三十分取一。但是到元世祖至元后期，采用大臣卢世荣的办法，即“榷沽之制”。史称：“元之有酒醋课，自太宗始。其后皆著定额，为国赋之一焉，利之所入亦厚矣。……世祖至元十六年，以大都、河间、山东酒醋商税等课并入盐运司。二十二年，诏免农民醋课。是年二月，命随路酒课依京师例，每石取一十两。三月，用右丞卢世荣等言，罢上都醋课，其酒课亦改榷沽之制，令酒户自具工本，官司拘卖，每石止输钞五两”。[②] 所谓的“榷沽”就是政府直接干预买卖。

大都地区的造酒业颇具规模，有人曾进行过统计：“大德八年，大都酒课提举司设槽房一百所。九年，并为三十所，每所一日所酝，不许过二十五石之上。十年，复增三所。至大三年，又增为五十四所。其制之可考者如此。若夫累朝以课程拨赐诸王、公主及各寺者，凡九所云”。[③]这个生产规模一直维持到元朝末年。如果我们依据上述的相关数据加以估算，大都的酒税，每年每座酒坊应该能征收到 45625 两钞币，54 座酒坊的酒税收入是一大笔非常可观的财富。

① 《元典章》卷三《圣政》，卷二《薄税敛》。

②③《元史》卷九十四《食货志》。

第六章　明代北京经济的发展

元末明初的连年战争，给北京地区的经济带来了极大破坏，导致本地区人口数量锐减，土地荒芜。《大明会典》记载："国初兵荒之后，民无定居，耕稼尽废，粮饷匮乏"。[①] 北平等地大多陷入"无人之地"。[②] 洪武元年徐达攻入北京之后，蒙元官吏和士兵大多北逃。因"久被兵残，困于征敛"，[③] 一时间北京几乎成为一座空城。故在九月平定大都昭告称："故官及军民人等，近因大军克取之际，仓惶失措，生离父母妻子，逃遁他所"。[④] 洪武三年（1370）北平等地因"民久罹兵革"，仍旧呈现一幅"疲困为甚"的荒败之势。[⑤] 接下来的永乐靖难之役又再次加重了北方地区的破败，"靖难兵起，淮以北鞠为茂草"。[⑥] 永乐元年（1403）十一月的实录记载："北京兵燹以来，人民流亡，田地荒芜"。[⑦] 伴随着明政权的逐步稳定以及各项经济发展措施的落实，特别是永乐年间迁都之后，明北京的经济得到了逐步的恢复和发展。永乐初年尚属萧条，"洪武初，北平兵火之后，人民甫定。至永乐改建都城，犹称行在，商贾未集，市廛尚疏"。[⑧] 至永乐二十一年（1423）山东巡按陈济称："今都北平，百货倍往时"。[⑨]弘治年间，北京已为

---

① 《大明会典》卷十八《户口》。

② 顾炎武：《日知录》卷十《开垦荒地》。

③ 《明太祖实录》卷三八，洪武二年正月庚戌。

④ 《明太祖实录》卷三十五，洪武元年九月戊寅。

⑤ 《明太祖实录》卷五十，洪武三年三月庚寅。

⑥ 《明史》卷七十七《食货志一》。

⑦ 《明太宗实录》卷二十五，永乐元年十一月戊戌。

⑧⑨ 沈榜：《宛署杂记》卷七《廊头》。

“生齿日繁，物货溢满，坊市人迹殆无所容”之地。① 明代中后期以后，北京城内呈现“百货充溢，宝藏丰盈，服御鲜华，器用精巧，宫室壮丽”的繁荣景象。②

第一节 人口迁移与地区农业的发展

元末明初的连年战乱以及靖难之役对于华北地区的破坏，一度使得北平地区人口剧减，农业生产陷入衰败之境，“丧乱之后，中原草莽，人民稀少”，对此朱元璋提出“所谓田野辟，户口增，此正中原今日之急务”。③ 为此，洪武及永乐年间明政府均在北京周边地区进行了大规模的人口迁移及屯垦政策。明初所进行的行政强制性手段的人口迁移及屯垦政策，是北京地区在经历了长期的社会动荡以及战乱之后，快速实现人口自然增长的基础，从而为本地区能够在短时期内发展农业生产并且快速恢复社会经济。

一、洪武及永乐年间的大规模移民

为能够尽快充实北京地区的人口数量，明朝政府分别在洪武和永乐年间进行了强制性的军事移民。第一个阶段首先是将“密迩虏境”的居民向南迁移，这一方面是充实北京人口的需要，另一方面也是为了军事肃禁之需。洪武四年（1371）三月，“徙山后民万七千户屯北平”。④ 具体移民对象及过程为：“山后顺宁等州之民，密迩虏境，虽已招集来归，未见安土乐生，恐其久而离散。已令都指挥使潘静、左傅高显，徙顺宁、宜兴州沿边之民，皆入北平州县屯戍……计户万七千二百七十四，口九万三千八百七十八。”⑤ 同年六月，再次从山后迁徙民众，“徙北平山后之民三万五千八百户，一十九万七千二十七口，散处卫府，籍为军者为以粮，籍为民者给田以耕”，同时“又以沙漠遗民三万二千八百六十户，屯田北平府管内之地。凡置屯二百五十四，开田一千三百四十三顷”。⑥ 五年七月，“革妫川宜兴、兴、云四州，

① 《瓠翁家藏集》卷四十五，太子少保左都御史闵公七十寿诗序。

② 张瀚：《松窗梦语》卷四《商贾记》。

③ 《明太祖实录》卷三七，洪武元年十二月辛卯。

④ 《明史》卷二《太祖纪》。

⑤ 《明太祖实录》卷六十二，洪武四年三月乙巳。

⑥ 《明太祖实录》卷六十六，洪武四年六月戊申。

徙其民于北平附近州县屯田”。① 前后几次移民数量即达 85900 余户，其中 32860 户沙漠遗民的安置情况如下表：

表洪武四年北平各州县移民分布表

州县	屯数	户数	州县	屯数	户数
大兴	49	5745	漷州	9	1155
宛平	41	6166	武清	15	2031
良乡	23	2881	蓟州	10	1093
固安	37	4851	昌平	26	3811
通州	8	916	顺义	10	1370
三河	26	2831	合计	254	32850

注：根据表中每州县安置移民户数合计，总数为 32850 户，与文中所述 32860 户少 10 户。资料来源：《明太祖实录》卷六十六，洪武四年六月戊申。

明政府为劝降逃亡民众回归，安抚来降民众而颁布了一系列鼓励措施：“工部遣人运毛皮袄六千八十六领，纻丝棉布袢袄裙裤五万，事往北平，给赐来降之人。”② 洪武二十二年（1389）四月，为安顿来到京师的山东流民，直接给与钱粮安抚：“人赐钞二十锭，俾营生业。”③ 截止到洪武三十五年（1402）八月，“直隶淮安及北平、永平、河间诸郡，避兵流移复业者凡七万一千三百余户”。④

同时，为保障移民政策的顺利施行，明政府相继出台了一系列优惠和鼓励政策，包括税收优免、赠与路费、发放生产资料等方式。洪武十年（1377）十月给与山后移民赈济口粮：“山后来归之民，以户计者五百三十，以口计者二千一百余，皆携挈妻孥，无以为食。上命有司稽其口之大小，赈给之，凡赈米八百一十石。”⑤ 三十五年（1402）九月，“命户部遣官核实山西太原、平阳二府，泽、潞、辽、沁、汾五州，丁多田少及无田之家，分其丁口，以实北平各府州县，仍户给钞，使置牛具子种，五年后征其税”。⑥

靖难之役之后，永乐皇帝为迁都北京进行了一系列准备。与洪武

① 《明太祖实录》卷七十五，洪武五年七月戊辰。
② 《明太祖实录》卷一百八十三，洪武二十年七月丁酉。
③ 《明太祖实录》卷一百九十六，洪武二十二年四月丁未。
④ 《明太宗实录》卷十一，洪武三十五年八月丁丑。
⑤ 《明太祖实录》卷一百十五，洪武十年十月丙辰。
⑥ 《明太祖实录》卷十二，洪武三十五年九月乙未。

年间出于军事防御需要而进行的人口迁移方式不同，永乐年间人口迁移政策主要是调集大量富户来到北京。永乐元年，“令选浙江、江西、湖广、福建、四川、广东、陕西、河南及直隶苏、松、常、镇、扬州、淮安、庐州、太平、宁国、安庆、徽州等府无田粮并有田粮不及五石殷实大户充北京富户，附顺天府籍，优免差役五年”。[①] 永乐二年（1404）及三年（1405），又从山西迁徙大量人口至京，“徙山西太原、平阳、泽、潞、辽、沁、汾民一万户实北京”。[②] 永乐四年（1406）正月，“湖广、山西、山东等郡县吏李懋等二百十四人言愿为民北京。命户部给道里费遣之”。如原淮安盐城戴氏，则是当时所迁移富户之一，“公讳芳，字世芳，姓戴氏。其先淮安盐城三都望族，以赀雄于乡。……永乐初，取天下富民实京师，公之父廷玉与焉，遂占借顺天府宛平县，居德胜关里第”。[③] 对于富户这一特殊的人口成分，明代历朝政府根据需要不断调整相应的管理措施。初期，多以优免差役等措施来鼓励富户移民以及如有对于富户逃匿的严格惩罚。如宣德三年（1428），“令应当富户之家，所在官司，再免二丁杂泛差役，以备供送”。宣德六年（1431），“令富户在京入籍。逃回原籍或躲避他处，顺天、应天府官查出申部，令所在官司，即时挨究解发。若亲邻里老知者许于官司出首免罪，本人能自首赴京者亦免罪。若知而不首及有司占吝不发，即便究问。正犯发口外充军。事故死绝等项各该官司照数佥补”。明中期以后，随着人口稳步增长，对于明初的富户移民政策趋缓。正统元年（1436），“其原佥富户有病故者、免佥补。七年免年七十以上无依、单丁无力富户，仍照数于本州岛县殷实人户内佥补”。十一年（1446），“令顺天府每十年一次委官审勘富户。若有年老消乏等项，行移原籍官司佥补”。至天顺八年，再次下令“在京富户，今后如有事故，不必佥补”。十六年（1451），“令各府委官清理原造富户籍册，不得违例佥补勾丁及以应放免者重役。其富户为事抵充在厢病故者免勾补。逃亡病故者仍勾一丁终身除豁”。到弘治年间，对于富户的限制政策则逐步放开，如弘治五年（1492），题准“顺天府在逃富户、各省不必起解”。至嘉靖二十四年（1545），因“直隶海州地方疲惫，其原额富户俱停革”。[④]至此，随着明代经济的恢复以及人口的稳步增长，行政性的人口鼓励政策逐步废除，因而对于富户

①④《大明会典》卷十九《户部·富户》。

② 《明太祖实录》卷三十四，永乐二年九月丁卯；卷四十六，永乐三年九月丁巳。

③ 《明故戴处士（芳）墓志铭》。

的迁移及相关管理措施也不断放松。

此外，迁移大量人口散布于北京周边各地以为宫廷服务。如永乐年间所设上林苑，当时设有良牧、繁育、嘉蔬、林衡等十个机构。永乐五年，“命户部徙山西之平阳、泽、潞，山东之登莱等府州民五千户，隶上林苑监牧养栽种户，给路费钞一百锭，口粮二斗”。① 嘉靖年间“取山西平阳、泽潞之民充之，使番育树艺，以供上用品物”。②

二、屯田

明初因“兵荒之后，民无定居，耕稼尽废，粮饷匮乏”，因而“设各卫所，创制屯田，以都司统摄。每军种田五十亩为一分，又或百亩，或七十亩，或三十亩、二十亩不等。军士三分守城，七分屯种。又有二八、四六、一九中半等例，皆以田土肥瘠，地方冲缓为差。又令少壮者守城，老弱者屯种。余丁多者亦许。其征收则例，或增减殊数，本折互收，皆因时因地而异”。③ 军屯的实施，对于元末明初严峻的军事形势以及衰败的社会经济背景下迅速恢复和发展经济有着非常重要的意义。

洪武元年（1368），“置北平都司于北平府，领燕山等卫。……以五十亩为一分，七分屯种，三分守城”。④洪武十五年（1382）因北京地区大水，明太祖即令给米赈灾，“北平大水伤稼，屯田士卒不能自养，宜即命都指挥使司月给米赈之，勿令士卒有饥色也”。⑤ 洪武二十八年（1395）十一月癸未，北平都指挥使司言，“燕山等十七卫屯田凡一万四千三百六十二人，租十万三千四百四十余石”。⑥ 永乐年间迁都北京之后，增置卫所之后仍旧实施三分守城，七分屯种的政策。永乐二年（1404）“营建北京”，并“以五军都督府总摄天下屯政，增设卫所。调兴州营州等卫屯军拱卫京师，照例七分下屯”。⑦永乐初年规定，各处卫所，凡屯军百名以上，委百户一员，300 以上则委千户一员。后又规定，每百户所管旗军 112 名，或 100 名，七八十名。“养以屯田，栖以营房”，“择地为营，联房以居，使之出入相友，朝夕相亲”。⑧ 正德三年（1508）题准，每岁选差御史一员督理北京并直隶

---

① 《明太祖实录》卷六十七，永乐五年五月乙卯。

② 《明世宗实录》卷十四，嘉靖元年五月丁未。

③④⑦ 《大明会典》卷十八《户部·屯田》。

⑤ 《明太祖实录》卷一百四十三，洪武十五年十二月辛卯。

⑥ 《明太祖实录》卷二百四十一，洪武二十八年九月癸未。

⑧ 康熙《通州志》卷六《兵防志》。

卫所屯种，比较子粒，禁革奸弊，年终更替。①

据《大明会典》统计，明代在京锦衣等54卫并后军都督府屯田数额十分可观：原额为屯田六千三百三十八顷五十一亩八分二厘零，现额为五千五十二顷八十五亩七分四厘三毫。（嘉靖四十一年清查数）。粮：二万八千二石陆斗五升三合七勺。此外新增并勘出还官首地银二万一千七百九十一两二钱三分六厘六毫三丝；钞五万六千九百四十贯（万历七年屯田御史册报数）。②

明政府对军屯颁布了一系列的优惠政策。永乐年间户部议核，"宽北京迁谪军民赋役"，内称"谪徙北京为民及充军屯种之人，初至即责其赋役，必不能堪，其议宽之。至是户部议：自愿北京为民及免杖而徙者，五年勿事；免徒流而徙者，三年勿事；充军屯田者，一年后征其租"，明成祖从之，且令"惟充军屯田者命二年后征租"。③ 永乐年间，令"当答者"免罪，可"挈妻子徙北京良乡、涿州、昌平、武清为民，授田耕种，依自愿为民种田，例给路费，三年始供租调"。④ 随着垦田政策的颁布，大量人口到来，由此促进了北京地区农业的发展。伴随北京地区屯垦人数的增加，明政府增置官员专司屯田事务。洪武十三年八月辛卯，即令景川侯曹震等赴北平督促军屯。⑤ 永乐元年（1403），"命靖安侯王忠往北京安插屯田军民，整理屯种"。⑥ 永乐九年（1421）十月癸卯，"增置北京刑部户曹清吏司郎中一员，永平保定河间三府同知、通判各一员，涿、通、霸、蓟、滦、安、景、沧八州同知判官各一员，专理屯田之务"。⑦

明初北京郊区的卫所军屯分布为：宛平11屯，分布于孝义、永安、玉河、京西以及香山；大兴28屯，分布在添保恭、施仁关、坟庄、赤村社、卢家垈、枣林庄等地；良乡17屯，分布在鲁村社、高舍社、北赵社等；昌平19屯，分布在清河、白浮等；顺义26屯，分布在城子社、北彩社、牛栏山社等地；通州37屯，分布在西城社、延庆社、葛渠社等地；此外，漷县有7屯，房山1屯、密云9屯，三河12屯、武清16屯、东安47屯、永清11屯、涿州4屯、蓟县14屯、遵化

①②《大明会典》卷十八《户部·屯田》。

③《明成祖实录》卷一百二十，永乐九年十月乙未。

④《明成祖实录》卷一百二十四，永乐十年正月壬子。

⑤《明太祖实录》卷一百三十三，洪武十三年八月辛卯。

⑥《明太宗实录》卷二十四，永乐元年十月壬申。

⑦《明太宗实录》卷一百二十，永乐九年冬十月癸卯。

8屯。[1]永乐初年迁都北京之后，昌平作为都城以北第一站，是移民安置及屯垦的重要地点。永乐二年（1404），“添置隆庆左右二卫，领千户所五，分布官军屯田于关山南北，俾且耕且守，额军一万四千有奇，以为京师北面之固”。[2]《永乐大典》记载，嘉靖二十一年，昌平县共有军屯十九，具体包括大兴左卫屯十二：白浮社一、蔺沟社一、清河社一、清龙社一、半善社二、孟村社一、堂乐社一。济阳卫屯三：坊市社一、白浮社二。永清右卫屯四：蔺沟社二、半善社二。[3]隆庆《昌平州志》中记载的军屯则有：水屯（在州西南三里）、乃延屯（在州治东七里已上，系济阳卫军屯）、北邵屯（在东八里）、白虎涧屯（在州西南三十里）、阿速卫屯（在州东南二十五里）、白浮屯卫（在州治东南十里）、沙涧屯（在州治西南三十里）、枣庄屯（在州东五十里）、南庄屯（在州东三十里）、白石屯（在州东南二十五里）、孟祖屯（在州东南二十五里）、崔村屯（在州东三十里已上系延庆卫军屯）、南邵屯（在州治东十五里）、新丰屯（在州东三十里已上系大兴左卫屯）、早角屯（在州南三十里）、抱榆泉屯（在州治东三十里）、糜黍屯（在州治南二十里已上系常护卫屯）、红桥屯（在州西南十二里），已上共计军屯数十八个。除军屯外，还有乡屯十三个，包括仁和乡、惠义乡、润济乡、信德乡、康安屯、福会屯、常丰屯、广敬屯、福田屯、安顺屯、日新屯以及兴善屯。延庆地区，永乐十二年，明成祖率军北征，经由龙庆州“厥土旷沃，群山环峙，遂创州治，迁民以实”。永乐年间设上林苑于采育。“采育，古安次县采魏里也。去都七十里。明初为上林，改名蕃育署，统于上林苑，不隶京府。乃元时沙漠地。永乐二年（1404），移山东、（山）西民填之，有恒产，无恒赋，但以三畜为赋。计营五十八”。[4]据学者研究，今北京市大兴县东部凤河两岸、采育镇的东南与西北，有很多村庄是用山西省部分州县来命名的。如石州营、孝义营、霍州营、解州营、赵县营、山西营、大同营等。[5]明初所进行的人口迁移与屯垦，在相关安置地点又形成了新的聚落，并对当地的土地开垦有着积极意义。

军屯之外，明代的民屯制度也发展迅速。洪武三十五年（1402），令“自今凡人命十恶死罪、强盗伤人者，依律处决，其余死罪及流罪，

---

①⑤尹钧科：《北京郊区村落发展史》第188—189、180页。

②　顾祖禹：《读史方舆纪要》北直一。

③　《永乐大典》卷三千五百八十七《“屯”字条下》。

④　《宸垣识略》卷十二《郊坰一》。

令挈家赴北平种田”。① 另外，随着战争的平息，又将部分军籍人口转为平民进行耕种。洪武三十五年十二月，户部尚书掌北平布政司事郭资奏称：“北平、保定、永平三府之民，初以垛集，充军随征。有功者已在爵赏中矣，其力弱守城者病亡，相继辄取，户丁补役。故民人衰耗，甚至户绝，田土荒芜。今宜令在伍者籍记其名，放还耕种，俟有警急，仍复征用。其幼小纪录者，乞削其军籍，俾应民差。”② 将军籍人口转为民人进行耕种的人口管理政策，在明初战争初歇阶段对于经济的恢复和发展有着非常积极的作用。

永乐年间还将大批罪犯迁至北京进行屯垦。永乐元年（1403）八月，令“定罪囚于北京为民种田例”，因“北京、永平、遵化等处壤地肥沃，人民稀少，今后有犯者，令于彼耕戍”，并制定一系列安抚政策，“凡徒流罪，除乐工灶匠拘役，老幼残疾收赎，其余有犯俱免杖。编成里甲，并妻子发北京、永平等府州县，为民种田。定立年限，纳粮当差。杖罪除官吏不该罢职役者，及民单丁有田粮者，依律科断，余皆如之。若河南、山东、狭西、山西、江北、直隶府州县就彼发遣北京刑部；浙江、江西、广东、福建、湖广、四川及江南直隶府州县，除土官地方外，其余俱解户部定拨发遣”，皇帝令“命犯杖罪者，其牛具种子皆给直五年后如民田例科差；徒流迁徙者，不给直三年后如民田例科差”。③ 十一月，明成祖书谕世子言：“北京兵燹以来，人民流亡，田地荒芜，故法司所论有罪之人曲乖宽宥，悉发北京境内屯种，意望数年之后，可以助给边储，省馈运之劳，且使有罪者亦得保全。”④ 五年（1407），刑部尚书等言，“戍南边者多冒瘴疠死其，改发北京郡县种田，庶全活之”。⑤ 六年（1408），“凡军民子弟僮奴自削发冒为僧者，并其父兄送京师，发五台山输作，毕日就北京为民种田。及卢龙牧马寺主僧容留者，亦发北京为民种田”。⑥ 十一年（1413），下令“在外吏考满，照官员给由程限赴部。若托故迁延者问罪，妻子同发北京充军种田”。⑦ 永乐十九年（1421），令“原籍有司复审逃户。如户有税粮无人办纳，及无人听

---

① 《明太宗实录》卷十二，洪武三十五年九月甲午。

② 《明太祖实录》卷十五，洪武三十五年十二月壬申。

③ 《明太宗实录》卷二十二，永乐元年八月己巳。

④ 《明太宗实录》卷二十五，永乐元年十一月戊戌。

⑤ 《明太宗实录》卷七十二，永乐五年十月己丑。

⑥ 《明太宗实录》卷八十，永乐六年六月辛巳。

⑦ 《大明会典》卷三十《考核二·吏员》。

继军役者发回。其余准于所在官司收籍拨地耕种，纳粮当差。其后仍发回原籍，有不回者勒于北京为民种田”。①

三、农业生产

北京地区三面环山，西面为太行山北段，北面和东面为燕山山脉，地势西北高，东南低。北京境内的河流有永定河、潮白河、大石河、拒马河等分别向东南方向流动，汇聚在北京东南的通州及其以南地区。在山地环绕之下的北京小平原，历史上是由永定河、潮白河、温榆河、拒马河等河道冲击而成的。北京地区的地貌包括山区、丘陵、平原、台地等多种类型，其中山区可发展林业，平原可发展农业，洼地可种植水稻，高寒地区可以发展成熟期短的耐旱作物，这为北京地区历史上农业发展的多样性创造了条件。

明代北京地区城多次试验水稻种植。明朝万历年间工部给事中徐贞明曾主持直隶治水垦田事宜。天启元年，左光斗领命在京畿屯田，并作《足饷无过屯田　屯田无过水利疏》，提出应效法南方兴修水利种植水稻的主张，在其努力下“水利大兴，北人始知艺稻”。左光斗成功之后，邹元标评价说：“三十年前，都人不知稻草何物，今所在皆稻，种水田利也。”② 水利营田在北京地区取得了较好的成果。《燕山丛录》云：“房山县有石窝稻，色白粒粗，味极香美”。徐贞明《潞水客谈》亦载：“西山大石窝所收米，最称嘉美”。顺义县在嘉靖中期，“训导刘志新开渠以溉稻田”。北京城西北的海淀地区，水源丰沛，“沈洒种稻，厥田上上”。③ 万寿寺附近“俱稻田”。④ 西湖周围“稻畦千顷”，“水田棋布”，“年年务农，一如东南”。⑤ 万历中期，民政府召集南人开开垦西湖水田，蒋一葵在《长安客话》中记载道：西湖“近为南人兴水田之利，尽决诸洼，筑堤列塍……竹篱傍水，家鹜睡波，宛然江南风气，而长波茫白似少减矣”。北京城北亦有大量水田，“德胜门东，水田数百亩”，⑥ 这里是内官监地，使“南人于此艺水田，粳秔分塍，夏日桔槔声不减江南”。⑦ 龙华寺“寺门稻田千顷”，江南游子“数来过，

① 《大明会典》卷十九，户口一，逃户。

② 《明史》卷一百三十二《左光斗传》。

③ 《春明梦余录》卷六十五。

④ 《日下旧闻考》卷九十八《引燕都游览志》。

⑤ 《帝京景物略》卷七《瓮山》。

⑥ 《帝京景物略》卷一《三圣庵》。

⑦ 《日下旧闻考》卷五十四《引燕都游览志》。

闻稻香”以解乡愁。[①] 北京城南右安门外十里草桥，“方十里，皆泉也”,[②] “众水所归，种水田者资以为利”。[③]

四、繁重的赋役

明代北京地区的郊区村落亦承担着较为沉重的赋役。成化七年(1471)，巡按直隶监察御史梁昉上奏：涿州、良乡等县，密迩京师，其民迫于科差，困于饥寒，往往隐下税粮，虚卖田地，产业已尽，征科犹存，是以田野乡流亡之民。[④] 弘治元年，巡抚顺天等府奏称：“畿内之民，徭役繁重，而大兴、宛平、昌平、漷县尤甚”。[⑤] 嘉靖八年，因昌平州赋役浩繁，令顺天府于附近州县佥充。[⑥]

正统元年（1436)，顺天府宛平县民控诉在京二县杂役繁重，每年供惜薪司役夫一千三百余人终岁不得休息。对此，工部议复，酌量畿内各府人户多寡，均分其役，河间、永平、顺德三府供役一年，大名、广平二府供一年，顺天府供一年，不断轮换。[⑦] 六年（1441)，巡按直隶监察御使陈永言：房山“采柴夫三百余人，每人月柴四百斤，赴京输送，疲劳不堪，请酌减，以苏民力”。[⑧] 十四年（1449)，再免顺天、河间二府次年该纳药材、历日纸扎。[⑨] 景泰元年（1450)，户部奏称：“顺天府房山、良乡、昌平、武清、漷、固安等县，近被达贼虏掠，人民惊窜，又兼荒旱无收，缺食艰难。宜免其科差，济以口粮。行移部，凡科派糠麸、煤炸、榛粟、麦穗、稻皮、綠麻、芦苇、藹秸、蒲草、荆条、鹿食、黄豆、秸马、连粮沽、兔、羊、鸡、挤乳牛，及各驿站递运所置买马、驴、牛、车，铺陈什物等件，砍柴、脩坟、闸夫、防夫、馆夫、膳夫、天财库等项夫役，暂与停免。中间果有急用不可免者，亦须支给官钱买办，及别县佥役，候民力稍舒照旧派佥”。[⑩] 二月，户部奏称：“京师缺草，畿甸人民供给困难，”只能对

---

① 《帝京景物略》卷一《龙华寺》。
② 《帝京景物略》卷三《草桥》。
③ 《日下旧闻考》卷九十《引燕都游览志》。
④ 《明宪宗实录》卷九十二，成华七年六月甲子。
⑤ 《明孝宗实录》卷十，弘治元年闰正月丙寅。
⑥ 《明世宗实录》卷九十七，嘉靖八年正月己未。
⑦ 《明英宗实录》卷二十二，正统元年九月丁巳。
⑧ 《明英宗实录》卷八十三，正统六年九月壬寅。
⑨ 《明英宗实录》卷一百八十五，正统十四年十月辛未。
⑩ 《明英宗实录》卷一百九十一，景泰元年四月辛丑。

于御马监马匹进行拣选。[①] 成化八年，顺天府府尹李裕奏称："每岁陵坟供祀薪炭，皆顺义等县备给"。[②] 正德十年，都察院议称："昌平州及顺义、密云、怀柔三县皆奏役重。县既隶州，亦宜协济，请自今北黄杠诸役，以十分为率，州出银十四而三县共出十六，若三县民苦加累，则宜省马夫陵户之余者，以宽其力。陵户勿令营求替补，脱避徭役。马夫每官止给银四十两"。[③]

第二节　手工业的发展

明代初年，北京地区的手工业呈现衰微状态。永乐四年（1406），明成祖开始营建北京，修建宫殿、城池、官署，从全国各地征调来京的各种工匠比元代更多，土、木、瓦、窑、石、铁、织染等行业的匠人皆有。这些能工巧匠以后多附籍大兴、宛平两县，长期留住下来，加之迁都后城市消费骤增，北京地区的手工业遂得到迅速地恢复和发展。

关于明代北京手工业的生产类型，学术界有不同的理解和划分。诸如，一说"明代北京的手工业，仍然分为官营手工业和私人手工业两种"；[④] 二说"明代手工业大体上可分为三种，一是官办手工业，二是宫廷手工业，三是民间手工业"[⑤]；三说"明代北京的手工业分官营和私营两大类"[⑥]、"明代北京的手工业，仍然有官营和私营两种"[⑦]等。笔者比较认可一、三两种说法，认为明代北京手工业可以分为官营手工业和民间手工业两种。因为宫廷手工业是专门的官办皇家手工业生产，当然是官营手工业的组成部分。而民间手工业不仅包括私人、私营手工业，还包括家庭手工业，甚至寺院手工业等也是其题中之义。

明代北京的官营手工业组织与规模虽然不及元代复杂，但依然庞大。"举凡宫殿、坛场、公廨、营房的修建，盔甲、刀枪、祭器、刑具

---

① 《明英宗实录》卷一百八十九，景泰元年二月壬辰。

② 《明宪宗实录》卷一百八，成化八年九月丙申。

③ 《明武宗实录》卷一百二十一，正德十年二月辛丑。

④ 孙健主编：《北京古代经济史》，北京燕山出版社1996年，第174页。

⑤ 尹钧科等：《古代北京城市管理》，同心出版社，2002年，第272页。

⑥ 陈晓苏：《从明代北京的经济发展看北京外城的修建》，见北京市文物研究所编：《北京文物与考古》（第二辑），北京燕山出版社，1991年，第280页。

⑦ 北京市地方志编纂委员会编：《北京志·综合经济管理卷·物资志》，北京出版社，2004年，第372页。

的制作，官冕、袍服、制帛、诰敕的染织，船只的建造，器皿、城砖、石灰的烧造，以及各种陶器、漆器、铁器、金属货币，甚至宫女、内监使用的棺材、便纸，无不包括在官营手工业工场造作范围之内。官营手工业营造的规模也很庞大。如永乐时代营建北京宫殿，费时 15 年，参加建筑的有工匠二十多万人，还有从各省选调来的百万农民”。①此为陈诗启对明代官营手工业生产内容的概括，基本能反映北京地区的官营手工业之盛况。明代官营手工业分工比元代更加细致，如京内织染局有 32 种行业，兵仗局有 34 种行业，整个北京城内官营手工业行业不下 100 余种。②

官营手工业的发展与北京作为政治中心的地位有直接的密切的关系。首先，北京有许多手工业行业是直接为封建政府服务，或是为了满足皇室贵族的生活需要。统治者穷奢极欲的需求，刺激了北京众多的手工业部门与行业的发展。其次，全国各地区的能工巧匠集中到京城，使这里的生产在技术上可以博采各地之长，从而促进了北京手工业的发展。

到了明朝中后期，官营手工业已有走向衰落的趋势。政府和宫廷消费开始部分走向市场，商品经济的繁荣和市场容量的增加，以及匠籍制度的进一步放松，皆为民间手工业的发展创造了客观条件。明代中期，在北京城内外出现了私营作坊，如磨坊、酒坊、机房、染坊等。也出现了一些私营的矿场，如铜作坊和铁作坊等。

一、官营手工业

1. 管理机构及其职能

明代前中期，北京的手工业大都为官府所控制，管理机构主要是工部和内府监局司，户部、礼部也有所属手工业。工部“掌天下工役、农田、山川、薮泽、河渠之政令”，③ 其下设营缮、虞衡、都水、屯田四个清吏司。“工部的四个司，分别领导和管理了京师的大小工场和各项物料”。④

营缮司，“掌经营兴造之事。凡大内宫殿、陵寝、城壕、坛场、祠庙、廨署、仓库、营房之役，鸠力会材而以时督而程之，王邸亦如之。

①④ 陈诗启：《从明代官手工业到中国近代海关史研究》，厦门大学出版社，2004 年，第 34、35 页。

② 孙健主编：《北京古代经济史》，北京燕山出版社，1996 年，第 181 页。

③ （清）孙承泽：《天府广记》卷二十一《工部》，北京古籍出版社，1982 年，第 273 页。

凡卤簿仪仗乐器移内府及所司各以其职治之”。[①] 其职掌范围非常广泛，分支机构很多，据《工部厂库须知》记载：“分司为三山大石窝，为都重城，为湾厂（通惠河道兼管），为琉璃黑窑厂，为修理京仓厂，为清匠司，为缮工司兼管小修，为神木厂兼砖厂，为山西厂，为台基厂，为见工灰石作；所属为营缮所”。[②]

营缮司职掌所及，大部分是有关城墙、宫殿、京仓等建筑工程和维修工作，还有一部分建筑材料，如各种木材、瓦器、陶器、琉璃器及薪苇等制作及保管工作。此外，仪仗物件中的清道御杖、交椅坯、脚踏坯、马杌、头管、戏竹、龙笛、笛、板等，为营缮所制作。[③] 营缮司为工部四司中管理官营手工业的主要部门。

虞衡司主掌山泽、采捕、陶冶之事。[④] 与手工业有关的，一是采集、收购制造礼器和军器、军装所需的鸟兽皮张、骨角、翎毛等物料。二是与兵部监督军器、军装的制造，经管及统核陶器、铸器、铸钱、冶课等。三是经管颜料和纸札。分司为皮作局、军器局、兵仗局、宝源局、街道厅、验试厅等。

都水司，“掌山泽、陂池、泉泺、洪浅、道路、桥梁、舟车、织造、券契、衡量之事”[⑤]。有关官手工业的具体工作：一是官用舟车的修造；二是管理织造和衡量。织造包括缎匹、制帛、诰敕、冠服等项；衡量包括斛、斗、秤、尺，并附以器用。都水司所辖的京师手工业有器皿厂、六科廊、通惠河、文思院、织染局等。

屯田司，“掌屯农、坟墓、抽分、薪炭、夫役之事”。[⑥]据《明书》卷六十五记载，屯田司职掌所及，“凡军马守镇之处……其规办营造木植、城砖、军营、房屋及战衣器械……农具之属”。此外，“山陵营建之事，俱本司掌行”。[⑦] 屯田司在北京地区的一项重要职能是承担一些重要的工程建设，如皇帝陵寝、王府职官坟茔等。帝王陵墓是最大的工程，如修建定陵，从万历十二年起到十八年（1584—1590）止，用了6年的时间。屯田司另一项主要职责，就是供应京师皇宫及各衙门

---

① （清）孙承泽：《天府广记》卷二十一《工部》，北京古籍出版社，1982年，第273页。

② （明）何士晋：《工部厂库须知》卷三《营缮司》，见《续修四库全书》878册，第369页。

③ 《大明会典》卷一百八十二《营造二·仪仗一》。

④ 《明史》卷七十二《志第四十八·职官一》。

⑤⑥（清）孙承泽：《天府广记》卷二十一《工部》，北京古籍出版社，1982年，第274、275页。

⑦ 万历《大明会典》卷二百三十《山陵》。

冬天取暖用的柴炭。主管台基厂柴炭的保管和供应，每到冬天，京师各机构均来此领取柴炭。

此外，户部和礼部也分管一部分手工业。户部属有宝泉局，天启二年（1622）始设，在东四牌楼街北，铸钱专供军饷。礼部辖有铸印局，“凡开设各处衙门，合用印信，札付铸印局官，依式铸造给降，其有改铸销毁等项，悉领之”。①

属于内务府管辖的手工业是专为皇宫制作产品的作坊，大都设在皇城之内，共有24个监局司，包括司礼、御用、内官、御马、司设、尚宝、神宫、尚膳、尚衣、印绶、直殿、都知12监；惜薪、宝钞、钟鼓、混堂4司；兵仗、巾帽、针工、内织染、酒醋面、司苑、浣衣、银作8局。此外，还有内府供用库、司钥库、内承运库等处。② 这些机构名义上隶属工部，而实际上由内廷宦官负责管理。

内府24监局司经营着很大部分的官手工业生产，诸如：

司礼监，辖有御前作，“专管营造龙床，龙桌、箱柜之类”。③

御用监，“凡御前所用围屏、摆设、器具，皆取办焉。有佛作等作，凡御前安设硬木床、桌、柜、阁及象牙、花梨、白檀、紫檀、乌木、鸂鶒木，双陆、棋子、骨牌、梳栊，螺甸，填漆，雕漆，盘匣，扇柄等件，皆造办之”④。辖有绦作与甜食房。绦作，亦称洗帛厂，“经手织造各色兜罗绒、五毒等绦，花素勒甲板绦，及长随火者牌穗绦”。⑤甜食房，“经手造办丝窝虎眼等糖，裁松饼减煠等样一切甜食”。⑥

内官监，“掌成造婚礼奁、冠、舄、伞、扇、衾、褥、帐幔、仪仗，及内官内使贴黄诸造作，并宫内器用、首饰与架阁文书诸事”，⑦“所管十作，曰木作、石作、瓦作、搭材作、土作、东作、西作、油漆作、婚礼作、火药作，并米盐库、营造库、皇坛库、裹冰窖、金海等处”。⑧此外御前所用铜、锡、木、铁、器，帝后陵寝，妃嫔、皇子女坟茔，“及完姻修理府第，皆其职掌”。⑨据此可知，内官监是内府掌管官手工业的主要衙门。

司设监，“所职掌者，卤簿、仪仗、围幙、褥垫，各宫冬夏帘、凉

---

① 万历《大明会典》卷七十九《印信》。

② （明）王世贞《凤洲杂编》五，则曰内官十一监（神宫、尚宝、孝陵神宫、尚膳、尚衣、司设、内官、司礼、御马、印绶、直殿），二司（钟鼓、惜薪），六局（兵仗、内织染、针工、巾帽、司苑、酒醋面），三库（内承运、司钥、内府供用）。

③④⑤⑥⑧⑨（明）刘若愚：《酌中志》卷十六《内府衙门职掌》。

⑦（明）王世贞：《凤洲杂编》五，中华书局，1985年，第150页。

席、帐幔、雨袱子、雨顶子、大伞之类”。①

尚宝监，“职掌御用宝玺、敕符、将军印信”。②

尚衣监“掌造御用冠冕、袍服、履舄、靴袜之事”。③所属袍房，又名西直房，是裁缝匠役成造御用袍服的地方。

巾帽局，“掌造内官诸人纱帽、靴袜及预备赏赐巾帽诸事”。④

针工局，“掌成造诸婚礼服裳”，“及造内官诸人衣服铺盖诸事”。⑤

内织染局，“掌染造御用及宫内应用缎匹、绢帛之类”。朝阳门外有外厂“浣濯袍服之所”，都城西设蓝靛厂。⑥

银作局，“专管制造金银铎针、枝箇、桃杖、金银钱、金银豆叶”。⑦

兵仗局，“掌御用兵器，并提督役造作刀甲之类，及宫内所用梳篦及刷牙、针剪诸物”。⑧所属军器库，“掌造刀枪、剑戟、鞭斧，盔甲，弓矢各样神器”。火药局一处，属之宫中。“凡每年七夕宫中乞巧小针，并御前铁锁、鎚钳、针剪之类，及日月蚀救护锣鼓响器，宫中做法事钟鼓、铙钹法器，皆隶之。是以亦称为小御用监也”。⑨

酒醋面局，“职掌内官宫人食用酒，醋，面，糖诸物”，⑩与御酒房不相统辖。御酒房，“专造竹叶青等样酒，并糟瓜茄，惟乾豆豉最佳”。⑪

惜薪司，“专管宫中所用柴炭，及二十四衙门、山陵等处内臣柴炭”⑫。

宝钞司，专为皇帝和宫人制造草纸，“抄造草纸，竖不足二尺，阔不足三尺，各用帘抄成一张，即以独轮小车运赴平地晒干，类总入库，每岁进宫中以备宫人使用”。⑬

除24衙门外，内府供用库、司钥库、内承运库等处也经营一些手工业。如乾清宫内，就有汤局、荤局、素局、点心局、干炸局、手盒局、冰膳局、馒膳局、面觔局、冻汤局、司房、筦库房、又有御药房、弓箭房、御茶房、猫儿房。整个内府手工业“俱有大珰主之，所役殆数万人”。⑭

2. 生产管理措施

其一，对生产物料的管理。

明代北京官营手工业机构庞杂，所需物料种类繁多，需求量极大。例如，《明书》卷八十三《土贡》记载，仅工部需用杂皮达34.7761万张，麂皮达3.48万余张，狐狸皮达0.42万余张。明代对于生产物料的

---

①②③⑥⑦⑨（明）刘若愚：《酌中志》卷十六《内府衙门职掌》。

④⑤⑧（明）王世贞：《凤洲杂编》五，第152页。

⑩⑪⑫⑬（明）刘若愚：《酌中志》卷十六《内府衙门职掌》。

⑭（明）沈德符：《万历野获编》补遗卷一《内府诸司》。

管理是有整套办法的。《大明会典》载，正统十四年（1449），“令各处解到物料，送该库交收，方许支用”。①

各项物料入库之前，皆要经过检验，工部虞衡司下设验试厅专管此项工作。《大明会典》记：“嘉靖二十八年题准……建造试验官厅（当为验试厅——撰者注）一所。遇有各处解到军器弓箭、弦等项，工部札行司官及咨兵部委司官，会同试验。精美合式，给与进状呈部。札委戊字库官吏，请科道官复行查验，照数收库。查验不堪、本部驳回陪补造解”。② 又，《工部厂库须知》云：验试厅“专管验试之事，一应外解本色物料，其多寡数目，惟据各司送验为凭。验中则押送十库收贮；不中则驳还商解更换”。③ 验试的各项明目不仅有各地所产军器，还有纸张、丝料、麻铁等物品。

为保证物料质量，各库复有辨验铺户的设置，此即佥定各行业商铺专人负责验试。永乐十九年（1421）规定：甲字库辨验铺户四名，丙字库每季辨验铺户二名，丁字库每季辨验铺户四名，戊字库试验箭匠二名，乙字库每季辨验铺户三名，承运库每季辨验铺户三名，广积库办验火药匠一名。各库铺户，三月役满，即令佥补。④

此外，户科给事中也兼管手工业生产物料。其职责如：“凡各河泊鱼课（兼征皮毛、翎毛……等物料）年终具办过数目，填空原降勘合，奏缴送科查收；”“凡甲字库官遇考满等项，本科官一员引奏，将收过钱粮等物委官查盘”；“凡各府州县管粮官员，及各仓场大使等官，考满给由，各亲赍本册，赴科交查”；“凡甲字等十库，该收钱钞等物，每季本科与各科轮差官一员监收”。⑤

有时为了完成某些紧急任务，还临时任命监察官员以督察。如宣德九年（1434），“差御史一员，巡视在京仓。一员，巡视通州仓”。嘉靖年间遂为定制，“嘉靖八年题准，每年差御史一员，请敕提督京通二仓，收放粮斛”。⑥

生产物料的检验，按规定是很严格的。以验铜为例，根据宝源局的《镕铜规则》：“每镕铜先抽一百包，堆放两旁。内点二包敲断，验其成色，秤兑二百斤，分东西二炉镕化。即令炉商各看守，俟烟气黑尽而绿，绿尽而白，铜色已净，才出炉秤兑。每百斤内除正耗十三斤三两外，多

①④ 万历《大明会典》卷三十《库藏一》。

② 万历《大明会典》卷一百九十三《军器、军装二》。

③ （明）何士晋：《工部厂库须知》卷七《验试厅》，《续修四库全书》第878册，第523页。

⑤ 万历《大明会典》卷二百十三《户科》。

⑥ 万历《大明会典》卷二百十《巡仓》。

耗一斤，令商人补一斤，多耗二斤，令商人补二斤。二炉通融计算，共折耗若干斤，折衷每百斤各折耗若干斤。凡兑铜以此为例。”①

其二，对生产环节等监管。

为加强对生产各个环节的管理，设工科给事中全面监察官手工业生产。诸如：①凡工部军器局制造军器，本科差官一员试验。②凡工部盔甲、王恭二厂军器及各处解到弓箭弦条，本科官一员，会同巡视东城御史，及工部司官一员，于戌字库监收，年终，造册奏报。③凡营建监工，本科与各科官轮差。④凡宝源局铸钱，弘治十七年题准，按季稽核工料并钱数，本科与各科官轮差。⑤凡工部各项料价，每年上、下半年，本科差官一员，同巡视科道、四司掌印官，会估时价一次，造册奏报。⑥凡京通二仓，每年工部修理仓廒。工完，开具手本送科。本科官一员、查验有无冒破。年终，造册奏缴。⑦凡卢沟桥，通州、广积、通积抽分竹木局，每月初一日，将前月分支过竹木等项数目，开具手本，大使等官赴科投报查考。②

洪武年间制定颁布的《大明律》，专门设置了《工律》篇，对手工业生产的管理和控制作了具体的说明：

①“擅造作”。凡军民官司有所营造，应报上级批准，未经上级批准而非法营造，各计所役人数计工钱坐赃论。但是，如果是城墙倒塌或者是仓库、会廨损坏，则不在此限。另外营造计料、申请财物及工人不实者，笞五十。若财物和人工已费，各并计所损财物价及所费雇工钱，重者坐赃论。

②“虚费工力采取不堪用”。凡役使人工，采取木石材料及烧砖瓦之类，虚费工力而不堪用者，计所费雇工钱坐赃论。若有所造作及有所损坏，备虑不谨而误杀人者，以过失杀人论，工匠、提调官各以所由为罪。

③“造作不如法”。凡造作不如法者笞四十。若成造军器不如法及织造段匹粗糙纰薄者，各笞五十。若不堪用及应改造者，各并计所损财物及所费雇工钱，重者坐赃论，其应供奉御用之物加二等。工匠各以所由为罪，局官减工匠一等，提调官吏又减局官一等，并均偿物价工钱还官。

④“冒破物料”。凡造作局院头目、工匠，多破物料入已者，计赃以监守自盗论，追物还官。局官并覆实官吏知情符同者，与同罪。失

① （明）何士晋：《工部厂库须知》卷七《宝源局》，《续修四库全书》第878册，第513页。

② 万历《大明会典》卷二百十三《工科》。

觉察者，减三等，罪止杖一百。

⑤“带造缎匹”。凡监临主守官吏将自己物料辄于官局带造段匹者，杖六十。段匹入官，工匠笞五十，局官知而不举者与同罪。失觉察者，减三等。

⑥“织造违禁龙凤纹缎匹”。凡民间织造违禁龙凤纹、纻丝纱罗货卖者，杖一百，段匹入官。机户及挑花、挽花工匠同罪，连当房家小起发赴京籍充局匠。

⑦“造作过限”。凡各处额造常课段匹、军器过限不纳齐足者，以十分为率，一分工匠笞二十，每一分加一等，罪止笞五十，局官减工匠一等，提调官吏又减局官一等。若不依期计拨物料者，局官笞四十，提调官吏减一等。

⑧“修理仓库”。凡各处公廨、仓库、局院系官房舍，但有损坏，当该官吏随即移文有司修理，违者笞四十。若因而损坏官物者，依律科罪赔偿所损之物。若已移文有司而失误者，罪坐有司。①

此外，《工律》对“盗决河防”、“失时不修堤防”、“侵占街道”以及违反“修理桥梁道路”的违法行为，也都有专门的处罚规定。②

另据万历《大明会典》记，若有私煎矾货，漏用钞印，私造斛斗秤尺，器用布绢不如法等，则交刑部各管司依法给予严惩。③

3. 有关行业的管理与规定

明初的矿冶政策，尤其是金银矿的开采冶炼，规定基本上由国家经营，一些与国计民生关系较大的铁、铜、铅、锡等矿，也由官府设局采冶。民间一般只许开采其他矿藏，并需要取得政府批准，交纳一定的课税。未经官方许可，私人不得擅自开矿，违者治罪。

《大明律》规定：“凡盗掘金、银、铜、锡、水银等项矿砂，每金砂一斤折钞二十贯，银砂一斤折钞四贯，铜、锡、水银等砂一斤折钞一贯，俱比照无人看守物准窃盗论。”④ 政府严禁私采私煎银矿，正统三年（1438）规定：“军民私煎银矿者，正犯处以极刑，家口迁化外。”⑤ 到明代后期，诏罢金银等官矿，封闭坑冶。万历三十三年（1605），明神宗下令：“今开（金银）矿年久，各差内外官俱奏出砂微

① 以上均见，《大明律集解附例》卷二十九《工律·营造》。
② 《大明律集解附例》卷三十《工律·河防》。
③ 万历《大明会典》卷一百六十二、一百六十四。
④ 《大明律集解附例》卷十八《刑律·贼盗》。
⑤ 万历《大明会典》卷三十七《课程六·金银诸课》。

细，朕念得不偿费，都着停免……凡有矿洞，悉令各该地方官封闭培筑。”①

关系国民经济最重要的是铁矿。明初铁冶业继承宋元旧制，既建立了许多官营矿业，又允许民间开矿冶炼加以课税。洪武初年各行省均有官铁冶。据《大明会典》记载，北平的岁办铁课为35.1241万斤。② 洪武七年（1374），命置官铁冶13所，分设江西、湖广、山东、广东、陕西、山西等省。永乐时则添设了顺天遵化冶。冶所所在地设立“矿场局”或“炉局”进行管理，负责采矿冶炼，督办铁课及巡视矿场以防矿徒反抗等。

明代官营铁冶以官工业需要而定，需者多开，反之罢闭。洪武十八年（1385），内府存铁过多，罢各处铁冶。其后又开，而洪武二十八年（1395），内库存铁更多，遂“诏罢各处铁冶，令民得自采炼，而岁输课程，每三十分取其二”。③ 以后官营铁冶逐渐减少，在明前期大多关停，民营铁冶则日渐增加。官铁中维持最长、规模最大的当属遵化铁冶厂，直至万历九年（1581）才完全歇业。

二、官营手工业的工匠

1. 匠籍制与工匠的类别划分

匠户制度，是明廷编制、管理手工业者的重要措施。明初沿用元代的匠籍制度，工匠一旦编入匠籍则世袭其业，不得随意更改变动，《大明律》规定：“凡军、民、驿、灶、匠、卜、工、乐诸色人户，并以籍为准，若诈冒脱免、避重就轻者，杖八十，其官司妄准脱免及变乱版籍者，罪同”。④《大明会典》亦载：“凡军、民、医、匠、阴阳诸色户，许各以原报抄籍为定，不许妄行变乱。”⑤

按照服役的不同形式，明代北京工匠主要分为轮班匠和住坐匠两种。《大明会典》载：“若供役工匠、则有轮班、住坐之分，轮班者隶工部，住坐者隶内府内官监。”⑥

轮班匠是由工部掌握的各省籍的工匠，他们依次轮番进京服役。

---

① 《明神宗实录》卷四百十六，万历三十三年十二月壬寅。

② 万历《大明会典》卷一百九十四《冶课》。

③ 《明太祖实录》卷二百四十二，洪武二十八年闰九月至十月。

④ 《大明律集解释例》卷四《户律·户役·人户以籍为定》。

⑤ 万历《大明会典》卷十九《户口一》。

⑥ 万历《大明会典》卷一百八十八《工匠一》。

明初，轮班匠服役期限“定三年为班，更番赴京，三月交代”。① 由于工匠服役以后，常常出现无事可做的现象。洪武二十六年（1393），对轮班制度进行了一次调整，即打破三年一班的硬性规定，采取了“先分各色匠所业，而验在京诸司役作之繁简，更定其班次”②。轮作的时间改为五年、四年、三年、二年、一年五种。这种改变加强了对轮班工匠的管理。其具体规定如下：

明初行业轮班服役表

轮班方法	行　业
五年一班	木匠、裁缝匠
四年一班	锯匠、瓦匠、油漆匠、竹匠、五墨匠、妆銮匠、雕銮匠、铁匠、双线匠
三年一班	土工匠、熟铜匠、穿甲匠、搭材匠、筚匠、织匠、络丝匠、挽花匠、染匠
二年一班	石匠、艌匠、船木匠、箬篷匠、橹匠、芦蓬匠、戗金匠、绦匠、刊字匠、熟皮匠、扇匠、魫灯匠、毡匠、毯匠、卷胎匠、鼓匠、削藤匠、木桶匠、鞍匠、银匠、销金匠、索匠、穿珠匠
一年一班	裱褙匠、黑窑匠、铸匠、绣匠、蒸笼匠、箭匠、银朱匠、刀匠、琉璃匠、剉磨匠、弩匠、黄丹匠、藤枕匠、刷印匠、弓匠、镟匠、缸窑匠、洗白匠、罗帛花匠

资料来源：万历《大明会典》卷一百八十九《工匠二》。

新制确定后，分别给予五种班次工匠勘合，按时持照上工，3 个月工完成后放归回家。这次发给勘合的轮班工匠共有 62 个行业、232089 人。新的轮班制“使赴工者各就其役而无费日，罢工者得安家居而无费业”。③

五种轮班制实行几十年之后，存在的问题逐渐暴露，正如正统十二年（1447）福州闽县知县陈敏政上书所指出：“轮班诸匠，正班虽止三月，然路程窎远者，往还动经三四余月；则是每应一班，须六七月方得宁家。其三年一班者常得二年休息，二年一班者亦得一年休息，惟一年一班者，奔走道路，盘费罄竭”。④ 他建议将一年一班改为三年

① 《明史》卷一百三十八《列传第二十六·秦逵》。

②③《明太祖实录》卷二百三十，洪武二十六年十月至十二月己亥。

④ 《明英宗实录》卷一百五十三，正统十二年闰四月。

或二年一班，“如有修造，将二年一班者上工四个半月，一年一班者上工六个月”。[①] 但陈敏政的建议未被朝廷采纳。景泰五年（1454），给事中林聪等人再次提出更定班次问题，建议“请以二年者更为四年，三年者更为六年”。工部复议后，“奏请均以四年为次，通计匠二十八万九千有余，除事故外，南京五万八千，北京十八万二千。今以北京之数分为四班，岁得匠四万五千，季得匠一万一千，亦未乏用”。[②] 景泰帝奏准，“轮班工作二年，三年者，俱令四年一班，重编堪合给付”。[③] 此后终明之世，这种办法基本上相沿未变。

重新更定班次使轮班匠的负担大为减轻，一年一班者等于减去了3/4 的工作量，二年一班者减去了1/2。在原定班次中五年一班的只有木匠和裁缝匠 2 种，四年一班和三年一班各有 9 种，而二年一班有 23 种，一年一班者有 19 种，改定班次使三年一班至一年一班的 51 种工匠受益，占 62 种行业的 82%，从而大大放松了明政府对各种工匠的封建束缚。[④]

住坐匠设于永乐年间，由内府内官监管理。《大明会典》载：“凡住坐人匠，永乐间，设有军、民住坐匠役。”[⑤]住坐匠每月服役 10 天，余 20 天可以自由从业。永乐年间，北京有住坐民匠户二万七千户。宣德五年（1430），“令南京及浙江等处工匠，起至北京者，附籍大兴、宛平二县”，[⑥]从而使住坐匠的管理制度化。

成化年间（1465—1487），住坐匠仅 6000 余人，其后招收住坐匠，数量大大超过了原额。正德时期（1506—1521）是北京住坐匠数量最盛时期，工匠总数达 25167 名。仅乾清宫就有“役工匠三千余人”。[⑦] 因之刘健等言：“内府工匠之饩廪，岁增月积，无有穷期。”[⑧]

嘉靖十年（1531），为了紧缩开支，对住坐匠进行了一次清查，“差工部堂上官，及科道官、司礼监官各一员，会同各监局掌印官，清查军民匠役，革去老弱残疾、有名无人一万五千一百六十七名。存留一万二千二百五十五名、著为定额”。[⑨]存留的 12255 名住坐匠分若干工种，分隶内府各司、局、库等衙门。

---

① 《明英宗实录》卷一百五十三，正统十二年闰四月。

② 《明英宗实录》卷二百四十，景泰五年四月乙巳。

③⑤⑥ 万历《大明会典》卷一百八十九《工匠二》。

④ 魏明孔主编，李绍强、徐建青著：《中国手工业经济通史·明清卷》，福建人民出版社，2004 年，第 98 页。

⑦ 《明史》卷七十八《志第五十四·食货二·赋役》。

⑧ 《明史》卷一百八十一《列传第六十九·刘健》。

嘉靖四十年（1561），又“令司礼监清查见在支俸食粮匠官、匠人共一万八千四百四十三员名，裁革一千二百六十五员名。应留一万七千一百七十八员名，著为定额”。①

隆庆元年（1567年），复“令清查内官等监各官匠，于原额一万七千一百七十八员名内，除逃亡不补外。裁革老弱六百二十二员名。存留一万五千八百八十四员名，著为定额”②。（按：嘉靖四十年以后的数目，系以员名计算。“员”指支俸的匠官，“名”指食粮的工匠。匠官为脱离生产的官员，其身份已不属于工匠，因此住坐匠的实际数目要少一些。）

隆庆元年住坐工匠分布表

机构名称	匠　官（员）	军民匠（名）
司礼监	433	1383
内官监	480	1883
司设监	33	1437
御用监	40	2755
印绶监		19
尚衣监	42	654
御马监	11	305
内织染局		1343
银作局	23	166
兵仗局	6	1781
巾帽局		498
针工局	1	359
宝钞司		624
司钥库		15
内承运库		359
供应库	4	259
惜薪司		18
酒醋面局		169
尚膳监、军厨		693

资料来源：万历《大明会典》卷一百八十九《工匠二》。

①②万历《大明会典》卷一百八十九《工匠二》。

隆庆三年（1569），再次“令司礼监会同各监局官，清查存留实在官匠一万三千三百六十七员名，著为定额”。①

2. 工匠的管理与待遇

据上所述可知，明代北京工匠种类之多，分工之细，可谓登峰造极。而每种工匠的具体人数，《大明会典》皆不厌其烦地一一抄录，由此可见工部和内府各部门对工匠管理的严格与细致。

应当看到，同元朝相比，明代北京工匠的地位与待遇有一定程度的改善。明代虽然特别制定了匠籍，但工匠分为轮班匠和住坐匠，匠籍制较元朝有所宽松和优免。早在洪武十九年（1386），明太祖就规定编入匠籍者免除其家的一切杂役。洪武二十六年（1393），又具体规定“本户差役，定例与免二丁，余丁一体当差。设若单丁重役，及一年一班者，开除一名”，老残无丁者“疏放”。②宣德元年（1426），明政府对轮班匠的优免政策又做了调整：“工匠户有二丁、三丁者留一丁，四丁、五丁者留二丁，六丁以上者留三丁。余皆放回，俾后更代，单丁则视年久近，次弟放免，残疾老幼及无本等工程者，皆放免”。③ 宣德五年（1430）再次强调：“比闻在京工匠之中，有老幼残疾并不谙匠艺及有一户数丁皆赴工者，宜从实取勘。老幼残疾及不谙者皆罢之，丁多者量留，余悉遣归。”④

不过，明代（尤其是明初）北京工匠受到的束缚与控制，在一定范围内还是很明显的。住坐匠编入匠籍后便被严密编制起来，大兴、宛平均设有管匠官，管理住坐工匠。住坐工匠被终身束缚于京师附近，人身自由受到很大限制制，服役地点又在门禁森严的皇城内，服役时间也远比轮班匠长，住坐匠地位较轮班匠为低。

工匠中有工头之类的“作头”，或曰“匠头”。作头是从工匠中选拔出来的，所谓“匠户中择其丁力有余，行止端慤者充之，所以统率各匠，督其役而考其成也”。⑤ 据《酌中志》记载，盔甲厂“辖匠头九十名”，王恭厂“辖匠头六十名”。⑥

明初《大明律》中有关工匠服役的规定反映了其人身所受的限制。如《户律》“丁夫差遣不平”条规定：“若丁夫杂匠承差，而稽留不著

①② 万历《大明会典》卷一百八十九《工匠二》。

③ 《明宣宗实录》卷二十一，宣德元年九月戊申。

④ 《明宣宗实录》卷六十三，宣德五年二月丙戌。

⑤ （明）李昭祥：《龙江船厂志》卷三《官司志》，江苏古籍出版社，1999 年，第 93 页。

⑥ （明）刘若愚：《酌中志》卷十六《内府衙门职掌》，北京古籍出版社，1994 年，第 122—123 页。

役……一日笞一十，每三日加一等，罪止笞五十。”① “逃避差役”条规定：“若丁夫杂匠在役及工乐杂户逃者，一日笞一十，每五日加一等，罪止笞五十。提调官吏故纵者，各与同罪。受财者，计赃以枉法从重论。”②可见，手工业者如果误期或逃避，都要依法制裁。禁止私自雇人代役，如《兵律》“内府工作人匠替役”条规定：“凡诸色工匠行差拨赴内府及承运库工作，若不亲身关牌入内应役，雇人冒名私自代替及替之人，各杖一百，雇工钱入官。”③

明代北京的各类工匠在物质待遇方面比元代有所改善。早在洪武十一年（1378），“令凡在京工匠上工者，日给柴米盐菜。歇工，停给”。④ 二十四年（1391）规定，工匠在内府服役，根据其劳动情况，每日发给钞贯若干。永乐十九年（1421），明政府令内府尚衣、司礼、司设等监，织染、针工、银作等局从南京带来人匠，每月支粮三斗，无工停支。⑤其后，工匠服役期间月粮虽屡有变化，但从总的来看，数字是不少的。如宣德时内官监工匠月粮五斗，景泰时兵仗局军匠月粮五斗、民匠月粮四斗，天顺时顺天府军匠月粮五斗，而成化时高手人匠月粮一石。⑥

住坐工匠除享有月粮外，还有直米的待遇。月粮由户部发给，直米则计日发给。有工则有米，相当于伙食津贴，由光禄寺发给。⑦如成化四年（1468）规定：“锦衣卫镇抚司，月给粮一石，岁给冬衣布花。分两班上工。该班者，光禄寺日支白熟粳米八合。”⑧

然而，工匠所受的剥削仍是相当严重的。就轮班匠来说，他们不仅工作是无偿劳动，而且往返京城的路费都由自己解决。正如给事中林聪所奏称：“天下各色轮班人匠，多是灾伤之民，富足者百无一二，艰难者十常八九。及赴京轮班之时，典卖田地子女，揭借钱物、绢布。及至到京，或买嘱作头人等而即时批工放回者，或私下占使而办纳月钱者，甚至无钱使用，与人佣工乞食者。求其着实上工者，百无二三。有当班之名，无当班之实。”⑨

住坐匠的境遇更为甚之。据《明宣宗实录》记载：“近年在京工作匠人多有逃者。盖因管工官及作头等不能抚恤，又私纵其强壮者不令赴工，俾办纳月钱入己，并冒关其粮赏，止令贫难者做工，又逼索其

①②《大明律集解附例》卷四《户律·户役》。

③《大明律集解附例》卷十三《兵律·宫卫》。

④⑤⑥⑦万历《大明会典》卷一百八十九《工匠二》。

⑧ 万历《大明会典》卷一百九十二《军器、军装一》。

⑨《明英宗实录》卷二百三十九，景泰五年三月。

财物，受害不已，是致在逃。及差人勾取，差去之人，又逼索财物，工匠受害，弊非一端。”① 此外，住坐匠每月除提供十天的正差外，还要遭受额外的剥削，如成化六年（1470），“令京城官旗匠役之家，丁多者皆坐铺”。②

三、官营手工业的发展趋势

明朝中后期，官营手工业已有走向衰落的趋势，手工工匠们不断以各种方式反抗官役，如“失班”、怠工和逃亡等，致使官营作坊的工匠日益减少。从宣德年间开始，工匠逃亡成为日益普遍的现象。据统计，宣德元年（1426）逃亡工匠有5000人，正统三年（1438）各处逃匠4255人，正统十年（1445）逃匠万人，景泰元年（1450）逃匠3.48万余名，天顺四年（1460）逃匠3.84万余名，成化元年逃匠1.8592万人。③ 在北京的一部分住坐匠，如成化二十一年（1485），军器局军匠金福郎奏：“正统年间，本局官军民匠共有五千七百八十七员名……近年以来，人匠逃亡、事故，止余二千余名。”④ 到嘉靖二年（1523），仅剩下191人。⑤ 又比如北京的工部织染所，永乐年间额设匠役758人，由于工匠不断逃亡，成化八年（1472），“仅存其半”⑥。嘉靖十年（1531），只剩下195人，只等于永乐年间工匠的25.7%。⑦

明代北京工匠除逃亡外，还采取消极怠工的方式反抗。如遵化铁冶厂由于工匠逃亡、怠工，效率低下，产量随之下降。其中的“大鉴炉”由正德四年（1509）的10座下降到嘉靖八年（1529）的3座，生熟铁产量减少31.4万斤，减产近50%。“矿利甚微”，迫使明政府于万历九年（1581）大量裁减铁冶夫匠，改征民夫匠价。同年终于将遵化“山场封闭，裁革郎中及杂造局官吏，额设民夫匠价、地租银征收解部，买铁支用”。⑧ 历时最长、范围最大的明代官营铁冶厂寿终正寝，标志着官府冶铁业走向瓦解。遵化铁冶的倒闭，也是明代北京官手工业走向衰落的一个缩影。

---

① 《明宣宗实录》卷六十三，宣德五年二月癸巳。
② 《续文献通考》卷十六《职役》，四库全书本。
③ 《中国手工业经济通史·明清卷》，第107页。
④ 《明宪宗实录》卷二百六十一，成化二十一正月下戊申。
⑤ 《明世宗实录》卷二十九，嘉靖二年七月己卯。
⑥ 《明宪宗实录》卷一百一，成化八年二月辛未。
⑦ 万历《大明会典》卷一百八十九《工匠二》。
⑧ 万历《大明会典》卷一百九十四《窑冶》。

明末，官吏贪污、工匠怠工使得北京官手工业经营十分腐败，产品日趋低劣。万历九年（1581），“上谕兵工二部近年两厂所造盔甲俱粗糙不堪，徒费钱粮，无益实用”。[①] 成本非常昂贵，“朝廷御用之物，其工直视民间常千百倍，而其坚固适用，反不及民间。计侵渔冒破之外，得实用者千分中之一分耳”。[②]

明代中期以后，随着生产力的提高，商品经济和货币关系迅速发展，资本主义萌芽已经稀疏的出现，这一切都向官手工业提出了严重的挑战。在商品经济繁荣的直接冲击下，明末北京的官手工业无可奈何地走上了衰落的道路。

伴随着官营手工业的衰落，其体系内部也发生了很大的变化：

1. 工匠以银代役制度的实行

明代后期，商品货币关系的发展，为工匠摆脱工役制劳役创造了前提，匠役的大量流亡也迫使明政府改变强迫的劳役制度。明代匠役的改革，工匠以银代役，大致开始于成化末。成化二十一年（1485），工部奏准：“轮班工匠，有愿出银价者，每名每月，南匠出银九钱免赴京，所司类齐勘合，赴部批工。北匠出银六钱，到部随即批放。不愿者，仍旧当班。”[③] 由于当时的社会经济情况，使班匠征银只能是非强制性的双轨制。这种双轨制一直延滞到嘉靖初年，工部还令：“南直隶等处远者纳价，北直隶等处近者赴班，各从民便。”[④]

至嘉靖四十一年（1562），明政府正式废止双轨制，一律以银代役。是年工部题准：“行各司府，自本年春季为始，将该年班匠通行征价类解，不允私自赴部投当……以旧规四年一班，每班征银一两八钱，分为四年，每名每年征银四钱五分。”[⑤] 此时属于北京工部的班匠有14.2486万名，每年缴纳价银6.4117万两8钱。班匠以银代役，使得工匠对封建政府依附关系趋于缓和，匠籍开始失去原来的效用，使得占全国工匠80%的手工业者获得了相当大的工作自由，从而大大提高了生产的主动性和积极性，这对于明后期民间手工业的发展有很大的促进作用。

必须看到，终明之世，北京官府手工业及其匠籍制度始终未废，以银代役，只是局部改变或形式上的变化而已。据《明史·食货志》记载：“武宗时，乾清宫役尤大。以太素殿初制朴俭，改作雕峻，用银

① 《明神宗实录》卷一百十，万历九年三月丁卯。

② （明）谢肇淛：《五杂俎》卷十五《事部三》。

③④⑤ 万历《大明会典》卷一百八十九《工匠二》。

至二千万余两，役工匠三千余人，岁支工食米万三千余石。又修凝翠、昭和、崇智、光霁诸殿，御马临、钟鼓司、南城豹房新房、火药库皆鼎新之。权幸阉宦庄园祠墓香火寺观，工部复窃官银以媚焉……世宗营建最繁，十五年以前，名为汰省，而经费已六七百万。其后增十数倍，斋宫、秘殿并时而兴。工场二三十处，役匠数万人，军称之，岁费二三百万。其时宗庙、万寿宫灾，帝不之省，营缮益急。经费不敷，乃令臣民献助；献助不已，复行开纳。劳民耗财，视武宗过之。万历以后，营建织造，溢经制数倍，加以征调、开采，民不得少休。迨阉人乱政，建第营坟，僭越亡等，功德私祠遍天下。盖二百余年，民力殚残久矣。”① 可见，有明一代，以“役匠”、“征调”的形式从事营建、织造等劳役始终存在。

2. 原料的采购逐渐面向市场

我们知道，正规的官手工业基本上是一个封闭的体系，它的原料主要通过土贡、坐办征课等手段取得，制成品也直接供给皇帝和官府享用。其生产与消费皆与市场联系较少。

明代中期以后，官府手工业的另一重大变化是原料的采集逐渐面向市场。嘉靖以后，北京的商业市场十分繁荣，“天下财货聚于京师，而半产于东南”，“四方之货，不产于燕，而毕聚于燕”，“百货充溢，宝藏丰盈”。② 从而促进了官手工业的原料采集逐渐地走向市场。

北京官手工业所需的物料，在明代初年，一般以征收实物为主。嘉靖初年，明政府开始把各省物料改征银两输京。对于物料改折的必要性，御史苏琰在《理财三要疏》中有详细的论述。他说：“若以外解之费，折色买于京商，可以得其二倍之用。何者？其搬运水陆不至归于乌有，所谓不在官、不在民者，悉为我用也。又有过时则朽烂而不堪用，及物粗价贱，必数千里外运解以入，是以百钱之费，致一钱之用，殆有甚于以三十钟而致一石者矣。职窃谓自颜料以下，逐色估算，俱令外解折色，而令户工二部领其买进之事。每月朔望，如光禄寺坐门之例。又将前件货物定四季通融之值，使商人不得骛于贵而惰于贱，即商亦不称厉也。如是则内廷之所用，原自不乏，而无名之费，转为有用矣”。③ 由此足见，若将外解物料，折色买于京商，则可以大获其

① 《明史》卷七十八《志第五十四·食货二·赋役》。

② （明）张瀚：《松窗梦语》卷四《百工纪》，中华书局1985年，第76—77页。

③ （明）张萱：《西园闻见录》卷三十二《户部一·理财》，民国二十九年哈佛燕京学社印行本。

利，避免不必要的开支与浪费。因此，嘉靖以后，物料改征货币，逐渐取得了主导的地位。

嘉靖十年（1531），工部题准："今后各处起解京库物料，果系本地无产者，许于批文内，明开某物若干，折征价银若干，到京召商上纳。"① 十一年（1532），讲官侍读学士吴惠疏请"各省岁办物料，宜敕有司准以折色解京，从宜置办"。② 十二年（1553），户部复奏"各处岁解物料，除土产听纳本色，其余折银解京，以便召买"。③ 从此以后，土贡除个别外，全部实现了改折。

到万历初年，"一条鞭法"普遍推行，土贡物摊入了一条鞭，物料改折至此全部完成。改折之后，封建官府掌握的只是货币，要维持官府手工业生产，就必须将货币投放市场购买物料，这就是所谓的"召买"，即召商买办之意。

明朝后期北京官府手工业所需的原材料，绝大多数是通过召买而来。例如，六科廊所需物料，根据"时异势殊，会有物料，往往变而为召买"。④ 水胶原由皮作局自行煎烧，但到正德六年（1511），便令顺天府、山东、河南等处应解马皮，"听令卖银解部……召商收买水胶备用"。⑤

又如，万历年间，御用监所用的物料，几乎全部是召买而来的。《工部厂库须知》记载："查万历二十六年，该监（御用监）为乾清宫鼎建落成，题造陈设龙床、顶架、珍羞、亭山子、龕殿、宝厨、壁柜、书阁、宝椅、插屏、香几、屏风、画轴、围屏、镀金狮子、宝鸡、仙鹤、香筒、香盘、香炉、黄铜鼓子等件合用物料，俱系召买，照原估止办三分之二，共银十万一千三百六十七两。"⑥ 遵化铁厂倒闭之后，征收的"民夫匠价"和地租银，一律解部，投入市场"买铁支用"。⑦

然而，这些召买活动是在封建特权下强制推行的，因而也不可避免地带来抑勒、欺压与"揽商"之弊。这也表明，官手工业再也不是

---

① 万历《大明会典》卷三十《库藏一》。

② 《明世宗实录》卷一百四十二，嘉靖十一年·九月丁巳。

③ 《明世宗实录》卷一百五十二，嘉靖十二年七月己巳。

④ （明）何士晋：《工部厂库须知》卷十《六科廊条议》，见《续修四库全书》第878册，第645页。

⑤ 万历《大明会典》卷一百九十一《虞衡清吏司·皮张》。

⑥ （明）何士晋：《工部厂库须知》卷九《都水司》，见《续修四库全书》第878册，第586页。

⑦ 万历《大明会典》卷一百九十四《窑冶》。

一个完整的自给自足的体系，其原料采集开始部分地向市场开放，乃是商品经济发展的结果，反映了官营手工业的日渐沦落。

四、民间手工业

1. 个体工匠和私营手工业作坊

以银代役的制度施行以后，工匠劳役制已开始动摇，政府对手工业者的控制也日益松弛，因而在北京城内，呈现出“若闾里之间，百工杂作奔走衣食者尤众”① 的景况。

在北京城内为一般市民生活需要服务的，是一些私营的个体工匠。这些工匠技艺高超，产品优良，他们以自己独特的生产经营方式和一般市民对它们的依赖，存在并活跃在城市的经济生活中。很多手工业作坊与店铺相连，往往是前为铺面，后为作坊，一边制作，一边销售。为了生存与发展，私营手工业作坊更侧重于管理与技术的发展，同时，也出现了很多高质量的产品。其中有一些手工业作坊，因经营有方以至名噪京城，如：“勾栏胡同何闉门家布，前门桥陈内官家首饰，双塔寺李家冠帽，东江米巷党家鞋，大栅栏宋家靴，双塔寺赵家薏酒，顺城门大街刘家冷淘面，本司院刘鹤家香，帝王庙街刁家丸药，皆著名一时，起家巨万。至抄手胡同辛家，专煮猪头，内而宫禁，外而勋戚，皆知其名，蓟镇将帅置走马传致”。② 这些作坊生产的产品，多为一般市民的日常生活用品。这种为市民消费需要服务的小商品生产，既满足了一般市民经常性的消费需要，同时弥补了官营手工作坊之不足，满足了统治阶级的部分消费要求，在一定程度上促进了城市中商品生产和交换的发展。

嘉靖以来，由于北京城内手工业的不断发展，逐渐有以产品和生产者姓氏命名的胡同的出现。如以生产、经营篦子（梳子）的沈氏命名的沈篦子胡同，以生产、经营刀具著名的唐氏和杨氏命名的唐刀儿胡同、杨刀儿胡同，以生产、经营丝绵生意的马氏，命名的马丝绵胡同，以洗染业而著名的唐氏和石氏命名的唐洗白街，石染家胡同，等等。③

明代中期，在北京城郊出现了私营作坊，如磨坊、酒坊、机房、染坊等。也出现了一些私营的矿场，如铜作坊和铁作坊等。据记载，北京

---

① （明）张瀚：《松窗梦语》卷四《百工纪》，中华书局，1985 年，第 76—77 页。

② 《钦定古今图书集成》066 册《方舆汇编·职方典》卷四十《顺天府》，引《菊隐纪闻》。

③ 参见（明）张爵：《京师五城坊巷衚衕集》，北京古籍出版社，1982 年。

铜铁业分为西行与东行，还有匠头对外包揽铜铁作业，实行强占。①

2. 工商会馆的出现

明代中后期，工商会馆开始在北京的出现，是北京民间手工业发展的新因素。

会馆产生于明初，大体可上溯至永乐年间。据现在已知的材料，芜湖会馆当为北京最早的会馆。“京师芜湖会馆，在前门外长巷上三条胡同。明永乐间，邑人俞谟捐资购屋数椽并基地一块创建”。② 隆庆之后，会馆逐渐增多。“京师五方所聚，其乡各有会馆，为初至居停，相沿甚便”。③

会馆其初只是一种地域性的同乡组织，后来才发展成为工商业者联谊、聚会的重要场所，具有保护同乡同行或同乡数行的利益的作用。据统计，可以确认明朝北京的会馆至少有 41 所，④ 分别是：芜湖会馆、福州会馆、歙县会馆、新城会馆、余姚会馆、稽山会馆、南昌会馆、余干会馆、新建会馆、怀忠会馆、延邵会馆、乐平会馆、邵武会馆、汀州会馆、常德会馆、潞安会馆、平遥会馆、金华会馆、全楚会馆、麻城会馆、泾县会馆、三原会馆、上高会馆、新昌会馆、延平会馆、嘉兴会馆、福清会馆、同安会馆、莆田会馆、袁州会馆、吉安会馆、鄱阳会馆、德化会馆、高安一馆、高安二馆、临汾东馆、临汾西馆、山右会馆、鄞县会馆、关中会馆、四川会馆。

这些会馆中属于工商会馆，有歙县会馆、平遥会馆、临汾东馆、临汾西馆、鄞县会馆、山右会馆等。例如，建于嘉靖三十九年（1560）的安徽歙县会馆，为徽州商人出资兴建。⑤ 建于万历年间的潞安会馆，为山西潞安锡、铜、铁、炭等工商业者出资兴建。⑥ 建于万历年间的山西平遥会馆，由山西颜料、桐油商人所建，清乾隆六年（1741）碑文记载：“我行先辈，立业都门，崇祀葛、梅二仙，香火攸长，自明代以至国朝，百有余年”。⑦ 还有山西临汾纸张、干果、颜料、杂货、烟叶

① （明）何士晋：《工部厂库须知》卷四《见工灰石作》，《续修四库全书》第 878 册，第 424 页。

② 民国《芜湖县志》卷四十八《人物志·宦绩》。

③ （明）沈德符：《万历野获编》卷二十四《畿辅·会馆》，中华书局，1959 年，第 608 页。

④ 吕作燮：《试论明清时期会馆的性质和作用》，见南京大学历史系明清史研究室编：《中国资本主义萌芽问题论文集》，江苏人民出版社，1983 年，第 175—177 页。

⑤ 道光《重续歙县会馆志·续录后集》。

⑥ 潞安会馆，据乾隆十一年《重修炉神庵老君殿碑记》载：“都城崇文门外，有炉神庵，仅存前明张姓碑版……吾山右之贸于京者，多业铜、铁、锡、炭诸货，以其有资于炉也。”

⑦ 平遥会馆，据乾隆六年《修建戏台罩棚碑记》。

等五行商人建立的临汾东馆。① 山西临汾仕商建立的临汾西馆。② 浙江的鄞县会馆是浙东药材商人出资兴建，民国时改为四明会馆。③ 此外，由临汾、襄陵商人出资兴建的山右会馆。④

这些会馆大多为工商业者所建，既有一馆数行之情形，也有一行数馆之情况。这类会馆，是工商业者自愿组织的，并没有严格的“行规”，也不干涉工商业者的业务活动，联系比较松散。它除作为本地在京的仕宦、士绅等居停之处外，亦是工商业者的聚会之所。明代北京工商会馆虽然有别于行会组织，但也在一定程度上反映了当时民间手工业的行业经营状况。

五、民间手工业的管理

明朝政府将京城内外居民按里巷编为牌甲，按其所从事的行业分别注籍。在京城开设店肆从事工商业活动者，叫作铺户。当时北京城内的手工业者一般采用“前店后坊”形式开设店铺，出售其产品。为了加强对民间手工业的控制，政府将这些铺户编审入行，称作铺行。据《宛署杂记》载：“铺行之起，不知其所以始，盖铺居之民，各行不同，因此名之。国初悉城内外居民，因其里巷多少，编为排甲，而以其所业所货注之籍”。⑤

由于京师的铺户多为外地来京人员，而且商贾来去无常，资本消长不一，因此要不断清查编审，原来的规定是十年清审一次。所谓“铺行清审，十年一次，自成祖皇帝以来，则已然矣”⑥。万历七年（1579）改为五年一次。

根据万历十年（1582）调查，京师宛平、大兴二县共有铺行132行。经过审编，将网边行、针篦杂粮行、碾子行、炒锅行、蒸作行、土碱行、豆粉行、杂菜行、豆腐行、抄报行、卖笔行、荆筐行、柴草行、烧煤行、等秤行、泥罐行、裁缝行、刊字行、图书行、打碑行、鼓吹行、抿刷行、骨簪箩圈行、毛绳行、淘洗行、箍桶行、泥塑行、

---

① 临汾东馆，据乾隆三十三年《重修临汾东馆记》：“临汾为山右平阳首邑，其立东馆于京师也，自前明始……乡之人贸迁于畿甸者，率会聚于是焉”。

② 临汾西馆，据光绪十八年《重修临汾会馆碑记》：“我邑之宦于京师者为盛，即巨商大贾。我邑之牟利于京师者，亦视各属为最多”；“馆之设，创于有明”。

③ 鄞县会馆，据中华民国十三年《重修四明会馆碑记》：“京师之西南隅多隙地……有旧名鄞县会馆者……相传为明时吾同乡之操药材者集资建造”。

④ 山右会馆，据中华民国二十一年《山右临襄会馆为油市成立始末缘由专事记载碑记》：“油市之设，创自前明，后于清康熙年间，移至临襄会馆，迄今已数百年矣”。

⑤⑥（明）沈榜：《宛署杂记》卷十三《铺行》。

媒人行、竹筛行、土工行，共32行裁撤，仅存留100行。[①]

明初编行，“遇各衙门有大典礼，则按籍给值役使，而互易之，其名曰行户。或一排之中，一行之物，总以一人答应，岁终践更，其名曰当行”。[②]“但惟排甲卖物，当行而已，未有征银之例”。[③]这种当行买办，是铺户轮流应承官府和皇家之役，将自己生产或出售的商品卖给官府，当行的时间，长者一年，短者一月。

据明顾起元《客座赘语》记载：“铺行之役，无论军民，但买物则当行。大者如科举之供应与接王选妃之大礼，而各衙门所须之物，如光禄寺之供办，国学之祭祀，户部之草料，无不供役焉”。[④] 明代后期，手工业铺行户，既需要“当行”应役，又要交纳行银，负担十分沉重。政府虽有征银免力之法，然“行之既久，上下间隔。宫府不时之需，取办仓卒，而求之不至，且行银不敷，多至误事，当事者或以贾祸，不得复稍稍诿之行户，渐至不论事大小，供概及之”。[⑤] 实际上，铺户身受征银和当行的双重负担。

铺行是明朝政府为了便于对京城中的工商业者进行科索而组织的，所以铺行不可能联合本行业的工商业者开拓市场，也不可能制订一整套严格的制度化的规范作为“行规”，更不可能使工商业者摆脱官府的控制，成为独立自主的经营者。

在沉重的剥削和压迫下，北京手工业者曾发生过大规模的反抗斗争。明末，私营手工业主和手工业工人就掀起了反对矿监税监的斗争，威震京师。

万历二十八年（1600）六月，为反抗宦官王虎在香河县征收鱼苇税课，“香河知县焦元卿卒领生员士民喧嚷，执枪棍，抛瓦石者千余”。[⑥] 当时，宦官王朝也在西山一带强征矿税，并且经常“私带京营选锋劫掠，立威激变窑民”。万历三十一年（1603）正月，由窑户、窑工和运脚夫自发组成队伍向北京进发，这些“黧面短衣之人”在京城内“填街塞路”，向明朝政府示威要求撤换王朝，减免矿税。这次示威是北京历史上第一次大规模的矿工反对矿监税使的斗争，引起了明朝统治者极端震恐。一部分官僚纷纷上书请求撤换王朝，有的说：“今者萧墙之祸四起，有产煤之地，有做煤之人，有运煤之夫，有烧煤之家，

①②③（明）沈榜：《宛署杂记》卷十三《铺行》。

④（明）顾起元：《客座赘语》卷二《铺行》，中华书局，1987年，第66页。

⑤（明）沈榜：《宛署杂记》卷十三《铺行》，北京古籍出版社1982年，第103页。

⑥《明神宗实录》卷三百四十八，万历二十八年·六月。

关系性命，倾动畿甸”。有的说：“一旦揭竿而起，辇毂之下皆成胡越”。[①] 在矿工们反抗斗争的巨大压力下，明朝政府不得不将王朝撤换。这次矿工斗争取得的胜利，充分显示了北京手工业者的巨大力量。

第三节　都城营建与物料采办

明代大规模的城市营建工程，大量物资由外地调运到北京，形成了以北京为中心的物料汇集的过程。永乐年间迁都北京之后，为营建都城所进行的木材、砖瓦、石料等物质的采办是明初北京地区物质流通的主要内容。

永乐政权建立之后决定将都城迁往北京。明北京的都城营建计划从永乐四年（1406）开始，当年新作奉先殿。“盖旧殿为建文所焚，至是改作于奉天殿之西”。[②] 十三年（1415）诏修北京城。十四年（1416）八月，“诏天下军民预北京营造者，分番赴工，所在有司给钞五锭为道里费”。[③] 八月二十八日，作西宫，“初，上至北京，仍御旧宫，及是将撤而新之，乃命工部作西宫，为视朝之所”。[④] 次年四月二十七日，西宫成，“其制：中为奉天殿，殿之侧为左右二殿，奉天之南为奉天门，左右为东西角门，奉天之南为午门，午门之南为承天门，奉天殿之北有后殿、凉殿、暖殿及仁寿、景福、仁和、万春、永寿、长春等宫，凡为屋千六百三十余楹”。[⑤] 永乐十七年（1419），“拓北京南城”，将元大都南城墙向南移二里。至永乐十八年（1420），宫殿城墙营建工程大致完毕。

> 十八年建北京，凡宫殿、门阙规制，悉如南京，壮丽过之。中朝曰奉天殿，通为屋八千三百五十楹。殿左曰中左门，右曰中右门。丹墀东曰文楼，西曰武楼，南曰奉天门，常朝所御也。左曰东角门，右曰西角门，东庑曰左顺门，西庑曰右顺门，正南曰午门。中三门，翼以两观，观各有楼，左曰左掖门，右曰右掖门。午门左稍南，曰阙左门，曰神厨门，内为太庙。右稍南，曰阙右门，曰社左门，内为太社稷。又

① 《明神宗实录》卷三百八十，万历三十一年·正月丙寅。
② 《明太宗实录》卷九，永乐四年六月丁丑。
③ 《明太宗实录》卷一百七十九，永乐十四年八月丁丑。
④ 《明太宗实录》卷一百七十九，永乐十四年八月丁亥。
⑤ 《明太宗实录》卷一百八十七，永乐十五年四月癸未。

正南曰端门，东曰庙街门，即太庙右门也。西曰社街门，即太社稷坛南左门也。又正南曰承天门，又折而东曰长安左门，折而西曰长安右门。东后曰东安门，西后曰西安门，北后曰北安门。正南曰大明门，中为驰道，东西长廊各千步。奉天殿之后曰华盖殿，又后曰谨身殿。谨身殿左曰后左门，右曰后右门。正北曰乾清门，内为乾清宫，是曰正寝。后曰交泰殿。又后曰坤宁宫，为中宫所居。东曰仁寿宫，西曰清宁宫，以奉太后。左顺门之东曰文华殿。右顺门之西曰武英殿。文华殿东南曰东华门，武英殿西南曰西华门。坤宁宫后曰坤宁门，门之后曰玄武门。其他宫殿，名号繁多，不能尽列，所谓千门万户也。皇城内宫城外，凡十有二门：曰东上门、东上北门、东上南门、东中门、西上门、西上北门、西上南门、西中门、北上门、北上东门、北上西门、北中门。复于皇城东南建皇太孙宫，东安门外东南建十王街。①

成化十二年（1476）八月，定西侯蒋琬提出在北京加修外城："太祖皇帝肇建南京，京城之外复筑土城以护居民，诚万世不拔之基也。今北京止有内城而无外城，正统己巳之变，胡虏长驱，直至城下。众庶奔窜，内无所容，前事可鉴也。且承平日久，聚处益繁，思为忧患之防，须及丰亨之日。况西北一带，前代旧址犹存。若行劝募之令，加以工罚之徒，计其成功，不日可待"。② 土木堡事件之后，鉴于北京面临的巨大压力，便有官员再次提出要建筑外城，但由于当时工程过多而没有实现。嘉靖二十一年（1542），掌都察院事毛伯温又建议修筑外城，嘉靖皇帝认为"筑城系利国利民大事，难以惜费，即择日兴工"，准备修建外城。不过，由于后来刑科给事中刘养直提出"庙工方兴，木材未备，畿辅民困荒歉，府库财竭于输边。若并力筑城，恐官民俱匮"③，修建外城的工程停工。嘉靖三十二年（1553），兵部尚书聂豹等提出外城修建方案："京城外四面宜筑外城，约计七十余里……自正阳门外东道口起，经天坛南墙外及李兴、王金箔等园地，至荫水庵墙东止，约计九里。转北经神水厂，獐鹿房、小窑口等处斜接土城。旧广禧门基址约计一十八里；自广禧门起转北而西至土城小西门，旧

① 《明太宗实录》卷二百三十二，永乐十八年十二月癸亥。

② 《明宪宗实录》卷一百五十六，成化十二年八月庚辰。

③ 《明世宗实录》卷二百六十四，嘉靖二十一年七月戊午。

基约计一十九里。自小西门起，经三虎桥村东、马家庙等处接土城旧基，包过彰义门，至西南直对新堡北墙止，约计一十五里。自西南旧土城转东，由新堡及黑窑厂，经神祇坛南墙外，至正阳门外西马道口止，约计九里。大约南一面计一十八里，东一面计一十七里，北一面势如椅屏，计一十八里，西一面计一十七里，周围共计七十余里。内有旧址堪因者，约二十二里，无旧址应新筑者约四十八里”。关于外城规制：“外城墙基应厚二丈，收顶一丈二尺，高一丈八尺。上用砖为腰墙，垛口五尺，共高二丈三尺。城外取土筑城，因以为濠。正阳等九门之外，如旧彰义门、大道桥各开门一座，共门十一座。每门各设门楼五间，四角设角楼四座。其通惠河两岸各量留便门，不设门楼。城外每面应筑敌台四十四座，每座长二丈五尺，广二丈，收顶一丈二尺。每台上盖铺房一间，以便官军栖止。四面共计敌台一百七十六座，铺一百七十六所。城内每面应筑上城马道五路，四面共计马道二十路。西直门外及通惠河二处，系西湖、玉河水出入之处，应设大水关二座。八里河、黑窑厂等处地势低洼，潦水流聚，应设小水关六座。城门外两旁，工完之日拟各盖造门房二所，共二十二所，以便守门人员居处”。① 后来因财力匮乏，改为只在内城南侧修筑外城，“筑正南一面城基，东折转北，接城东南角。西折转北，接城西南角”。②

营建完工后的明代北京城，共分三重，最中心为宫城，又称紫禁城，为皇帝及后宫生活的地方；宫城之外为皇城，内有太庙、社稷坛、御苑及内务府等机构；最外层为北京城。明代嘉靖年间，在原北京南城墙外加筑外城，至此北京城由原先的四方形变成了“凸”字形的平面结构。自此，北京城市基本格局得以确立。

明代北京都城的大规模营建，自永乐年间开始，一直持续到明朝中后期，此后历代亦有各项修缮活动。从洪武年间燕王府的营造，至壮阔宏大的皇家建筑的完成，再到此后历朝宫殿的修缮、城门的完善等工程，各种类型的营建工程基本贯穿于整个明代。对此，《明史·食货志》对此记载，“明初工役之繁，自营建两京宗庙、宫殿、阙门、王邸，采木、陶甓，工匠造作，以万万计。所在筑城、浚陂，百役具举。迄于洪宣，郊坛、仓庾犹未迄工。正统、天顺之际，三殿两宫，南内离宫次第兴建……武宗时，乾清宫役尤大，以太素殿初制朴简，改作雕峻，用银二千万余两，役工匠三千余人，岁支工食米万三千余石。

① 《明世宗实录》卷三百九十六，嘉靖三十二年闰三月丙辰。

② 《明世宗实录》卷三百九十七，嘉靖三十二年四月丙戌。

又修凝翠、昭和、崇智、光霁诸殿，御马临、钟鼓司、南城豹房新房、火药库皆鼎新之。……世宗营建最繁，十五年以前，名为汰省，而经费已六七百万。其后增十数倍，斋宫、秘殿并时而兴。工场二三十处，役匠数万人，军称之，岁费二三百万。其时宗庙、万寿宫灾，帝不之省，营缮益急。……万历以后，营建织造，溢经制百倍”。①

大规模的营建工程所需物料数量众多，而仅靠本地是不能完全提供的。特别是一些特殊的物料的采办，则需要依赖其他地区进行提供。《明史》记载：“采造之事，累朝侈俭不同。大约靡于英宗，继以宪、武，至世宗、神宗而极。其事目繁琐，徵索纷纭。最钜且难者，曰采木。岁造最大者，曰织造、曰烧造”。②

永乐四年（1406）七月壬戌，“文武群臣、淇国公丘福等，请建北京宫殿”，并“命工部征天下诸色匠作，在京诸卫及河南、山东、陕西、山西都司、中都留守司、直隶各卫选军士，河南、山东、陕西、山西等布政司，直隶凤阳、淮安、扬州、庐州、安庆、徐州、和州选民丁，期于明年五月俱赴北京。所役率半年更代，人月给米五斗”。③至此，为营建都城而进行的物料采办工作正式展开。

一、木材采办与运输

中国古代建筑多以木结构建筑为主，明北京的宫殿营建所选用的木材更为讲究，这些木材多从四川、湖广山西、云南等地采伐运输而来，被称为“皇木采办”。《明史》记载：“采木之役，始自成祖缮北京宫殿始。永乐四年（1406）遣尚书宋礼如四川，侍郎古朴如江西，师逵、金纯如湖广，副都御使刘观如浙江，签都御使史仲成如山西”。④永乐朝胡广所撰《敕建神木山神祠之碑》对此亦有记载：

> 永乐四年秋，询谋于群臣曰：“古者建都，必营宫殿。朕肇北京，恢弘旧规，以永诒谋。故兴作事重，惟恐烦民，然不可后”。群臣佥曰：“陛下慎恤民力，视之如伤，而民皆乐于趋事”。皇帝曰：“尔往试哉”。乃命入山以伐材焉。用民力十取其一，给以廪食，归其佣直，而民忻然鼓舞，不知其劳，故事不程督而集。工部尚书宋礼取材于蜀，而大木于马湖府。⑤

①②《明史》志第五十八《食货志六》。

③ 《明太宗实录》卷五十七，永乐四年闰七月壬戌。

④ 《明史》卷八十二《食货志》。

⑤ 万历《四川总志》卷二十七《神木山记》。

采木一事事关重大，明朝政府专门派遣尚书宋礼亲自督办，他曾先后五次至四川督办木材采办。《明史》宋礼传记载，“初，帝将营北京，命礼取材川蜀，礼伐山通道，奏言：得大木数株，皆寻丈。一夕，自出谷中抵江上，声如雷，不偃一草。朝廷以为瑞。及河工成，复以采木入蜀”。① 永乐十九（1421）年四月，因前朝三殿毁于火，② 因工程巨大，三大殿建筑一直未能及时恢复。宣德年间为重建三大殿继续采办大木。宣德三年（1428）五月，“命行在工部尚书李友直、刑部左侍郎樊敬、都察院右副都御史胡廙往四川，吏部右侍郎黄宗载、刑部右侍郎吴廷用往湖广采宫殿材”。③

正德朝以后，大规模的宫殿营建工程已告完毕，但各种修缮事宜仍需采办大木。为此，明廷所用木材开始交派地方官进行督办。如正德九年（1514）十月为修乾清和坤宁二宫，“工部以修乾清坤宫会计材物事宜，上请命尚书李鐩提督营建。升湖广巡抚右副都御史刘丙为工部右侍郎兼右佥都御史，总督四川、湖广、贵州等处采取大木。而以署郎中主事伍全于湖广，邓文璧于贵州，李寅于四川分理之。……张正蒙于真定、山西、河南，狭西主事俞祯于浙江、江西、直隶、徽州等处收买竹木”。④ 正德十三年，又因乾清、坤宁两宫遭遇火灾再次诏令“湖广、四川、贵州三圣采大木”。⑤ 嘉靖二十年（1541），因宗庙灾，朝廷遣工部侍郎郎潘鉴、副都御使戴金于湖广、四川采办大木，二十六年（1547）复遣工部侍郎刘伯跃采于川、湖、贵州。⑥ 嘉靖三十六年（1557）令川贵湖广三省采木，山西真定采松木，浙江徽州采鹰架木。⑦ 万历中期，为重建宫殿，采楠、杉诸木于湖广、四川、贵州。⑧采木工程一直持续到崇祯朝。崇祯元年（1628）二月，“停止浙、直接三运，两川湖贵楠杉大木，以休息物力”。⑨

南方大木一般走水路运送到北京，沿途路程十分遥远，“出三峡，道江淮，涉淮泗，以输于北”，⑩ 其“越历江湖，逶迤万里，由蜀抵

① 《明史》卷一百五十三《列传第四十一·宋礼》。

② 《明太宗实录》卷二百三十二，永乐十九年四月庚子。

③ 《明宣宗实录》卷四十三，宣德三年五月丙寅。

④ 《明武宗实录》卷一百十七，正德九年十月己酉。

⑥⑧《国朝献征录》卷五十二南京工部一，《南京工部上述简庵陈公雍墓志铭》。

⑥ 《明史》卷八十二《食货志》。

⑦ 万历《明会典》卷一百九十《工部十·物料》。

⑨ 《崇祯长编》卷六，崇祯元年二月癸巳。

⑩ 吕毖：《明朝小史》卷三《永乐》。

京，恒以岁计”。[1] 据记载，“楠木一株，长七丈、围圆一丈二三尺者，用拽运夫五百名，其余按丈减用。沿路安塘，十里一塘，看路径长短安设。一塘送一塘，到大江”。运木所费工役十分繁重，“计木一株，山林仅十余金，拽运辄至七八百人，耽延辄至八九月，盘费辄至一二千两之上”。运解时，督木同知将放出木头赴督木道交割，八十株扎一大筏，召募水手放筏，每筏用水手十名、夫四十名，差官押运到京。[2] 万历年间记载，从四川采木，从开始采伐到运送至京一般要费时达五年，“万历二十四年奉文采木，至二十五年起解头运，二十六年到京。二十七年起解二运，二十九年到京”。[3] 对此，《两宫鼎建记》已有明确的记载：“照得楠杉大木，产在川贵湖广等处。差官采办，非四五年不得到京”。[4] 木材在水道运解过程中，如遇洪灾或者其他状况则多有飘落等况：“京城皇极门且成，而金柱明梁非围尺极大者不中，时川木采办，在在告困。适通惠河道工部侍郎陆澹园以天津至海两岸平沙葭苇之地，有历朝大楠木漂没者，悉为搜发，至一千有奇。其中梁柱围尺者一百五十有七，约省金钱二百余万。”[5]

明代有神木厂和大木厂专门用来收贮南方大木，“凡各省采到木植，俱于二厂堆放”。[6]。《明会典》记载：“营缮所需木植砖瓦，有五大厂。曰神木厂，曰大木厂，堆放木植兼收苇席；曰黑窑厂，曰琉璃厂，烧造砖瓦及内府器用；曰台基厂，堆放柴薪及芦苇”。[6]神木厂及大木厂均位于城东，其中神木厂位于崇文门外，大木厂在朝阳门外。在《嘉庆重修一统志》中记载：“神木厂在广渠门外二里许，有大木偃侧于地，高可隐一人一骑，明初构宫殿遗材也”。[7] 大木厂在朝阳门外，《明会典》记载：“朝阳门外有大木厂”。[8] 除了神木厂和大木厂之外，台基厂和山西大木厂也可存贮，“台基厂营缮分差与神木厂同储材木，与山西厂同储材为造作之场”。其中，山西大木厂位于今北京西城区二龙路大木仓附近。木材运达北京之后存贮条件要求较为严格，在当时的条件下也多有损毁现象发生。明实录记载，“齐化门外积楠杉等木三

① 雍正《四川通志》卷十六《木政》。
② 嘉庆《四川通志》卷七十一《食货·木政》。
③ 雍正《四川通志》卷十六《木政》。
④ 贺仲轼：《两宫鼎建记》卷中。
⑤ 于敏中：《日下旧闻考》卷三十四《宫室》。
⑤⑥ 万历《明会典》卷一百九十《工部十·物料》。
⑦ 嘉庆《重修一统志》卷一《京师二·古迹》。
⑧ 吕毖：《明朝小史》卷三《永乐》。

十八万，而四方运者日至，覆庇不密，多为风雨所坏，乞发军夫修理厂房，且监守之，庶不虚费财力”。[①]

频繁的大木采伐对于木材产地产生了竭泽而渔式的破坏。正德年间工部侍郎赵璜督办乾清、坤宁二宫修建事宜，其称：“宫殿栋梁，俱用楠木，时三省近山，屡经采伐，无大楠矣，惟远山有之”。[②] 正德元年（1506），六科等俱言：“频年以来，征歛无艺土地所产者既疲于额外之供，所不产者复困于陪纳之苦。湖广、四川杉楠大木宜停取。凡非土产者宜勿浪派他，工料亦宜以荒旱暂停。”对此，工部回复称：“近年工役繁兴，民力甚困，今后凡不急之工，俱不许奏扰修理。其非得已者听本部酌量派，办湖川木植已到水次者，可以渐解京，余大木及尚在山中未出者，俱暂停止”。[③] 嘉靖年间龚辉至四川督办采木，木商称：“先年采木唇齿之下，今次采木俱在深山旷野，悬崖绝涧，人迹罕到之处”。在经过勘察之后，龚辉亦言：“正德以来，即奉采取相近水次木植，砍伐罄尽。今次采运俱在深山穷谷，人迹不到之处，吊崖悬桥，艰难万倍”。[④] 至嘉靖后期，《洪雅县志》记载，“王岁木材多边水次，今近者数十里，远者百里，山多危峰穷谷，古所谓不毛之地。夫近则易为力，元则难为功”。[⑤] 总之，伴随明代对于川广等地森林植被的砍伐，近地大木多被砍伐殆尽。

二、砖石烧造与运输

砖瓦也是古代建筑的主要材料之一。永乐年间为配合都城营建，砖石改归营缮司负责。永乐六年（1408）六月初十日，“命户部尚书夏原吉自南京抵北京，缘河巡视军民运木烧砖，务在抚绥得宜，作息以时”。[⑥] 木材和各色砖石是明代都城营建的最重要的两项物料。砖石一般在山东临清及苏州等地烧造，其中临清窑烧造城砖、副砖、券砖、斧刃砖、线砖、平身砖、望板砖、方砖，尺寸分为二尺、尺七、尺五、尺二四样，凡八号；苏州窑烧造二尺、尺七细科方砖。[⑦] 临清

---

① 《明英宗实录》卷三十，正统二年八月乙亥。

② 赵璜：《归闲述梦》，《四库全书存目丛书》史部第127册，第617页。

③ 《明武宗实录》卷十一，正德元年三月丙午。

④ 龚辉：《星变陈言疏》，黄训辑：《皇明名臣经济录》卷四十八，《工部·营缮》。

⑤ 《赠束明府奖劝序》第150页，转引自《明北京营建物料采办研究——以采木和烧造为中心》，第51页。

⑥ 《明太宗实录》卷五十六，永乐六年六月。

⑦ 《大明会典》卷一百九十《工部十·物料》。

设置官窑烧造，“永乐初山东、河南并直隶河间诸府建窑烧砖，临清设工部营缮分司督之”。① 二十二年（1424）议准，临清烧造白城砖，旧例每年二百万个，今减为八十万个，每个价银二分四厘；斧刃砖四十万个，每个价银一分二厘。万历二年（1574）奏准，在武清县自立窑座分造城砖，每年三十万个。②

京郊等地亦可烧造。成化七年（1471）九月，“内官监太监黄顺奏请以团营次拨官军一方，赴西湖景、城壕等处采办芦薪，烧造砖瓦，以修理之用”。③ 嘉靖以后，大工烧造所用砖料，多召商采办。嘉靖四年（1525）八月，营建仁寿宫，“其砖料于京城近地及苏州定价烧造”。④ 九年，因大工紧急，“砖料除南直隶等府照旧烧造，其河南、山东、北直隶等司府，俱折价解临清有窑处所，召商烧造”。

砖石烧造与采木同为营建大事，故朝廷同样派委重臣专责督办。永乐四年（1406），命泰宁侯陈硅以及北京行部侍郎张思恭督军民匠造砖瓦。⑤ 另外，“永乐间，差工部侍郎一员于临清管理烧造、提督收放。自直隶至山东、河南，军卫、州、县有窑座者，俱属统辖”。⑥宣德二年（1427），令河南山东二都司并直隶卫所，拨军夫五千名，于沿河一带烧砖。并添设官十五员分行提督。成化十七年（1481），添设郎中二员于山东、河南及南北直隶，原有窑处减半烧造。弘治八年奏准停止专设的烧造官员。但是到了正德九年（1514），又命“张惠于南直隶，署员外郎主事唐昇于北直隶，俱烧砖”。⑦ 嘉靖五年题准，差部属二员，一往南直隶各府，于苏州有窑处所、烧造方砖。一往山东、河南、北直隶各府，于临清有窑处所督造方城斧券等砖。⑧

明代烧造工艺已经十分讲究，如苏州窑烧造的细料方砖，“其土必取城东北陆墓所产干黄作金银色者，掘而运，运而晒，晒而椎，椎而舂，舂而磨，磨而筛，凡七转而后得土。复澄以三级之池，滤以三重之罗，筑地以晾之，布瓦以啼之，勒以铁弦，踏以人足，凡六转而后成泥。揉以手，承以托版，研以石轮，椎以木掌，避风避日，置之阴室，而日日轻筑之，阅八月而后成坯。其入窑也，防骤火激烈，先以

---

① 乾隆《临清直隶州志》卷九《关榷四下·附临砖》。

②⑥⑧《大明会典》卷一百九十《工部十·物料》。

③《明宪宗实录》卷九十五，成化七年九月己卯。

④《明世宗实录》卷五十四，嘉靖四年八月戊子。

⑤《明太宗实录》卷五十七，永乐四年闰七月壬戌。

⑦《明武宗实录》卷一百一十七，宣德九年十月乙酉。

糠草熏一月，乃以片柴烧一月，又以棵柴烧一月，又以松枝柴烧四十日，凡百三十日而后害水出窑。或三五而选一，或数十而选一，必面背四旁，色尽纯白，无燥纹，无坠角，叩之声振而清者，乃为人格。其费不费”。其时，烧造砖石之役十分繁重，乃至“凡需砖五万，而造至三年有余乃成，窑户有不胜其累而自杀者”。①

从临清等地烧造完成的砖石一般是搭载漕船运送到京。永乐三年规定，“每百料船，带砖二十个，沙砖三十个”。永乐四年营建北京之后，所需砖料数量众多，九年疏浚会通河后，运河往来船只增加，水路成为运输砖石的首选途径。②

三、石料运解

明代北京城市营建所需石料，大多采于房山、昌平以及怀柔等地。房山县大石窝产汉白玉石。“大石窝在县西南四十里黄龙山下，前产青白石，后产白玉石，小者数丈，大至数十丈，宫殿营建多采于此”。③所用石灰，“永乐以后，马鞍山、磁家务、周口、怀柔等处，各置灰厂，俱以武功三卫军夫采烧搬运赴京，修理内外公廨应用”。④ 昌平出产砂石。靖难之役后，永乐皇帝决议迁都北京。在营建都城过程中，昌平地区是工程所用石料的重要产地之一。昌平西北山区藏有丰富的矿产资源以及各种灰、沙石料，特别是花岗石、白云石、大理石、石英石等优质石料。其中，白虎涧位于昌平阳坊镇境内，这里出产花岗石，即史料记载的“豆渣石”。明代工部在此设有驻扎机构，专门负责石料采办事宜，正如刘若愚《酌中志》记载，“大石窝、白虎涧等处，各有提督，俱外差也”。⑤ 可见明代白虎涧地区的石料开采规模之大，明朝已在此专设管理机构。嘉靖二十三年夏，“建造九庙，大柱石磉取诸西山，每石用骡二百头拽，二十五日至城”。⑥ 此外，营建宫殿所需琉璃瓦均由北京琉璃厂烧造。史料记载，琉璃厂为“烧殿瓦之用”。⑦

---

① 张问之：《造砖图说》，《四库全书总目》卷八十四，史部，政书类存目。

② 《大明会典》卷一百九十《工部十·物料》。

③ 《日下旧闻考》卷一百三十，引《房山县志》。

④ 《北京图书馆藏中国历代石刻拓片汇编》第56册，中州古籍出版社，1990年，第198页。

⑤ 吕毖：《明宫史》卷二《内官监》。

⑥ 《日下旧闻考》卷三十三，引《暖姝由笔》。

⑦ 孙殿起：《琉璃厂小志》，北京古籍出版社，1982年，第22页。

明代北京宫殿所用琉璃瓦在京琉璃厂烧造，琉璃砖由在京黑窑厂烧造。烧造琉砖瓦所用白土，例于太平府采取，“舟运三千里方达京师”。[①] 琉璃窑每一窑，装二样板瓦坯二百八十个，计匠七工，用五尺围芦柴四十束；每一窑妆色二百八十个，计匠六工，用五尺围芦柴三十束四分，用色三十二斤八两九钱三分二厘。黑窑每中窑一座装到大小不等砖瓦二千二百个，计匠八十八工，用五尺围芦柴八十八束。

大规模的皇城营建也给当地资源环境造成了一定破坏。宫殿营造所需物料由全国各地运输而至，所需工役甚重。因此，吏部尚书林瀚上疏说，“两畿频年凶灾，困于百役，穷愁怨叹。山、陕供亿军兴，云南、广东西征发剿叛。山东、河南、湖广、四川、江西兴造王邸，财力不赡。浙江、福建办物料，视旧日增多，库藏空匮，不可不虑”。[②] 同样，《万历野获编》中亦记载：“天家营建，比民间加数百倍。曾闻乾清宫窗槅一扇，稍损欲修，估价至五千金，而内榼犹未满志也。盖内府之侵削，部吏之扣除，与夫匠头之破冒，及至实充经费，所余亦无多矣”。[③]

景泰五年（1455），内官太监陈瑾言，“西山工作处所缺少砖瓦，宜于西湖景建立窑厂，仍将本湖周围及正阳等九门城壕野草供给烧造”。此后，户部覆奏言，“先因山东、河南等处连年水旱，收草减耗。奏准摘拨官军于南海子、西湖景及正阳等九门城壕采打野草，相兼供给御马监等衙门及各营马用，尚且不敷。今欲将前项野草烧造砖瓦，窃惟永乐、宣德间营建北京宫殿城垣，用费砖瓦浩大，是时四方无虞，马草不供，故可采烧。即今边务未宁，而饲马之费倍于往昔，岁歉相仍，而草束之数减于常年。况宫殿城垣俱已完备，砖瓦之需或可少缓。乞将前项野草仍令本部采打，候丰稔之日，付内官监，庶几两便”。[④] 成化十四年（1478）下令禁止在西山凿石。内官太监宿政上奏称：“正统间有旨不许军民于西北凿石，今岁久，人不知禁，宜揭榜示众”。对此，都察院回复，“西山形势，天造地设，环拱京师，千万载灵长之气，汇聚于此，政言宜从。命再犯者杖八十，依律拟罪如旧制”。[⑤] 二十一年（1485），工部尚书刘昭上奏称：“西山密迩京

① 宋应星：《天工开物》卷中《陶挺第十一》。

② 《明史》卷七十八《食货志》。

③ （明）沈德符：《万历野获编》卷十九《工部》。

④ 《明英宗实录》卷二百四十，景泰五年四月癸未。

⑤ 《明宪宗实录》卷一百八十，成化十四年七月戊子。

城，国家千万年风气攸系，屡奉旨禁约，不许开凿。近年军民人等往往投托内外势要，或开窑卖煤，或凿山取石，巡视者畏其声势，莫敢谁何。宜严加禁约，且差官勘视，如有开凿坑坎者，姑宥其罪，责令填平，或年久审无证佐，则量起火甲夫役填垫。敢有仍前不悛者，就将本犯枷项当地村市一月，发边卫充军。中间若有干碍应议，及内外官员一体奏闻”。对此，明宪宗再次强调说：“应禁山场累有榜例晓谕，不许凿石取煤，内外势要何得故违，都察院即出榜申明禁约，有犯者如奏处治”。①

第四节　人口结构与日用消费

人口数量的变化，是地区经济发展的直观反映。明代北京地区人口数量和结构的变化，在明初经历了强制性的人口迁移之后得以迅速恢复；永乐迁都之后，伴随着地区经济的发展，人口数量和规模不断得到提升。明代北京人口结构，也是城市经济发展的重要因素：明北京宫廷和大量官僚衙署机构的设立，使得北京城市经济呈现典型的消费性的特征；此外，他们的消费习惯也促成了北京奢侈性消费风气的形成。

一、人口结构与规模

据韩光辉先生研究，明代北京州县户口、军户、工匠铺户、皇室服务人口以及城市的其他户口，共同构成了明代北京地区和北京城市的户口，而现存州县户口统计仅是区域总户口中的一部分。②

明初北京地区人口，在缪荃孙辑自《永乐大典》残本的《顺天府志》中，记载了北平府及宛平、大兴等部分属县洪武二年初报户口数以及洪武八年的实在户口数。具体如下表。

因永乐《顺天府志》仅为残本，故未能记载今北京市境内的通州、漷县、密云、顺义、房山、平谷等地户口数。从表中数据来看，仅以北平府而言，洪武二年（1269）户数为 14974，至洪武八年（1375）即增加到 80666，增幅为近 4.4 倍。再以口数而言，洪武二年北平府口数为 48973，至八年即增加到 323451，增长了 5.6 倍。属县当中，以良乡县人口数量增幅最大，其中户数较二年增加了 65 倍

① 《明宪宗实录》卷二百六十三，成化二十一年三月己未。

② 韩光辉：《北京历史人口地理》，北京大学出版社，1996 年，第 90 页。

余，口数增增长了85倍余。此外，宛平县的户数增长最少，大兴县的口数增长最小。

洪武初年北平府及部分属县户口

地区	洪武二年（1269）		洪武八年（1375）		户数增幅（%）	口数增幅（%）
	户数	口数	户数	口数		
北平府	14974	48973	80666	323451	439	560
宛平县	2966	8140	11063	40885	273	402
大兴县	2993	9892	10249	39192	242	296
永清县	199	802	1860	8805	835	998
固安县	479	1368	4156	16804	768	1128
香河县	266	831	954	3309	259	298
怀柔县	575	1734	4213	16177	633	833
良乡县	41	139	2732	11967	6563	8509
昌平县	451	1636	4159	14145	822	765
东安县	448	1455	3774	15851	742	989
合计	23392	74970	123826	490586	429	554

资料来源：韩光辉：《北京历史人口地理》第95页；高寿仙：《北京人口史》第218页。

洪武八年以后北平地区的人口数未有具体记载，目前仅见北平布政司的户口数。洪武十四年（1381），北平布政司所辖户数为338517，口1893403；[①] 二十四年（1391），户340523，口1980895；[②] 此外，纂成于洪武二十六（1393）年的《诸司职掌·户部·民科·户口》记载，北平布政司有户334792，口1926595。

韩光辉先生估计，如以洪武八年户数为基数及9.2‰的户增长率推算，北京地区极盛时期州县赋役户为8.75万户，以京畿州县每户5.1口计，极盛期的人口为44.625万人。因此，正统三年（1448）北京地区拥有州县赋役户为8.75万，口为44.625万人。[③]

① 《明太祖实录》卷一百四十，洪武十四年十一月，是月。

② 《明太祖实录》卷二百一十四，洪武二十四年十二月，是月。

③ 《北京历史人口地理》第98页。

万历《顺天府志》所载北京地区州县户口数

府县	原额		实在	
	户数	丁口数	户数	丁口数
大兴县	15163	71797	15163	71007
宛平县	14441	61215	14441	62067
良乡县	2900	13707	2901	14806
通　州	3896	18507	3687	12954
漷　县	1100	4148	1100	4280
平谷县	1203	8096	1087	5344
昌平州	3680	16946	2900	15473
密云县	1647	16447	1647	17051
顺义县	1247	12477	1247	12966
怀柔县	1020	6642	1020	7316
房山县	1829	10297	1348	10647
固安县	4335	3580	4335	2810
东安县	1838	3772	3681	3047
三河县	2832	7854	1412	5944
北京地区合计	57131	255485	56059	245712
顺天府户口总数	91309	634547	88940	632044

资料来源：高寿仙：《北京人口史》第218页。

万历《顺天府志》成书于万历二十一年（1593），但其中所录人口数据取自何年并未说明，应可界定为明代中期北京地区人口数量。从表中数据可见，当时北京地区人口数量为25万左右，大致占顺天府户口总数的40%。

除以上县著人口之外，北平作为明代重要的军事重镇，在此驻扎有大量的军队。据韩光辉统计，洪武八年（1375）北平地区共驻扎卫所11.2卫，按照每卫5600人计算，共计62720人；以每户2.5口计算，共计156800人。其中在北平城内驻军应为26880人，连同家属共计62700人。① 此外高寿仙认为，洪武八年北平地区应有13卫1所，分别是大兴左、右卫，燕山左、右、前、后卫，永清左、右卫，密云卫，通州卫，济州卫，济阳卫，彭城卫以及居庸关守御千户所。按照每卫5600人估算，共有人口73920，按照户均3人折算，当时北平共有军卫221760。其中在北平城内的均为人口共计16.7万，到洪武二十

① 《北京历史人口地理》第99—101页。

四年（1391）增至20.4万人。①

永乐年间迁都北平，大量军卫人口迁移而来，驻扎在北京城及周边，所谓“成祖增京卫七十二”。② 明代军卫人口，孙承泽称：“大都京师约宿军三十余万，畿内约二十余万”。按照高寿仙估计，洪熙元年（1378）在城军士及家属约为45万，成化十六年（1480）为47万，至天启元年（1621）则有所下降，为44万左右。③

此外，明代北京还有一大批直接服务于皇室日常生活的宫人、太监等。据统计，洪武年间大概有数百人总有，迁都北京后人数不断增加，至正德末年太监已经有近万人，嘉靖末年宫人总数达数千人。④ 另外，明代北京郊区还居住者一些既不属于州县着，也不输于军卫的人口，主要有上林苑监户以及南海子所属部分海户。上林苑监下辖蕃育、嘉蔬、良牧、林衡四署，设有畜养户及栽种户，“以时经理其养地、栽地，而畜植之，以供祭祀、宾客、宫府之膳羞”。⑤ 万历《大明会典》记载，上林苑监四署原管养、栽户共计7716户。南海子为皇家狩猎地，设有海户在此守视。其身份主要两种，亦是佥拨顺天府各州县民户充役，永乐年间，佥补海户794、2300余丁到此。因其人口数列入州县户口总数，因而不作计算。另一种为明代自宫者到此充役。弘治三年，令将自宫者626名发南海子编充海户。⑥ 弘治五年（1492），将自宫这1050名编充海户，又将自宫男子2246人发南海子种菜。⑦ 正德十一年（1516），收自宫男子3468人充南海子海户。⑧ 嘉靖十五年（1536），将自宫男子2001名充海户。⑨ 关于海户数量，明世宗裁撤海户，“原充南海子海户净身男子龚应哲等万余人，诣阙自陈先年在官食粮，今奉诏裁革，贫无所归，乞恩收召供役”。⑩ 可见这部分人口数量应在万人左右。

中国古代户籍统计口径不同，故导致数据出入较大。此外传统社会对于人口的记载尚未有准确数据，故地区总人口只能进行大致的估

---

① 《北京人口史》第222页。
② 《明史》卷九十《兵一》。
③ 《北京人口史》第226页。
④ 《北京历史人口地理》第89页。
⑤ 《明史》卷七十四《职官二》。
⑥ 《明孝宗实录》卷三十七，弘治三年四月乙酉。
⑦ 《明孝宗实录》卷七十，弘治五年十二月壬戌。
⑧ 《明武宗实录》卷一百三十七，正德十一年五月甲辰。
⑨ 《明世宗实录》卷一百八十八，嘉靖十五年六月壬辰。
⑩ 《明世宗实录》卷十，嘉靖元年正月辛未。

算。不过，明代北京地区的人口组成大致以县着、军卫人口以及其他部分栽种、蓄养户。此外，明代北京作为都城，还有各地工匠、工商业者以及学士等。关于明代北京地区的城市人口数量，大多称有“百万”之数。永乐二十二年（1424），明仁宗曾言，“京师军民数百万家”,[①] 正统十四年，后军右都督石亨则言：“京师官旗军民匠作人等不下百万”。[②] 同样，成化年间彭时谓：“京师居民不下数十百万”,[③] 丘浚亦称：“京师城内外不下百十万人家”。[④] 嘉靖时期，都御使毛伯温等言，“今城外之民，殊倍城中”。[⑤] 万历年间吕坤则说：“今京师贫民，不减百万”。[⑥] 上文所述百十万人口或者人家，其具体数量相差殊多，并不能作为明代北京人口的准确统计数量，此外，关于北京城市人口，其选择的统计范围不同，人口数量也相差很多。而根据《京师五城坊巷胡同集》中记载，嘉靖后期北京城共有 720 铺。天启元年，为编排保甲，因而对城内居民重新进行编审。各城铺数及户数如下表：

明朝天启元年北京城市铺数及户数一览

	铺数	户数	甲长数
中城	53	25440	2544
东城	173	36080	3608
南城	135	43300	4330
西城	101	37640	3764
北城	63	8730	873
总计	525	151190	15119

资料来源：《明熹宗实录》卷九，天启元年四月丁亥。

据日本学者新宫学估计，如果每户以 5 口计算，则人口数量约为 75.6 万人。再加上未被计算的文武官员、宦官、胥吏、杂役、举人、监生等，以及部分脱漏及流动人口约为 30 万人，如此当时北京地区的人口约百万数应当相符。[⑦]

---

① 《明仁宗实录》卷二，永乐二十二年九月乙亥。
② 《明英宗实录》卷一百八十一，正统十四年八月庚午。
③ 《明宪宗实录》卷七十四，成化五年十二月戊辰。
④ 丘浚：《明经世文编》卷七十五《遏盗论》。
⑤ 《天府广记》卷四。
⑥ 《明经世文编》卷四百一十五，又见吕坤：《去伪斋集》卷一。
⑦ 新宫学：《明代的都城北京地区的人口研究》，《山东大学史学论集》1994 年第 11 期。

二、粮食消费与漕运

漕运是封建社会为满足都城巨大的粮食消费而施行的粮食供应制度。漕运时期关系国计民生，明朝历朝对此均十分重视。景泰元年，明英宗言："国家重务在漕运。"① 明末天启三年（1623），户部尚书则言："漕粮关系国计"。②

明初漕运承袭元代旧制度，"海运饷北平、辽东为定制"。③ 明代海运始于洪武元年（1368），主要是为了保证明军北伐的军队供给。永乐迁都北京之后，官府廪食皆依赖漕运，"国朝自永乐定都于北，军国之需皆仰给东南"。④ 漕粮海运以永乐年间为最盛时期，其数量大概在一百万石，仅为元朝三百万石的三分之一。明代漕粮海运进京路线为：自淮河入海，历鹰游山、安东卫、石臼所、夏河所、齐堂岛、灵山卫、古镇、胶州、龟山卫、大崇卫、行村寨。沿海岸继续东行，历海洋所、竹岛、宁津所、靖海卫，折向东北，至成山卫、刘公岛、威海卫；向西北，历宁海卫、芝罘岛，至登州城、北新、海口、沙门等岛，自此折向西，经桑岛、三山岛等，经小清河、大清河海口，进入渤海湾，至乞沟河入直沽，抵天津卫，至此走完全程海路航道。⑤ 并在直沽尹儿湾城建百万仓以收贮江南漕粮。

每年额定运京的漕粮按照产地区分，有南粮、北粮之分：其中北粮来自河南、山东，南粮则来自南直隶、浙江、江西、湖广等。从明初开始，每年运送到京师的漕粮数量不断增加。明初尚"未有定额"。⑥永乐六年（1408），"令海运船运粮八十万石于京师"；永乐十六年（1418），"令浙江、湖广、江西布政司，并直隶苏、松、常、镇等府税粮，坐派二百五十万石"。成化八年"始定四百万石，自后以为常。北粮七十五万五千六百石，南粮三百二十四万四千四百石"。⑦自此，每年漕粮运京四百万石成为定额，并一直持续到明末。万历《明会典》对于漕粮数额亦有记载："岁运米四百万石，北粮七十五万五千六百石，南粮三百二十四万四千四百石。内兑运三百三十万石，改兑七十万石，除例折外，每年实通运正耗粮五百一十八万九千七百石。……以上

① 《明英宗实录》卷二百五十一，景泰六年三月己巳。

② 《明熹宗实录》卷三十四，天启三年五月丙午。

③⑥⑦ 《明史》志第五十五《食货三·漕运仓库》。

④ 《明经世文编》卷二十七《会计三·漕运》。

⑤ 李治亭：《中国航运史》，台北文津出版社有限公司，1997 年，第 204 页。

凡有灾伤，就将二仓储备米内支运，务不失四百万石数额”。[①] 其中，南粮3244400石中，除浙江、江西、湖广共1250000石外，应天、苏州、松江、常州、镇江、宁国、池州、庐州、淮安、太平、安庆、凤阳、扬州、徐州等地承办剩下的漕粮。

除漕粮之外，明政府还例从苏松常嘉湖五府拨解粮食，每年要供应内府和京师各级官吏俸米，所谓白粮；供应两京各衙门并公侯驸马之禄米。成化六年前规定，“苏、松、常、嘉、湖五府，输送内府白熟粳米，并各府部糙粳米，每岁十六万石”。[②] 万历十七年规定：“苏、松、常、嘉、湖五府解纳白粮，额派二十万石有奇。”[③]

漕船的数量，永乐至景泰年间，大小无定，为数至多。天顺以后，定船11770只，官军12万人。后许可粮船附载土宜，沿途免征税钞。明孝宗时限10石，至神宗时增至60石。至宪宗规定漕船至京期限，北直隶、河南、山东为五月初一日，南直隶为七月初一日，其过江支兑者，展一月，浙江、江西、湖广九月初一日。此后，明世宗又规定过淮程限，江北十二月，江南正月，湖广、浙江、江西三月，明神宗时改为二月。

然而，即使年输数百万石粮食运送京师等地，但因边地需粮甚众，故明朝的粮匮情况也是日甚一日。特别是明中后期以后，缺粮状况日益严重。所谓“正统乙巳……正德辛未……自后车驾巡幸南北，兵革繁兴，供输劳费”。[④] 弘治十五年（1502），户部奏报漕运事宜，内称：“我朝洪武间，建都金陵，当时供给，南京为重，各边次之。自永乐中定跸燕都，其后供给京师为重，南京次之，各边又次之。然洪武时，供给南京，止于湖广、江西、浙江、应天、宁国、太平及苏松常等处；供给各边，止于山西、陕西及河南、山东、北直隶等处。今天下惟于陕西、山西、云南、贵州、广东、广西、四川、福建及隆庆、保安二州钱粮，俱在本处存留，起运边方。内福建、广东止有起运京库折粮银。其湖广、江西、浙江，及苏松常、庐凤淮扬，既供南京，又供京师，北直隶、河南、山东，既供京师，又供各边。”[⑤] 隆庆时，户部尚书言：“今则一人耕之，不止于百人聚而食之矣。九边之兵马，比祖宗

① 《大明会典》卷二十七《户部十二·会计三·漕运·漕运总额》。

② 《国朝汇典》卷九十七《户部十一·漕运》。

③ 《明神宗实录》卷二百一十三，万历十七年七月乙丑。

④ 《明经世文编》卷一百十《王晋溪本兵敷奏一》。

⑤ 《明孝宗实录》卷一百九十二，弘治十五年十月。

之旧增添数多，而又加以征调客兵之费，日亦不给”。[①] 祖宗旧制：“河淮以南，以四百万石供京师；河淮以北，以八百万石供边境。一岁之如足供一岁之用，边境固未尝求助于京师，京师亦不烦扰括于天下。后因边庭多事，支费渐繁，一变而有客兵之年例，再变而有主兵之年例。然其止三五十万耳，迩来渐增至二百三十余万。屯田十亏其七八，盐法十折其四五，民运十逋其二三，悉以年例补之。在边则士马不多于昔，而所费几倍于先；在太仓则输纳不益于前，而所出几倍于旧。如是则边境安得不告急，而京师安得不告匮。加以改元诏蠲其半，故今日缺乏，视昔岁尤甚焉”。[②]

漕粮运至北京之后分别存在运河终点的通州和北京城，明朝分别在两地建有京仓和通仓。其中京仓主要供应京师百官、驻军之用，通仓供应昌平、密云、蓟州等地的军队口粮。京仓与通仓的收贮比例，原规定为京仓四分，通仓六分。但在历年的漕粮存贮状况亦有所调整。如正统元年（1436），“运粮四百万石，京仓收十之四，通州十之六”。[③] 成化年间户部会六部等衙门官议漕运事宜，“兑运米以十分为率，京仓收六分，通州仓收四分，支运俱通州仓收”。[④] 宣德七年（1432），工部奏“北京及通州增置仓厂历久未完，今漕运将至，无所置顿，请增军夫八千人助役”。[⑤] 景泰六年（1456）二月，增置通州仓。[⑥] 天顺三年（1459）二月，增置通州大运仓。[⑦] 天顺四年，命通州草场新盖仓廒，名曰大运南仓。[⑧] 天顺五年（1461），增置通州大运仓100间。[⑨] 弘治八年（1495），户部奏于通州旧城西增置仓厂168间。

值得注意的是，明代完备的漕粮征纳制度，保障了明代北京及边地军民的粮食供应。而对于被征解漕粮的地区而言，繁重的税粮给当地造成了沉重的负担。明代江南苏松重赋名扬天下，如嘉靖九年（1530），翰林院学士顾鼎臣上疏言：“今天下税粮、军国经费，大半出于东南苏、松、常、镇、杭、嘉、湖诸府，各年起运存留不下百万”。[⑩]

---

① 《明经世文编》卷二百九十八《马恭敏公奏疏·明会计以预远图疏》。
② 《明经世文编》卷二百九十八《马恭敏公奏疏·国用不足乞集众会议疏》。
③ 《明英宗实录》卷九，宣德十年九月壬辰。
④ 《明宪宗实录》卷四十六，成化三年九月癸酉。
⑤ 《明宣宗实录》卷八十七，宣德七年二月戊午。
⑥ 《明英宗实录》卷二百五十，景泰六年二月丙申。
⑦ 《明英宗实录》卷三百，天顺三年二月庚辰。
⑧ 《明英宗实录》卷三百十六，天顺四年六月丙辰。
⑨ 《明英宗实录》卷三百二十六，天顺五年三月戊午。
⑩ 《明世宗实录》卷一百一十八，嘉靖九年十月辛未。

嘉靖年间“苏、松、常、镇、嘉、湖、杭七府，财赋甲天下”① 的状况，在日复一日的重赋之下也不堪其扰。至宣德七年，松江人杜宗恒上书言：“苏松二府之民则因赋重而流离失所者多矣”。② 万历十五年（1587），御使徐元题称：“苏、松、常、杭、嘉、湖六府钱粮颇重”。③ 此外，明人对于江南财赋之重论述说：“天下财赋，东南居其半。……嘉、湖、杭、苏、松、常，此六府者，又居东南之六分。它舟车诸费，又六倍之，是东南固天下财赋之源也”。④

三、柴炭消耗

柴炭是古代居民日常生火、取暖的来源，传统社会当中对于柴炭的消耗十分巨大。洪武年间，宫廷柴炭“悉于沿江芦洲并龙江瓦屑二厂取用”。永乐年间迁都北京之后，城内所需柴炭则主要从“白羊口、黄花镇、红螺山等处采办”。⑤

明代宫廷根据不同需要所采办的柴炭种类也是不一样的，“凡隆德等殿修建斋醮焚化之际，用杨木长柴；宫中膳房，用马口柴；内官关领，则片柴也。外有北厂、南厂、西厂、东厂、新西厂、新南厂等处，各有掌厂、签书、监工，贮收柴炭，以听关文”。⑥ 柴炭作为宫廷日用必需品，其每年采办数量均有定额。其中天顺八年（1464）为 430 余万斤，成化元年（1465）增至 650 余万斤，二年（1466）再增至 1180 余万斤。三年（1467）更是增加到 1740 余万斤。宣德四年（1429）奏准，“内府各衙门柴炭减省支用，止照三年例采办”。因而本年柴炭额定数量仍为 1740 余万斤。嘉靖二年（1523）奏准，惜薪司每年供应各宫及内官、内使人员木柴 24560294 斤左右；本色柴 1812 万斤（其中杨木长柴 5 万斤和顺柴 1807 万斤由商人办纳）以及折色柴 6440294 斤左右。⑦ 此后在正德十二年及十六年又有过加增。采办柴炭主要共计光禄寺、礼仪房、银作局、御用监、御马监、织染局、翰林院、太常寺、神乐观等处。各处所需柴炭种类及数量如下：

惜薪司：每年供应各宫及内官内使人员，“木柴二千四百五十六万

---

① 《明世宗实录》卷二百四，嘉靖十六年九月戊戌。

② 顾炎武：《日知录》卷十《苏松二府田赋之重》。

③ 《明神宗实录》卷一百八十三，万历十五年二月己卯。

④ 《明经世文编》卷三百九十七，《议平江南粮役疏》。

⑤ 《明史》志第五十八《食货志六》。

⑥ 刘若愚：《明宫史》木集，“惜薪司”，北京古籍出版社，1980 年，第 39 页。

⑦ 《大明会典》卷二百五《工部二十五·柴炭》。

二百九十四斤二两”，本色柴“一千八百一十二万斤”，木炭“六百八万斤”，长柴炭“五十五万斤”，白炭“五百四十三万斤”，坚实白炭“十万斤”，荆条“二万斤”。

光禄寺：每年供应木柴“一千二百八十五万三千斤”（遇闰加“一百七万一千八百斤”），木柴“一百一十三万九千斤”（闰加“九万四千九百一十六斤”）。

礼仪房：木柴“二百四十四万七千七百六十斤”，木柴“一十七万八千四百二十斤”。

银作局：木柴“三十万斤”。

御用监：木柴“二十万斤”，木炭“二十万斤”，白炭“一十万斤”。

御马监：木柴“一百二十五万斤”。

织染局：木柴“七十万斤”，木炭“三万斤”。

翰林院：木炭“一万斤”。

太常寺：干顺木柴“一十五万三千一百斤”，木柴“六万五千九百斤”，燔柴“二千五百斤”。

神乐观：木柴“五十四万余斤”。

中书舍人写：诰敕木炭“一千四百九十斤”，兵部誊黄木炭“三千斤”。

太医院：木柴“二千四百斤”，木炭“六百斤”。

会同馆：木炭“四十万斤”

西舍饭店：木柴“二十五万九千二百斤”。

坝上大马房：木柴“九万一千一百零二斤”。①

除宫中需用外，明代北京地区庞大的军事戍卫人口对于柴炭需求亦十分庞大。如以顺天府属军卫需用柴炭数量为例，具体如下表。

明代北京地区的柴炭主要从易州采办。如万历十七年（1589），易州山厂工部主事张新言：“易厂所司专为柴炭而设，岁计柴价银三十余万两”。不过，因“红萝大炭乃御前所用”，故“每岁该七十万斤本厂领价烧造。此炭非杂本可烧，止用三种：曰青信，曰白枣，曰牛觔，总谓之甲木尊其名也。由柴荆六十里至金水口始有此木，则所谓炮架藩篱，正应禁者。山厂以供应为急，而边隘以边墙为重，不若就厂后种植，今有隙地九顷可种四万余株，得以经久”。因而，凡宫中所用红箩炭者，亦皆易州一带山中硬木烧成，并运至红箩厂，按尺寸锯截，编小圆荆筐，用红土刷筐而盛之，故名曰红箩炭也。每根长尺许，圆径二

① 《大明会典》卷二百五《工部二十五·柴炭》。

明代顺天府属军卫需用柴炭数量一览表　　单位：斤

	柴	炭
通州左卫	8808.8	9774.4
通州右卫	14487.8	16070.12
定边卫	19822.4	21986.6
神武中卫	22364	24806
兴州后卫	45152	40272
遵化卫	29466.8	32995.4
东胜右卫	44931.8	56084.12
开平中卫	15205.12	16113.10
兴州前卫	43895.8	38210.11
宽河所	3561	4834.8
忠义中卫	43333.8	54623.12
永平卫	38464.8	35828.4
卢龙卫	43177.8	47952.12
抚宁卫	38627.12	35008.10
东胜左卫	52500	43668
兴州右卫	41966.8	47058.12
山海卫	40888.8	42457

资料来源：《大明会典》卷一百五十六《柴炭》。

三寸不等，气暖而耐久，灰白而不爆。[①] 宣德年间以后，柴炭则主要由易州供给。宣德四年（1429），“始设易州山厂，专官管理。景泰间移于平山，又移于满城，天顺初仍移于易州”。正统七年（1442），“易州山场岁办柴炭已九千四百余万”，[②] 比宣德年间规定的不足二千余万斤增加了四倍有余。弘治年间《易州志》记载：“民之执兹役者，岁亿万计。车马辏集，财货山积，亦云盛矣。然昔以此州林木蓊郁，便于烧采，今则数百里内山皆濯然。举八府五州数十县之财力屯聚于兹，而岁供犹或不足。民之膏脂日已告竭，在易尤甚”。[③] 弘治九年（1496）

① 《明宫史》木集，“惜薪司”，第38页。

② 《明英宗实录》卷九十七，正统七年十月丙申。

③ （明）《易州志》卷三《山厂》。

奏准，“今后各处造作派办务要照依原议，从实估计，不许多派。惟烧造琉璃纯用木柴，黑窑砖瓦用木柴三分、杂柴七分。其工程已完者、照例停免，不必再行追扰”。① 嘉靖八年，工部尚书刘麟奏请裁革易州柴炭厂委官，“专选部署官一员主之”。② 除易州外，顺天府所属通州及顺义等州县皆设。天顺五年，工部右侍郎吴复奏称，“顺天府所属通州、顺义等州县，宣德正统间采运柴炭，皆设官专理其事，故恒足。景泰间始革去，故至今恒欠乏，请复专设官”，得到应允。③

柴炭采运工人主要来自山西、河北等地。景泰元年（1450），巡按山西监察御史涂谦奏称，“太原府州县昔被寇扰，今值岁饥，民窘已甚，而易州柴炭夫役又且催逼，乞暂优免从之”。④ 正统五年（1440），都察院右佥都御使张纯言，“保定府民大饥，乞罢其采运柴炭者三千九百七十一人”，对此，工部复奏称：“京师柴炭日用所急，役不可罢”。⑤ 正统九年（1444）工部奏称，“今岁大名、广平二府采柴炭夫过期未至，河间、永平、顺德三府役满者已逃二千二百人，尚在役者惟八百人。请罪大名、广平二府官吏，檄河间三府追督逃夫，且倩大兴宛平夫千人供役以俟代者”。⑥ 同样，长期的柴炭采伐及烧炼对于当地环境也产生了破坏。不过，明代北京在燃料采供条件上是远不如南京的，“洪武之初，建都江南，沿江芦苇，自足以供时之用也。芦苇，易生之物，刈去复生，沿江千里，取用不尽。非若木植，非历十数星霜，不可以燃，取之须有尽时，生之必待积久。况今近甸，别无大山茂林，不取之边关，将何所取耶”？⑦ 所以，虽然明朝皇帝对于柴炭取用状况多有担忧，但也几度沉浮仍旧无法解决。天顺元年（1457）工部左侍郎孙弘奏称，“易州山场自宣德间开设，……因岁久采取尽绝”，后徙于真定，但因“去京路远，官民输送甚艰”，请仍迁回易州。此外，明朝开始着力开发其他地区。当年明英宗曾谕令：“奇峰等口山木皆所以屏蔽边塞不可动，止有沙峪东、马头二口树木蒙茂，不妨关隘，宜立山场”。⑧ 景泰元年（1450），实录记载，“初柴炭多于易州、沙谷

① 《大明会典》卷二百五《工部二十五·柴炭》。

② 《明世宗实录》卷九十八，嘉靖八年二月庚午。

③ 《明英宗实录》卷三百二十五，天顺五年二月戊戌。

④ 《明英宗实录》卷一百九十八，景泰元年十一月甲子。

⑤ 《明英宗实录》卷六十三，正统五年正月己卯。

⑥ 《明英宗实录》卷一百十二，正统九年正月己丑。

⑦ 《大学衍义补》卷一百五十《治国平天下之要·驭外藩·守边固围之略上》。

⑧ 《明英宗实录》卷二百七十七，天顺元年四月戊申。

等口山场采用，自宣德五年至今取用已久，材木既尽。乃命移厂于真定府平山灵等处采之”。① 嘉靖二十六年（1548）兵部尚书陈经指出：“燕河、三屯、建昌等营，太平、擦崖等寨，黄崖、古北等口，皆京师近边要地，迩来樵采成径”。② 同样，明代中后期以后，明政府因柴炭供应不足，开始减少额定数量。明初曾禁止在西山砍伐林木，至仁宗时期开始弛禁，“以京师人众，而荛薪往往取给千数百里外，命工部驰西山樵采之禁”，③ 由此西山林木砍伐严重。至宣宗时期，因“输官薪炭，措办实难”，于是“弛禁以便民”。④ 由此到正统年间，北京燕山、军都山附近森林渐趋枯竭。⑤ 明代烧窑用柴耗费甚大，《两宫鼎建记》载，“两窑用柴九千七百余万斤，约银一十四万六千余两。乃今财用匮乏，区划最难。查得先年修复殿堂，题准砍伐南海子树株抵用，合无仍照前议，咨行兵部。即将题准官军一万名，内除量拨大石窝二千名。该部差委都把等官，督押八千名赴海子，听该管内监。先将木材稠密枯倒等树刮皮号记，照号砍伐，远近酌量。每军日限三十斤至厂。每一月管厂主事会同科道验收。计至明年二月终，木将发生之时停止，候秋再伐”。同样，马文升亦曾在奏文中详细叙述了明代北京山林砍伐状况：

> 永乐、宣统、正德年来，在京风俗奢侈，官民之家，争起宅第，木植价贵，所以大同、宣府规利之徒，官员之家，专贩筏木，往往雇觅彼处军民，纠众入山，将应禁树木，任意砍伐，中间镇守分守等官，或檄福而起盖淫祠，或贻后而修造私宅，或修盖不急衙门，或馈送亲戚势要，动辄私役官军，入山砍木，牛拖人拽，艰苦万状。其本处取用者，不知其几何？贩运来京者，一年之间，岂止百十余万……即今伐之十去六七，再待数十年，山林比为之一空矣。⑥

明代中期以前，北京地区多以柴炭为主，用煤尚少。正统十一年（1446），监察御史蔡愈济奏有诏禁京城外西北开窑取土，而太监贾享、

---

① 《明英宗实录》卷一百八十八，景泰元年正月丙辰。

② 《明世宗实录》卷二百三十四，嘉靖二十六年六月癸巳。

③ 《明仁宗实录》卷二十一，永乐二十二年九月癸酉。

④ 《明宣宗实录》卷三，洪熙元年七月戊寅。

⑤ 何孝荣：《明代北京地区自然灾害研究》，《西南师范大学学报》（人文社会科学版）2006 年第 6 期。

⑥ 马文升：《为禁伐边山林木以资保障事疏》，《明经世文编》卷六十三。

僧保、内官云保山、黄义擅役军士于清河开窑。[①] 万历之后，伴随着西山煤窑的开采，煤炭供应渐多，一定程度上缓解了柴炭供应不足的困境。《守边议》记载，“今京师军民百万之家，皆以石煤代薪”。[②] 成化、弘治年间，西山门头沟地区煤窑数量不断增加，且民窑较之官窑数量更多。万历三十一年（1603），顺天府尹许弘纲上疏，西山等地煤窑，“官窑仅一二座，其余尽属民窑”。[③]

明初北京西北地区有煤窑四十余座，有黑煤、白煤以及水火炭等种类。永乐《顺天府志》记载甚详：

> 煤炭，出城西七十里大峪山，有黑煤洞三十余所，土人恒采取为业，尝操縋鉴道，篝火裸身而入，蛇行鼠伏，至深入十数里，始得之，乃负载而出，或遇崩压，则随殒于穴。故其霑污憔悴，无复人形。然乡民藉此衣食，终不舍也。其用胜于燃薪，人赖其利焉。又西南五十里桃花沟，有白煤十余洞。水火炭，出城西北二百里斋堂村，有炭窑一所。[④]

西山地区重要的地理位置，明政府一直在保护北京周边地区的环境与获取资源之间犹豫。正统元年十月，明政府禁止京城外掘土治窑。起初，武骧诸卫擅于西直门外河次掘窑，遭到御史弹劾。因京城外自永乐末置陶冶，俱有定方，起西北堪舆当忌，故从此“京城西北俱不得掘土，其东南许去城外五里”。[⑤]

四、官方其他日用消费

明初一直到正统之前，北京城市消费，特别是宫室及上层贵族的奢侈性消费风气尚未形成。以正统朝为界，上层勋贵的生活日渐奢华。天顺末年叶盂纯回忆道：

> 老夫自永乐初徙居于兹，时地寒人鲜，土产甚稀，居者率皆茅薝、荆扉、土床、陶釜，一切养生之计甚薄，故亦寡求而易足。自后数十年，四方之人物云萃，居者如栉，其屋

① 《明英宗实录》卷一百四十一，正统十一年五月甲午。

② 《明经世文编》卷七十三，《守边议》。

③ 《明神宗实录》卷三百八十一，万历三十一年二月癸巳。

④ 【永乐】《顺天府志》卷十一《宛平县·土产》。

⑤ 《明英宗实录》卷二十三，正统元年十月庚辰。

皆覆以瓦，而朱缘其栋楹，窗户无昔之茅蒿、荆扉者矣。其器用用髹漆、金银、象玉，有若昔之土床、陶釜者鲜矣。与凡衣食百用之需，矜奢门靡，视昔奚啻百之?①

明代宫室、衙署等人口数量众多，其日用消费均由各地纳贡而备。以宫廷饮食为例，祭祀功臣庙时需用馒头一项，共5048枚，分由江宁、上元二县供给面粉20担。② 再以宫廷所需牲口为例，其主要由礼部岁派各州县，每年例有成数，然后解送光禄寺，以备饮食之需。除食物外，皇室所需其他日用品亦由各地供纳采办。宣德元年，司苑局言："上供蔬菜当用藞秸三千束，芦苇蒲五千余束，麻千斤，例当顺天府取给"。③ 洪熙元年（1424）奏称："工部令买沙鱼皮造卤簿及器械之用，此物北京素所不产。上谕行在工部臣曰：凡物之需，当随地土所产，沙鱼皮产于近海郡县，……给官钞就出产之处买之"。④ 正德二年（1507）十二月，内府供用库奏称："新正在迩，黄蜡等物不足应用，请下所司议处。户部覆议，先行顺天府如时价收买，黄蜡三万斤，灯草二千斤，蒲杖一千斤，而以本部及太仓收贮银给之"。⑤ 如北京紫禁城内宫女超过九千人，内监人数多达10万人，宫中每年的脂粉钱年耗40万两以上。⑥ 皇室、贵族勋戚加上官僚衙署以及守城军士等，每日消费所需，十分庞大。此外，其他消费主要分为两类，一是每年的祭祀所需各类物料，另一部分则是日常消费所需。

关于明代宫中饮食内容，刘若愚所著《酌中志》之"饮食好尚纪略"记载甚详，其中关于正月十五日之食物，"天下繁华，尽萃于此"，其食物种类尤其多样讲究：

斯时所尚珍味，则冬笋、银鱼、鸽蛋、麻辣活兔，塞外之黄鼠、半翅鹖鸡，江南之密罗柑、凤尾橘、漳州橘、橄榄、小金橘、风菱、脆藕，西山之苹果、软子石榴之属，水下活虾之类，不可胜计。本地则烧鹅、鸡、鸭、猪肉，冷片羊尾、爆炒

① 杨守陈：《杨文懿公文集》卷十二《贺叶孟纯寿八十序》。转引自邱仲麟：《人口增长、森林砍伐与明代北京生活燃料的转变》，《中研院历史语言研究所集刊》2003年第74期。

② 《明代社会生活史》第277页。

③ 《明宣宗实录》卷十四，宣德元年二月庚辰。

④ 《明宣宗实录》卷十，洪熙元年九月丁酉。

⑤ 《明武宗实录》卷三十三，正德二年十二月戊子。

⑥ 陈宝良：《明代社会生活史》，中国社会科学出版社，2004年，第328页。

羊肚、猪灌肠、大小套肠、带油腰子、羊双肠、猪脊肉、黄颡管儿、脆团子、烧笋鹅鸡、炸鱼、柳蒸煎赞鱼、卤煮鹌鹑、鸡醢汤、米烂汤、八宝攒汤、羊肉猪肉包、枣泥卷、糊油蒸饼、乳饼、奶皮。素蔬则滇南之鸡枞，五台之天花羊肚菜、鸡腿银盘等麻菇，东海之石花海白菜、龙须、海带、鹿角、紫菜，江南蒿笋、糟笋、香蕈，辽东之松子，苏北之黄花、金针，都中之土药、土豆，南都之苔菜，武当之鹰嘴笋、黄精、黑精，北山之榛、栗、梨、枣、核桃、黄连茶、木兰芽、蕨菜、蔓菁，不可胜数也。茶则六安松萝、天池，绍兴岕茶，径山虎邱茶也。凡遇雪，则暖室赏梅，吃炙羊肉、羊肉包、浑酒、牛乳。先帝最喜用炙蛤蜊、炒鲜虾、田鸡腿及笋鸡脯，又海参、鳆鱼、鲨鱼筋、肥鸡、猪蹄筋共烩一处，恒喜用焉。①

每至各地时鲜收货上市之际，亦大量解送京城。明王世贞《弘治宫词》记载："五月鲥鱼白似银，传餐颇及后宫人。踌躇欲罢冰鲜递，太庙年年有荐新"。② 浙江海门每年进贡鲻鱼，岁贡99尾；明初江阴侯家向朝廷进贡鲚鱼。每年二月初二，宫中喜食鲊鱼，主要由湖广等地供纳，起初仅为2500斤，后增至3万斤。③ 此外，上文引述《酌中志》"饮食好尚纪略"所载"滇南之鸡枞，五台之天花羊肚菜、鸡腿银盘等麻菇，东海之石花海白菜、龙须、海带、鹿角、紫菜，江南蒿笋、糟笋、香蕈，辽东之松子，苏北之黄花、金针，都中之土药、土豆，南都之苔菜，武当之鹰嘴笋、黄精、黑精，北山之榛、栗、梨、枣、核桃、黄连茶、木兰芽、蕨菜、蔓菁"也应是各地上供的时令佳品。正德时，巡按直隶御使奏称："宣城县岁贡雪梨四十斤……每岁以四千五百斤解礼部，转进内府，分赐各衙门食用。"④

此外，宫内训养宠物每日消费食物数量也十分惊人。弘治六年（1493），光禄寺卿胡恭等奏称："本寺供应琐屑，费出无经，乾明门猫十一只，日支猪肉四斤七两，肝一副，刺猬五个，日支猪肉十两，羊二百四十七只，日支绿豆二石四斗三升，黄豆三升二合。西华门狗五十三只，御马监狗二百一十二只，日共支猪肉并皮骨五十四斤。虎三只，日支羊肉十八斤。狐狸三只，日支羊肉六斤。虎豹一只，支羊肉三斤。豹房土

① 刘若愚：《酌中志》卷二十《饮食好尚纪略》。

② 王世贞：《天启宫词》，《明宫词》第11页。

③ 《明代社会生活史》第279页。

④ 《明世宗实录》卷九，正德十六年十二月癸未。

豹七只，日支羊肉十四斤。西华门等处鸽子房，日支绿豆、粟谷等项料食十石。一日所用如此，若以一年计之，共用猪肉、羊肉并皮骨三万五千九百余斤，肝三百六十副，绿豆、粟谷等项四千四百八十余石”。①

正统十三年（1448），有官员上奏，言京师有“五可忧”，其一便是“服食靡丽，侈用伤财”。② 弘治年间上层贵族的饮食更是奢靡：“婚姻聚会，率用大样饼锭、糖缠……宴会间珍味毕具”，甚至“宾主一会，而日费万钱”。③ 正德元年，礼部尚书张升等人曾上奏对京师奢侈风气进行约束，奏折称：“成化间例，冠婚之家，酒席从俭。近岁过丰，暴殄天物。自今一臣民一切燕会，毋得用糖缠、饼锭、簇盘、插花、粘果，及铺户造者，俱重罪。”④ 嘉靖年间，京官“宴会杂还，穷水陆之珍”，⑤ 甚至有“燕享之费，至用银数十两”，⑥ 其用度十分惊人。

第五节　商业贸易与市场范围

明初战乱给北京地区商业带来了极大破坏，洪武初年仍未恢复，这种状况一直持续到永乐迁都之前。史载：“洪武初，北平兵火之后，人民甫定。至永乐，改建都城，犹称行在，商贾未集，市廛尚疏。”永乐迁都之后，北京城市商业得到迅速发展，永乐二十一年（1423）山东巡按陈济称：“今都北平，百货倍往时”。⑦ 弘治年间城市“生齿日繁，物货溢满，坊市人迹殆无所容”之地。⑧ 京城庞大的消费需求带动了以北京城为中心的商业中心市场的形成。大量外地商货源源不断地贩运到北京，满足了城市日用所需，促进了本地区商业的繁荣。嘉靖年间太医院张铎奏称：“京师万方会同，日用百物，不免资于商旅”。⑨

一、高档商业市场的兴盛

明朝宫室庞大的日用消费以及京城的大量官僚贵族等消费性人口

---

① 《明孝宗实录》卷七十六，弘治六年闰五月乙卯。
② 《明英宗实录》卷一百六十九，正统十三年八月己卯。
③ 《明孝宗实录》卷八十八，弘治七年五月戊戌。
④ 《明武宗实录》卷十四，正德元年六月辛酉。
⑤ 《明世宗实录》卷五百十三，嘉靖四十一年九月丙午。
⑥ 何瑭：《柏斋集》卷一《民财空虚之弊议》。
⑦ 沈榜：《宛署杂记》卷七《河字·廊头》。
⑧ 《瓠翁家藏集》卷四十五《太子少保左都御史闵公七十寿诗序》。
⑨ 《明英宗实录》卷二百九，景泰二年十月丙子。

的聚集，促成了北京高档消费市场的形成。永乐迁都北京之后，随着政权的稳固，北京呈现一派换繁华的景象："闾阎栉比，闻闺云簇。粼粼其瓦，盘盘其屋。马驰联辔，车行击毂，纷纭并驱，杂还相逐。富商巨贾，道路相属。百货填委，邱积山蓄。"[①] 富商巨贾赀财雄厚，御用华美，由此带动了本地区奢侈型消费风气的形成。《松窗梦语》评价为："以元勋、国戚、世胄、貂珰极靡穷奢，非此无以遂其欲也。自古帝王都会，易于奢靡。燕自胜国及我朝皆建都焉，沿袭既深，渐染成俗，故今侈靡特甚。余尝数游燕中，睹百货充溢，宝藏丰盈，服御鲜华，器用精巧，宫室壮丽，此皆百工所呈能而献技，巨室所罗致而取盈。盖四方之货，不产于燕，而毕聚于燕。其物值既贵，故东南之人不远数千里乐于趋赴者，为重糈也。"[②]

为了满足京城奢靡的消费需求，大量外地商人携带本地特产以及贵重商货来到北京进行贸易。万历时谢肇制则言"帝都所在，万国梯航，鳞次毕集"。[③] 城内商业贸易兴盛状况，在《松窗梦语》中亦有记载，"京师负重山，面平陆，地饶黍、谷、驴、马、果、瓜之利。然而四方财货骈集于五都之市，彼其车载肩负，列肆贸易者，匪仅田亩之获，布帛之需。其器具充栋与珍玩盈箱，贵极昆玉、琼珠、滇金、越翠。凡山海宝藏，非中国所有，而远方异域之人，不避间关险阻，而鳞次辐辏，以故畜聚为天下饶……东南财货与山海珍藏无不聚辇毂下，诚为塞途积路"，城内商贸繁盛情况可见一斑。[④]

二、固定商业街区的形成

明代疏通大运河之后，元代曾依赖于漕粮运输而兴盛起来的城北鼓楼商业区日渐衰落。嘉靖年间外城修建之后，宣武门、正阳门及崇文门作为内外城通道而带动了邻近地区商业的发展。

棋盘街的兴起，主要依附于大明门前各部衙门的设立而形成。棋盘街位于大明门与正阳门之间，《谷山笔麈》记载："大明门前府部对列，棋盘天街百货云集，乃向离之景也。……五部在天街之左，天下士民工贾各以牒至，候谒未出，则不免盘桓天街，有所贸易，故常竟日喧嚣，归市不绝"。另外，该资料明确记载，棋盘街的贸易对象主要是位于大明门前各部官员，因此"若使俱以巳刻完事，候者皆散，市

① 英廉：《日下旧闻考》卷六《形胜二》。
②④ 张瀚：《松窗梦语》卷四《商贾记》。
③ 谢肇淛：《五杂俎》卷三《地部》。

肆无所交易，亦皆早撤，则日中之景反觉廖阔”。[①]《长安客话》记载：“棋盘街，府部对列街之左右，天下士民工贾各以牒至，云集于斯，肩摩毂击，竟日喧嚣，此亦见国家丰豫之景”。[②] 嘉靖末年万历初年所作《皇都积胜图》描绘了棋盘街地区的繁荣状况。画中所见，由北京郊区而至的络绎不绝的马驮、车载、肩挑、手提的运输线，在正阳门和大明门之间的“朝前市”上，出现了布棚高张、纵横夹道的情景，出卖货物的摊子一个挨着一个，冠巾靴袜、衣裳布匹、绸缎、皮毛、折扇、雨伞、木梳、蒲席、刀剪锤头、陶瓷器皿、灯台、铜锁、马镫、马鞍、书籍、字画、纸墨、笔砚、彝鼎、佛像、珠宝、象牙、草药、线香、纸花、玩物等等应有尽有，数不尽，看不完。[③] 可见当时棋盘街呈现庄严又不失繁华，人影憧憧，贸易兴盛的景象。正阳门外大街亦十分兴盛，据《京师五城坊巷胡同集》记载：正阳门外廊房胡同，从北向南，依次有头条、二条、三条、四条和西河沿街，商品贸易异常活跃。其中头条胡同主要为灯笼市，这里聚集了二十多家灯笼铺，尤以文盛斋、华美斋、秀珍斋三家最为出名；廊房二条胡同，是玉器古玩商铺集中之地；廊房三条胡同，以经营针头线脑等小商品而闻名；廊房四条胡同（今大栅栏）的店铺经营品种繁杂，清代这里成为北京城内最为繁华的商业中心。西河沿街介于正阳门和宣武门之间，商贩多在此屯货和住宿，由此带动了本地区的饮食等消费，因而此地以小型旅店和饭馆居多。

明代内城的东四牌楼及西四牌楼地区是另外两处重要商业区。东四牌楼商业区称为东大市，因其位于运河商货进城之交通要道而逐渐兴盛起来。东大市附近设立了多处仓储专门用以存储运京的漕粮。这里除元代设立的七座仓储外，明代又增设禄米仓、新太仓、旧太仓、南新仓、富新仓和海运仓。此外，明代灯市从宫城之内迁移到了东华门附近，随着灯市作为明代北京城内重要的定期市集的兴盛，也带动了灯市口地区商业贸易的发展。明代灯市主要陈设于今灯市口大街、灯市口西街、灯市口北巷、同福夹道一带，创设灯市的目的则是“太祖初建南都，盛为彩楼，招徕天下富商，放灯十日”，迁都北京之后仍袭旧制。清代灯市移至外城，灯市口作为地名得以保留。明代每逢灯市开市几日，这里“长安东陌游人乐，开市荧煌竞挥霍。元日元宵半

① 于慎行：《谷山笔麈》卷三。

② 蒋一葵：《长安客话》卷一《皇都杂记》。

③ 王宏钧：《反映明代北京社会生活的〈皇都积胜图〉》，载《历史教学》1962 年第 7 期。

月忙，奇灯奇货千家错，商贾骈肩利往来”。[①] 此外，作为古代社会重要的休闲娱乐场所，东大市附近聚集了众多的妓院酒楼，这里的勾栏院为当时城中规模最大之地。

西四地区的商业中心位于西四牌楼附近，称为西大市。永乐迁都北京之后，外地货物进城通道除可由水路经东边朝阳门之外，由西北地区经陆路而至的商货可走西侧西便门进城，并集聚在西直门及阜成门附近，由此造就了西四牌楼附近商业区的繁荣。据载，明代北京居民日常饮食消费所用的猪牛羊等牲畜都来自西北地区，并集中在西大市地区进行贸易，久之这里便形成了专门的骡马市、羊市及猪市。同时，城内燃煤多由北京西山运来，也都集中在西大市销售。西四牌楼附近商业的发展，也带动了本地区休闲娱乐业的兴盛。当时西四牌楼附近集中了众多的戏院和妓院，如西安门外的砖塔胡同，为当时著名的“歌吹之林”，这里一度是北方杂剧的活动中心。同时，与东四牌楼相对应，西大市的勾栏院亦热闹异常。灯红酒绿下的西大市商业区，其休闲娱乐消费的繁荣，反之又进一步促进了西四牌楼商业区的兴盛。此外，还有还有缸瓦市、皮货市、箔子市、皮毛市等专业性的商品市场。

三、明代北京“三大市”

定期市集是古代城市商业贸易的重要形式。明代北京城主要有三处重要的定期集市：上元节灯市、城隍庙庙市以及内市。

灯市及庙市是明代北京城内规模最大的节日类的集市。民国年间的调查称，“明代北平城中，最繁盛之庙会，为灯、庙二市。庙市，谓都城隍庙庙会，灯市则初为上灯时节所开之市”。[②]

明代北京灯市最初设于紫禁城内的五凤楼前，后因禁苑安全考虑而迁至东华外。灯市开市日期为每月的初五、初十及二十这三日。灯市原为元宵观灯而设，后来逐渐变为定期交易货物的集市。《日下旧闻考》记载：“灯市在东华门王府街东，崇文街西，亘二里许。南北两廛，凡珠玉宝器以逮日用微物，无不悉具。衢中列市棋置，数行相对，俱高楼。楼设氍帘幕，为宴饮地。一楼每日赁直至有数百缗者。夜则燃灯于上，望如星衢。市自正月初八起，至是吧日始罢。”[③] 每逢上元

① 蒋一葵：《长安客话》卷四《郊垧杂记》。

② 《北平庙会调查报告》，北平民国学院印行，民国二十六年五月。

③ 富察敦崇：《燕京岁时记》，灯节。

灯节期间，“朝逮夕市而夕逮朝灯也。市在东华门东，亘二里。市之日，省直之商旅，夷蛮闽貊之珍异，三代八朝之骨董，五等四民之服用物，皆集。衢三行，市四列，市楼南北相对”，① 市中繁华由此可见一斑。对此，明人谢肇淛记载，“余在燕都，四度灯市，日日游戏”，灯市“每岁正月十一日起，至十八日止，则在东华门外，迤逦极东，陈设十余里，谓之灯市。凡天下瑰奇巨丽之观毕集于是，视庙中又盛矣”。② 谢认为，明代北京城中灯市之盛超过庙市。此外，关于灯市繁华的贸易景象，史料记载，“明朝京师灯市……灯贾大小以几千计，灯本多寡以几万计，自大内两宫、与东西两宫，及秉刑司礼世勋现戚，文武百寮，莫不挟重赀以往，以买之多寡较胜负，百两一架、二十两一对者比比。灯之贵重华美，人工天致，必极尘世所未有，时年所未经目者，大抵闽粤技巧，苏杭锦绣，洋海物料，选集而成，若稍稍随俗，无奇不敢出也”。据记载，明朝灯的种类繁多，有纱灯、纸灯、麦秸灯、走马灯、五色明角灯等。灯上的绘画争奇斗艳，有百花如梅、兰、竹、菊、桂花、牡丹，鸟兽如凤、鸾、龙、虎等，还有鱼虫、十二生肖等等。此外，倪启祚所作“灯市篇”描述道，“律转太簇春之序，北京十日灯市聚。五剧三条结阵来，众口喧腾祝晴曙。廓市开廛腾税息，一椽一屋税者密。湖罗福绢花新样，宣成窑铸熏旧色。地摊棚卓廊两边，珠宝犀玉客鳞集。故衣断残叫卖苦，贵至无艺贱无直”。同样观灯的石昆玉则言：“灯市百货蓁，穹窿象山谷。波斯细举名，最下亦珠玉”。随着灯市的繁荣，灯市已由最初观灯之所成为重要的商品市场，时人言“争说看灯市里忙，行来片片锦珠光。长安白昼迷人眼，不见灯场见市场”。③

关于明代北京庙会的兴起，《五杂俎》记载：“京师朔望及二十五，俱于城隍庙为市，它时散处各方，而至此日皆合为一市者，亦甚便之”。④民国年间《北平庙会调查报告》记载：“明代建都北平以后，新建庙宇更多，以都市商业发达及庙会自春场香火向前发展之结果，而庙市因之兴起”。⑤ 城中所建庙宇中，“如土地庙、白云观、护国寺、东岳庙等，明代均有庙会”。⑥ 其中尤以城西的城隍庙庙会规模最大，《燕都游览志》记载：“庙市者，以市于城西之都城隍庙而名也。西至庙，东至刑部街止，亘之里许。其市肆大略与灯市同，第每月以初一、

① 《日下旧闻考》卷四十五《城市内城东城一》。

②④ 谢肇淛：《五杂俎》卷三《地部一》。

③ 以上均引自：刘侗、于奕正：《帝京景物略》卷二《城东内外》。

⑤⑥《北平庙会调查报告》，北平民国学院印行，民国二十六年五月。

十五、二十五日开市，较为灯市一日耳”。[①] 史载，城隍庙市，“月朔望、念五日，东弼教坊，西逮庙墀庑，列肆三里”。城隍庙市物品丰富，交易繁荣，“图籍之曰古今，彝鼎之曰商周，匜镜之曰秦汉，书画之曰唐宋，珠宝象玉、珍错绫锦之曰滇粤闽楚吴越者集”。[②] 可见庙市商品除日用品之外，还有诸多珍奇商品。在此经营的商人甚至还有远涉崇洋的外国商人，据《谈经》载，“碧眼胡商，飘洋番客，腰缠百万，列肆高谈”。城隍庙的市场交易非常规整，“大者车载，小者担负，又其小者挟持而往，海内外所产之物咸聚焉。至则画地为界限，张肆以售”。对于购买者而言，“持金帛相贸易者，纵横旁午于其中，至不能行，相排挤而人，非但摩肩接踵而已”。[③]

庙市的贸易商品种类繁多，且多有贵重之物，所谓“庙市乃为天下人备器用御繁华而设也”。明代北京城内的城隍庙市与灯市是当时最为重要的骨董贸易场所，正如时人所述，“天下马头，物所出所聚处。苏杭之币，淮阴之粮，维扬之盐，临清、济宁之货，徐州之车赢，京师城隍、灯市之骨董”。[④] 此外，诸如“珊瑚树、走盘珠、祖母绿、猫儿眼盈架悬陈，盈箱叠贮，紫金脂玉、犀角、伽鹛、商彝、周鼎、秦镜、汉、晋书、唐画，宋元以下物不足贵。又外国奇珍，内府秘藏，扇墨笺香，幢盆钊剑，柴汝官哥”等物，应接不暇。及至庙市开市当日，“日至期，官为给假，使为留车，行行观看，列列指陈，后必随立以抉手，抬之以箱匣，率之以纪纲戚友，新到之物必买，适用之物必买，奇异之物必买，布帛之物必买，可以奉上之物必买，可贻后人为镇必买，妾媵燕婉之好必买，仙佛供奉之用必买，儿女婚嫁之备必买，公姑寿诞之需必买，冬夏着身之要必买，南北异宜之具必买，职官之所宜有必买，衙门之所宜备必买”。[⑤] 凡此种种，可见庙市商货十分齐全。

除城隍庙会外，东岳庙会规模亦十分可观，《宛署杂记》载，“是日行者塞路，呼佛声振地”，[⑥] 其规模之大由此可见。东岳庙坐落于朝阳门外神路街北口，因明代建城后漕船及商船无法直接抵达积水潭，只能改由陆路经由朝阳门进城，由此东岳庙渐趋兴盛起来。明代东岳

① 《日下旧闻考》,《燕都游览志》，第796页。

② 《帝京景物略》卷四《城隍庙》。

③ 《明文海》卷二八八《送司训徐君序》。

④ 王士性：《广志绎》卷一《方舆崖略》。

⑤ 沈德符：《万历野获编》卷二十四《庙市日期》。

⑥ 《宛署杂记》卷十七《民风一·土俗》。

庙会除每年三月二十八日为东岳大帝诞辰之日外，每月的初一和十五均有庙会，其中尤以三月二十八日东岳大帝诞辰日最为热闹，是日“道途买卖，诸般花果、饼食、酒饭、香纸填塞道路，一盛会也”。在这一日，京城百姓扶老携幼，“倾城齐驱齐化门，鼓乐旗幢为祝，观者夹路”，庙会呈现了“帝之游所经，妇女满楼，士商满坊肆，行者满路”的热闹景象。

关于城隍庙市的繁荣景象，晋江黄景昉访游之后写道：

黄金百如意，但向燕市趋。燕市何所有？燕市何所无。
大寮青琅玕，中使锦氍毹。呵声填道路，竞过波斯胡。
波斯坐上头，呼使碧眼奴。木客来秦地，鲛人出海隅。
兼复善拂拭，手爪自然殊。十榻十毡围，问君何所需？
买琴得蛇跗，买剑得鹿卢。双玉谓之瑴，五瑴谓之区。
钗头金凤子，饰以明月珠。仙家高鞢鞨，石室富珊瑚。
珊瑚何离离，枝叶自相扶。金膏差大国，水晶如小邾。
是日政三五，顷城争此途。如在玉山行，不觉白日晡。
好物好售主，大家各欢娱”。①

同样，来自歙县的汪逸逛游后亦有诗作言城隍庙市之景：

都城命市名非一，上庙为期月有三。
日出日中人毕赴，迁无迁有物相贪。
秋卿署口分廛肆，晓漏声余见负担。
僦贾傍檐陈法器，侍臣归路解朝簪。
奔驰络绎车联骑，位置参差北与南。
衢巷气蒸纷骛走，殿庭香绕吻鸱含。
官虽屏从犹遮扇，客匪祈神亦住骖。
廓庑肯容存隙地，工商求售厌空谭。
看多异巧睛为眩，听各乡音耳讵谙。
璞玉满前题作鼠，纂组通体不知蚕。
明珠尽属蛟宫攫，秘典如从禹穴探。
易得金钱仍易掷，难逢彝鼎亦难参。
高呼牌帽来中使，叠坐鞍鞯觏美男。

① 《帝京景物略》卷四《城隍庙》。

行丐酡颜疑魑蜮，募僧黄面比瞿昙。
摩肩迳窄恒如仆，触鼻尘污似若甘。
每到日斜思减值，正愁钥下怅收函。
应输禁院门门肃（谓内市），曾是灯楼夜夜酣（谓灯市）。
袖可几缗徒目饱，囊羞仆笑腐儒惭。

此外，吴江沈孟留有城隍庙市观宣垆歌：

曾读汉唐食货志，谓今国朝逊此事。
初入帝京大观光，皇城西头张庙市。
未到庙市一里余，杂陈宝玉古图书。
公卿却舆台省步，摩肩接踵皆华裾。
阿监飞龙内厩马，高出人头俯屋瓦。
锦衣裘帽出西华，二十四衙齐放假。
亦有波斯僧喇嘛，西先生老鼻如瓜。
挤挤挨挨稠人里，华与邻交市一家。
初来穷儒再三叹，也随人口论清玩。
周鼎商彝且莫论，中有宣垆璀以璨。
此垆曰自章皇时，金铜火合相淋漓。
嗟乎精铜入土子归母，地中谁知相牝牡。
传世以火暖为胎，道异古鼎人疑猜。
宣铜款色今共宝，累累真赝非难考。
如见真人有云气，疑义漫天去若扫。
徘徊只自愧囊空，波斯眼碧予眼红。
穷儒文章不易出，那能传世如金铜。①

内市则是都城仅有的贸易形式，主要为内廷交易而设。明代在玄武门外（今景山前街）为内市。《日下旧闻考》载，“内市在禁城之左，光禄寺入内门，自御马监以至西海子一带皆是。每月初四、十四、二十四，三日俱设场贸易”。② 内市的兴起，一开始是这几日本来“例令宫内残役擎粪秽出宫弃之。时各门俱启，因之陈列器物，借以博易”。内市虽也有“日用衣帛食物器用之类”，但其主要为皇室、宦官以

① 以上均引自：《帝京景物略》卷四《城隍庙》。
② 沈德符：《万历野获编》卷二十四《内市日期》。

及上层勋贵所设，商品主要有各色珠宝珍奇，亦即“若奇珍异宝进入尚方者，咸于内市萃之，至内造如宣德之铜器、成化之窑器、永乐果园厂之髹器、景德御前作坊之珐琅，精巧远迈前古。四方好事者，亦于内市重价购之”。① 其市中所易之商品，主要是“凡三代周秦占法物，金玉铜窑诸器，以至金玉珠宝犀象锦绣服用，无不毕具，列驰道两旁。大小中涓涓与外家勋臣家，时时遣人购买之。……凡旧家器物外间不得售者，则食诸内市，无不得厚值去。盖六宫诸妃位下，不时多有购觅，不敢数向御前请，亦不便屡下旨于外衙门动用，故各遣穿宫内侍出货焉。凡内市物，悉精良不与民间同。朝贵亦多于其地贸易，咸听之不禁”。②

除了以上三大市之外，北京庙市众多，如“每月逢三则土地庙市”，又被成为外市，市中所售之物“系士大夫庶民之所用”。此外，还有专门为下层民众服务的二手市场，位于正阳桥附近又开设有穷汉市，“日昃市，古贩夫贩妇之夕市是也”。③顾名思义，外市与穷汉市中所售商货均为日用品为主。

地安门外的钟鼓楼一代，在元代极为发达，明代这里依然有米市、面市、羊市、马市、牛市、骆驼市、柴草市、皮帽市、鹅鸭市、柴炭市、铁器市等十九个专业性的交易市场。④

明代北京是全国范围内的文化中心，这里是科举考试最后的殿试举办之地，因而北京城又有着繁盛的文化消费市场。明代北京城内专设书市，位于大明门及礼部门附近。史料记载，“凡燕中书肆在大明门之右及礼部门之外，及拱宸门之西，每会试举子，则书肆列于场前，每花朝（即二月十二日传为百花生日）后三日，则移于灯市；每朔望并下浣五日，则徙于城隍庙中。灯市极东，城隍庙极西，皆日中贸易所也。灯市岁三日，城隍庙月三日，至期百货萃焉，书其一也”。明代北京书市十分繁华，“燕中刻本自稀，然海内舟车辐辏，筐筐走趋，巨贾所携，故家之蓄错期间，故特盛于他处，第其直至重，诸方所集者，每一当吴中二，道远故也。辇下所雕者，没一当越中二，纸贵故也”。⑤

四、塌房与官店

明成祖迁都南京之后，“准南京例，置京城官店塌房”。⑥《宛署杂

①③ 孙承泽：《天府广记》卷五。

② 宋起凤：《稗说》卷四。

④ 齐大芝主编：《北京商业史》，人民出版社，2011 年，第 121 页。

⑤ 胡应麟：《少室山房笔丛》。

⑥ 《明史》卷八十一《食货志五》。

记》记载："洪武初，北平兵火之后，人民甫定。至永乐改建都城，犹称行在，商贾未集，市崖尚疏。奉旨：皇城四门、钟鼓楼等处，各盖铺房，除大兴县外，召民居住。店房十六间半，召商居货，总谓之廊房云"。① 不管是塌房还是廊房，其最初的设立均已官方倡导的一种非市场行为的商业形式，其最直接的后果便是，"京城官店、塌房多为贵近勋戚所有"。②

作为垄断性的商业组织形式，塌房的存在对于北京城市商业正常发展带来了诸多障碍。如正统三年奏报："太监僧宝保、金英等恃势私创塌店十一处，各令无赖子弟霸集商货，甚为时害"。③ 嘉靖年间韩文奏陈："勋戚甲第通衢连云，而庄田客店，布散畿辅，其侵夺民利，遗害多端。"④ 其中在嘉靖二十年大臣奏报：京城之内"迩来勋戚权豪之家，广置店房……勋戚私开大店，横索民财"。⑤ 万历十五年（1587），户科给事中胡汝宁谈及"京师民贫财尽有二害"，其一为"贵戚铺行侵夺民利"。⑥ 作为一种非市场行为的贸易形式，塌房收入十分可观，"京城角头等处，停积客货、客店、塌房，盖往年无事之日，出于一时恩赐，皆为贵近勋戚权豪势要之家所有。究其所得客商之利，以岁计之，何止巨万"。⑦ 这种塌房以垄断形式和欺行霸市之优势，以特权形式而进行商业贸易，对于当时北京的贸易产生了很大的影响。

皇店的存在也是明代商业经营的一种特殊形式。明武宗时期因宫廷用费激增，日用不足，故又新创皇店，"诱与以财利，创开各处皇店，榷敛商货"，并"于经首开皇店于九门关外、张家湾、宣大等处，税商榷利"。正德八年，江彬"毁积庆、鸣玉二坊民居，造皇店酒肆"。皇店所具有的特殊的地位，使得其成为商业贸易中的特权形式。万历年间，明神宗子弟"以帝母弟居帝居京邸，王店、王庄遍畿内。比之藩，悉以还官，遂以内臣司之。皇店、皇庄自此益侈"。⑧ 万历二十四年（1596），刑科给事中侯廷佩上奏称："太监张诚背主欺君，任意骄横，买邵皇亲等庄田，不下数百余所，而市店遍于都市。所积之资，

① 沈榜：《宛署杂记》卷七《廊头》。

② 《明英宗实录》卷二百三，景泰二年四月辛巳。

③ 《明英宗实录》卷二十九，正统二年十月壬申。

④ 韩文：《题陈时宜革弊政事》，黄训辑：《名臣经济录》卷三一《礼部》，《景印文渊阁四库全书》第443册，第744页。

⑤ 《明世宗实录》卷二百五十三，嘉靖二十年九月己未。

⑥ 《明神宗实录》卷一百八十七，万历十五年六月庚申。

⑦ 《皇朝经世文编》卷五十九，《叶文庄奏疏》。

⑧ 《明史》卷一百二十《诸王五·潞王》

都人号为百乐川。"① 二十五年，吕坤在《疏称天下安危》中写道："官店租银收解，自赵承勋造四千之税，而皇店开。之朝廷有内官之遣，而事权重。夫市井之地，贫民求升合丝毫以活身家者也。陛下享万方之富，何赖于彼？且冯保八店，为屋几何，而岁有四千金子课？课既四千，征收何止数倍？不夺市民，将安取之？"②

皇店作为一个特殊的商业组织，在京城的商业史有着非常大的影响。刘若愚《酌中志》记载：京城"宝和等店，经营各处客贩来杂货，一年所征之因约数万两。除正项进御前外，余者皆提监内臣公用，不系祖宗额设内府衙门之数也"，其店有六，"曰宝和，曰和远，曰顺宁，曰福德，曰福吉，曰宝延"。③ 他们的贸易十分兴盛，"每年贩来貂皮约一万余张，狐皮约六万余张，平机布约八十万匹，粗布约四十万匹，棉花约六千包，定油、河油约四万五千篓，荆油约三万五千篓，烧酒约四万篓（京师之自烧者，不在此数内也），芝麻约三万石，草油约二千篓，南丝约五百驮，榆皮约三千驮，供各香铺做香所用也。北丝约三万斤，串布约十万筒，江米约三万五千石，夏布约二十万匹，瓜子约一万石，腌肉约二百车，绍兴茶约一万箱，松萝茶约二千驮，杂皮约三万余张，大曲约五十万块，中曲约三十万块，面曲约六十万块（京城自造细曲约八十万块，而勋戚内臣自制之曲，不在此数内也）。四直河油五千篓，四直大曲约二十万块，玉约五千斤，猪约五十万口，羊约三十万只，俱各有税。而马牛骡驴不与也。如滇粤之宝石、金珠、铅铜、砂汞、犀象、药材，吴、楚、闽、粤、山、陕之币帛绒货，又不与也"。④ 如通州张家湾之皇店，因其"密切京畿，当商贾之幅，而皇亲贵戚之家，列肆其间，尽笼天下货物，令商贾无所牟利，宜亟禁治，使商民乐业。"⑤

买办是明代一种特殊的赋役项目，"就是为官府采买置办所需物品。其方式主要有两种：一种是铺户买办，又称为铺行买办、铺户之役、铺役等。其佥役对象是被通称为铺户或行户的坐贾，即定居化的城市工商业者和服务业者，典型形态是将铺户清审编行，按照一定次序当行应役。……另一种是召商买办，又称铺商之役、召买、商役、佥商、报商等，其对象既包括编入铺行的铺户，也包括未编入铺行的

① 《明英宗实录》卷二十九，正统二年四月壬申。

② 《明史》卷三百五《宦官传》。

③ 《国朝典汇》卷十九《庄田》。

④ 刘若愚：《明宫史》木集，北京古籍出版社，1982年，第65—66页。

⑤ 《明世宗实录》卷四，正德十六年七月庚申。

商人，即坐贾与行商兼而有之”。[①] 明代皇室日用来源，“先是上供之物，任土作供，曰岁办”，由地方进贡以备皇室取用。明代中后期以来，地方上供已经不能满足皇室所需，于是开始从市场上采办物品，“不给，则官出钱以市，曰采办”。[②] 这种方式“大约糜于英宗，继以宪、武，至世宗、神宗而极”。正统二年（1437），顺天府尹姜涛奏：“昨修灵济宫，市物民间，应给钞十二万贯”。英宗“命御史一人监给之”，并谕令：“凡市物民间，所司即给直，毋迟缓以困民。”[③] 后来，皇室日用一般都委任相关铺行进行办理。如沈榜所著《宛署杂记》一书卷一三，对于明代北京的铺行之制专有论述：“铺行之起，不知所始。盖铺居之民，各行不同，因以名之。国初悉城内外居民，因其里巷多少，编为排甲，而以其所业所货注之籍。遇各衙门有大典礼，则按籍给值役使，而互易之，其名曰行户。或一排之中，一行之物，总以一人答应，岁终践更，其名曰当行。”[④]

铺户之役十分繁重，商民苦不堪言。景泰六年（1455）宛平县奏称：“大兴县地方广阔，铺面数多，本县地方铺面稀少，铺户消乏，乞踏勘多寡，均平买办”。对此，礼科给事中杨穟以“今日宛平告乏，既归之大兴，倘他日大兴告乏，又归之何地”为由，不赞成“互为增减”，而应“省用以裕民”，他认为：“凡朝廷祭祀、燕享、赏赉、兵资、军国重务之需，遇有缺乏，量给官钱均平买办。其余不急之务，得已之征，无益之费，悉宜暂且停省。”[⑤] 是年下令：“京城内不系常久开张铺面及小本出摊提买等项买卖，俱免买办”。[⑥] 成化四年（1468）刑科给事中白昂言：“前者光禄寺下顺天府铺行买办诸物，不即关与物价。市廛小人，富少贫多，或典卖家赀，或出息假贷，竭尽艰苦，方得完足。又经月久，未得价值，资本既失，无所经营，多至失所。”[⑦] 随着宫廷日用的不断增加，铺行的负担日益增加。“祖宗时岁用省。以黄蜡一事言之，国初岁用不过三万斤，景泰、天顺间加至八万五千，成化以后加至二十二万”。如正德十六年，工部奏陈“巾帽

① 高寿仙：《市场交易的徭役化：明代北京的“铺户买办”与“召商买办”》，《史学月刊》2011 年第 3 期。

② 《明史》卷八十二《食货志六》。

③ 《明英宗实录》卷三十，正统二年五月庚戌。

④ 《宛署杂记》卷十三《铺行》。

⑤ 《明英宗实录》卷二百五十四，景泰六年六月乙丑。

⑥ 【万历】《大明会典》卷三十七《户部二十四·课程六·时估》。

⑦ 《明宪宗实录》卷五十三，成化四年四月乙卯。

局内侍巾帽靴鞋合用纻丝旁宁丝纱罗皮张等料，成化间二十余万，弘治间至三十余万，正德八九年至四十六万，末年至七十二万”。①

成化四年（1468）礼科给事中成实奏称：“京畿之内，天下商贾百货之所聚。近因内帑暨光禄寺缺罗缎、猪鸡等物，和买于市，人甚苦之。”② 明弘治年间，李东阳上疏：“至若京师市铺，光禄寺科派太繁。供应之物，急于田赋。买办之使，亟于催征。……嗟怨盈途，商贾几绝。”③ 正德嘉靖年间，给事中汪应轸上疏：“和买本非善政，和买而不给直不善之不善也，独累京师，以戕根本，尤其不善者也。”④ 嘉靖二十七年（1548），户部提出，京师召商买办导致“富商大贾，乘肥衣锦，日倚市门，而以权贵为之囊橐，吏不得问。其入官应役者，皆佣贩贱夫，漂流弱户，有司利其无援，辄百万谋夺之。而富商即有一二置藉，往往诈称穷困，旋入旋出，无数年在官者。夫京师四方之极，致使贫富失均，法议阻格，非所以安人心而一治体也”。于是将所有的京城商户核实登记，按照顺序摊派采办，“令商人办内府器物，佥名以进，谓之佥商”。⑤ 嘉靖中期，“近年京城军民坐充铺户，负累逃亡者甚多，差官佥选，又放富役贫，去留不公”。⑥ 嘉靖三十七年（1558），“时帑藏匮竭，户工部所欠各项商价不啻五六十万两，反思民一充商役，即万金之产，无不立破。民有力者咸诡冒投托，百万营免，有尽室逃避外郡者。久之，上户渐稀，则佥及中户，已复及中下户。由是里闾萧条，即有千金之产，亦惴惴见及”。⑦ 嘉靖末年隆庆初年，大学士高拱回京所见佥商之累记载道：“臣奉召至京两月有余，见得里巷小民十分凋敝。有素称数万之家，而至于卖子女者。有房屋盈街，拆毁一空者；有潜身于此，旋复外躲于彼者；有散之四方，转徙沟壑者；有丧家无归号哭于道者；有剃发为僧者，有计无所出自缢投井而死者，而富室不复有矣。”⑧ 佥商采办货物被盘剥甚巨，“有装盛搬运之费，有雇觅车船批之费，沿途有寄顿之费，至京有保店之费，入内府有门拦之费，交内府有铺垫之费，各衙门有投批销之费，如验阅不堪复行

① 俞樾：《茶香室四钞》卷九，《明代用物》。
② 《明宪宗实录》卷五十四，成化四年五月戊辰。
③ 《明孝宗实录》卷七十六，弘治六年闰五月甲辰。
④ 《明经世文编》卷一百九十一《恤民隐均偏累以安根本重地疏》。
⑤ 《明史》卷二百四十一《汪应蛟》。
⑥ 《明世宗实录》卷四百十一，嘉靖三十三年六月丁酉。
⑦ 《明世宗实录》卷四百五十七，嘉靖三十七年三月己亥。
⑧ 《明穆宗实录》卷四十四，隆庆四年四月壬子。

退出，往往以此破家。”万历十年（1582）户部题称：“京师铺户，多四方辏集之人，有资至千万者，以嘱托得免；贫丁小户，资止数金及一二金者，概编当行。”建议宛、大二县原编132行中，“本多利重如典当等项一百行，仍行照旧纳银”。其他网边、针篦、杂粮、碾子、炒锅等32行，“断自本年六月初一日以后免其纳银”。① 万历三十四年，工科给事中王元翰奏称：“时见群商罗跪号泣，察其累受而困惫为铺垫多也。铺垫之过多，为惜薪内官多也。内官中威取刑逼，如杨致中者尤为罪魁，该司内官旧不过一二十人，今几十倍矣。数愈多则溪壑愈阔，填补愈难。稍有不足，非刑随及，是以京师人家有数万金者，一挂名于四司铺户，无不荡产罄赀名因而投河经渎”。② 佥户一旦应役，很快就会陷入困境，“佥京师富户为商，令下，被佥者如赴死，重贿营免。官司蜜钩，若缉奸盗”。③ 宛平知县曰：“京民一遇佥商，取之不遗毫发，赀本悉罄”。④“至熹宗时，商累益重，有输物于官终不得一钱者”。天启元年（1621），言官称：“京师最贻害地方者，无如佥商一事”。⑤ 京师商民“一闻佥报铺户，如牛羊鸡犬尽赴屠垣，其觳觫之状，悲鸣之声，直欲使怨气成虹，天光尽黯”。“往昔铺商食鲜策肥，锦衣卫华，于今富者贫、贫者逃且死矣”。⑥

明代北京崇文门征税之例始于明初的崇文门宣课司，时为京城“九门宣课司”之一，由顺天府派员管理。成化二十一年（1458）“令顺天府委佐贰官一员，于正阳门外税课司、崇文门宣课分司监收商税”。⑦ 弘治元年将“京师九门”税课“统于崇文一司”，⑧ 并“差御史、主事各一员，于崇文门宣课司监收”。⑨ 万历年间由户部经理崇文门关，并厘正《崇文门征收商税则例》，“照各钞关委官题差，一年满日方许回部考核”。⑩ 崇文门等八大钞关的税收定额则是递年增长，“崇文门、河西务、临清、九江、浒墅、扬州、北新、淮安各钞关，岁征本折约三十二万五千余两，万历二十五年增银八万二千两，此定额

---

① 沈榜：《宛署杂记》卷一三《铺行》。

② 《明神宗实录》卷四百十九，万历三十四年三月壬辰。

③④《明史》卷八十二《食货志六》。

⑤ 《明熹宗实录》卷七，天启元年二月辛未。

⑥ 《明神宗实录》卷四百十七，万历三十四年正月甲戌。

⑦ 《大明会典》卷三十五《户部二十二·课程四·商税》。

⑧ 史玄：《旧京遗事》，北京古籍出版社，1986年，第21页。

⑨ 光绪《顺天府志》卷十一《关榷·前代关榷考》。

⑩ 《明神宗实录》卷三百八十九，万历三十一年十月癸卯。

也”。[1] 万历年间崇文门征收商税68929两，仅次于山东运河边上的临清关；天启年间上升到88929两，居八大钞关之首。[2] 关于明代崇文门关之变迁过程，万历年间宛平知县沈榜《宛署杂记》记载：“永乐初年，都城设立都税司、九门宣课司，专掌一应货物之税，验值为差。不知何时革去各门稍僻者，并入都税司。正阳门、崇文门二宣课司，安定门、德胜门二税课司，共五处，俱隶户曹掌行。凡宫府所需，及各衙门大小杂费，咸取办之”。[3] 这些税收成为宫廷及各衙门就近支用经费的主要来源。

总之，明代北京都城地位的确立，带动了本地区消费中心的形成。无论是庞大的皇家日用消费，亦或是城内普通民众的衣食所需，均主要由外地提供。明代北京城内形成了以棋盘街、东西牌楼等多处商品市场；以市集形式来看，有常设市场、不定期市场、节日消费市场以及游赏摊贩为补充形式的自成体系的商品交易模式，这也是基于城内庞大的消费需求而形成的。同时，明代北京城市消费经济之特性，促进了外地与北京地区之间长距离的、以普通日用品为内容的商品流通体系，弥补了相关区域的发展不足，促进了这些地区的资源调配模式的形成。不过，明清时期北京城市这种主要基于政治地位而形成的商业特征与市场布局则是深受政策影响的。

① 《明史》卷八十一《食货五·商税》。

② 《续文献通考》卷十八《征榷一》。

③ 《宛署杂记》卷十二《平字·税契》。

第七章 清代北京经济的繁荣

清初，封建统治者在京畿地区大肆圈占汉民房屋土地，造成汉族农民“流离载道，填塞沟壑”，严重破坏了农业生产。清朝从康熙中期以后至乾隆年间，北京地区的农业逐渐走上恢复和发展的道路。清政府在京畿大兴水利，先后六次修浚永定河，发展农田灌溉，奖励农民垦荒种地，农作物以水稻、小麦和杂粮为主，京西稻尤为著名。此外，还有果品生产以及棉花和染料作物的种植，为适应城市需要，蔬菜和养花业也有一定发展。清末，京师农事试验场在开启民智、启迪风气，引进、推广近代农业科学技术等方面也取得了一定的成绩。

第一节 农业发展

一、清初京畿地区的圈地

清朝势力入关后，从顺治元年（1644）至康熙八年（1669），为了安抚随同进关的贵族王公及八旗兵士，曾在京畿地区大规模地圈占汉民的土地，“划定旗地”。[①] 最初，清政府下令只圈占“近京各州县民人无主荒田及明国皇亲、驸马、公、侯、伯、太监等死于寇乱者”[②] 的无主土地，可是，由于被圈占的“荒地”或“无主”之地，有的是与汉民的有主良田交错相间的，由此还“生出不少争端”，有的“薄地甚

① 《八旗通志》卷六十二《土田志一》，清嘉庆元年续修，中国书店誊印。

② 《清世祖实录》卷十二，顺治元年十二月丁丑。

多，以致秋成无望”，加上“东来”满洲官兵源源不断，“又无地耕种”，① 于是清廷又下令“应于近京府、州、县内，不论有主无主之地亩，拨换所圈薄地，并给东来满洲”。②

大规模的圈地高潮前后进行了三次。第一次在顺治元年末至顺治二年（顺治元年末已进入1645年），第二次在顺治四年（1647），这两次是在摄政王多尔衮的授意下推行的。第三次在康熙五年（1666），其时玄烨尚未亲政。这次是由于辅臣鳌拜想圈换镶黄旗旗地而引起的。③ 其中尤其以二、四两年圈地规模最大，数量最多，京畿土地大部分被侵占。在这期间，八旗共圈占土地153467顷16亩。其中，八旗宗室王公贵族占地13338顷45亩，八旗官兵占地140128顷71亩。④ 被圈占的土地分布在以北京为中心的方圆五百里州县内，虽不尽属顺天府所有，但“以顺天府（治北京）境内圈占为多”⑤ 当时，近京的大兴、宛平两县土地多为旗地官田。康熙《大兴县志》云：“今大兴为畿辅首地，旗屯星列，田在官而不在民，故土著者寡而户口稀，无足怪也。”被圈占土地上的农民或被迫远走地乡，或被迫带地投充八旗贵族门下。据统计，清初顺天府原额地共有81598顷57亩，其中圈充地（包括少量给剥船地和冲压地）共75070顷26亩。圈充地约占原额地的82.2%；其余的17.8%即为实际剩余地，仅有6528顷31亩。就今北京地区而言，大兴、宛平、良乡、通州、昌平、顺义、密云、怀柔、房山、平谷圈充地，再加上延庆（清属宣化府，为延庆州）圈充地，共约为30337顷。这些州县圈充地总数约占原额地总数的93%，远远高于顺天府全府圈充地的平均比例数。这是由于这些州县距京城较近，所以在圈占中首当其冲的缘故。良乡，顺义二县土地肥沃，故受害最甚，全县土地被圈占无遗。⑥

清初不仅圈占土地，而且还分占山林。“昌平之民，惟藉山林樵采易米资生”，但因“各王爷有分管山场之举，必有不容樵采之禁”，以致“看见入山伐木挑柴者，夺斧鞭笞，樵夫抱头弃窜，又断一条生路”。⑦

在圈占土地时，清政府虽有拨补、兑换之规定，并明令传谕各州

① 《八旗通志》卷六十二《土田志一》，清嘉庆元年续修，中国书店眷印。

② 《清世祖实录》卷三十，顺治四年正月辛亥。

③ 雷大受：《清初在北京地区的圈地》，《山西师院学报》1981年第4期。

④ 《畿辅通志》（光绪）卷九十五《经政略·旗租》。

⑤ 《光绪顺天府志》卷五十三《食货志五·旗租》。

⑥ 于德源：《北京农业经济史》，京华出版社，1998年，第258页。

⑦ 故宫博物院明清档案部编：《清代档案史料丛编》第4辑，中华书局，1979年，第53页。

县官吏："凡民间房产，有为满洲圈占兑换他处者，俱视其田产美恶，速行补给，务令均平"。[①] 似乎是有所补偿而不是强夺，但实际上根本得不到应有的补偿，顺天府巡按傅景星奏称"田地被圈之民，俱兑拨碱薄屯地"。有时所拨兑之地远离田主所在之地。圈占了宛平县境内的田亩，所拨补的土地却为坐落在天津城东二十余里的"洼薄之地"。[②] 给怀柔"所拨之地距怀甚远，怀民既不能赴地耕种，势必招佃取租、以完本邑之赋。每年秋收后，地主至彼收租，彼处奸佃辄揹欠不给，而本处粮银又不得不完，徒有拨补之名，反受赔粮之累"。[③] 所以是徒有补地之虚名。

京畿地区还有一部分土地被圈占的农民，既不甘心委身沟壑，又不肯"相从为盗"，因而只得投充旗下为奴。因此，"投充之路，原以收养无依之民"。但不料"此端既开，而奸猾蜂起，将合旗之田，皆开除正项，躲避差徭……又有并将他姓地土，认为己业，带投旗下者"。[④] 对于投充，有人曾直陈其弊，"夫土地人民者，乃皇上之大宝。皇上统辖万里，咫尺之地亦为君土，匹夫之人亦为君民。此乃天经地义，定而无疑之理矣。然今投充各旗之人，既非皇上之民，投充之地，亦非皇上之地。多投充旗下一人，皇上则少一人之税；多投充旗下一地，皇上则减一地之赋"。[⑤] 然而，清廷对此并没有采取有效措施来干预或禁止。

清朝统治者将所圈占的土地，"尽行分给东来诸王、勋臣、兵丁人等"。[⑥] 这种土地称为旗地。这些皇室、贵族占有了大量土地，自己并不耕种，而是组织各种"庄田"，如皇室庄田、宗室庄田、八旗庄田等。建立"庄头"制度，驱使汉族贫苦农民为其耕种，对广大农民进行残酷的封建剥削和政治压迫。北京附近各州县的皇庄、王庄及八旗官庄共有五百三十九所之多，占内务府所辖总庄数的一半。[⑦] 仅顺义一县皇庄就有十六处，占有土地五万四千多亩。[⑧] 对于这些官庄，地方上

---

① 顺治朝《东华录》卷四，顺治二年二月己未条。

② 故宫博物院明清档案部编：《清代档案史料丛编》第4辑，中华书局，1979年，第64页。

③ 《怀柔县新志》卷四《赋役·地亩》。

④ 顺治朝《东华录》卷十八，顺治九年五月条。

⑤ 故宫博物院明清档案部编：《清代档案史料丛编》第4辑，中华书局，1979年，第75页。

⑥ 《清世祖实录》卷十二，顺治元年十二月丁丑。

⑦ 嘉庆《大清会典》卷七十六。

⑧ 据《顺义县志》卷一《皇庄》所列条目统计。

无权过问。而管理这些官庄的庄头，“辄违法禁，擅害乡村，勒价强买，公行抢夺，踰房垣，毁仓廪，攘其衣服货财，少不遂意，即恃强鞭挞。甚至有捏称土贼，妄行诬告”。①恃势横行不法，根本不把州县官放在眼里。

满洲贵族的压榨，使许多壮丁和投充为奴者采取逃亡的方式来反抗，这也是旗地制度走向瓦解的重要原因。在顺治三年（1646）里，“止此数月之间，逃人以几数万”②。顺治十一年（1654）“一年间逃人几及三万”。③清政府虽立法严惩，但由于旗人奴主对壮丁、投充户压迫过甚，壮丁、投充户不堪忍受，仍多逃亡。在这种情况下，清朝统治者为了维护自己的利益和统治，遂放弃了旗地的农奴庄田制，改行租佃制。康熙二十四年（1685），改官庄为粮庄，分等纳租。康熙二十五年（1686），“始令顺天等属旗庄屯丁，编查保甲，与民户同”。④壮丁争得了平民身份。

二、水利建设与京郊的农业

康、雍、乾时期，北京地区处于相对平稳的环境中。当时清廷对京师旗地的生产方式被迫进行调整，普遍采用与较高生产力水平相适应的租佃制，京郊农民生产的积极性得以恢复。本来“渐成芜废”的耕地，通过他们辛勤的耕耘，“复为沃壤”'。同时，他们还开垦了不少荒沙地，使京郊的农业获得了长足发展。

清代北京地区农业的发展与治水工程的开展有着密切的关系。清初，对京师影响最大的浑河（今永定河），正处于“迁徙弗常”时期，几乎每10年改道一次。泛滥之时，“浑波所过”，良田“荡为巨津”。康熙七年（1668）浑河水决，竟入正阳、崇文、宣武诸门，直接威胁北京的安全。⑤

经过多年筹划，康熙三十七年（1698），采取疏筑兼施的办法，从良乡至永清县筑堤一百八十里，挑河一百四十余里，使浑河沿堤而行，由永清县朱家庄，会安澜城河（原名郎城河），由淀达津归海。河工告竣时，康熙亲自将浑河改名为“永定河”。两年后，因安澜城河口受淤，又于郭家务接筑南岸堤工，于卢家庄接筑北岸堤工至柳岔口止。

① 《清世祖实录》卷十五，顺治二年四月辛巳。
② 顺治朝《东华录》卷六，顺治三年五月庚戌条。
③ 《清世祖实录》卷八十五，顺治十一年八月甲戌。
④ 《清史稿》卷七《本纪七·圣祖二》。
⑤ 曹子西主编：《北京历史纲要》（下册），北京燕山出版社，1990年，第198页。

改河由柳岔口注大城县辛章河入东淀，达津归海。[①] 经此治理，永定河的河道大体被固定下来，以后将近“三十来年无迁徙”。[②] 至雍正、乾隆年间，永定河下游沙淤日趋严重，又先后六次组织民工筑堤，以减轻“下壅上决”的危害。例如，雍正四年（1726），因辛章、胜芳一带淀池被淤、阻清水达津之路，遂于柳岔口稍北（1726），因辛章、胜芳一带淀池被淤、阻清水达津之路，遂于柳岔口稍北改为下口，南岸自冰窖村改筑堤工，至武清县王庆坨止；北岸自何麻子营接筑堤工，至武清县范瓮口止。使永定河由入东淀，改入三角淀，达津归海。乾隆十六年（1751），三角淀一带又淤成高仰之势，于是又由冰窖改河，从旧有的东老堤开通，归入叶淀，达津归海。乾隆二十年（1755），冰窖河口以北淤，又于贺尧营地面，开堤放水，改为下口；河流东注，地势宽广，任其荡漾，散水匀沙，入沙家淀，达津归海。乾隆三十七年（1772），河出下口，年久地淤，又兴举大工，于东安县的条河头挖河，经毛家洼直入沙家淀。嘉庆六年（1801），河水暴涨，河流徙由条河头之北，入母猪泊，仍由沙家淀，达津归海。[③]

尽管当时的河患无法根治，但这些举措，为阻遏水灾蔓延及改善农业生产环境，仍起到一定的作用。

三、水稻种植的推广

在治河的同时，京畿地区开辟了水田，水稻种植获得很大的发展。当时推广种植水稻，主要出自三方面的原因：一是“治水即以治田”，农田利兴，则泛滥害除。因而，当时除筑堤设坝外，在河水上游广设沟洫，垦殖水田，“水涨，以疏泄为灌输”；“水消，以挑濬为粪治”。[④] 二是种植水稻，可减轻漕运负担。其时，东南转输，一石费至数石。京畿垦殖水田，有一石之收，则东南省数石之费。三是种植水稻，可提高粮食产量。[⑤]

清廷在京畿地区推广水田，自康熙年间就已经开始了。康熙三十年（1691），上谕说：“朕巡视南方，见彼处稻田，岁稔时一亩可收谷

---

①③（清）李逢亨编：《永定河志》卷一《绘图》，北京燕山出版社，2007 年，第 89、90 页。

②（清）黄彭年等撰：《畿辅通志（五）》卷八十三《河渠略·治河说二》，华文书局股份有限公司，1968 年，第 2670 页。

④ 光绪《顺天府志》卷四十八《河渠志十三·水利》，北京古籍出版社，1987 年，第 1772 页。

⑤ 曹子西主编：《北京历史纲要》（下册），北京燕山出版社，1990 年，第 199 页。

三、四石。近京玉泉山稻田一亩不过一石……此皆土脉不同，故收获亦异。”① 康熙帝虽承认南、北方的稻米产量的差异与自然条件即所谓土脉地气不同有关，但他认为自然因素是可以改造的。康熙三十一年（1692）四月，他在巡视通州一带田禾之后回到北京城，在西苑瀛台内丰泽园澄怀堂召见尚书库勒纳、马齐，指着澄怀堂后院栽种的修竹和前院盆内栽种的人参和各种花卉，对他们说：“北方地寒风高，无如此大竹，此系朕亲视栽种，每年培养得法，所以如许长大。由此观之，天下无不可养成之物也。”② 康熙四十六年（1707），他在比较内地和边外地区农作物生长状况后说：“边外地广人稀，自古以来从未开垦。朕数年避暑塞外，令开垦种植，且禾苗有高七尺，穗长一尺五寸者……内地之田，虽在丰年，每亩止收一二石，若边外之田，所获更倍之”。他承认这是“地方不同”的缘故，但更强调“然人力亦不可不尽也”。③ 康熙帝还十分注意，把南方种植水稻的经验，介绍到北方来。例如，在南巡时，他曾见舟中满载猪毛、鸡毛。问其故，得知，“福建稻田以山泉灌之，泉水寒凉，用此则禾苗茂盛，亦得早熟”。回到北京，他进行了同样的试验，“将玉泉山泉水所灌稻田，亦照此法”。④ 最后，取得了成功。玉泉山水稻果然早熟丰收。康熙帝还在中南海丰泽园苑田内利用玉田稻种进行改良，选育出一种早熟、米色微红、粒长气香而味腴的优良品种，名之曰“御稻米”。虽然“御稻米”的产量不是很高，但稻米的品质较旧品种已有很大进步，而且成熟期早，对于北方降霜期较早的地区来说也是一大优点。康熙《几暇格物篇》记述云：“丰泽园中有水田数区，布玉田谷种，岁至九月，始刈获登场。一日，循行阡陌，时方六月下旬，谷稻方颖，忽见一科，高出众稻之上，实以坚好。因收藏其种，待来年验其成熟早否。明岁六月时，此种果先熟。从此生生不已，岁取千百，四十余年以来，内膳所进，皆此米也。其米色微红而粒长，气香而味腴，以其生自苑田，故名御稻米。”由于用单株选择法选育成功的御稻生长期短，成熟早，既适于关外无霜期比较短的地区种植，又适于南方一年两熟地区，因此在康熙五十四年（1715）推广到江浙一带，“令民间种之”。

清代京畿地区大规模地经营水田，是在雍正时期。雍正三年（1725）十一月，胤禛命怡亲王允祥、大学士朱轼查勘直隶河道及水

① 《清圣祖实录》卷一百五十三，康熙三十年十二月丁亥。
② 《清圣祖实录》卷一百五十五，康熙三十一年四月辛丑。
③ 《清圣祖实录》卷二百三十一，康熙四十六年十月己亥。
④ 《清圣祖实录》卷一百五十九，康熙三十二年六月庚子。

利。允祥等派人作了大量实地考察。他在给雍正的疏奏中称："畿辅土壤膏腴，甲于天下，东南濒海、西北负山，有流泉潮汐之滋润，无秦晋岩阿之阻格，豫、徐，黄、淮之激荡，言水利于此地，所谓用力少而成功多者也"。[①] 基于这种有利的自然条件，第二年（1726），雍正谕准成立营田水利府，下决心大规模垦种稻田。

由于初设之年，即在直隶地区营田 714 顷 93 亩，亩收稻谷三四石不等，清廷决定扩大营田水利府的建置。雍正五年（1727），府下增设四局，即京东、京西、京南和天津局，加强对京畿水利的开发和管理。京东局所管辖的平谷县，置闸疏渠，引泃河及山泉溉田，当年即开成稻田 6 顷 11.5 亩，其中官营 5 顷 35 亩，民营 76.5 亩。雍正九年（1731），又将旱田 3 顷 50 亩改成水田。京西局所管辖的宛平县，于卢沟桥西北的修家庄、三家店等处引永定河水灌田。雍正六年（1728）京西局共营造稻田 46 顷。涿州则利用督亢旧河，引拒马、胡良河，共成稻田 3000 亩。房山县则引玉塘泉（在县治西南）和挟活河，拒马河诸水，"开渠置闸，随取而足，十余里塍禾相望"[②]，当年即营造稻田 23 顷 15.4 亩，其中官营 20 顷 43.6 亩，民营 2 顷 72.8 亩。雍正六年（1728）又于房山县城西南的良家庄、长沟村，营造稻田 3 顷 29 亩，其中官营 2 顷 89 亩，民营 40 亩。

清代京畿农田水利主要是官府开发，民间开发甚少。京畿稻田主要控制在皇室、官府和旗人地主手中。如京南丰台，"自柳村、俞家村、乐吉桥一带，有水田，俱旗地"。[③] 清代，京郊农民在水田开发中，或引水溉田，或引水改造盐碱土质，均取得显著成效。例如，房山县，于周口店作沟洫，利用坝儿河以及诸山涧溪，浸灌园畦。顺义县，灵迹泉涌出西流，灌溉稻田五十余亩。怀柔县城外，有宝带渠，"县人钟其潆凿渠引水，碱土遂成水田"。[④] 昌平县农民，开渠引流，利用县城东南西小口的黑泉，种植粳稻菱藕之属。百泉庄、马池口、凉水河郫、大小汤山、芹城、暴榆泉、黑泉、太舟务、勃海所，都有稻田。平谷县城东北二十里，有灵泉。农民引泉"灌溉田园，多赖其利"。[⑤]

清代，随着京师西北郊皇家园林的不断开辟与兴建，玉泉山水系和万泉庄水系得到系统整治，也促进了西郊水田的发展。玉泉山东流之水，经由长河，引入京城，并于沿途灌溉耕地。乾隆帝修建清漪园后，水田有所增加。乾隆《万寿山昆明湖记》曰："昔之海甸无水田，

①②④⑤（清）周家楣等：《光绪顺天府志》卷四十八《河渠志十三·水利》。

③（清）励宗万：《京城古迹考》，北京古籍出版社，1981 年，第 11 页。

今则水田日辟矣。”此时，昆明湖周边分布着上千公顷的稻田。乾隆帝对昆明湖水灌溉稻田十分重视。《写琴廊纪事》载：“玉泉山阴别有泉源，大小不一，汇为平湖，由迤北三孔闸东泻者为高水湖，其山南天下第一泉，乃趵突涌出为平湖，由五孔闸东泻者为低水，二水河流为玉河，归昆明湖以资灌溉。御园周围高地稻田不下千顷，实总资灵源利益也。”《昆明湖泛舟》诗注云：“疏治昆明湖，本为蓄水以资灌溉稻田之用，每年春夏之交，湖水率减数寸，盖因稻田日多，以济雨水或缺也。林丞但知守湖水尺寸而不计灌溉，此有司之见，严禁不许。”对于只顾园林景色而不顾农业生产的做法，是乾隆严厉禁止的。①

万泉庄水系源于海淀迤西的巴沟底地。那里，不但有平地涌出的泉流，还有长河东堤泄出之水。乾隆年间，将这股河流，导引过海淀镇，北流东转，经万春园之南，再北折汇入清河。巴沟低地，在未经人工整治之前，低处排水极不通畅，常年积成湖泊，附近的地方也多半沦为沼泽。虽水较为丰沛，因稳定性差，十分不利水稻的生产。关于泽地的改良，《农政全书》载：“以潴蓄水，以防止水，以沟荡水，以遂均水，以列舍水，以浍泄水，以涉扬其芟，作田；凡稼泽，夏，以水殄草而芟夷之；泽草所生，种之芒种。”② 乾隆帝正是利用这一传统的土地改良方法，使得海淀“新辟水田千顷绿”。③ 本为沼泽、浅湖的巴沟低地，逐渐经劳动人民之手，辟为稻田，成为著名京西稻的故乡。

由于水田的发展，清代京畿地区培育出一些优良的稻种。例如，京师人所说的“御田米”，就是用玉泉山的水灌溉培育的。宛平县产糯、粳二种稻。昌平州出产膳米。房山县产红、白二种稻，县中白玉塘水田所产米，更是“珍贵异常品”。此外，康熙在丰泽园培育的御稻种，在宛平、涿州、房山等县得到推广，其米“微红、粒长而味腴，四月插秧，六月可熟”，极为珍贵。④

四、果品生产

自古以来，北京地区果品生产十分兴盛。仅《大清一统志》在记载顺天府土产时，就列举了十几种果品，如栗、枣、梨、杏、桃、李、

---

① 彭兴业等：《海淀文史——海淀古镇环境变迁》，开明出版社，2009 年，第 151—162 页。

② （明）徐光启：《农政全书》（上册），岳麓书社，2002 年，第 385 页。

③ 《昆明湖上作》，载颐和园管理处编：《颐和园志》，中国林业出版社，2008 年，第 285 页。

④ 吴建雍：《北京城市发展史·清代卷》，北京燕山出版社，2008 年，第 274 页。

柰、榛、白樱桃、葡萄、苹婆果、文官果等。北京果品中，历史悠久、产量丰富、在国内外最为知名的首推板栗。

北京地区从燕国时代就开始大规模种植栗子。《史记·货殖列传》说："燕秦千树栗，……此其人皆与千户侯等"。到辽代，当时燕京的栗子非常多，燕京境内的上方感化寺，"野有良田百余顷，园有甘栗万余株"。① 一座寺院就有上万株栗子树，整个燕京地区的栗子种植规模可想而知。辽政府在燕京设立专门机构"南京栗园司"，专门管理栗子生产和收取赋税。到明清时期北京地区陆续发展起许多官家私人"栗园"。尤其是北京附近的固安栗子最为有名，味道格外甜美。当时固安直隶京畿，固安栗子往往专门进奉宫廷，号称"御栗"。《燕京杂记》载："栗称渔阳自古已然，其产于畿内者在处皆美，尤以固安为上"。北京的"栗比南中差小，而味颇甘，以御栗名，正不以大为贵也"。②在北京地区，栗的质量是不以个大小而论的，个小的，品质好。《谈归录》就指出，"似乎栗以大为贵，然燕人之论殊不尔也"。③ 关于明清时北京栗子种植，《日下旧闻考》总结说："盖栗为都城土产，或官为典司，或民自种植，固在在有之也"。④

在北京仅次于板栗的果品是枣子。枣是我国原产树之一，北京也是枣的重要原产地之一。古代北京的气候和土壤十分适于枣的生长。司马迁在《史记》中记载幽燕土产是枣栗并称的，说明早在秦汉以前北京就有不少枣树。《神异记》记载北京大枣"味有殊，既可益气，又安躯"。尤其是密云小枣，甘甜肉嫩，十分有名。《密云县志》记载："密云产枣，小者佳"。到清代，北京枣的优良品种开始向全国其他地区传播，如新疆阿克苏地区的枣树，就是乾隆年间由北京传去的。北京的枣，品种繁多。按清代《帝京岁时纪胜》的分类："大而长圆者为缨络枣，尖如橄榄者为马牙枣，质小而松脆者为山枣，极小而圆者为酸枣。又有赛梨枣，无核枣，合儿枣，甜瓜枣……其羊枣黑色，俗呼为软枣，即丁香柿也"。⑤ 而按《天咫偶闻》的分类："有戛戛枣、缨络枣，坛子枣，老虎眼酸枣、白枣、黑枣、壶卢枣"。⑥

① 《全辽文》卷十《上方感化寺碑》。

② （清）于敏中:《日下旧闻考》卷一百四十九《物产》，北京古籍出版社，1981 年，第 2390 页。

③ 《日下旧闻考》卷一百四十九《物产》，北京古籍出版社，1981 年，第 2391 页。

④ 《日下旧闻考》卷九十五《郊垧》，北京古籍出版社，1981 年，第 1588 页。

⑤ （清）潘荣陛:《帝京岁时纪胜》，北京古籍出版社，1981 年，第 28 页。

⑥ （清）震钧:《天咫偶闻》卷十《琐记》，北京古籍出版社，1982 年，第 217 页。

京白梨是北京的特产果品之一，原产门头沟区军庄乡东山村南坡地的山沟里。明代，这里就开始大规模栽种梨树，每到收获季节，骡驮车载，向城里运送，早晚络绎不绝。京白梨皮薄肉厚，可食部分占果重的76.9%，含糖量在11%左右。京白梨的果皮呈淡黄色，表面光滑。初采下时，果肉脆嫩，完全成熟时变软，果汁尤多，味道酸甜，有浓厚的香味。①

北京郊区栽培杏树历史悠久，优良品种繁多，如海淀的水晶杏，十三陵的大白杏、关老爷脸，房山、昌平的铁巴达、玉巴达等。还有专供取杏仁用的品种，如大扁杏，它的杏仁大，出油率高，口味香甜，品质极佳，中外驰名，是北京重要的出口土产之一。

产于门头沟区龙泉务的香白杏，果实呈扁圆形，大小均匀，底色黄白，阳面红晕，果肉黄白肥厚、皮薄、汁多。成熟时用手掰开，拿出核后，两爿呈两个小水洼，香味浓烈，放在屋里满室生香，曾是清代的贡品。②

历史上，北京葡萄生产也很著名。北京地区原有葡萄分紫、白两种。据《房山县志》称红玛瑙、白玛瑙。清初，新疆哈密地区各种葡萄传入北京，植于宫廷园囿。康熙《圣祖御制文集》云："近得哈密各种葡萄，植于苑中，结实有白者、绿者，长如马乳者。又一种大葡萄，中间有小者，名公领孙；又一种小者，名琐琐葡萄，种类虽殊，食皆甘美。"北京葡萄糖分多，味道美，但一旦移植南方就会变味。故长期以来北京葡萄都是宫廷专用的珍品。

清代北京地区还从外地引进了香瓜和西瓜的优良品种，对本地品种加以改良。沈太侔《东华琐录》云："畿南一带（今北京大兴县）有瓜市，市瓜者，先与种瓜人预购一年，先后摘取。惟约定后，即有劣败，瓜主人已售出，即不任咎也。俗以瓜为甜瓜，亦名香瓜，有羊角密、葫芦酥、青皮脆、金铃坠诸名。别有虾蟆酥者，皮青似翠，瓤赤如火。西瓜自六七月后，林红方于街市叫卖，有红沙瓤、黄沙瓤、三白。三白者，谓皮、子、瓤皆白也。初皆哈密、榆次种，以后则多内地所出瓜果矣。"③

此外，柿子在北京郊区有悠久的栽培历史，分布较广。房山县的河北山沟、昌平县的十三陵、平谷县的大华山和北寨等地都是柿子的

① 林红：《北京风物志》，北京旅游教育出版社，1985年，第209—210页。刘月兰、焦维新编著：《北京之最》，中国旅游出版社，1989年，第286页。

② 林红：《北京风物志》，北京旅游教育出版社，1985年，第210页。

③ 章伯锋、顾亚主编：《近代稗海》第13辑，四川人民出版社，1989年，第619页。

主要产地。大盖柿（又叫磨盘柿）是京郊栽培的主要品种。它以个大（一般在4两以上，大的可达1市斤）、汁多、味甜而著称。①

五、蔬菜生产

北京地区蔬菜生产历史悠久，远在辽、金两代城北即有较为发达的蔬菜和瓜果等交易，金代中都在永定门、左安门、广渠门内外一带已发展有成片菜田。

元代多数菜农“柳暗而始莳瓜”、“收霜菜而为菹”。且已有“治蔬千畦，可当万户之禄”的专门种菜并进行商品生产的菜农。种类有数十种菜，涉及根菜、叶菜、茎菜、花菜、果菜及食用菌六大类。大都主要有三大菜市，即丽正门三桥（今天安门前），哈达门丁字街（今王府井的菜厂胡同）及和义门外（今西直门外）。

明代，北京蔬菜生产得到迅速发展，有御菜园、官菜园与民菜园之分。生产技术水平相当发达，保护地生产发展迅速，贮存及软化栽培技术普遍应用。并开始引种南方菜，北方的大白菜已有很多品种。菜农生产的菜通过“供奉”和“交易”等渠道供给皇室、官府和百姓。②

清初，由于皇室在京畿“强占园地”、“吞霸菜苗”，使得蔬菜生产受到严重破坏，直到康熙二十二年（1683），清朝统一稳定后，蔬菜生产才得以较快的恢复和发展。清代北京地区的菜田可划分为“御用”和“民用”两类。③ 据《大清会典·内务府》介绍，专门为宫廷服务的“御用瓜菜园”共计有93处，占地总面积达628顷，相当于明代的5.2倍。主要分布在南郊的南苑和菜户营等地。宫廷蔬菜的供应由“内务府”总管。在紫禁城内的西北隅，特设“菜库”机构，负责收纳。御用的瓜菜园可以生产各种蔬菜五十多种。④ 通过开展露地和保护地栽培，结合运用贮藏、加工等多种手段的调节，其中的白菜（包括结球大白菜、小白菜和腌渍白菜）、菠菜（包括越冬菠菜、春菠菜、夏菠菜、冻藏菠菜和干菠菜）、韭菜（包括芽韭、囤韭和腌渍韭菜）、萝卜（包括大萝卜、水萝卜、小萝卜、卞萝卜和腌渍萝卜）等10种蔬菜，

---

① 林红：《北京风物志》，北京旅游教育出版社，1985年，第211页。

② 《中国农业全书》总编辑委员会《中国农业全书·北京卷》编辑委员会编：《中国农业全书·北京卷》，中国农业出版社，1999年，第131页。

③ 张平真：《北京地区蔬菜业的发展概述（公元前1046—公元1948年）》，载《中国蔬菜》2011年第23期。

④ （清）昆冈等：《大清会典·内务府》。

初步达到“季节性生产、常年供应”的先进水平。①

民间的菜园散布在城近郊区，包括北京外城的西南隅和东南隅，以及现今北京近郊的丰台、海淀和朝阳区。常年上市的蔬菜当时分别属于“蔬属”、“瓜属”和“果属”，共计50多种。其中，属于“蔬属”的蔬菜包括：白菜、菠菜、莴苣、芹菜等叶菜，擘蓝（苤蓝）、茭白、芋头等茎菜，水萝卜、胡萝卜、蔓菁等根菜，蕨菜、荠菜、薇菜等野生蔬菜和蘑菇、木耳等食用菌；属于“瓜属”的蔬菜包括：黄瓜、甜瓜、菜瓜、丝瓜、冬瓜、瓠瓜、南瓜（倭瓜）、绞瓜（即搅丝瓜）和西瓜等瓜类蔬菜，以及属于“果属”的蔬菜包括：莲藕、荸荠、芡实、菱角等水生蔬菜。②

清代按照定制，每个“御用菜园”设“园丁”5人，并遴选其中的壮丁1人为“园头”，主管蔬菜栽培事宜；除园地以外，每个菜园还配备耕牛2头，蒲帘（蒲席）125件，夹篱帐（障）菽（秫）秸3500本（捆）。③因此每个“御用菜园”除进行露地栽培以外，还可以开展风障、阳畦，以及火炕、暖洞子、土温室等多种方式的保护地栽培。此外还能够应用遮光、覆土、间作、复种，以及排开播种、育苗移植和延迟栽培等诸多方式栽培蔬菜。

清初宫廷蔬菜绝大部分均由“御用菜园”生产供应。由于生产手段的限制，供应种类和供应水平都很有限。随着时间的推移，特别是到了清代晚期，由于宫廷生活日趋奢靡，致使到市场“和买”（采购）高档细菜的比重逐年增加。以同治五年为例，在当年消费蔬菜总量的208.2万斤当中，仅有17万斤取自畿辅等地“御用菜园”的“园差”，其余91.8%都是通过“和买”采购而来的。④

温室俗称“暖洞子”。利用暖洞子生产瓜果蔬菜已有久远的历史。到了明、清以后，温室的发展更为普遍。北京作为五朝陪都和首都，皇室豪门对新鲜菜蔬需求较大。因此，温室栽培，在北京地区较之别处更为发达。据记载：“南花园，在西苑门以南，东向，明时曰灰池。种植瓜蔬于炕洞内，烘养新菜，以备春盘荐生之用”。⑤当时暖洞子里所生产的菜蔬品种很多，尤以黄瓜最为著名。所以《学圃余疏》里说：

① 清内务府掌关防处：《内务府堂清册·菜蔬清册》，中国第一历史档案馆藏。

② 《光绪顺天府志》卷五十《食货志二·物产》，北京古籍出版社，1987年，第1797—1804页。

③ （清）陈梦雷、蒋廷锡：《古今图书集成·博物汇编·草木典·蔬部》。

④ 张平真：《我国清代宫廷蔬菜的生产和供应》，载《中国蔬菜》2010年第1期。

⑤ （清）高士奇：《金鳌退食笔记》卷下，中华书局，1985年，第32页。

“王瓜出燕京者最佳，种之火室中，逼生花叶，二月初即结子实”。[①] 这些鲜菜大多送往宫中，或是供官绅富户食用。

六、花卉种植

北京的种花，古已有名，不但有花乡丰台，而且寺庙和皇宫也植花。

到了清代，北京花卉种植更加兴盛，北京城郊已经形成了花卉生产基地，其中最著名的是“丰台十八村”，由于花卉种植业比较发达，有了一定的专业分工，如玉泉营的小盆花，樊家村的木本盆花，张家路口的草花和地栽石榴等，整个十八村几乎家家养花，人人懂花。据《日下旧闻考》记载，丰台一带“京师花贾比比，于此培养花木，四时不绝，而春时芍药尤甲天下”。[②] 草桥一带，十里居民皆以养花为业，莲池荷花香闻数里，成片种植牡丹、芍药，兼有培育白兰花和茉莉花的，以采摘花朵供应茶店熏制茶叶或搭配于茶叶中提味，还有少数生产鲜药，如鲜杷叶、鲜佩兰和鲜藿香的。

寺庙中种植的花卉，既有木本的，也有草本的。西四西北的广济寺，“寺中以腊梅著名，后毁于火”。[③] 法源寺（悯忠寺）在宣武门外法源寺街。清乾隆时，以芍药著。后来，牡丹与海棠并植，但“悯忠寺里花千树，只有游人看海棠”。[④] 再后，牡丹与海棠俱尽，又以丁香闻名。“山门之内，高松环列，二门以内，皆植丁香，东边尤盛”。[⑤] 清初，寺以枣花著称，“环植枣树千株”，故也称枣花寺。到了乾隆年间，枣树仅“数株而已”[⑥] 后以“牡丹著名，异种甚多……佛院中二乔、一品衣、墨华、姚黄俱盛开。最可念者，西偏僧寮前有魏紫两株，高逾五尺”。[⑦] 普济寺俗称高庙，在什刹西海的南岸，“庙中有白海棠，高数丈者五六株，花时繁英缀玉，他处所无也”。[⑧] 弘善寺（韦公寺），在左安门外二里。寺后“里许有柰子古树，婆娑数亩，春时花盛开，望之如雪。三夏叶特繁密，列坐其下，微雨烈日俱不到袂，荫若夏

---

① 《日下旧闻考》卷一百四十九《物产》，北京古籍出版社，1981年，第2381页。

② 《日下旧闻考》卷九十《郊坰》，北京古籍出版社，1981年，第1535页。

③ （清）崇彝：《道咸以来朝野杂记》，北京古籍出版社，1982年，第27页。

④ 雷梦水等：《中华竹枝词》，北京古籍出版社，1997年，第237页。

⑤ 陈宗蕃：《燕都丛考》，北京古籍出版社，1991年，第610页。

⑥ 《日下旧闻考》卷六十《城市》，北京古籍出版社，1981年，第993页。

⑦ 《道咸以来朝野杂记》，北京古籍出版社，1982年，第25—26页。

⑧ 汤用彬等：《旧都文物略》，书目文献出版社，1986年，第148页。

屋”。[①] 弘善寺后还有“西府海棠二株，高二寻，每开烂如堆秀，香气满庭，昔人恨海棠无香，误也”。[②] 阜成门外的摩诃庵，“万历后，庵中杏花多至千余株，游人最盛”。[③] 到乾隆十七年（1752），“惟枣树，已无杏花”。[④] 东郊鬼王庵以生产露地草花为主，如三色堇、翠菊等。

皇宫除外边供给鲜花之外，本身也养花。西郊卧佛寺曾是专门种养牡丹的地点，“卧佛寺多牡丹，盖中官所植，取以上供者。开时烂漫特甚，贵游把玩至不忍去”。[⑤] 除卧佛寺外，还有西苑门以南的南花园，明朝时是种植瓜果蔬菜的地方，到清朝时，“杂植花树，凡苏杭所进盆景，皆付浇灌培植。又于暖室烘出芍药牡丹诸花，每岁元夕送大内陈设”。[⑥] 清代，“宫中陈列鲜花，对午一换，勒为定制”。此外，“各府邸及各宅第，亦皆雇有花匠，四时养花”。[⑦]

七、京师农事试验场

光绪二十四年（1898）戊戌政变以后，为顺应潮流，清政府宣布了“兼采中西各法”兴办农业的上谕。创办农事试验场即是我国农业实行改革、推广普及近代农业技术的一项主要措施。为了开通风气，振兴农业经济，商部在开办农务学堂培养农业专门人才的同时，就在全国选址酌办农事试验场。

光绪三十二年（1906）三月二十二日，商部上奏朝廷，题请建立京师农事试验场。奏折写道：“京师为首善之区，树艺农桑臣部所职掌，自宜择地设立农事试验场一所，以示模范。”[⑧] 农事试验场的选址颇费了一番周折。最初商部选为南苑，命南苑商务局留地20顷作为建立农事试验场之用。商部章京胡宗瀛在踏勘了南苑留地以后，向商部禀报：南苑留地系含碱质极高的一处低洼之地，其田面与龙河持平，待春水一发，疏泄无从，此地只适宜种植水稻、芦苇、茨菇、莲藕等物。而且周围大都是私地，不利于就近扩充，建议另择官地。后查得“西直门外有乐善园一所，该园地段广计十有余顷，园中屋宇花木悉经

① （明）蒋一葵：《长安客话》卷四《郊坰杂记》，北京古籍出版社，1982年，第81页。

② （清）孙承泽：《天府广记》（下），北京出版社，1962年，第534页。

③ 雷梦水：《北京风俗杂咏续编》，北京古籍出版社，1987年，第40页。

④ （清）戴璐：《藤阴杂记》卷十二，北京古籍出版社，1982年，第113页。

⑤ （明）蒋一葵：《长安客话》卷三《郊坰杂记》，北京古籍出版社，1982年，第57页。

⑥ （清）吴长元：《宸垣识略》卷三《皇城一》，北京古籍出版社，1982年，第57页。

⑦ 汤用彬等：《旧都文物略》，书目文献出版社，1986年，第264页。

⑧《商部奏请拨官地兴办农事试验场折》，载《东方杂志》1906年第3卷第6期，第113页。

毁弃，惟土脉肥饶，泉流清冽，以之作为试验场，种植灌溉，最为相宜”。[①] 同日，清廷准商部奏。

筹办之初，商部（光绪三十二年九月二十日改为农工商部）拨款10万两，由南、北洋大臣各出五万两，作为开办经费。光绪三十三年（1907年）四月二十九日，朝廷“刊刻木质关防一颗，文曰农工商部农事试验场之关防，发给该场以资钤用恭候”。[②] 该场由农工商部右丞沈云沛负责筹划，督率司员修建各项工程，先后平治场圃、区划畦町、修建垣墉、疏浚沟渠、建馆筑室，布置合理。建有试验室、农器室、肥料室、标本室、温室，蚕室、缫丝室、切桑室、鸟兽室，器械室、农夫住室、各种办公室、蚕桑馆、各种仓库等。该场设总办一人，由农工商部参议上行走、后补三院卿、内务府员外郎诚璋担任，设场长一人，由农工商部章京、农学毕业生叶基桢担任，场下设农林科、动物科、庶务科，会计科，有科长、司员68人，技师2人，桑工、花匠6人，水旱田长夫58人，劳役、杂夫110人，巡警18人，附设有动物园、植物园、茱园、车厂、咖啡馆、初等农业学堂。学堂设堂长一人，由农工商部章京崔燮邦担任，并设监学2人，庶务2人，教习7人，义务教习12人，学生60人。该学堂于宣统三年（1911）八月一日招生，同年八月二十日正式开学。学堂分农业、蚕业、林业、兽医四科，学制三年。第一学年学习修身（即政治）、国文、经史、地理、算学、物理、生理、无机化学、植物学、稼穑学、园艺学、图画、体操、农场实验；第二学年加代数、有机化学、土壤学、肥料学、矿务学（附地质）、动物学，第三学年加几何、气象、养蚕学、畜牧学、农产制造学、农业经济学、害虫学、林学大意。[③]

光绪三十二年（1906）十二月，为筹办京师农事试验场，农工商部就向各地督抚及驻外大臣发函，要求购选当地各类动植物及其种子，标本等送农事试验场试验和陈列。如农工商部曾电告各驻外使臣，请“将东西各国所产五谷蚕桑果蔬花草等类，选取佳种及鸟兽之羽毛、珍异水族之品类新奇者，于明岁五月前备齐，托公司轮船托寄回国，交上海道查收，转寄到部”；同时电告苏松太道：“各驻外使臣采办之物品，约计明岁夏秋之交当可陆续寄到，各国公司轮船大率道出上海，

---

① 《商部奏请拨官地兴办农事试验场折》，载《东方杂志》1906年第3卷第6期，第113页。

② 《试验场之关防》，中国第一历史档案馆藏《农工商部案卷》，案卷号490—20—203。

③ 《北京史苑》编辑部编：《北京史苑》（第4辑），北京出版社，1988年，第236页。

为此札饬该道，届时派员接受托为照料转寄本部以便陈列考验”。① 光绪三十三年（1907），农工商部就收到“驻德吴代办奉饬采购的各类种子大小148罇、鸟6双、鱼10尾、虾一个、蜜蜂一匣，另书籍5种并清单清册装箱寄回”。②

京师农事试验场还接收了法国农业部门赠送的各种名贵花草籽种等物。短短两年时间，农工商部通过各种渠道，还从美国、英国、意大利、奥地利、比利时等国购进了大批的优良农作物籽种和先进农具，购进了许多珍禽鸟兽，购进各种农业科学种植养殖的图书、画册，为农事试验场的改良试验做了充分的准备工作。③

光绪三十四年（1908），京师农事试验场初具规模，正式开始进行试验和陈列展品。据农工商部档案记载，全场共分为五大实验区：④

第一区为谷麦试验区，占地75亩。场中辟为六个试验小区，分别种植直隶、江苏的陆稻、芝麻，山西、河南、四川的高粱、菽豆，以及法兰西的高粱，美利坚的玉米，意大利的陆稻和日本的花豆等。播种分散播、条播和点播，肥料有氮肥，磷酸肥、加里肥之别。

第二区为蚕桑试验区，场中辟为蚕室、剿丝室、切桑室和机器标本陈列室。蚕种有中外两种，分为天然饲养和人工饲养。人工饲养法又分温育，凉育、温凉适中育三种。桑园占地约55亩，已栽成活15000株，桑条摇曳，生趣盎然。桑田以北还分别种植10亩棉田和6亩麻田。种有直隶、山东、江苏、安徽、湖北及美国、日本之棉籽，直隶、奉天及美国，日本之麻籽。采用美国种棉成法，如选种、加肥，摘心、培土等。

第三区是蔬菜试验区，场中也辟为四个小区，占地32亩。如直隶的黄瓜、茄子，江苏的山药、扁豆、香瓜，荷兰的甜菜，俄罗斯的甜瓜、番茄、辣椒，美国的芸豆、蜀葵、莱菔、甘蓝等类，并备有温室培养莱苗。

第四区为果木试验区，辟为14个小区，占地85亩，是五个试验区中占地最大的区。果木试验区分为美术园艺和普通园艺，按仁果、

---

① 《札苏松太道各出使大臣寄回物品派员接收寄部由》，中国第一历史档案馆藏《农工商部案卷》，案卷号490—20—205。

② 《咨出使德国大臣所解各物品到部业已照收到由》，中国第一历史档案馆藏《农工商部案卷》，案卷号490—20—208。

③ 刘燕：《北京动物园曾是农事试验场》，《北京档案》2004年第9期。

④ 《记京师农事试验场》，中国第一历史档案馆藏《农工商部案卷》，案卷号490—20—205。

核果、浆果、谷果四大类分区种植各省及各国优良果树品种。这些树高的葱郁可观，低的芳菲盈亩。

第五区为花卉试验区，这是属于农业附属品，在试验农产品种植之余留意培养种植一些著名花草。如福建的兰，江苏的菊，河南、山东的牡丹，湖南、江苏的珠兰以及意大利的花草，澳大利亚的兰卉，日本的菖蒲、蔷薇、樱花、百合花、福寿草等类，有草本、木本之别，有丛生、蔓生之殊，盆栽畦植，分布各区，十分壮观。

此外，场内还有试验工厂、博览园、动物园三处，对各种动植物及其标本进行陈列和实验。

在农工商部京师农事试验场的垂范下，全国各省、府、州、县都加快了农事试验场的创建工作。到宣统三年（1911），当时全国22个行省共建立各类农事试验场98处。[①] 应当说，京师农事试验场在开启民智、启迪风气，引进、推广近代农业科学技术等方面取得了一定的成绩。但由于朝廷腐败、政局动荡，大多数农事试验场农业科研并没有取得大的成就。因此，也使京师农事试验场成为全国农业模范大打折扣。

第二节　清代京师的手工业与晚清工业

清顺治元年（1644）定鼎北京之后，沿袭明制，仍以北京为京师。有清一代，传统手工业的生产仍然占着主导地位。

清代前期（1644—1840）京师的手工业，经明末清初的破坏之后，到康熙时期基本恢复起来，乾隆盛世达到鼎盛时期。清前期的京师手工业分为官营和民间两种。官营手工业日渐衰落，民间手工业逐渐扩大，数量上比明代有所增加。

清代后期（1840—1911），京师官营手工业的衰落以军火生产最为典型。清末兴办的工艺局及工艺传习所工场，除主要为官办外，还出现了商办和官助商办等新的形式。民间手工业进一步发展，不仅表现在主要由官府经营的特种手工业普遍流向民间，而且京师居民生活的必需品，如衣食住行等方面的手工业品，皆离不开民间的生产和经营。

与传统手工业相对应的是近代工业，即以采用机械或半机械设备进行生产的工矿企业，不论其采取何种生产关系，不论由谁经营，均属近代工业范畴。北京近代工业的内涵正是基于此而言的。

---

① 刘燕：《北京动物园曾是农事试验场》，《北京档案》2004年第9期。

与沿海地区通商口岸城市相比，北京近代工业产生略晚，最早出现于19世纪70年代。同治十一年（1872），[①] 在门头沟创立了用机器提升原煤的通兴煤矿，这标志着北京近代工业的开始。到19世纪末，出现了几家规模较大的近代工业企业，20世纪初得到初步发展。

一、清代京师的官营手工业

1. 清前期的机构设置与经营规模

入清之后，京师的官营手工业改隶清工部和内务府等机构。清工部，“掌天下工虞、器用、办物、庀材，其有陵寝、宫府、城垣、仓库诸大事，各率所司，分督监理”，其属有营缮、虞衡、都水、屯田四清吏司。营缮司，“掌缮治坛庙、宫府、城郭、仓库、廨宇、营房之役，凡物料各贮一厂，籍其数以供修作之用”，负责京内各衙门土木杂作；虞衡司，“掌山泽、采办、陶冶、器用、修造、权衡、武备”，负责制造军器火药等；都水司，“掌水利、河防、桥道、舟车、券契、量衡”，负责刻字、印刷、画匠、渡船、桥夫等各项事务；屯田司，“掌修缮、陵寝，并屯种、抽分、夫役、坟茔之事，凡筑造树碑开窑凿石悉司其禁令”，负责管理以上各工部作坊和手工工场守卫职责等。[②] 工部各司的手工业作坊中，虞衡司下有火药局、安民厂、濯灵厂、盔甲厂、硝黄库专门制造和贮存火药及其原料，还有制造生、熟铁炮及铜炮的炮局、军需库等；都水司下有刻石、作画、染纸、裁缝等各工匠。

清代工部机构中，还有制造库、宝源局、琉璃窑、料估所、街道厅、皇木厂等部门。制造库“掌攻冶金革”，是工部重要的官手工业机构，其下设银作、鋄作、皮作、绣作、甲作五个造作场，以及门神、门帘二库；宝源局“掌鼓铸钱布”；琉璃窑“掌大工陶冶”；料估所“掌审曲面势，以鸠百工”；街道厅“掌平治道涂，经理沟洫”；皇木厂“（监督）掌稽收运木……（柴薪监督）掌储木材……（煤炭监督）掌采取薪炭以供宫府之用”。[③]

除工部外，政府直接经办的还有户部宝泉局“掌铸造制钱收纳铜课”，[④] 礼部铸印局“掌铸造金玺及内外百官之印信”。[⑤]

工部之外，清宫内的官手工业由内务府各内监局管理。内务府“掌内府财用、出入、祭祀、宴飨、馔馐、衣服、赐予、刑法、工作、

---

① 一说为光绪五年（1879）。

②③《清朝文献通考》卷八十一《职官五·工部》。

④ 《清朝文献通考》卷八十一《职官五·户部》。

⑤ 《清朝文献通考》卷八十一《职官五·礼部》。

教习之事……其属有七司，曰广储……曰营造……国初置内务府……顺治十一年裁，十八年复设……又设武备院、上驷院与织染局”。①

广储司下设六库、七作、二房。据《石渠余纪》载：“广储司，掌银、皮、瓷、缎、衣、茶六库之藏物，相类者兼贮焉，稽其出纳。掌银、铜、染、衣、皮、绣、花七作之匠，以供御用。及宫中冠服、器币，三织造及内织染局属焉”。②

银作，“专司成造金银首饰器皿，装修数珠小刀等事”。铜作，“专司打造铸作各样铜锡器皿，拔丝、胎钑、錾花、烧古及乐器等事”。染作，“专司染洗绸绫、布匹、丝绒、棉线、氆氇、哔叽缎、羊羔、鹿皮、毡口、鞍笼、绒绳、马尾、羊角、灯片，及炼绢、弹粗细棉花等事”。熟皮作，“专司熟洗各种皮张，成造羊角天灯、万寿灯、执灯等灯，宝盖、璎络、流苏，并拴吉祥摇车、御喜凤冠垂珠，做鹰帽五指，织造氆氇等事”。绣作，“专司刺绣上用朝衣、礼服、袍褂、迎手、靠背、坐褥、伞鞊，内庭所用袍褂、官用甲面补子等项，及实纳上用鞊、官用鞊、弓插、凉棚、帐房、角云等项”。花作，“专司成造各色绫绸、纸绢、通草，米家供花、宴花、瓶花等项，络丝、练丝、合线、做弦及鹰鹞绊等事”。针线房，“成造上用朝服，及内庭四时衣服、靴袜等项”。③ 衣作和帽房，成造各种衣帽，皆造作不常。

营造司，“掌宫禁之缮修，其属有木、铁、房、器、薪、炭之六库，铁、漆、炮之三作”。④这里的炮作制作的是花炮爆仗，并非军器。

武备院，“掌上甲胄、弓矢、兵仗及鞍辔、行帐诸事……凡兵仗，皆由院敬谨修造，御用弓矢皆选盛京之良楛砮石成造”。⑤

京内织染局，织造御用缎匹，初属工部，设于地安门嵩祝寺后，康熙三年（1664）划归内务府。乾隆十六年（1751），将织染局移至万寿山。⑥

养心殿造办处，“掌供器物玩好”。⑦乾隆二十三年（1758）以前，造办处辖有42作，即画院，如意馆，盔头作，做钟处，琉璃厂，铸炉处，炮枪处，舆图房，弓作，鞍甲作，珐琅作，镀金作，玉作，累丝

① 《清朝文献通考》卷八十三《职官七·内务府》。

②④⑦ （清）王庆云：《石渠余纪》卷三《纪立内务府》，文海出版社，1973年，第226、227、230页。

③ 《钦定总管内务府现行则例》，《广储司》卷一，引自彭泽益：《中国近代手工业史资料》第一卷，中华书局，1962年，第150—152页。

⑤ （清）昭梿：《啸亭杂录》卷八《内务府定制》，中华书局，1980年，第230—231页。

⑥ 《光绪大清会典事例》卷一千一百七十二《内务府·官制》。

作，錾花作，镶嵌作，摆锡作，牙作，砚作，铜作，镀作，凿活作，风枪作，眼镜作，刀儿作，旋轴作，匣作，裱作，画作，广木作，木作，漆作，雕銮作，旋作，刻字作，灯作，裁作，花儿作，绦儿作，穿珠作，皮作，绣作。乾隆二十三年（1758）裁并后，剩留了匣裱作，油木作，灯裁作，金玉作，铜镀作，盔头作，如意馆、造钟处，琉璃厂，铸炉处，枪炮处，舆图房，珐琅作共 13 作。乾隆四十八年（1783），炮枪处的弓作及鞍甲作又独立分出，总数又增至 15 作。到清末光绪年间，复裁弓作及鞍甲作，增设花爆作（后改花爆局专司采购西洋烟火），又降为 14 作。造办处可谓是宫内最大的造作工场。①

清前期京师官手工业的生产与经营规模，从其使用经费和役使工匠人数，可知大略。

首先，就使用经费来看，清代前期的官手工业已较明代大为缩减。康熙四十九年（1710）谕户部："前（明）光禄寺一年用银一百万两，今止用十万两，（明）工部一年用二百万两，今止用二三十万两，必如此，然后可谓之节省也。"② 到康熙末年，官手工业经费更加减少，"光禄寺年用四五万（两），工部十五万余"。③ 乾隆时经费略有增加，乾隆三十年（1765），内务府、工部、太常侍、光禄寺、理藩院总共备用银 56 万两，内务府备用钱五千千，国子监膏火银 60 两，钦天监时宪书银 498 两有奇，宝泉、宝源两局料银 107671 两余，④ 总数经费也不过 70 余万两，与明朝宫内用银和工部用银总共 300 万两的经费相较，清官手工业经费显然相形见绌，这也从一个侧面反映了清代前期京师手工业规模的萎缩。

其次，从使用工匠人数来看，清代前期的官手工业也远远小于元明两朝。雍正元年（1723），工部四清吏司额作匠役（包括首领、作管等）分别为：营缮司 97 名，虞衡司 64 名，都水司 107 名，屯田司 114 名。工部门神、门帘二库匠役（包括内监、库役等）共 187 名。工部制造库五作额设匠役（包括领催、种地领催等）271 名。此外，广储司额匠 1460 名，造办处食饷人匠 419 名，京内织染局匠 825 名。⑤ 以

① 崇璋：《造办处之作房及匠役》，《中华周报》第 2 卷第 19 期。

② 《清朝野史大观》卷一《清宫遗闻》，上海书店，1981 年，第 17 页。

③ （清）王庆云：《石渠余纪》卷一《纪节俭》，文海出版社，1973 年，第 43 页。

④ （清）王庆云：《石渠余纪》卷三《通考京师用额》，文海出版社，1973 年，第 287—289 页。

⑤ 彭泽益：《中国近代手工业史资料》第一卷，中华书局，1962 年，第 161—162、158—159、153、149、71 页。

上数字皆按清代在工部和宫内长期造作的额作匠役最多时统计，总共各类匠役亦不过3544名。此数目与元代大都系官人匠40万，及与明代隆庆三年（1569）住坐匠较低数目13367员名比较，则清代不及元代的百分之一，明朝的三分之一。

更具体的例子是，明嘉靖四年（1525）织染局有军匠2164名，内官监新、旧工匠9356名，总计1.1万余名。其他监局食粮人役难以数计。① 然而，清代内务府织染局在康熙初年最多时也仅有工匠825名，此后经多次裁减，至雍正十三年（1735），只剩下190名。② 这些表明，清代前期京师官手工业规模大大地缩减了。

2. 清后期的管理机构及经营状况的变化

其一，京师农工商总局的设立与旋废。

甲午战争惨败后，包括光绪帝在内的一部分清朝统治者认识到发展资本主义工商业对于国家富强的重要性。光绪二十一年（1895）闰五月丁卯，清政府谕令“以恤商惠工为本源，此应及时举办”，并命各直省将军督抚暨地方官就如何发展工商“悉心妥筹，酌度办法”。③ 于是，一些官员纷纷奏陈各项振兴工商措施。同日，张之洞上《吁请修备储才折》，奏请设立“工政局”，主张“今宜于各省设工政局，加意讲求。查各关贸易册中每年出口易销之土货，则加工精造之、扩充之，以广其出；进口多销之洋货，则加工仿为之，以敌其入……责成各省督抚招商设局，各就本地土宜销路筹办”。④

光绪二十四年（1898）四月，侍郎荣惠奏请特设“商务大臣”，总管全国工商。是年七月初五（8月21日），清廷根据康有为请立农工商总局于京师，立分局于各省的奏议，谕令在京师设立农工商总局，派直隶霸昌道端方、直隶候补道徐建寅、吴懋鼎为督理，并均赏给三品卿衔，“一切事件，准其随时具奏”。各直省由该督抚设立分局，遴派通达时务公正廉明之绅士总司其事。⑤ 在商部设立之前，除京师的农工商总局可以随时具奏外，各省的商务局遇事均需呈请督抚代奏。

京师农工商总局成立后，以原詹事府衙门作为公署，开始筹划全

① 《明世宗实录》卷五十三，嘉靖四年七月庚辰。

② 《光绪大清会典事例》卷一千一百九十五《内务府·园囿》。

③ （清）朱寿朋编：《光绪朝东华录》，中华书局，1958年，总第3631页。

④ 苑书义等主编：《张之洞全集（第二册）》卷三十七《奏议三十七》，河北人民出版社，1998年，第998—999页。

⑤ 朱有献主编：《中国近代学制史料第1辑下》，华东师范大学出版社，1987年，第921—922页。

国工商实业的发展工作。不久，端方即上奏提出农工商总局的工作规划，其中在工业方面，要设法鼓励民间办厂，如有出资设厂，自制货物，即优予奖励，力为保护。

京师农工商总局是新政的产物，成立后受到维新势力的支持，也受到光绪帝的信任。新政期间，凡有关工商经济方面各官员的奏议、条陈和朝廷的措置，均交农工商总局议奏和办理。同时，它也开始落实自己所提出的计划。

正当京师农工商总局准备将所规划的事情逐项落实时，八月初六（9 月 21 日），慈禧太后发动政变，随后废除了包括农工商总局在内的各项新政措施。由于京师农工商总局存在的时间很短，各项工作大部分未及展开而即夭折。①

其二，商部——农工商部工艺局的创立。

工艺局首先设立于北京。光绪二十七年（1901）五月二十九日，黄中慧上书庆亲王奕劻，倡议筹办北京善后工艺局。黄氏具体阐明了设立工艺局的缘由、宗旨及实施方案。如设立缘由，黄氏认为：“惟有多设工艺局，分别教养，不独销目前之患，且可开商务之源，虽稍糜费于一时，而可获利于异日，一举数善，无逾于此”。又如设立宗旨，黄氏主张“以收养游民，开通民智，挽回利权，转移风气四端为宗旨”。至于其实施细则，黄氏在所拟《北京工艺局创办章程》中备有详细说明。又如经营形式，黄氏主张“此举工而兼商，不请官款，专归绅办，无总办、会办、提调、监督诸名目，在局任事服役者，亦统无官派”。② 是年十一月十八日，清政府谕内阁：“兹据复陈各节，京师游民甚繁，以教工为收养，实于生计有益。着照所拟，于京师内城外城各设工艺局一所，招集公正绅士，妥筹创办，由顺天府府尹，督率鼓励，切实举行。朝廷准立工艺局，意在养民，不同谋利。该兼尹等务当加意考察，使工有所劝，民有所归”。③

光绪二十八年（1902 年）五月，顺天府尹陈璧开始创办工艺局，共设工厂 10 余科，分官办、商办、官助商办 3 大类。同年六月初六日，顺天府又奏：“召募女工，试办纺织”，④ 得到清政府的允准。

关于工艺局创始情况，陈璧在光绪二十八年《遵旨设立工艺局暨

---

① 参见汪林茂：《中国走向近代化的里程碑》，重庆出版社，1998 年，第 259—260 页。

② 彭泽益：《中国近代手工业史资料（1840—1949）第 2 卷》，三联书店，1957 年，第 515—520 页。

③ 《清德宗实录》卷四九〇，光绪二十七年十一月下。

④ 《清德宗实录》卷五〇〇，光绪二十八年六月上。

农工学堂大概情形折》中述曰："工艺之事，宜官助商办，臣等奉旨后，于城外下斜街购置宽敞民房一所，又租赁数所，并买毗连余地，拟添堂舍共计二百余间……凡工执艺事十有六类，均令一面作工，一面授徒，业于本年（光绪二十八年）五月四日开工……此外，仍当广求门类，续行增立，此十余项中，易于仿造，成本不至亏折者，开局后，即行招商承办；其不易仿造，必须筹垫成本者，由官仍招匠教徒，俟稍着成效，再行招商承办之后，官仍假以局所地场，匠作器具，并养赡艺徒犒赏工师。该绅商等得此利益，鼓舞乐从，接办一项，则官本减轻一分，便可另办他项工艺。所教各艺徒，分别年限卒业，以学成之多寡，定工师之殿最。成材尤多者，或给予功牌。又于该局建设劝工场，将局中制造各货陈列，纵人入观。至市面制成货物，有能独出新意，甚适时用者，亦许送场陈列，代为销售，并给予优异商标执照。能创制中国所无之艺事，咨请外务部核验，酌给专利年限，见示鼓励，京城工艺，必能争自磨砻，力求精进。其内城已定铁狮子胡同房一所，俟外城布置完善，再行扩充分设，以期教养穷黎。"①

光绪二十九年（1903）以后，工艺局归入商部（农工商部）办理。该局"原为讲求制造，提倡工艺之地，历经遴员拨款，整顿改良，规模渐已略备"。②工艺局对于"京货所著名者，如景泰琅绒毯平金雕刻之类，精益求精，以广销路。洋货所浸灌者，如纸张布匹针钱火柴蜡烛之类，设法仿造，以塞漏卮"。③

创立北京工艺局意在为推动全国各地建立工艺局树立楷模。农工商部认为，"中国工业正当幼稚之时，非示以模型，无由收振兴之明效"。④《工艺局添筑新厂力图扩充谨将办理情形暨拟定开局日期具奏折》称："近复屡奉谕旨，饬令各省振兴实业，鼓励商民。京师首善之区，尤宜鼓励维持，以期工业繁兴，俾为各省表率，自非由官设局厂，先行推广研求，不足以示模型，而资观感。"⑤

光绪三十三年（1907）十月，改组后的农工商部将工艺局大加扩充，添购土地，建筑新厂，新建厂房970余间，"分设织工、绣工、染工、木工、皮工、藤工、纸工、料工、铁工、画漆、图画、井工等十二科"。又"设立成品陈列室，罗列货品，以资研究，设立考工楼，搜

①②③⑤ 彭泽益：《中国近代手工业史资料（1840—1949）第2卷》，三联书店，1957年，第506—507、508、519、508页。

④ 《农工商部奏通饬各省精研工艺并先酌予奖励折》，《商务官报》宣统二年第一期。

集中外新奇制造，以备参考，拟定试办简章三编，计十五章二百九条”。① 工艺局扩充事宜由左丞耆龄、右参议袁克定经理。其具体情况如下表。

1904 年—1908 年商部农工商部工艺局情形②

科别及制品	工师匠徒					经费
	共计	工师	匠目	工匠	工徒	
共计 12 科	501	12	44	53	392	光绪三十年支购地盖房及各科采办材料成本共京平足银 9685.7 两，经常费京平足银 16000 两。 光绪三十一年经常费京平足银 17000 两。 光绪三十二年修筑马路 5700 两，经常费 13000 两。
织工科：织直纹斜纹各种花素细布，织成各式爱国布 14820 件。 附织巾：织成各式床巾、毛巾 13750 件。	146	1	2	13	130	
提花科	41	1	3	2	35	
绣工科：绣屏风挂镜等类，其质量与日本高等成品相埒，绣成大小镜屏 401 件。	28	1	6	5	16	
染工科：用外洋煤染之法，染成大小印花巾 1896 件，染漂各色线料 4388 件。	23	1	3	2	17	
木工科：制成中西各式桌椅等器 5103 件	35	1	10	3	21	
皮工科：制成大小靴鞋包箱 1790 件。	21	1	1	3	16	
藤工科：制桌椅几架之类并仿照日本竹器，制成各式藤竹器具 1528 件。	35	1	1	5	28	
料工科:制成各式花台瓶碟灯碗 29350 件。	42	1	2	4	35	

①② 彭泽益：《中国近代手工业史资料（1840—1949）第 2 卷》，三联书店，1957 年，第 508、510 页。

（续表）

<table>
<tr><th rowspan="2">科别及制品</th><th colspan="5">工师匠徒</th><th rowspan="2">经费</th></tr>
<tr><th>共计</th><th>工师</th><th>匠目</th><th>工匠</th><th>工徒</th></tr>
<tr><td>纸工科：制成各式美浓纸 2030 件。</td><td>30</td><td>1</td><td>1</td><td>3</td><td>25</td><td rowspan="5">光绪三十三年改建工程费京平足银 108643. 07 两，扩充各科经费京平足银 20000 两，各科材料费京平足银 50000 两，经常费京平足银 30338. 9251 两。
光绪三十四年经常费京平足银 42000 两，售品处经常费京平足银 5640 两，添置各科经费京平足银 6239. 2351 两。</td></tr>
<tr><td>画漆科：制几架盘盒等件，制成大小陈列器具 833 件。</td><td>25</td><td>1</td><td>1</td><td>3</td><td>20</td></tr>
<tr><td>图画科：画中法工细花卉，西法水彩山水及各种油画，画成水彩油画摹仿照像 885 件。</td><td>50</td><td>1</td><td>11</td><td>5</td><td>33</td></tr>
<tr><td>铁工电镀科：用机器制造各种器具</td><td>25</td><td>1</td><td>3</td><td>5</td><td>16</td></tr>
<tr><td>井工科：凿井 24 眼</td><td></td><td></td><td></td><td></td><td></td></tr>
</table>

资料来源：《农工商部统计表》工政，第 5—7 页，1908 年；《第二次农工商部统计表》工政，第 4—5 页，1909 年。

附注：

［1］光绪二十八年五月创办，三十三年十月扩充。

［2］全局额定工师 10 名，匠目 7 名，副匠目 5 名，头等工匠 5 名，二等工匠 31 名，三等工匠 16 名，工徒 426 名，共计 500 名。

［3］染工科附设踹布及彩印。

［4］提花科原附设于织工科，光绪三十四年由外洋采购新式提花机 12 架专立提花科。

［5］光绪三十三年开办首善工艺厂，将纸工科全科工师工匠及一切家具拨交该厂。

［6］设售品所两处，光绪三十四年共售进银 34886. 384 两，除工料外盈余银 4652. 804 两。

北京工艺局的开办取得了很大的成绩，并成为全国各地开办工艺局的示范。如“河南自去岁兴办工艺，渐有成效，惟地僻人愚，开通不易，是以尚难推广。陈中丞以京师工艺局成效最著，特派候补知府陈太守来京调查一切”。①

① 《派员调查工艺》，载《大公报》1905 年 3 月 9 日。

北京除了商部农工商部工艺局之外，还有光绪三十年（1904）慈禧于内廷开办的女工艺局。据光绪三十年十二月二十二日《北京报》载："前因皇太后饬谕内务府大臣，召选浙中妇女，能纺织工针绣者数人，纳于宫中，以教宫女学习各项女工。兹闻皇太后致心振兴工艺之际，拟将内廷女工大为推广，添招织妇，无论往福晋命妇等，均准入内肄业，以期化民成俗云。"①

其三，京师习艺所、北京首善工艺厂等设立。

京师习艺所为劳教场所，其宗旨是："惩戒犯人，令习工艺，使之改过自新，借收劳则思善之效。并分别酌收贫民，教以谋生之技，能使不至于为非。"②

习艺所创办于光绪三十一年（1905）七月，由管理工巡局事务大臣那桐奏请设立，地址在西城皮库胡同神机营旧基，初隶工巡总局，光绪三十二年（1906）改隶巡警部，民政部成立后改归该部直辖。

巡警部接管京师习艺所后，于光绪三十二年（1906）二月派候选道朱启钤担任监督，对京师习艺所进行管理。朱启钤拟定了《京师习艺所试办章程》，同年四月正式开办。京师习艺所内办事机构有 5 处 2 科：文案处、会计处、考工处、庶务处、稽巡处、诊治科、教授科。其中，考工处，掌考察工艺及技师勤惰，并出纳物品事；庶务处，掌置办、保存各项杂件，约束所中夫役人等。③

贫民习艺的主要内容是工艺制作。习艺的种类有 5 种，即织布、织带、织巾、铁工、搓绳，其木工、缝纫等科及各项工作应随时陆续添设。其中，织布、织带、织巾、铁工为正艺，搓绳为副艺，"犯人、贫民入所各就其性之所近分别学习。其性质愚鲁、不堪造就及犯人罪期过短者，则使搓绳并执扫洒、灌溉、操作等事"。"犯人期限非九十日以上者，不得使习正艺，其习正艺而限满未熟者，酌量拨入贫民类中续习"。④

光绪三十三年（1907），奕劻等奏准设立北京首善工艺厂。光绪三十四年（1908）八月十二日的《庆亲王奕劻等奏开办首善工艺厂情形》曰："查外火器营及圆明园八旗包衣三旗精捷营等处，旷地较多，穷乏尤伙，最为相宜，拟就各营校场内空间地基，分设工艺厂七处，复于城内东西城分设工艺厂二处，现已将次竣工，当即责成农工商部左侍郎熙彦为督办，以总其成；镶黄旗蒙古副都统春禄等五人为会办，以

① 彭泽益：《中国近代手工业史资料（1840—1949）第 2 卷》，三联书店，1957 年，第 515 页。

②③④ 中国第一历史档案馆：《清末开办京师习艺所史料》，《历史档案》1999 年第 2 期。

理其事，即就东城工厂作为办事处所，统俟各项工竣，定期开办……如果办有成效，当再渐图推广。”①

北京首善工艺厂的经费开支包括开办及常年经费，“在京师内外城地方，分建首善工艺厂数区，两载经营，计共筹有十二万余两，存储大清银行。开办及常年不敷经费，后经臣世续那桐袁世凯铁良合力捐筹，由北洋拨助银五万五千两，民政部筹银一万两，合大清银行前款作为开办经费。此外外务度支陆军农工商邮传等部，每年各拨银一万两，北洋每年拨银三万两，南洋每年拨银二万两，臣奕劻等常年陆军部公费一万二千两，一并尽数拨付，又闽浙总督由福州全省每年拨银二千两，崇文门由盈余项下每年拨银二千两，计共十一万六千两，即以之作为常年经费”。②从经费开支来看，北京首善工艺厂的经营规模是相当大的。

除了京师习艺所和北京首善工艺厂外，清末北京地区还开有其他一些工艺局厂，如北京北洋官立第一二工场、密云县教养局等。需要指出的是，有些工艺局厂已采用新法生产，间或使用机器。其基本情况如下表。

北京传习工厂概况（1904年—1910年）③

工场名称	开办年月	经费（两）		艺徒人数	科目	备考
		开办	常年			
北京北洋官立第一工场	1905年8月	7600	350—4390	61	织工、染工、木工	本场用新法改良织业，招收自费官费生。
北京北洋官立第二工场	1906年4月	12884	1500—3570	55	织工、木工	本场用新法改良织业，招收自费官费生。
密云县教养局	1906年5月	京钱2800串	2000	10	织布、编筐	
昌平州工艺局	1904年9月			8	织布、荆条	织造间用机器

附注：开办年的月份为农历。

资料来源：孙多森：《直隶实业汇编》卷六《工学》，宣统二年劝业公所铅印本，第66—83页。

①②③ 彭泽益：《中国近代手工业史资料（1840—1949）第2卷》，三联书店，1957年，第525、528—532页。

其四，工部的合并。

光绪二十九年（1903）成立的商部下辖四司：保惠司、平均司、通艺司、会计司，其中通艺司，“专司工艺、机器制造、铁路、街道、行轮、设电、开采矿物、聘请矿师、招工之事”。[①] 商部的职权范围极大，涉及到农、工、商、矿、交通等有关经济发展的各个方面。然而，商部的权限往往与其他部有重叠或冲突。如工部“一职，兼古之水火工虞，如河工、海塘、水利、船政、度量权衡、矿冶之利、山泽之材，其事多与农工商相表里，循名核实，皆应并入……以一事权”。[②] 通艺司又多与外务部考工司主辖的“铁路、矿务、电线、机器制造、军火、船政、聘用洋将洋员、招工、出洋学生等事务”[③] 相抵触。

光绪三十二年（1906）九月，清政府宣谕中央官制改革方案，其中包括“工部着改并入商部，改为农工商部”，[④] 理由是“农、工、商为富国之源，现设商部，本兼掌农、工，仅名曰商，意有未备”。[⑤]

本来，工部掌管的事务非常广泛，主要有铸币、建筑工程、水利道路建设，以及官府所需物品的手工作坊等。以宝源局为例，起初规模很大，每年耗铜达五十九万七千斤，“老局设老炉十二座、勤炉六座，新局设老炉十三座，共三十一”，“每岁铸钱十二卯，共得钱七万五千串有奇”。[⑥] 到了清朝末年，各地纷纷建立铜元局，改用机器制造铜元，光绪三十一年（1905）清廷遂裁撤宝源局，缩小了工部的职权范围。职能日益萎缩的工部被归并，已是势所必然。

农工商部对工部职能进行了有选择地吸纳。据当时的新闻报道：“农工商部堂宪以本部所谓工者系专指工艺而言，与从前工部之工字义不同，故拟酌分事项于他部以清界限，而仅留都水一司于本部，因水利一项岁入颇巨，借此可以增加常年经费。”[⑦]

工部并入农工商部后，农工商部只接受都水一司，即有朝臣提出异议。光绪三十二年（1906）十二月初八日，御史王步瀛上奏曰：“恭读九月二十日懿旨，以工部并入商部，改名农工商部，谨译圣意，原

---

① 《奏定商部开办章程》，国家图书馆清史文献中心藏。

② 商务印书馆编译所编：《大清光绪新法令》第16册，上海商务印书馆，1909年，第81页。

③ 李鹏年主编：《清代中央机关国家概述》，黑龙江人民出版社，1983年，第250页。

④ （清）朱寿朋编：《光绪朝东华录》，中华书局，1958年，总第5579页。

⑤ 故宫博物院明清档案部编：《清末筹备立宪档案史料》上册，中华书局，1979年，第471页。

⑥ 《光绪大清会典》卷六十二《工部钱法堂》。

⑦ 《农工商部划清权限》，《大公报》1906年11月14日。

不过以类相从，俾归简要，未尝谓司空职掌举可废弃也。乃风闻农工商部改订大旨，于工部旧署仅留都水一司，其虞衡、屯田、营缮各司之事，归诸礼部者什一，归诸内务府者什九。夫礼部所职与工程既绝不相类，而内务府办事情形更难以各部相例……倘竟照此办法，将来之弊必无异于从前之工部……今该部注重工艺诚当，然遂谓除水利外一切工程，无关官守，按之经意则不典，稽诸祖制则非法，意果何居。论者谓商部虽系新署，而其用事司员未能全无习气，此次摈斥各司，正以承澄清之后而然……惟是昔日之工与今日之农工商，均为圣朝设官分职之一部，当今改并之初，凡该部堂司各官，受兹重任……倘竟不究其端，不讯其末，师心自用，于去留分际，不求至当之归，至嗣后国家仍岁糜无数金钱……倘能特饬农工商部各堂官会同该尚书，将原有工部事务悉心筹划，厘订职守，务期名实相符。"①

在王步瀛上奏的第二天，军机大臣奕劻等上奏《厘定农工商部职掌及员司各缺折》，主张："除旧隶工部各事宜，与臣部名实不符者，另行奏明，请旨分隶他部外……改通艺司为工务司，专司工政。"②同日，奕劻还上奏了《酌拟将工部主管各事分别归并办法折》，折中将原来工部的职权分别分割于农工商部、民政部、度支部、内务府、礼部和陆军部等。③

3. 北京火药局的衰落

清代后期，京师官营手工业的衰落以军火生产最为典型。19 世纪 60 年代以后，清军中使用冷武器大刀、长矛和热武器前膛枪的越来越少，逐渐被西方资本主义国家传入的后膛毛瑟枪等新式武器所代替。据《民国贵县志》记载，"清代营兵军械，为弓、箭、腰刀、藤牌、牌刀、劚刀、长枪、双手带刀、挑刀、抬枪、鸟枪之属，至大炮则有三百斤大炮、二百斤大炮、一百五十斤大炮、一百斤大炮，并有子母炮、鸟机枪，弹子则为大小生铁弹子及小铅弹子。迨清季编练新军，刀矛遂废"。④ 以枪炮取代刀矛，随之而来的是生产刀矛的手工工场被逐渐废止。

光绪二十八年（1902），管理北京火药局的松溎等奏请估修"多经拆毁"的火药局，光绪帝命陈璧"察看情形，择要核实估修"。陈璧经过"详细察看"后上奏说："所有官厅堆拨库座鸾桥，均已拆毁，尽成

①②③ 故宫博物院明清档案部编：《清末筹备立宪档案史料》上册，中华书局，1979 年，第 479—480、480—481、482—483 页。

④ 梁崇鼎等：《民国贵县志》卷四，引自彭泽益：《中国近代手工业史资料（1840—1949）第 2 卷》，三联书店，1957 年，第 503—504 页。

瓦砾之场，即柱顶石片地基，亦难辨识，仅存西南围墙数十丈，大半臌闪碾盘臼子二十余座，亦多残失，与松溎等原奏大略相同……从前屡次修理，糜费虽多，卒难持久，今欲从新建造，事同创始……该局向用土法，人力制造土药，以供京营，及密云、察哈尔、热河、绥远城等处操防之用，然但施诸前膛各枪，一遇雨淋潮湿，便不适用，当日火器至此而止。至于今日，则人人目为钝货，各国嗤为弃物。若新式后膛毛瑟等枪弹，则用铜壳铅子中装洋火药，江鄂各局，皆能自制，北洋现将重新制造……今方议改新军，悉用后膛，而犹亟亟焉修此制造土药之局，以供前膛各枪之用，臣愚窃以为无此办法。或谓该局能制夯药，即仿制洋法制造后膛药，旧有局座岂宜废置不修？不知制造洋火药，必用各项机器，安设机器，必须展拓房间，自非统筹全局，未易举办。今若照旧兴修，必不适用，仍须从新拆改，糜费转多，则此次工程不可不从缓议矣”。① 可见，随着近代军火工业的建立和发展，旧式制造武器弹药的手工工厂趋于衰落，并最终消失。北京火药局的倒闭，即是典型的例证。

二、清代京师的民间手工业

1. 清政府对民间手工业的鼓励政策

首先，清初匠籍制度的废除，在一定程度上减轻了手工业者的负担，激发了手工业者的积极性。

其次，严禁官府私派里甲之役，骚扰民间手工业工匠。《清史稿》载，顺治十七年（1660）下令，“禁州县私派里甲之弊”。②《清朝文献通考》释曰：“十七年禁有司私派里甲之弊。凡有司各官私派里甲，承奉上司。一切如日用薪米，修造衙署，供应家具、礼物及募夫马民壮，每年婪饱之弊，通饬抚案，俱行严禁。”③ 康熙三十九年（1700），“复申陋规杂派之禁”。④雍正二年（1724），有廷臣指出：“大小衙署，遇有公事，需用物件，恣行科派，总甲串通奸胥，从中渔利；凡工作匠役，皆设立总甲，派定当官，以次轮转；又设贴差名目，不原赴官者，勒令出银，大为民害。”⑤对此种种弊端，清政府又下诏严令禁止。

复次，鼓励民间开采京畿煤矿和其他矿产。顺治十年（1653），工

① （清）陈璧：《望嵓堂奏稿》卷三《遵旨察看火药局情形敬陈管见折》，文海出版社《近代中国史料丛刊第十辑》，第265—267页。

②⑤《清史稿》卷一百二十一《志九十六·食货二·赋役仓库》。

③④《清朝文献通考》卷二十一《职役一》。

部题准："煤税累民，概予豁免。"① 房山等处的产煤地方"悉听民间自行开采，以供炊爨，向不完纳税课"。② 乾隆四十五年（1780）覆准："怀柔县北阴背山，开采煤窑。如果无碍田庐坟墓，产煤旺盛，不惟满兵生计有益，即怀柔一带商民，均沾其利。令地方招商试采。"③对于没收入官的煤窑，仍然"招商开采"。乾隆三十四年（1769），工部奏准："顺天府宛平县如意窑，经刑部奏明入官，由部行文顺天府，委官详查，招商开采，除人工窑柱费用外，按十二股计分，抽煤二分，交纳户部。"④应当看到，清政府为了京畿的安定，多方鼓励商人开采煤窑，所给予的优惠是全国其他地方无法比拟的。

除减轻煤税，鼓励民间开采煤窑的积极性外，清政府还协助窑商改善运输开采条件、查勘新矿区等。如康熙三十二年（1693），清廷下令："京城炊爨均赖西山之煤，将于公寺前山岭修平，于众甚属有益，著户工二部差官将所需钱粮，确算具题。"⑤乾隆二十七年（1762），"遵旨查勘（门头沟）各煤窑，历年刨挖渐深，被水浸淹，请于旧沟南，修砌泄水沟六百八十余丈，使窑中积水，顺流东下，水尽煤现，自可开采，需费三万六千八百余两，工本浩繁，民间办理，未免拮据。请借给帑银，交商承办，分作五年完缴"。⑥嘉庆六年（1801），门头沟窑区旧有泄水沟"倾圮淤塞，难以开采，借给帑银五万两，交窑户承领兴修……其所领之项，分作七年完缴"。⑦又如协助查勘京畿新矿区，乾隆二十六年（1761）、四十六年（1781），清政府两次下令："各该衙门，察看煤旺可采之处"；嘉庆六年（1801），又令"步军统领衙门，会同顺天府直隶总督，派委妥员，察看产煤山场，于可以开采之处，招商采挖"。⑧

又如银铅矿，乾隆五十五年（1790），"题准直隶延庆府属黄土梁地方银铅矿厂准其开采，照黔省银铅矿厂抽课之例办理，余银全行给商，余铅照川省之例一半官为收买"；"又奏准直隶昌平延庆二州属白羊城等处铅厂铅苗不旺，准其停采"。⑨

清政府的鼓励措施虽然限于采煤等部分行业，但是对于京师民间手工业的发展无疑是一很大的促进。

2. 清政府对民间手工业生产的控制措施

清代前期，政府虽在一定范围内鼓励手工业的发展，但从总体来

①③—⑧ 《光绪大清会典事例》卷九百五十一《工部·薪炭》。

② 《清代钞档》，乾隆五年十一月初九日工部尚书哈达哈题本。

⑨ 《清朝续文献通考》卷四十三《征榷十五·坑冶》。

看，对手工业发展的钳制作用仍相当明显。如雍正五年（1727），雍正皇帝谕内阁：“朕观四民之业，士之外，农为最贵，凡士工商贾，皆赖食于农，故农为天下之本务，而工贾皆其末也。今若欲于器用服玩之物，争尚华巧，必将多用工匠。市肆之中，多一工作之人，则田亩中少一耕稼之人”。① 可见，清政府还是执行传统的“重农抑末”政策，作为“末业”之一的民间手工业，必然要在政府限制之列。

清政府对手工业实行统制政策，不允许民间随意开设铺户作坊。例如铸铜业，为了限制其在京师民间的蓬勃发展，乾隆九年（1744），有廷臣奏议，全城364座铜铺作坊，“不许仍前四散开设，请于京城内外八旗三营地方，将现在查出官房二十六处，共计七百九十一间，即令伊等各就近搬入官房内，开设熔铜打造”，对铜铺生产严格限制，“如有情愿改业者，听其自便，所有官房内开设各铺户，应交与步军统领衙门、顺天府尹于城内外各派拨官弁，严行稽查，将每日进铺铜斤若干，并熔化打造出铺铜斤若干数目，令稽查之员，逐日查验明确，登记号簿，报明步军统领衙门。其出入数目符合者，听其出铺发卖，如所出之数浮多，该管官即行禀报根究。倘有私销情弊，交与刑部审明，照例治罪”。② 又如，嘉庆十三年（1808），皇帝谕令神乐署两廊附近“赁开茶馆及各项作坊共三十三处，俱不准其开设，著以本日为始，饬令严催，统限两个月一概搬移……倘届期犹未能全数搬净，著步军统领衙门将太常寺堂官参奏，交部议处；并查明任意客留不即搬移之各该民人，一并治以应得之罪”。③

清政府对手工业原料的开采与售卖，加以严格控制。例如硝磺业，嘉庆二十一年（1816）议准：“顺天府属闻有滨河产硝之地，贫民煎熬易米度日，向有经纪收买，以备采办及匠铺买用。难保无奸民勾结私贩别情，嗣后产硝之区，应责令官硝经纪，向煎户尽数收买。其无经纪处，责成该管营汛，尽收买用。倘查有囤积居奇及抑勒短价情弊，除将该经纪惩办外，仍查取失察文物职名，送部查办”。④ 道光十三年（1833）又议定：“硝斤系例禁之物，岂容民间私行埽买，应通行各督抚饬属严禁，年终结报。其各直省匠铺，每年买用硝磺数目，并迅饬查明报部核办”。⑤

商人私自夹带铁斤亦受到严格控制，道光四年（1824），“覆准商

---

① 《清世宗实录》卷五十七，雍正五年五月初四。

② 《清代钞档》，乾隆五年十月初九日鄂尔泰等奏。

③ 《清朝续文献通考》卷六十三《市籴》。

④⑤《光绪大清会典事例》卷八百九十五《工部·军火·火药二》。

人买运铁斤出口，在各本境内打造农具，以一百斤为度，呈明地方官给照，赴口守口员弁查验放行，如有私行夹带不成器皿之铁至五十斤者，将铁入官，百斤以上者照例治罪”。①

清政府以破坏京师地脉风水为由，禁止银矿的开采。道光六年(1826)，“谕昨据户部奏，大兴县民陆有章、宛平县民伍云亭等，呈请于宛平等五州县开采银矿，朕以地近京师及易州一带非他省可比，其余地脉风水有无妨碍，饬令那彦成、陆以庄等派委公正大员详加查勘，再降谕旨。朕复思，各省银矿向俱封禁，况畿辅重地且附近易州一带，讵可轻议开挖，著直隶总督顺天府停止，委员覆勘”。②

此外，清政府同样以破坏风水为由，限制烧酒与榨油业的发展。据《中外经济周刊》载：“北京在前清时代，因迷信风水之故，限令距城四十里以内，不准经营烧酒及榨油业。故凡中国各地方所习见之旧式榨油房（即用木制压榨器撞击出油），独不发见于北京。”③

3. 生产经营形式

清代前期，京师手工业的生产组织形式，大致存在家庭手工业、铺坊制、独立作坊制和个体手工艺人4种类型。

中国传统的家庭手工业一般都是为了满足自己需要而生产。然而，到了清代，随着家庭手工业商品化程度的提高，家庭副业不完全是自己生产自己消费的家庭手工业，在一定程度上冲破了“男耕女织”的范围。京师的家庭作坊在就是一种重要的生产类型。创办这类小作坊并不难，刀剪业“开一个作坊，生产工具可以借用，也可自造。只要三个子儿买铁，两个子儿买煤，还要几块现洋买些粮食和租间房子”④即可。家庭作坊中“夫妻店”、“全家福”、“父子兵”、“兄弟兵”的情况比比皆是。家庭作坊规模一般不大。

铺坊制是前面开店，后面开设作坊，工商合一的一种生产组织形式。这类手工业作坊还没有同商业分离，是典型的小商品生产的组织形式，京师的私营大作坊主要采取这一形式。如《燕京杂记》载：“市上专门名家者指不胜数。如外城曰俭居之熟肉，六必居之豉油，都一处之酒，同仁堂之药，李自实之笔；内城长安斋之靴，启盛之金顶。”⑤

---

①②《清朝续文献通考》卷四十三《征榷十五·坑冶》。

③ 《北京之油业》，载《中外经济周刊》第159号，第22页。

④ 全慰天：《王麻子刀剪业史料拾零》，见《北京史苑》第2辑，北京出版社，1985年，第202页。

⑤ （清）阙名：《燕京杂记》，北京古籍出版社，1986年，第130页。

铺坊制经营多数以家族为中心，技术不外传，实行家长制领导，从管理方式看，这类铺坊又可划为 3 种类型，第一种是由所有者东家出资，但东家不直接出面经营铺坊，而是委托掌柜管理店坊事务，招雇伙计学徒。工人一般从学徒培养，不召雇外工，西鹤年堂制药作坊采取的就是这种方式。第二种是东家和掌柜共同经理店坊，但作坊和店务经营适度分离，店由学徒和伙计看管，作坊则另设工头管理，工头可以自由招收雇工，东家辞退工人须经他同意，合香楼的制香蜡厂和六必居的制酒作坊基本属于这一类型。第三种是东家或掌柜负责铺坊事务，铺坊完全不分离，只招收伙计雇工，不收学徒。门市部与厂坊直接相连，伙计分为两拨，一部分分配在门市部工作，另一部分则分配在作坊工作，两部分定期轮调，同仁堂的制药作坊采取的属于这种类型。在这种类型作坊中，第三种经营方式相对优越，伙计基本上属自由雇工，可以“自由”离店，往往还能在赢利中获得一些提成分红，工人有一定的积极性。这类作坊已经含有资本主义萌芽性质，一般来说，其生产能力和效率都较高。①

独立作坊是只开设作坊而不设门市部，独立作坊因其服务对象不同也分为 2 种类型。第一种是为固定店铺加工制造部分产品的作坊，这种作坊一般由小业主备有简单生产工具，带领 4—5 个工人和学徒劳动，本钱很少，经营本身为大店铺控制，他们从大店铺领取活计，完成部分工序（半成品）再交给店铺，领取加工费，属于这种类型的有制鞋行业的“卖活作坊”。第二种是零星加工的作坊，服务的对象直接是市民，这类作坊一般也雇有四五个工人，旧时称作“门活屋子”。②

个体手工艺人，他们或在店铺作坊领活在家制作，挣取加工费；或走街串巷，从事各项服务性手工业。如京师铁匠“三四人推一席篓小车，载风箱、炸煤，打铁各具，街巷乡村，到处以锤敲砧，有烂铁者，命其打各种常用铁器”；补锅匠“有锢者扛回铺中，次日送还，亦有挑担立锢者，近又能铜盆换底”；木匠“在行者背荆筐，带小家具会雕刻”；磨刀匠“负板凳，上置粗细磨石，早年代洗铜镜，有携一串铁片行敲者，近多推车”。③ 此外京师还有小炉匠等。

清代后期，工部职权逐渐缩小，政府对手工业的管理已明显松弛，

① 孙健：《北京古代经济史》，北京燕山出版社，1996 年，第 257 页。

② 参见孙健：《北京古代经济史》，第 257 页。

③ 引自彭泽益：《中国近代手工业史资料》第 1 卷，中华书局，1962 年，第 165 页。

有些官营手工业走向民间。庚子以后，清廷的一些修建工程改为“官工私做”,① 即招商承包，而不由工部经办。皇室和王公贵族需要的手工业品和日用品更多地要到民间的作坊和店铺里去采买，或责令这些作坊代为制作，而不再自己制造。如慈禧太后宠幸的太监小德张曾在北京开办了一家“祥义”商号，专门为宫内服务。②

鸦片战争以后，随着生产力的变革，生产形态发生了相应的变化。据学者研究，1840 年至 1937 年抗战前夕这一时期，中国民间手工业的经营形态主要存在依附经营、自主经营和联合经营三种类型。③从现有资料来看，在清末京师地区，这几种经营方式虽在一定的范围内有所表现，但还不是主要的经营形态。清代前期的家庭手工业、铺坊制、独立作坊制和个体手工艺人 4 种类型仍因其历史惯性而继续存在。

4. 会馆、公所、公会

北京的会馆在明代就已出现，清朝时较为繁盛。康、雍两朝，北京的会馆有了显著的增加，乾隆、嘉庆时期达到全盛。由于京师工商业在此间的高度发展，工商业会馆犹如雨后春笋般地出现。道光十八年（1838）《颜料行会馆碑记》中说：“京师为天下首善地，货行会馆之多，不啻什百倍于天下各外省。且正阳、崇文、宣武门外，货行会馆之多，又不啻什百倍于京师各门外。”④

清代京师的会馆数目，何炳棣根据朱一新、缪荃荪合撰的《京师坊巷志》和光绪《顺天府志·坊巷志》统计，共得会馆 391 所。李华在《明清以来北京工商业会馆碑刻选编》中统计为 392 所。吕作燮则根据《京师坊巷志》以及光绪《顺天府志》，并参校李华《明清以来北京工商会馆碑刻选编》和日本学者仁井田陞的《北京工商ギルド资料集》进行增补，共得大小会馆 445 所。

清代京师的 445 所会馆中，属于工商业会馆共 31 所，占京师会馆总数的 7% 弱。其中，纯工商业性质的会馆共有 12 馆：（山西）襄陵北馆、（山西）临汾东馆、（山西）颜料会馆、（浙江）正乙祠、（广东）仙城会馆、（山西）潞安会馆、（山西）盂县会馆、（江苏）东元宁会

① 故宫博物院明清档案部编：《清末筹备立宪档案史料》下册，中华书局，1979 年，第 1297 页。

② 《北京瑞蚨祥》，三联书店 1959 年，第 15 页。

③ 赵屹：《1840 年—1937 年我国民营手工艺经营形态研究》，载《山东社会科学》2010 年第 11 期。

④ 李华：《明清以来北京工商会馆碑刻资料》，文物出版社，1980 年，第 23 页。

馆、（山西）平定会馆、（陕西）关中会馆、（浙江）天龙寺会馆、（北直）文昌会馆。这类会馆的特点，首先是按地域，其次才是依行业组织起来。

按行业建立的会馆则有：药行会馆、靛行会馆、梨园会馆、金行会馆、当商会馆、长春会馆、金箔会馆、成衣行会馆、棚匠会馆等。此即所谓的行馆，这类会馆的最大特点是突破了一般会馆的地域性，完全按行业组织起来。不过，行馆并非全为工商业会馆，也有与工商业毫无关系的行馆，如惜字会馆即是。① 与一般所说的行会有关的行馆至少有9所，占全部工商业会馆29%强。

药行会馆在前门外东兴隆街，建筑物有药王殿、三皇阁、戏棚、办公室等6处。嘉庆二十二年（1817）《重建公馆碑》中有："我同行向在南药皇庙，同修祀礼，奉荐神明，命彼伶人，听笙歌之毕奏，昭我诚敬戒礼……近因荒祠久废，古壁成尘。我同行公同合议，于海岱门外北官园之南口，相彼基址，是用创修，兴土木之工"。可见，清初京师的药商不设会馆，只是在南药王庙聚会、祭神农而已。之所以建立会馆，是因为"京师商贾云集，贸易药材者，亦水陆舟车辐辏而至。奈人杂五方，莫相统摄，欲使之卒涣合离，非立会馆不为功"。②

靛行会馆在前门外珠市口西半壁街，约在乾隆末、嘉庆初建立，这是由京师的染坊商、蓝靛商建立，又名染坊会馆。③

长春会馆在和平门外小沙土园，清乾隆五十四年（1789）由玉器行商人建立，又名玉行会馆，因信奉长春真人邱处机，所以叫长春会馆。建筑物有大殿、过殿二所。据日本学者加藤繁先生调查，该会馆只是在正月和七月祭祀邱真人，同业之间没有什么协作和援助，各自完全是自由竞争，不加入会馆或不参加祭祀，对玉器商没有什么妨碍。④

成衣行会馆为浙江慈谿县成衣行商人会馆，又名浙慈馆，大约创立于清初，地址在前门外晓市大街。

当业会馆在前门外西柳树井，清嘉庆八年（1803）成立公合堂，又名当业会馆。

---

① 吕作燮：《试论明清时期会馆的性质和作用》，见南京大学历史系明清史研究室编：《中国资本主义萌芽问题论文集》，江苏人民出版社，1983年，第183、182页。

②④［日］加藤繁：《中国经济史考证》第三卷，商务印书馆，1973年，第111、119—120页。

③ 李华：《明清以来北京工商会馆碑刻资料》，文物出版社，1980年，第5页。

棚匠会馆在陶然亭黑窑厂。①

清代京师的会馆，除少数是按行业组织起来的联合团体外，大多是地域性很强的同乡组织，因此其与行会的性质不尽相同。与行会较接近的是公所或公会。清前期的公所与公会主要有：皮箱公所，位于天坛北门外牟家井，康熙二十八年（1689）由皮箱商建立。糖饼行公所，位于广渠门内栖流所，康熙四十八年（1709），由南案、京案糖饼商建立，自乾隆以来屡次重修，嘉庆五年（1800）共有八十余家参加。绦行公所，位于陶然亭内哪吒庙，由绦行商人建立，建立年代不详，最早碑为乾隆四十年（1775）。帽业公会，位于前门外銮庆胡同，乾隆年间，在东晓市药王庙成立行会。手工业造纸同业公会，位于右安门内白纸坊。酒业公会，位于崇文门外东柳树井。煤行公会，位于门头沟圈门村窑神庙。猪行公会，位于西四北大街，成立年代约在乾隆前。②

此外，还有一种由学徒或手工业工人单独建立的会馆。如《旧京琐记》载："京师瓦木工人多京东之深、蓟州人，其规约颇严，凡属工徒皆有会馆，其总会曰九皇。九皇诞日，例得休假，名曰关工"。③ 这种工人会馆，多为反抗工商业主和封建把头的压迫剥削而成立起来的组织。④

京师的行会组织，在鸦片战争之前，不少手工业与商业基本上没有分工。如糖饼行会的商人，既是制作各式糕点雇佣大量帮工的作坊主，又是出售糕点剥削学徒的铺号。京师有不少行会，是同乡不同行的地方行帮组织。如临汾东馆，是山西临汾籍的杂货、纸张、颜料、干果、烟业等五行商人的行会。仙城会馆，是广州籍的绫、罗、绸、缎、葛、麻、珠宝、玉器、香料、干鲜果品等商人组织。潞安会馆，是山西潞安州铜、铁、锡、烟袋诸帮商人行会。京师的行会组织，与南方的一些城市，如苏州、景德镇等比较，显得要落后。⑤

5. 民间手工业的持续发展

鸦片战争以后，由于外国棉布、棉纱、金属制品等大量输入，使北京固有的土布、土纱、织染、冶铁等行业遭到沉重打击，与此相关的制钉、制针业亦日趋衰落。制烛（蜡）业，本是北京传统手工业的一个重要行业。由于在价格和照明度方面，土烛无法与洋烛竞争，遂

①②④⑤ 以上见李华：《明清以来北京工商会馆碑刻资料》，文物出版社，1980年，第4—8、3—7、20、23页。

③（清）夏仁虎：《旧京琐记》，北京古籍出版社，1986年，第100页。

造成手工烛坊大量歇闭。此外，近代铅字印刷排挤了手工刻书坊。后来，甚至连官吏顶戴上的珊瑚、玻璃球，都逐渐被日本货取代。①

北京手工业的部分行业虽然受到洋货倾销的影响，但是，就总体而言，其影响毕竟有限。与北京人生活息息相关的日用手工业以及需要专门技艺的特色手工业，在晚清仍普遍得到发展。

北京居民的日用手工业，即衣食住行都离不开的手工行业。例如陶器、砖瓦器、刀剪、木器、筐篓、山货、手工造纸等行业。

陶器是北京居民大宗普通用品。带釉的称绿盆，为洗衣及厨房所用。无釉的称瓦盆，有痰盂、茶具、泡菜坛、花盆等，这些制品以朝阳门外的六里屯产量为最。京西砂锅村，以生产砂锅最为有名，产品有砂锅、砂吊、酒炙炉等。②

砖瓦麻刀，以齐化门（朝阳门）外东窑制作最良，永定门外南窑为逊。③

打有王麻子标记的刀剪锋利异常，制品很受百姓青睐，京师的工匠在“无机器、无倒焰大炉”的条件下，“所炼钢铁已无异西人”，连外国人也不得不承认这一点，只可惜无以著述而传其法。④

旧式木器分硬木和柴木两种。硬木中以紫檀木最贵重，其次为花梨、樟木、楸木。柴木是指杨、柳、榆、槐，坚实耐用，普通居民多用柴木制作家具，有专营此业的桌椅铺或嫁妆铺。⑤

筐篓业包括筐铺和油篓铺二业，以荆条为原料，由乡民家庭手工编织而成，有煤筐、鸡笼、背筐、三眼筐、抬筐等。而山货业是指京郊山区所产的植木麻品，其种类繁多，如竹帚、扁担、槟榔勺、木勺、水勺、麻绳、麻袋、簸箕、柳条箱、笤帚、竹盒、竹篮等。⑥

手工造纸业有裱房用的银花纸、素花纸及豆纸，又有顺红、黄毛边及各染色之中国纸，还有出于东便门一带的文成纸等。⑦

清代后期，传统的宫廷特种工艺品生产已转向民间，光绪年间清宫使用的景泰蓝、玉雕、雕漆等器物大多是民间作坊制作的。如杨天利、德兴成、老天利等景泰蓝作坊、继古斋等雕漆作坊，均有上乘制品。德兴成的景泰蓝制品色彩夺目，为独特秘技。杨天利制作的炉、鼎，捏工颇为匀整。此外，还有周乐园画鼻烟壶。内画山水花果仿名

① 曹子西主编：《北京通史》（第八卷），中国书店，1994年，第287页。

②③⑤—⑦ 吴廷燮等：《北京市志稿3度支志货殖志》卷四《工业二》，北京燕山出版社，1998年，第487、496、495、498、497、491—492页。

④ 林传甲：《大中华京师地理志》第十四篇第八十四章《工师》，中华印刷局，1919年，第167页。

人卷册，光绪初年每枚已值数十金。于啸轩所刻的象牙极为精巧，寻常人目力所不辨者，皆刻画成文。①

清咸同年间（或云咸丰十年、或云同治十年），有西藏喇嘛僧师徒三人至京师，在报国寺设地毯织制传习所，招贫寒子弟，教授织制技术。两个徒弟传授制法略有不同，他们在报国寺出入分东、西两门，在京城遂有东门法与西门法之分。自是，北京民间地毯制造业日臻兴盛。此外，清代后期还兴起料器、刻瓷等工艺，清末又发展起抽纱工艺。

北京还涌现出一批民间艺人，如面人郎、泥人张、风筝哈、葡萄常等等，他们娴熟高超的技艺是北京人的宝贵财富，他们的作品深受社会各阶层人士的喜爱。②

三、北京近代工业的产生与发展

1. 近代工业兴起的背景

近代工业在北京的产生决不是偶然的，而是有着特定的经济、政治以及社会变化等背景。

首先，洋货倾销破坏了传统自然经济基础，为近代工业的产生提供了商品市场。第二次鸦片战争之后，西方资本主义经济势力在北京的渗透逐年加强，到20世纪初，棉布、洋铁、面粉、火柴等洋货有恃无恐地涌入京城。洋货泛滥使京城和周边地区固有的手工业生产遭受到打击。以织布业为例，畿辅地区向产棉花，民间“纺织皆女工”，由于“外国布来，尽夺布利”。③ 民间需要纺织品多依赖于市场，这就刺激了一部分官僚和商人投资近代纺织工业。

其次，京畿地区不少小农和个体手工业者破产，为近代工业提供了广阔的劳动力市场。京畿地区“贫民觅食为艰”，通州竟有“周岁男儿仅易烧饼六个，三岁女孩仅易小米二升”之惨闻。④ 破产的劳动者和无业游民中的一些人成为近代产业工人的后备军。

再次，西方列强的资本输出、清政府官办以及封建统治集团中成员以私人名义投资，成为北京早期近代工业的三个主要资金来源。19世纪末，美、德、比、英、日等国纷纷向北京矿区投资，在门头沟相继出现了几座“中外合资”煤矿。此外，西方列强资本还伸向机械、

①② 李淑兰：《北京史稿》，学苑出版社，1994年，第399页。

③ 彭泽益：《中国近代手工业史资料》第2卷，生活·读书·新知三联书店，1957年，第232页。

④ 《申报》1895年4月10日、3月17日。

电力、毛织等工业部门，国内掌握着社会上绝大部分资财的一些大官僚、商人，在20世纪初，由于种种原因，也将一部分资财通过官办、商办等多种渠道，转化为工业资本。

最后，封建统治阶级的态度逐步发生变化，也为北京近代工业的出现提供了条件。一是，第二次鸦片战争后，资本主义势力直接侵入北京，封建统治集团生活上一大变化是传统生活方式与近代物质文明相结合。中法战争刚结束，清统治者就不惜耗银数百万两在御苑大兴土木。西苑内建造了仿俄式建筑海宴堂，室内陈设全套西式家具。不久西苑内还亮起了电灯，跑起了小火车，颐和园昆明湖中开起了小火轮。晚清统治者羡慕西方物质文明，追求近代化的生活方式，在客观上促进了北京近代工业的产生，如北京电力工业就是从宫廷照明用电开始发展起来的。二是，封建统治阶级为加强军备，直接在京师办起了相关的一些工业。1883年奕谖在京西三家店选址，建造神机营机器局。它是洋务运动期间在北京创建的官办军事工业。又为了军队更新着装，光绪三十三年（1907）陆军部在京郊清河镇设立溥利呢革公司，初为官商合办企业，是我国近代规模较大的毛纺厂之一。三是，晚清政府为挽救统治危机，推行“新政”，发展工业是其重要内容之一。商部（1906年改为农工商部）决定吸收民间资本以辟财源．缓解财政困难。顺天府创办工艺局，“招集工徒”，“分种传习”技艺。还“以工代赈”改设官粥厂为教养局。为了解决旗人的生计，允许旗民兴办工艺厂。这些因素在客观上都起到促进近代工业产生和发展的作用。

2. 近代工业的主要内容与特点

北京新办的近代化工业主要分为国内资本经营的企业和外资控制的企业两类。

国内资本经营的工业包括官办、官商合办、官督商办和商办四种形式。

最先发展的官办工业主要集中在印刷、机械和电力部门。光绪二年（1876）同文馆成立附设的印书处，有印刷机七部，活字四套，用手摇印刷机印制图书和政府文件，这是北京第一家官办的印刷厂。① 此外还有，光绪三十四年（1908）前的京师陆海军印刷局、光绪三十二年（1906）的官报印刷局、光绪三十四年（1908）的度支部印刷局、宣统元年（1909）的蒙藏编译局、宣统三年（1911）的内阁印铸局等

① 《北京工业志》编委会编：《北京工业志·印刷志》，中国科学技术出版社，2001年，第95页。

官办印刷机构，它们纷纷采用铅印、石印等印刷设备。

光绪九年（1883），清政府投资白银百万余两，在京西50里地的三家店兴建了神机营机器局，设备、原料购于西欧，使用机器制造枪炮，这是北京近代机器制造业的开端。光绪十七年（1891），神机营机器局被一场大火焚毁。① 光绪三十二年（1906）七月，南口机车车辆机械工厂的前身——京张制造厂，在南口火车站北侧诞生。宣统二年（1910）二月，更名为南口机车厂。

19世纪80—90年代清政府先后在西苑和颐和园设立电灯公所，安装进口的发电设备，这是北京最早出现的小型发电厂。为扩大宫廷电灯照明范围，光绪三十三年（1907），清政府又在紫禁城宁寿宫安装电灯设施，并成立宁寿宫电灯处，隶属西苑电灯公所管理。

官商合办或官督商办的企业有丹凤火柴厂、溥利呢革公司、京师自来水公司等。光绪三十一年（1905），清政府拨官银5000两，同时招收民间商股银12万两，在崇文门外后池建立京师丹凤火柴厂。生产机器、原料从日本购买，生产技师从日本聘请。光绪三十二年（1906）建成投产，日产火柴20箱，并于当年五月初六日举行了开办式。

商股主要投资于火柴、卷烟、呢革、织布、面粉及水、电公用事业等部门。商办企业主要有京师华商电灯公司、大象卷烟厂、京师玻璃厂、京师毛织厂等。

光绪三十一年（1905）经清廷商部批准，在前门内顺城街筹办京师华商电灯公司，容量为300千瓦，额定资本600万元，实收资本450万元。光绪三十二年（1906），京师华商电灯公司电灯厂开始发电，其中一台是柴油作动力的75千瓦发电机；其余两台150千瓦发电机使用蒸汽带动电机，三台电机同时为京城路灯、商店、官府中的8000盏电灯提供电力。到1912年添置两台1000千瓦汽轮机，又扩建锅炉四台，发电容量达到3035千瓦，使城区的电灯由开始的3000盏发展到3万盏。这是北京第一座供市民照明用的公用电厂，也是京津唐地区第一次出现的低压汽轮机发电机。②

光绪三十二年（1906），周锡璋在宣武门外官柴厂官地建立北京大象卷烟厂，只开办了几年遂告歇业。③

① 北京市地方志编纂委员会编著：《北京志·工业卷·机械工业志、农机工业志》，北京出版社，2001年。

② 刘金海：《当代北京民用能源史话》，当代中国出版社，2011年，第37页。

③ 北京市地方志编纂委员会编著：《北京志·商业卷·烟草商业志》，北京出版社，2009年，第67页。

光绪三十四年（1908），福建人蒋唐佑集资，在老墙根建北京玻璃公司，试制窗户玻璃，后因经营不善陷于破产。翌年，天津人华学冻在西城灰厂设立一鸣玻璃厂，制作灯罩等产品，民国后停办。①

光绪三十一年至三十四年（1905—1908），富华织布公司、启华织布厂、华盛织布厂、益华织布厂、京师毛织厂、同昌织布厂等先后创办。此后，又有惠善、裕华、德泉、聚祥等织布厂开业。规模最大的织布厂有布机50余台。宣统三年（1911），规模较大的针织厂华兴织衣公司开业，春夏主织棉织品，秋冬主织毛织品。②

商办企业的特点，一是资本额少，规模较小；二是创办人多半是官僚或官僚家庭出身，试图经营近代工业进一步发家致富。无论是何种形式的企业，主要生产工序已采用机器操作，多数采用雇佣劳动。

外资控制的企业多以"中外合资"或贷款的形式出现。起初，西方列强主要着眼于掠夺北京的煤炭资源。光绪二十二年（1896），美国人施穆插手通兴煤矿，将其改为以私人名义"中美合办"的煤矿。光绪二十三年（1897）创建了中德合资的天利煤矿。1913年成立了中比合营的裕懋煤矿。后来英国在门头沟矿区逐步扩展势力，先后排挤掉美、德、比等国，组建了中英合办的门头沟煤矿公司，基本上控制了北京的主要产煤区的开采权。

此外，机械、电力、交通、毛纺等工业部门也是西方列强的掠夺目标。光绪二十三年（1897），北京先后出现了由外国资本家、政府官僚、民族工商业者开办的永增、海京、京都、慈型等几家小型铁工厂，以机器修理为主，从事简单的机器零件生产。光绪三十三年（1907）在法国人开办的三洋面粉厂里附设了一个贻来牟铁工厂，修理面粉机和印刷机。光绪二十九年（1903），德国商人在东交民巷设立"电气灯公司"，装有3台80马力（58.88千瓦）的卧式煤气引擎发动机，向东交民巷外国使馆区供电。光绪二十七年（1901）邮传部在长辛店三合庄建立京汉铁路长辛店机厂。由于19世纪末法国取得这条铁路的修筑权，这座20世纪初北京规模最大的机械工厂也为法国人控制。宣统元年（1909），英国商人开设捷足公司，宣传洋袜，推销袜机。由此，北京针织工业兴起。

清末，北京近代工业呈现出以下几个特点：

---

① 北京市地方志编纂委员会编著：《北京志·工业卷·一轻工业志》，北京出版社，2003年。

② 北京市地方志编纂委员会编著：《北京志·工业卷·纺织工业志》，北京出版社，2003年。

其一，主要部门直接为最高统治集团服务，基本沿袭了传统官营手工业的生产和管理体制。最早在北京兴起的工业部门，如机械、印刷、电力等部门均与最高统治集团的需要有关。官办企业实行近似封建衙门式的管理，产品由官方直接调拨。官督商办或官商合办企业内部“官任监查保护之责，商任集股经理之事”，① 企业的领导权实际掌握在官府手中。

其二，工业资本主要由官僚资本转化而成。20 世纪初，北京近代工业中的商股部分大多来自封建官僚。如溥利呢革公司系官商合办企业，由候补道谭学裴首任总办，该公司除了加入官股外，又招商股 25 万两，出认商股的有溥公爷、礼亲王、张之洞等贵族官僚。晚清官僚投资主要集中在为封建政府或为上层社会服务的工业门类，可以得到政府的支持与庇护。

其三，外资在民族企业中占有相当大的比例。北京不属通商口岸城市，禁止外商直接设厂。外国在北京除了向官办企业贷款外，在资金、原料、技术、设备和市场等方面对民族工业加以控制。民族企业的资金中外资占据相当大比例。

其四，起步晚，基础工业落后，工业在城市经济中占的比例小。北京近代工业的产生晚于沿海地区的城市。至辛亥革命前我国民族资本创办的工厂总计 536 家，其中上海 133 家，天津 21 家，甚至属于中小城市的广东顺德多达 84 家，而北京仅有 5 家。机械工业等基础工业的厂家规模小，技术落后，产值极低。

第三节　商业贸易

清代中叶以来，随着清朝统治政权的稳固和人口规模的发展，北京渐成“人物繁华第一都”。② 庞大的消费需求促进了城市商业的繁盛，当时北京城内“金银璀璨，招牌门榜竞为新奇，椅卓帷帘穷极华侈”。③ 明北京城在元大都的基础上进行了扩建，并以宣武门、正阳门及崇文门为城区南北界，北为内城，南为外城。清入关后实施“满汉分居”政策，内城为皇城及八旗居住区，外城则是汉官、平民居住区。随着居住空间的划定，北京内外城的商业模式也有所区分：内城主要

① 《清末京师自来水有限公司创办情形》，载《北京档案史料》1986 年第 2 期。

② （嘉庆）郝懿行：《都门竹枝词》，《中华竹枝词》，第 174 页。

③ （乾隆）洪大容：《湛轩书外集》，卷九，林基中：《燕行录全集》，第 49 册，汉城：东国大学校出版部，2001 年，第 20 页。

是定期性的庙会集市，商业街市则主要分布在外城，尤以正阳门外、宣武门外以及崇文门地区最为集中。

一、外城商业街市

作为内外城的往来孔道，宣武门、正阳门外和崇文门一带是清代北京城内最为集中和繁华的商业街市所在，所谓“前三门外货连行，茶市金珠集巨商”。① 其中宣武门附近有琉璃厂，这里是北京最重要的文化消费市场所在地。正阳门为前三门的中心，市集繁华，交易日盛。崇文门因为税关所在地，也是外城核心的商业中心所在地。

正阳门附近。正阳门因处于外城前三门商业区之中心，尤较他处繁华，“市肆……正阳门外尤盛”。②《日下旧闻考》载：“今正阳门前棚房比栉，百货云集，较前代尤盛。足征皇都景物殷繁，既庶且富云”。③ 正阳门外大街两侧有各类专业性市场。肉市位于正阳门外大街东侧，这里是北京主要的饮食消费处，“高楼一带酒帘挑，笋鸡肥猪须先烧。日下繁华推肉市，果然夜夜是元宵”。④ 肉市主要为饭馆酒肆所集，热闹景象每至深夜尚不停歇。珠市位于正阳门大街西侧，“当正阳门之冲，前后左右计二三里，皆殷商巨贾列肆开廛”，市中贸易鼎盛非比寻常，“凡金琦珠玉以及食货如山积，酒榭歌栖，欢呼酣饮，恒日暮不休，京师之最繁华处也”。⑤ 正阳门南侧街市名东西巷，东为帽巷，西为荷包巷，这里也是百货售销处，道光时期专有诗文描述：“五色迷离眼欲盲，万方货物列纵横。举头天不分晴晦，路窄人皆接踵行”，⑥ 热闹景象可见一斑。

宣武门附近。以东侧的琉璃厂最为繁华，这里是清代北京最集中的文化消费市场。辽金时期琉璃厂是北京的东郊，元代在此设官窑烧制琉璃瓦；明代营建京城，琉璃厂的规模得以进一步扩大。清初琉璃官窑西迁琉璃渠，此处渐成京师书肆集聚处。及至乾隆年间，琉璃厂除有大量书肆外，又成古董、碑帖等物贩售之处。乾隆年间朝鲜燕行使者称，“市中多书籍、碑版、鼎彝、古董”，市集周长“可五里，虽

① （乾隆）前因居士：《日下新讴》，《文献》第11辑，第212页。
② （乾隆）洪大容：《湛轩书外集》《燕行录》第49册，第20页。
③ （乾隆）于敏中：《日下旧闻考》，卷55，城市，第887页。
④ （嘉庆）得硕亭：《草珠一串》，《中华竹枝词》，第145页。
⑤ （乾隆）俞蛟：《梦厂杂著》卷二，春明丛说。
⑥ （道光）杨静亭：《都门杂咏》，《中华竹枝词》，第188页。

其楼欄之豪侈不及他市”，不过市中“珍惟奇巧充溢罗积”。① 嘉庆时期诗文言：“琉璃厂甸又新开，异宝奇珍到处排。妇女摩肩车塞路，都言看象早回来”。② 及至道光年间，竹枝词记载有“新开厂甸值新春，玩好图书百货陈”。③

宣南地区是明清以来士人生活的主要区域，这是士商云集，文化兴盛，拥有着独树一帜的地域文化特征。明清以来，大量的文人雅士在此居住和交游，这里成为名贯一时的“宣南士乡”。明清时期宣南地区是会馆最集中的区域，这里也成为外地士人寄居及叙事的重要场所。宣南地区是明清时期最核心的商业区，这里有着大栅栏商业区、琉璃厂等不同类型的商业圈，是宣南士人日常消费的重要去处，他们对于时尚的追求曾是北京城消费风尚的引导。

开市于康熙年间的琉璃厂书市是宣南士人逛游的重要去处。琉璃厂书市始于康熙年间，因乾隆修四库全书，琉璃厂书市逐渐发展起来。当时琉璃厂的书肆多达数十家。晚清时期较为知名的有宝名斋、宝森堂。琉璃厂的书铺经营广泛，除了面向学者、藏书家销售古籍以外，还售卖当时科举考试、翰林院考试等各种考试的辅导用书。因此，琉璃厂“已隐然为文化之中心，其地不特著闻于首都，亦且驰誉于全国也”。④ 当时的名仕大儒经常逛游琉璃厂，这里也成为江浙地区众多书商的聚集地。当时参与编撰《四库全书》的编修官们经常到琉璃厂校对书目。近代著名学者翁同龢、潘祖荫、李文田等经常相邀到此逛游。

此外，宣武门外西侧的斜街一带为文人雅士聚居的文化社区，也是著名的鲜花市场之一，卖花人多聚集在土地庙附近。康熙年间朱彝尊即“为贪花市住斜街”。⑤ 直至同治年间，下斜街花市依旧繁盛，“下斜街里景如何？万紫千红锦绣窠。怪道寻香人不绝，瑞春厂内好花多”。⑥

崇文门附近。崇外地区因是掌管所有进城货物税收的崇文门税关所在地，物流畅达，商贸兴盛，因而得以跻身“前三门”之列。乾隆《日下新讴》载：“万方辐辏极繁华，名称纷乘乱如麻。”⑦ 崇外有花儿

---

① （乾隆）洪大容：《湛轩书外集》，卷九，《燕行录》第49册，第217—218页。
② （嘉庆）得硕亭：《草珠一串》，《中华竹枝词》，第156页。
③ （道光）杨静亭：《都门杂咏》，《中华竹枝词》，第179页。
④ 孙殿起：《琉璃厂小志》，北京古籍出版社，1982年，第1页。
⑤ 陈宗蕃：《燕都丛考》第579—580页。
⑥ （同治）李静山：《增补都门杂咏》，《中华竹枝词》，第235页。
⑦ （乾隆）前因居士：《日下新讴》，《文献》第11辑，第203页。

市，这里是北京通草、绢花的集中地，“梅白桃红借草濡，四时插鬓艳堪娱。人工只欠回春手，除却京师到处无”。①

除上述城内固定的专业市场和店铺外，前三门地区又有各类定期市场如庙市、灯市以及定时的黑市、小市作为这一地区商业贸易的重要补充。

灯市一般在正月十五前十日始设，“京师灯市，始正月八日至十三日而盛，十七而罢，市规也”。明代灯市设于东华门外灯市街，清初移至“正阳门外及花儿市、菜市、琉璃厂店诸处，惟珠市口南为盛”。灯市期间街市喧阗，货物集中，“灯花、百货、珠石、罗绮、古今异物，贵贱杂沓”。② 康熙年间的高士奇描述琉璃厂旁侧灵佑宫灯市之盛况，称“晴和惬称上元天，灵佑宫西列市廛。莲炬星球张翠幕，喧声直到地坛边”。③ 天坛附近亦是如此，“新移灯市近天坛，剔黑堆纱万盏悬。百鸟彩楼曾见惯，玲珑飞舞是今年”。④ 又有菜市口旁黑窑地区，“黑窑灯市早春开，闲看游人拥巷来。惟有关东多买主，家家载得满车回”。⑤ 乾隆年间，灯市已成北京城最热闹之节市，“市之日，省直之商旅，夷蛮闽貊之珍异，三代八朝之骨董，五等四民之服用物，皆集”。⑥ 竹枝词称：“珠络流苏照宝灯，星球佳制出时兴。游人竞集琉璃厂，巧样争夸见未曾。”⑦

再如庙市。琉璃厂附近的斜街土地庙，每至逢三庙市，花香满溢，人影憧憧，热闹非常，“下斜街畔日逢三，花翁卖花香满篮。花卖匆匆出城去，白盐黄酒一肩担”。⑧

此外，作为下层民众购物的重要去处，城内黑市、小市轮番开设，“零星货物满天街，黑市才收小市开”。⑨ 此处所称“小市”指的是崇文门外的东小市及宣武门外的西小市，“凡日用衣服、几筵篋笥、盘盂铜锡，琐屑之物，皆于此取办”。⑩ 直至清末，城内小市交易仍旧兴盛，

① （道光）杨静亭：《都门杂咏》，《中华竹枝词》，第188页。

② （康熙）《宛平县志》，卷一，风俗，第17页。

③ 以上皆引自：（康熙）高士奇：《灯市竹枝词》，《中华竹枝词》，第23页。

④ （康熙）陆又嘉：《同咏》，《燕九竹枝词》，《清代北京竹枝词》（十三种），第7页。

⑤ （康熙）钱澄之：《都门杂咏》，《中华竹枝词》，第18—19页。

⑥ （乾隆）于敏中：《日下旧闻考》，卷45，城市，第708页。

⑦ （乾隆）符曾：《上元竹枝词》，《中华竹枝词》，第97页。

⑧ （光绪）汪述祖：《北京杂咏》，《中华竹枝词》，第219页。

⑨ （乾隆）杨米人：《都门竹枝词》，《清代北京竹枝词》（十三种），第19页。

⑩ 震钧：《天咫偶闻》，卷六，外城东，北京古籍出版社，1982年，第135页。

“小市东西遥对峙，平明买卖闹如峰。万般故物杂真赝，准备收摊九点钟”。①

二、内城商业市场

棋盘街位于皇城南侧，街北邻外城。明代这里因处内外城交汇处而已兴盛，清代亦然，“棋盘街阔净无尘，百货初收百戏陈”。② 乾隆年间随着城市经济的发展，棋盘街更为热闹，“天下士民工贾各以堞至，云集于斯，肩摩毂击，竟日喧嚣”。③ 不过，清末因义和团运动的冲击，棋盘街附近遭劫曾一度衰落，竹枝词言“车如流水马如龙，日日回还锦绣丛。一自红羊遭劫火，石栏杆外少人踪。”④

皇城东侧的东四牌楼一带有估衣市，“东四牌楼一带哗，提衣高唱乱如麻。二千四百三十八，者件衣儿该卖他”。⑤ 清代北京城内的估衣市场较为繁荣，“街前镇日乱邀呼，四季衣裳遍地铺。还价问渠何着恼，大家拉倒莫含糊”。⑥ 东单牌楼因临近贡院，每逢春秋会试，士子多在此落脚，消费市场呈现季节性的活跃，竹枝词言：“缎号银楼也快哉，但能管事即生财。休言刻下无生意，且等明春会试来。”⑦ 每至会试日期，东单牌楼附近“人数骤增至数万，市侩行商，欣欣喜色”。⑧

不过，内城商业主要以庙市为主要的交易模式。东、西四牌楼因分别有东、西庙而成为内城最为繁华的市集所在，东为隆福寺，西为护国寺。明末清初，这两处庙会市场即已十分兴盛，“古寺松根百货居，珍奇满目价全虚”。⑨ 东城隆福寺庙会为每月初七及初八两日，⑩ 寺集当天，“一城商侩货物所凑集”，集市“广庭可方百步，周设帟幕，百（日）用百物无不具，爤然如彩云朝霞。民物丛聚，摩戛不可行”。⑪ 西城护国寺庙会则逢每月初九、初十两日，正所谓“西城市罢

① （宣统）忧患生：《京华百二竹枝词》，《中华竹枝词》，

② （康熙）查嗣瑮：《燕京杂咏》，《中华竹枝词》，第 34 页。

③ （乾隆）于敏中：《日下旧闻考》，卷四十三，城市，第 674 页，北京古籍丛书。

④ 富察敦崇：《都门纪变》，《中华竹枝词》，第 246—247 页。

⑤ （乾隆）杨米人：《都门竹枝词》，《清代北京竹枝词》（十三种），第 21 页。

⑥ （嘉庆）佚名：《燕台口号一百首》，《中华竹枝词》，第 122 页。

⑦ （嘉庆）得硕亭：《草珠一串》，《中华竹枝词》，第 145 页。

⑧ （宣统）震钧：《天咫偶闻》，卷三，东城。

⑨ （康熙）钱澄之：《都门杂咏》，《中华竹枝词》，第 19 页。

⑩ 乾隆年间于敏中所著《日下旧闻考》（卷四十五，城市，页 710）载：隆福寺每月逢九、十开市，庙会当日“百货骈阗，为诸市之冠”。

⑪ （乾隆）洪大容：《湛轩书外集》，《燕行录》，第 49 册，第 214 页。

向东城，庙会何年刻日成”。[①] 庙市当日一般在天亮之前开始设摊，“万货云屯价不贵，进城刚趁亮钟时。西边护国东隆福，又是逢三庙市期”。[②] 嘉庆年间得硕亭在《草珠一串》中称，“东西两庙货真全，一日能消百万钱”。[③] 东西庙市所售货物种类繁多，上自贵族所好，下自黎民百姓日常所用，无所不备：“东西两庙最繁华，不数琳琅翡翠家。惟爱人工卖春色，生香不断四时花。”[④] 此外，隆福寺庙会还出售各色虫鸟，“市陈隆福鸟堪娱，奇异难将名字呼”。[⑤]

三、其他类型的商业市场

除固定交易地点的各类市集之外，各类流动摊贩也是北京商业贸易的重要补充。盛夏时节，街头有卖冰水、西瓜等小贩，“冰盏丁冬响满街，玫瑰香露浸酸梅。门前又卖烟儿炮，一阵呵呵拍手来……卖酪人来冷透牙，沿街大块叫西瓜。晚凉一盏冰梅水，胜似卢同七碗茶”。[⑥] 清明过后则有担冰商贩上街，“磕磕晶晶响盏并，清明出卖担头冰”。[⑦] 及至炎夏，百姓对于冰块的需求更甚，“炎交三伏气如蒸，喝饮人消水数升。忽听门前铜钱响，家家唤买担头冰”。[⑧] 城南甜水非常受人欢迎，“驴车转水自城南，买向街头价熟谙”。[⑨]

北京城西丰台产花，且多担花上街唤卖，“扬州芍药逊丰台，白白红红遍地栽。及早出门携伴去，卖花担已上街来”。[⑩]街头卖花人遍及城内各处，“绵索一肩箱八尺，卖花声彻九门西”。[⑪]

百姓日常所用之煤也多由商贩载运沿街售卖，“凿断山根煤块多，抛砖黑子手摩挲。柳条筐压峰高处，阔步摇铃摆骆驼”。[⑫]北京城日常所用煤大部由西山贩载而来，“煤鬼颜如灶底锅，西山来往送煤多。细绳穿鼻铃悬颈，缓步栏街怕骆驼”。[⑬]乾隆年间的赵翼记载，北京西山产煤，“足够炊爨”，其寓居京城时，“煤之捣碎而印成方坚墼者，每块价钱三文，重二斤十二两”。后煤价日昂，价格未变，但“每块不过今许也”。[⑭]

随着北京内、外城居住限制的放松，清末北京城市商业范围始由

---

①⑦⑩⑫（嘉庆）佚名：《燕台口号一百首》，《中华竹枝词》，第 121、114、115、118 页。
②（嘉庆）蒋沄：《燕台杂咏》，《中华竹枝词》，第 62 页。
③（嘉庆）得硕亭：《草珠一串》，《中华竹枝词》，第 145 页。
④⑤（道光）杨静亭：《都门杂咏》，《中华竹枝词》，第 188、189 页。
⑥⑬（乾隆）杨米人：《都门竹枝词》，《清代北京竹枝词》（十三种），第 19、21 页。
⑧（嘉庆）方元鲲：《都门杂咏》，《中华竹枝词》，第 172 页。
⑨（咸丰）褚维垲：《燕台杂咏》，《中华竹枝词》，第 200 页。
⑪ 赵钧彤：《都门竹枝词》，《中华竹枝词》，第 128 页。
⑭ 赵翼：《簷曝杂记》，中华书局，1982 年，第 131 页。

外城扩展至前三门以北的内城区域，并形成了“京师百货所聚，惟正阳门街、地安门街、东西安门外、东西四牌楼、东西单牌楼暨外城之菜市、花市”的商业格局。①

四、晚清商业市场的变迁

光绪《朝市丛载》言，“京师地面辽阔，惟前三门为天下仕商聚汇之所”。② 清末正阳门外的廊房胡同及周边商业区统称为大栅栏商业区，这里店铺林立，商旅拥滞，“凡天下各国，中华各省，金银珠宝、古玩器玉、绸缎估衣、钟表玩物、饭庄饭馆、烟馆戏园，无不毕集其中。京师之精华，尽在于此；热闹繁华，亦莫过于此”。③ 同治时期竹枝词言：“行人拥挤笑肩摩，处处招呼卖什么？休笑不堪珠宝市，廊坊三巷更偏多。”④ 1900 年义和团火烧德记药房，延烧铺户“一千八百余家”，⑤ 兴盛的正阳门外大栅栏一带因大火而渐趋萧条。竹枝词对此亦有反映：“大栅栏前热闹场，无端一炬烬咸阳。……百万商民齐束手，市廛景象太萧条。”⑥ 至 1901 年设前门火车站，大栅栏再度兴盛起来。

宣武门外的琉璃厂图书贸易经久不衰，咸丰年间的《燕台杂咏》载：“琉璃厂畔逐闲人，古玩般般列肆陈。汉玉唐碑宋元画，居然历劫见风尘。”⑦ 民国时期著名的版本目录学家孙殿起曾辑成《琉璃厂小志》，称清代北京的琉璃厂地区“已隐然为文化之中心，其地不特著闻于首都，亦且驰誉于全国也”。⑧ 琉璃厂往西的下斜街土地庙，仍值每月初三设庙会，“月月逢三赛社前，横陈小市闹喧阗。趁墟人自摩肩至，归路斜阳散晚天”。⑨清末北京倡寮业十分发达，尤以虎坊桥地区的八大胡同最为有名，“饭馆倡窑次第排，万家灯市耀花街。从知世界崇商战，八大胡同生意假”。其时，八大胡同为京师“名花渊薮”，生意兴盛，带动了周边饮食业的发展，“饭馆多设其左近，生意遂发达异常，灯火楼台，万家繁盛”。⑩

清末崇文门外一带因往来商旅很多，因而附近多有民间杂耍和说书之

① 震钧：《天咫偶闻》，卷十，《琐记》，第 216 页。
② （光绪）李虹若：《朝市丛载》，《例言》，第 1 页。
③ 仲芳氏：《庚子纪事》。
④ （同治）李静山：《增补都门杂咏》，《中华竹枝词》，第 233 页。
⑤ 仲芳氏：《庚子纪事》。
⑥ （光绪）复侬氏、杞庐氏：《都门纪变百咏》，《中华竹枝词》，第 252 页。
⑦⑨（咸丰）褚维垲：《燕京杂咏》，《中华竹枝词》，第 201 页。
⑧ （民国）孙殿起：《琉璃厂小志》，北京古籍出版社，1982 年，第 1 页。
⑩ （宣统）忧患生：《京华百二竹枝词》，《中华竹枝词》，第 289 页。

类的演出，“海岱门（即崇文门）前傍两衢，布棚连接小行庐。游人到此围环坐，听唱盲词说大书”。① 此外，据清末《燕京岁时记》载，崇外大街西侧的花儿市每月“初四、十四、二十四日有市，市皆日用之物”。②

清末竹枝词记载中多见北京城内洋货盛销景象，如洋灯、眼镜等生活日用品已在普通民众中普及。咸同年间来京朝鲜人记载，洋货肆在“东长安门外三里许，洋货肆有三，肆肆皆数百间，皆九梁之屋”。③ 同时，清末北京城内出现了新式的百货商店以及西式餐馆，带动了城市消费模式的变迁。

新设市场以皇城东侧灯市附近东安市场之规模为大，“新开各处市场宽，买物随心不费难。若论繁华首一指，请君城内赴东安”。作者诗后写到，“东安市场货物纷错，市面繁华，尤为一时之盛”。④ 清末新政之后箴劝实业，正阳门侧新设劝业场，楼高三层，“上下数百间，萃吾华货品罗列其中”，俨然“万户千门百尺楼，搜罗货物萃神州”。⑤

清末北京开始有西式餐馆记载。1900 年，英国人在前门北侧的东交民巷开设六国饭店，瞬时成为当时北京城内达官贵人、公使洋商豪奢消费去处，“饭店直将六国指，外人情态甚骄矜。层楼已是凌云汉，更在层楼建一层”。⑥六国饭店更为北京上层官员之热衷，“海外珍奇费客猜，两洋风味一家开。外朋座上无多少，红顶花翎日日来”。⑦ 前门一带西式餐馆，如前门外的醉琼林“莱罗中外酒随心，羊式高楼近百寻。门外电灯明似昼，陕西深巷醉琼林”。⑧

第四节　税收与商品流通

元代崇文门为大都城南三门之一，称“文明门”。明朝永乐迁都北京，沿用元大都南城三城门，其中文明门改称崇文门。嘉靖年间修建外城，原先的南城三门成为内、外城通道。清朝定鼎中原之后，仍定都北京，并施行“旗民分治”政策，以宣武门、正阳门及崇文门为南北界，内城为皇城及八旗居住区，外城则是商业区及汉官、平民居住区。明初北京设九门宣课司，崇文门为其一，“永乐初年，都城设立都

① （咸丰）褚维垲：《燕台杂咏》，《中华竹枝词》，第 199 页。

② （清末）富察敦崇：《燕京岁时记》。

③ （韩）李恒意：《燕行日记》，《燕行录》第 93 册，第 119 页。

④⑤⑥⑧ （宣统）忧患生：《京华百二竹枝词》，《中华竹枝词》，第 282 页。

⑦ （宣统）吾庐孺：《京华慷慨竹枝词》，《中华竹枝词》，第 306 页。

税司、九门宣课司，专掌一应货物之税”。[①] 弘治年间，“京师九门，皆有税课，而统于崇文一司”,[②] 崇文门宣课司地位迅速提升。清代沿袭明代征税制度，在全国各地的关津要口设置税关以征收过往商货税，京师总税关则设于崇文门，监督署位于崇文门外街东；[③] 并分别在城外东、西两侧设有四处分税口：卢沟桥、板桥、东坝以及海淀。[④] 崇文门“报税之例自顺治二年开征”,[⑤] 当年下令“免崇文门米麦税”。[⑥] 康熙二年题准：“外国人带进货物，崇文门不必收税”。[⑦] 对此，实录中记载为：“凡外国进贡之人带来贸易物件，应令崇文门监督止记册报部，不必收税。”[⑧] 康熙五年六月，“停崇文门监督出京货物税”,[⑨] 即崇文门关只征收进城商货税。

一、税关与税收

清代外地商货进入京城的通道有陆路及水路两条。其中水路经运河至通州上岸，再由朝阳门外大道入朝阳门，至崇文门纳税。陆路进城通道由卢沟桥至广安门（明代称广宁门）进城，因将卢沟桥设为分税口，在此设役巡查。“崇文门所过一切官办物料、客商货物及行李，车驮如从陆路进京者，俱由卢沟桥税局查明件数，送广宁门转押，崇文门税署查验有无输税，分别放行，此向来办理之章程也”。[⑩] 又因板桥为卢沟桥绕道，客商货物多由板桥走漏，在此设置稽查口。[⑪]后查“东坝原非通州、张家湾大路，因有土人将进京货物绕道至东坝私卸隐藏，再逐日暗运”,[⑫] 又在东坝设役巡查。另有海淀分税口则征收特定商货税，包括钱粮、药材、烧酒税。[⑬]

清初崇文门税关原额85099两，康熙二十五年增9384两，合计为94483两。康熙三十三年又增8000两，此项银两不久又于康熙三十八

---

① 沈榜：《宛署杂记》卷十二《契税》。

② 史玄：《旧京遗事》，北京古籍出版社，1986年，第21页。

③ 《畿辅通志》卷十一《京师》。

④⑪ 嘉庆《大清会典》卷十六《户部·贵州清吏司》，《近代中国史料丛刊三编》，台北文海出版社，1999年，第64辑，第633册，第818页。

⑤ 《崇文门商税则例现行比例增减新例》，雍正七年三月二十八日奏报，第2页。

⑥ 《清世祖实录》卷十六，顺治二年五月己巳。

⑦ 康熙《大清会典》卷三十四，户部·课程三·关税。

⑧ 《清圣祖实录》卷十，康熙二年十一月乙丑。

⑨ 《清圣祖实录》卷十九，康熙五年六月辛未。

⑩ 中国第一历史档案馆藏录副奏折，乾隆四十六年七月户部尚书和珅等奏折。

⑫ 档案：雍正二年闰四月二十九日五什一，保德奏折。

⑬ 朱批奏折：乾隆四十一年八月初九日崇文门监督丰升额奏折。

年裁减。[①] 康熙末年各关加增铜斤水脚银，并纳入各关正额之中。崇文门税关铜斤水脚定为 7692 两，与正额合计为 102175 两。[②]

实际上，清代崇文门税关“每岁额征正余银三十万两”。[③] 除上述正额外，每年的崇文门税关税收还有大量盈余。其“盈余一项，必须商货甚旺，于征足正税外尚有来货可征，始为盈余”。[④] 清代崇文门税关的盈余数额未作规定，由“该监督自行奏闻”。[⑤] 除以上两项之外，崇文门税关随征附加税，包括正额钱合银、并平余银及余平银等。并平银是指各关将商人纳税的散碎银，拆封归并时，溢出的银两，称并平银，有的也称余平银（或称余平银）。而如用铜钱纳税，要用官方比价，也要多缴一点，称钱平。[⑥] 崇文门征税“酌定章程，其应交库平三分者，外加平余银一分，作为加平、加色、火耗、船食之费，以及行役之等饭食之用”。[⑦] 如以乾隆四十四年税收为例，当年崇文门税关共实收银 316835 两，其中包括：正额银 102022 两，正额钱合银 159 两，总计正额银 102181 两；收盈余银 211708 两，盈余钱合银 611 两，并平余银 1882 两，各项钱平用银、余平银 453 两，盈余银共计 214654 两。[⑧]

以上为崇文门税关的收入项，除去税关日常支销银，崇文门每年的税收均上交户部存贮。关于税关日常支销银的来源，如税关征收耗银，日常支出即由此项银中扣出；如不征收耗银，则从税收盈余中扣出，所谓“凡税耗，各征其十之一，经费皆出焉；无耗则取诸盈余”。崇文门例不征收火耗，因而其日常支销银由税收盈余内扣出，同时还规定崇文门“支销经费向不造册报部，经费开除，有翰林院庶吉士帮俸银、管关官养廉银、起解税课盘费银、正额盈余添平银、盈余随解饭银、解部考核饭银、季报饭银、领册饭银、户科季报考核饭银、内阁饭银、户部广东司饭银、起解税课木匣鞘箍口袋银、官署心红纸张银、各口岸巡查人役房租公食银”。[⑨] 仅以最后一项各口岸巡查人员的

---

①② 雍正《大清会典》卷五十二，课程四·关税，《近代中国史料丛刊三编》，第 77 辑，第 768 册，第 3049—3050 页。

③ 中国第一历史档案馆藏录副奏折，嘉庆十五年八月十三日曹振镛奏折。

④ 《清朝续文献通考》卷三十一，征榷考三，浙江古籍出版社，1988 年，考 7835。

⑤ 《乾隆户部则例》，《清代各部院则例》，香港蝠池书院出版有限公司，2004 年，第 499 页。

⑥ 邓亦兵：《清代前期关税制度研究》，北京燕山出版社，2008 年，第 147 页。

⑦ 中国第一历史档案馆编：《嘉庆道光上谕档》第 27 册，桂林广西师范大学出版社，2000 年，第 667—670 页。

⑧ 中国第一历史档案馆藏朱批奏折：乾隆四十四年八月初九日和珅奏折。

⑨ 嘉庆《大清会典》卷十六，《户部·贵州清吏司》，第 827—828 页。

开支数额为例，崇文门所辖十三门，及“海淀、板桥、东坝等稽查税务处所甚多，每处安设家人书役不下十数人”，其“家人书役所需饭食、房租、纸笔等费，皆为必不可少之项，向来并无官给工食银两之例”，而各门书役“酌议每门日给银五钱。卢沟桥要口人多，每日给银一两五钱，每年约计三千余两”。①

再以乾隆四十四年间税收为例来看崇文门税关的具体开支数目。在本年《户科题本》中记载，崇文门额税铜斤水脚银共计 102181 两，盈余银 163081 两，总计 275262 两。② 而朱批奏折中则载当年“实收银 316835 两”，所差 41573 两即为当年崇文门税关的日常支销银。以上为崇文门税关的日常支销情况。

因此，清代崇文门历年实际征收税额远远高于正额 102175 两。③ 雍正十三年，崇文门实收税额为 304520 两。④ 乾隆年间崇文门税收基本保持在三十万两左右。据朱批奏折记载，“乾隆四十年八月初三日其至四十一年八月初二日，连闰计十三个月一年期满，尽收尽解正余统计共收银三十一万六千八十九两四千六分五厘”。⑤ 乾隆四十三年税收高达 322641 两。乾隆五十年崇文门税收扣除日常支销后的税收基本保持在二十八、九万两左右。乾隆末年的税收大概保持在三十二三万两左右。

嘉庆年间崇文门税收基本与乾隆中后期同，税收总额基本保持在三十一、二万两左右；扣除支销银后，每年呈交户部的税额为二十八九万两。

嘉庆元年至十年，崇文门盈余额扣除支销银后大概为 17 万—18 万两左右，最多者为嘉庆元年，达 183775 两。嘉庆十一年至二十年间，崇文门盈余银总额自 18 万—21 万两。嘉庆二十一年至二十五年，崇文门盈余在 212680 余两左右。需要注意的是，嘉庆四年钦定盈余银，虽规定崇文门盈余数额“自行奏闻”，然在实际奏报中，崇文门税额仍有特定数额作为盈余比较标准。如，嘉庆十七年的档案记载，当年盈余银为 183938 两，“短少盈余银” 28743 两；嘉庆十八年盈余银 194956

① 《雍正朝汉文朱批奏折汇编》第 30 册，江苏古籍出版社，1991 年，第 905—906 页。

② 户科题本：乾隆四十五年五月二十三日户部尚书英廉等题本。

③ 关于崇文门税关的实征税额目前散见于《宫中档》、朱批、录副奏折及户部题本中，本文统计数据即来源于上述档案文献中。

④ 乾隆四十一年八月初九日崇文门监督丰升额奏折载：乾隆四十一年分崇文门统计收银 316089 两，比雍正十三年多 11569 两，由此可推算出雍正十三年崇文门税收为 304520 两。

⑤ 中国第一历史档案馆藏朱批奏折：乾隆四十一年八月初九日丰升额折。

两，当年“短少盈余银”17727 两，① 由此可见，嘉庆年间崇文门盈余银比较标准应为 212680 两，与正额合计为 314855 两。

此外，关于嘉庆元年至十年之间崇文门税收总量，可参考朱批奏折记载。内载，嘉庆七年八月初三日起，至八年八月初二日，共计 13 个月，通计正额、盈余共收银 316729 两。② 较之崇文门正额银 102175 两与盈余比较数额 212180 两合计后的 314355 两，属有盈无绌。再以表中盈余与正额合计可知，嘉庆元年至十年间，在扣除支销银后，崇文门税收总额大概为 27 万—28 万余两，再看未扣支销的部分，即嘉庆十一年至二十五年之间，崇文门税收总额在 29 万—31 万余两。因此嘉庆年间崇文门历年税收变动范围与乾隆年间基本相同，且每年的税收变动趋势更为平稳。

嘉庆年间崇文门税收比较数额以 314855 两（正额银 102175 两，盈余银 212680 两）为准，其在全国税关的地位参见下表：

崇文门实征税额在全国各地税关中的地位表　　单位：两

序号	税关名称	税收定额	序号	税关名称	税收定额
1	粤海关	899064	6	崇文门	314855
2	九江关	539281	7	北新、南新关*	218300
3	浒墅关	441151	8	龙江西新关*	186983
4	芜湖户、工二关*	347065	9	闽海关	186549
5	淮安关	326479	10	夔关	183740

资料来源：嘉庆《大清会典事例》卷 187、188《户部·关税》；卷 710《工部·关税》。

表中可见，嘉庆年间崇文门在全国所设税关中占据第 6 名的地位。不过，因崇文门只征收货物进城税，而其他税关都以过关商货税为其大宗税收来源，也就是说，其他各关均以商品转运税为主，大部分货物是经过本关征税之后再转运他处，少量货物进入城中销售。③ 按照转运税与货物进城税最保守的比例 6∶4 计算，其他税关征收的进城货物

① 《嘉庆道光两朝上谕档》，第 17 册、18 册。

② 朱批奏折：嘉庆八年八月初九日恭阿拉等奏折。

③ 相关研究可参见：李金明：《清代粤海关的设置与关税征收》（《中国社会经济史研究》1995 年第 4 期）；许檀：《清代前期的九江关及其商品流通》（《历史档案》1999 年第 1 期）；廖声丰：《试述清代前期苏州浒墅关的商品流通》（《上海交通大学学报》2007 年第 6 期）；廖声丰、黄志繁：《清代芜湖关的设置及其管理体制的演变》（《历史档案》2004 年第 4 期）；廖声丰、胡晓红：《鸦片战争前的淮安关及其商品流通》（《历史档案》2010 年第 1 期）。

税分别是：粤海关 359625 两、九江关 215712 两、浒墅关 176460 两、芜湖关 138826 两、淮安关 130591 两。其中只有粤海关高于崇文门，而粤海关较为特殊，其在乾隆二十二年之前实征税额均在 30 万—51 万两之间。[①]“独口通商”政策之后限定外国洋船只能前往粤海关征税，导致其税收迅速增长。因此，从这个角度来看，仅比较进城货物税，无疑崇文门关是征税最多的税关。

二、商品运输与流通

清代北京的陆路与水路交通十分繁忙。以卢沟桥至广安门的陆路进城通道为例。城西卢沟桥“乃十五省通会之衢，车辙马迹相望于道”。[②] 广安门外附近更是热闹异常。雍正题写的广安门外石道碑文载，“京师为四方会归，万国朝宗之地。我国家幅员广大，文轨所同，廓于无外。梯山航海者，联镳接轸，络绎而交驰。广宁门其必由之路”。乾隆年间重修广安门外石道，碑文载，“广宁门在京城西南隅，为外郛七门之一。然天下十八省所隶以朝觐、谒选、计偕、工贾来者，莫不遵路于兹。……其北路则径达安定、德胜诸门，而迤西接轫联镖，率由缘边腹地会涿郡、渡卢沟而来，则是门为中外孔道，尤不与他等”。[③]

再看运河转通州，再至朝阳门这一线。雍正年间，“朝阳门至通州石道碑文”载：“自朝阳门至通州四十里，为国东门孔道。凡正供输将，匪颁诏糈，由通州达京师者，悉遵是路。潞河为万国朝宗之地，四海九州岁致百货，千樯万艘，辐辏云集。商贾行旅，梯山航海而至者，车毂织络，相望于道。盖苍庾之都会，而水陆之冲逵也。”乾隆年间“重修朝阳门石道碑文”亦载，“直省漕艘估舶，帆樯数千里，经天津北上，至潞城而止，是为外河。引玉泉之水，由京师汇大通桥，东流以达于潞，用以转运者，是为内河。……故自太仓官廪兵糈，暨廛市南北百货，或舍舟遵陆，径趋朝阳门。以舟缓而车便，南北之用有不同也。其间轮蹄络织，曳挽邪许，欢声彻昕夕不休，故常以四十里之道备水陆要冲”。[④]

南来北往的商货均入崇文门关征税。康熙年间史料记载：“京师崇

① 廖声丰：《清代前期粤海关的商品流通及税收》，《华南农业大学学报》（社会科学版）2009 年第 1 期。

② 雍正元年七月二十七日监察御史柯乔年奏折，《雍正朝汉文朱批奏折汇编》第 1 册，第 720 页。

③ 《日下旧闻考》卷九十一，郊垧（西一），第 1540 页。

④ 《日下旧闻考》卷八十八，郊垧（东一），第 1540 页。

文门一关，五方物产、九土财货，莫不聚集于斯。”① 雍正年间记载：“崇文门乃五方辐辏之地，商贩多于外省。”② 乾隆《北京形势大略》又言：崇文门“又曰海岱，言山陬海澨，皆梯航纳贡，税课司在焉”。③ 道光年间监察御史任伯寅奏称：“查国朝设立崇文门税务，为天下总汇之区。每岁额征正余银三十万两。自烟、酒、茶、布及一切杂项，计货取税，皆有定例。”④

清代漕船可携带一定数量的土宜随船发卖，“食物、纸张、瓷器、糖、醋、油、酒、杂货、竹木器等项，均为京师日用必需之物”。⑤ 据乾隆五十二年的崇文门税关档案记载，当年南来漕船共有3400余只，所带土宜有茶叶、白糖、各色纸张、槟榔、白蜡、柏油、桐油、姜黄、鱼胶等商品计有二十余种。⑥ 因而崇关“每当春夏两季，总以南来货物为大宗”。嘉庆六年则因“本年六月雨水连绵，各路货物多被阻滞”，因此未能收有额外盈余银。⑦ 嘉庆十七年较前最高之十一年少收银28700余两，原因之一则为“南来绸缎、梭布等项到京迟滞”，以致钱粮少收。⑧

南货当中，茶叶运自浙江，清代茶叶贸易施行茶引，在各省过关输税时一律“截角”，如运至京城售卖则要“截去中间”。乾隆二十三四年，浙江行销顺天茶引，共计一万九千余道。⑨ 另据统计，乾隆中期北京城内茶商字号数有一百余家，到乾隆末年城内茶铺多达二三百家之多。⑩ 纸张由福建运来。史载，京师“延、邵二郡纸商，每岁由闽航海……得顺抵天津”，于“岁之冬十月，售纸入都”。⑪ 京师居民喜食闽广等地所产槟榔，竹枝词记载：“槟榔名号聚都门，口袋盛来紧系身。”⑫

酒是经崇文门报税的重要商品，故民间又将崇文门称为“酒门”，有“崇文门进酒车，宣武门出囚车”之说。乾隆年间史料记载：“京师九门，每日酒车衔尾而进。市价每烧酒一斤，值大钱十六文。数年以

① 李华：《明清以来北京工商会馆碑刻选编》，第191页。
② 《崇文门商税则例现行比例增减新例》，雍正七年三月二十八日，第4页。
③ 杨从清：《北京形势大略》，1938年双肇楼校印本，第460页。
④ 中国社会科学院经济所藏钞档：道光二年十二月初三日监察御史任伯寅奏折。
⑤ 《宫中档乾隆朝奏折》第64辑，台北故宫博物院，1982年—1988年，第390页。
⑥ 中国第一历史档案馆藏录附奏折：乾隆五十二年八月初九日绵恩奏折。
⑦ 《嘉庆道光两朝上谕档》第6册，第319页。
⑧ 中国第一历史档案馆藏：嘉庆十七年八月十九日松筠、玉麟录副奏折。
⑨ 《清朝文献通考》卷三十，浙江古籍出版社，2000年，《征榷考五》。
⑩ 歙县会馆编：《重修歙县会馆录》，道光十四年（1834）刻本。
⑪ 李华编：《明清以来北京工商会馆碑刻选编》，文物出版社，1980年，第99页。
⑫ （嘉庆）学秋氏：《续都门竹枝词》，《竹枝词十三种》，第63页。

来，无此贱价。是必网利之富贾，贩酒车多，故其价大减。亦必附近之州县，私烧者众，故车载日来也。”① 嘉道年间，崇文门税关每日可进酒四五十车，即以四十车计之，可入税银三百四十余两。② 烧酒运至京师，交售经纪销售，史料记载，“查崇文门过货经纪，惟烧酒一行钱粮最多，自乾隆三十九年七月内经顺天府府尹衙门奏明，将烧酒行经纪裁汰，归于崇文门办理”，当年共收烧酒税银共计 5190 两左右。③ 根据其征税则例“烧酒每车作为六千斤，连平余征银十四两四钱”，④ 可大致估算当年贩往京师的烧酒则多达千余车。

烟叶主要由易州、昌平等地运来，“易州、昌平州烟包，每包仍照定章作为三百二十斤，每包连平余共征银一两九钱二分”。⑤另外，近京地区所种植烟梗，即剥落烟叶之后弃诸野地之物，由穷黎百姓拾之入城售卖。经过崇文门时，原照百斤征税 0.21 两，此项收税名目于乾隆年间裁撤。⑥

药材也是京师进口货物之一。乾隆四十一年，海淀分税口所征税银中，药材一项征收税银九百余两。⑦ 嘉庆二十二年，药材商人建立药行会馆，碑刻记载，“京师商贾云集，贸易药材者，亦水陆舟车辐辏而至”。⑧

第五节　金融与信贷

一、银钱及其比价变动

清政府沿袭前代遗留下来的货币制度，即银两和制钱两种货币同时在市场上流通，具有同等合法性。“银与钱相为表里，以钱辅银，亦以银权钱，二者不容畸重”。⑨ 一般来说，大额、远途交易往往用银，小额、近程交易用钱，国家财政收支用银，而小民日用以钱。二者的

① 《清高宗实录》卷一百二十七，乾隆五年九月丙申。

② 《嘉庆道光上谕档》第 27 册，第 669 页。

③ 朱批奏折：乾隆年间福隆安奏折。

④⑤ 光绪《清会典事例》卷二百三十八《户部·关税》。

⑥ 《崇文门商税则例现行比例增减新例》。

⑦ 朱批奏折：乾隆四十一年八月初九日丰升额奏折。

⑧ 李华编：《明清以来北京工商会馆碑刻选编》，《重建药行会馆碑记》，文物出版社，1980 年，第 93 页。

⑨ 《清朝文献通考》卷十六《钱币考四》。

比价，从顺治帝进入北京到嘉庆前期的一百多年间都是相对稳定的。嘉庆后期，尤其是道咸以降，银和钱的比价发生了较大变化，总的趋势是银贵钱贱，制钱逐步贬值。清代的货币制度实际是银钱平行本位制。北京作为清政府的首都，其货币铸造与流通集中地体现了清代货币制度及货币体系的诸多特点。

1. 制钱

清代的钱币，沿袭了明代的制钱制度。所谓制钱，是由官方所铸，与私铸或盗铸之钱币有别。清入关前已开始铸造制钱，名“天命通宝”。入关以后，清政府逐步建立了一整套制钱铸造和流通的制度。顺治元年（1644），两个中央直属的铸币局设在京师，分别是隶属于户部的宝泉局和工部宝源局，开始铸造“顺治通宝”钱。“宝泉局岁铸钱解交户部库，配银给发兵饷”；“宝源局岁铸钱解交工部节慎库，以备给发各工之用”。① “顺治通宝”钱是明清以来最重的制钱，无论成色、样式，还是分量都列为定制，它确立了清代制钱的基本风格，为其后历朝所沿袭，“自后列圣改元，沿为故事”，② 一直延用至清末宣统时期。

顺治时设立的宝泉局原在东四牌楼街之北。雍正四年（1726），因鼓铸加增，遂分为4厂。宝泉旧局作为公署，“但以收贮铜铅，不复置炉”，分别“设东厂于东四牌楼之四条胡同，置炉十二座；设南厂于东四牌楼之钱粮胡同，置炉十二座；设西厂于北锣鼓巷之千佛寺后，置炉十四座；设北厂于新桥北之三条胡同，置炉十二座，共为正炉五十座”。并于东南西三厂各置“勤炉”三座，北厂一座，“以备铜铅多余，加卯鼓铸”。③

宝源局原在朝阳门内西南，雍正六年（1728），“照户部（宝泉局）分厂之例，添设一厂于崇文门内东之泡河，旧厂置炉十二座，新厂置炉十三座，共为正炉二十五座”。并于旧厂设置“勤炉”六座，“以备铜铅多余，加卯鼓铸”。④

京局所铸制钱又称样钱，只供京城之用，不准运往外省。乾隆九年（1744），针对京城近年来钱价昂贵的情况，大学士九卿等认为是由于“耗散多端”所致，“奸商每于出京之时，将制钱车载马驮，向价贵之处兴贩射利。再有闽粤商船装载货物，由海洋直达天津发卖，回棹

① 《清朝文献通考》卷十三《钱币考一》。

② （清）王庆云：《石渠余纪》卷五《纪制钱品式》，北京古籍出版社，2001年。

③④《清朝文献通考》卷十五《钱币三》。

时概用钱文压载，运至闽粤各省。回空漕船亦往往多载钱文，希图兴贩获利”。他们愤然指出：“京局所铸之钱，岂能供各省之用？”①

清初京局铸钱并无定数，每年自数万串递加，铸至数 10 万串不等。顺治十五年后，因制钱改重，故铸额中减。十七年后，铸数复增。宝泉局岁铸钱 28 万余串，宝源局每年铸钱 18 万余串。康熙初年，两局铸钱数额有所减少。康熙二十三年以后，“分定卯数”，大抵宝泉局每年为 28 万余串，或 23 万余串不等，宝源局每年为 17 万余串，或 12 万余串不等。“至康熙六十年间，两局各三十六卯，每铜铅百斤除耗九斤，给工料钱一串九百六十九文。宝泉局每卯用铜七万二千斤，铅四万八千斤，铸钱一万二千四百八十串。宝源局每卯用铜三万六千斤，铅二万四千斤，铸钱六千二百四十串。每年共为钱六十七万三千九百二十串云”。② “自雍正十年以后，宝源局减正额为三十七卯，至十三年，复可为四十一卯”。③ 以上乃《清朝文献通考》的有关记载。

又《石渠余纪》载：“国初户部年铸三十卯（以万二千八百八十串为一卯），遇闰加三。康熙、雍正两朝，各增十卯。乾隆六年增二十卯，次年增勤炉十座，铸六十一卯，得钱六十九万余串。十六年以后，因余铜加铸，至三十八年定为七十五卯，岁得钱九十三万串有奇，末年裁勤炉，复铜六铅四之制，仍为三十卯。嘉庆初年渐复，五年设俸炉，铸搭京俸。后铜铅不敷，亦旋减旋复。自国初以来，皆户部铸二，工部铸一。今（道光年间）则例宝源局正炉之外，有勤炉俸炉加铸，岁出钱百十三万串，闰四万串。宝泉局有勤炉岁出钱五十三万串，闰加四万串各有奇。”④ 据此可知，清代宝泉、宝源二局，在清代顺治至道光年间铸钱的大致变化。需要指出的是，《石渠余纪》与《清朝文献通考》在记载康熙年间铸钱数上有出入，《石渠余纪》为四十卯，《清朝文献通考》则为三十六卯。

此外，阮葵生《茶余客话》记载：“户部宝泉局每年铸钱七十六万一千二百八十串，工部宝源局每年铸钱三十八万六百四十串。”⑤ 此数目可能为清代京局铸钱的年均约数。

---

① 《清朝文献通考》卷十六《钱币四》。

② 《清朝文献通考》卷十四《钱币二》。

③ 《清朝文献通考》卷十五《钱币三》。

④ （清）王庆云：《石渠余纪》卷五《纪户部局铸》，文海出版社，1973 年，第 418—419 页。

⑤ （清）阮葵生：《茶余客话》（上）卷三《户工部铸钱数》，中华书局，1959 年，第 82 页。

户工两局历年铸钱数（1757年—1793年）

年代	宝泉局		宝源局	
	卯数	铸钱数（串）	卯数	铸钱数（串）
1757（乾隆二十二年）	71	887，358		
1764（乾隆二十九年）	76	950，394.788		
1777（乾隆四十二年）	75	938，006.146		
1778（乾隆四十三年）			74	462，445.98
1782（乾隆四十七年）			70	437，448.9
1783（乾隆四十八年）	75	938，006.146		
1784（乾隆四十九年）			74	462，445.98
1785（乾隆五十年）	75	938，006.824		
1787（乾隆五十二年）	75	938，006.824	70	437，448.9
1788（乾隆五十三年）	75	938，006.146		
1791（乾隆五十六年）	75	938，006.146		
1793（乾隆五十八年）	75	938，006.824	70	437，448.9

附注：每串制钱为1000文。

资料来源：据中国社会科学院经济研究所藏清代钞档。引自彭泽益：《中国近代手工业史资料》第一卷，中华书局，1962年，第124页。

对于京城两个铸钱局，清政府规定每年生产制钱的数额，采取增减铸币数量和增减铸炉数量的方法，进行控制。据统计，从顺治至嘉庆年间，京局大约增减铸币数量十四次，以后因库存铜材不足，每月逐渐少铸。①

京局所铸制钱的重量，在清代历朝屡有变化。据《茶余客话》记载：“顺治元年铸钱，每文重一钱，二年改一钱二分。以后屡有改定。至十四年，定为一钱二分。康熙二十三年，改为一钱。至四十一年，改为一钱四分。雍正十二年，改为一钱二分，永为例”。② 至于铸钱的工本，“雍正十二年，钱重一钱二分，每串计用工本银一两七分。乾隆四年核销，每串用工本银九钱八分三厘”。③

① 《钦定大清会典事例·户部·钱法》。

②③（清）阮葵生：《茶余客话》（上）卷三《铸钱重量》，中华书局，1959年，第82页。

清代历朝铸造制钱重量比较（1617 年—1752 年）

年代	每文制钱重量（两）	年代	每文制钱重量（两）
1617（天命二年）	0.120	1684（康熙二十三年）	0.100
1644（顺治元年）	0.100	1702（康熙四十一年）	0.140
1645（顺治二年）	0.120	1734（雍正十二年）	0.120
1651（顺治八年）	0.125	1752（乾隆十七年）	0.120
1657（顺治十四年）	0.140		

资料来源：引自彭泽益：《中国近代手工业史资料》第一卷，中华书局，1962年，第 124 页。

据上表可知，清代前期，制钱的重量相对来说比较稳定，大致保持在每文一钱至一钱四分不等。所铸制钱重量大多为一钱二分，其中最重的是，顺治十四年（1657）与康熙四十一年（1702），为每文一钱四分。制钱重量的变化与民间私铸、私销密切相关。乾隆十九年闰四月（1754）上谕："钱法之弊，以有余者囤积居奇。犯法之徒，复私销私铸，希图渔利。钱价之昂，率由于此。"① 铜价高时，民众纷纷销毁制钱冶制出铜，铜价低时，则纷纷私铸制钱，藉以牟利。

制钱的主要成分为铜。由于铜性较硬，以当时的生产技术，使用纯铜铸钱尚较困难，因而多杂以铅、锡等。"顺治通宝"以七成红铜三成白铅为定制。康熙二十三年（1684），"定以铜六铅四配铸制钱"②。雍正五年（1727），京局"又定以铜铅各半配铸制钱"。③ 乾隆五年（1740），"改铸青钱……其剂红铜仍五十分，减白铅为四十一分有半，用黑铅六分有半，加点锡二分"。④ 乾隆五十九年（1794），"又定宝源局鼓铸之法，仍照旧例以铜六铅四配铸"。⑤ 嘉庆四年（1799），议准"宝泉局鼓铸，每一百斤，用铜五十二斤，白铅四十一斤八两，黑铅六斤八两配铸"。次年，又奏准"户工二局……减用黑铅三斤四两，将所减铅斤加添滇铜二斤，白铅一斤四两以之配铸"。⑥可见，京局所铸制钱以铜为主，还有其他成分。

京局铸钱所需原料中以铜为大宗，其次是铅、锡等。这些原料的获取途径主要有：

① 《清高宗实录》卷四百六十二，乾隆十九年闰四月。
②③《清朝文献通考》卷十四《钱币二》。
④ （清）王庆云：《石渠余纪》卷五《纪制钱品式》，文海出版社，1973 年，第 417 页。
⑤⑥《清朝续文献通考》卷十九《钱币一》。

一是由国内矿产地直接供给。《清朝文献通考》载："康熙年间，如盛京及闽浙诸省皆曾开采，续经停止。今则云南、贵州、湖南、四川、广西、广东等处，并饶矿产。而滇之红铜，及黔楚之铅，粤东之点锡，尤其上供京局者也。"①

二是由各关在市面上收购。《清朝文献通考》云："自顺治二年始，令各关差办铜，嗣经陆续增定，于京城曰崇文门，于直隶曰天津关，于山东曰临清关，于江苏曰龙江关、西新关、浒墅关、淮安关、扬州关，于安徽曰芜湖关、凤阳关，于浙江曰北新关、南新关，于江西曰湖口关、赣关，于湖北曰荆州关，于广东曰太平桥关。西新关并于龙江关监督，南新关并于北新关监督，共十四监督，各支税银，采铜解部。"②

三是收买洋铜。《清朝文献通考》曰："采买洋铜，例往东洋日本。自康熙二十二年设立海关，是时洋铜即已流通内地。逮三十八年以京局额铜，交商办解……皆取给于东洋。"③ 不过，乾隆以后，由于京局改用滇铜，所用洋铜渐止。

四是收买淘洗余铜、收换前代废钱等。如宝泉、宝源二局收买淘洗余铜，"户工二部议定，两局鼓铸钱文，凡土砂煤灰内有滴流余铜，应令该监督召人淘洗所得之铜，照部定价收买"。④收买（换）旧钱、废钱，如康熙十年（1671），户部议言："两局制钱见在远近流通，民间旧钱、废钱不准行使……应令尽数交官，每觔照铜价给直六分五厘，解局销毁改铸。"⑤乾隆二十二年（1757），又令"前代废钱……准民间检出，官为收换，所换钱文，即供鼓铸之用"。⑥

京局铸钱所需要的白铅和黑铅大多来自于贵州和湖南。锡大都来自于南洋，由广州进口。由于铸钱所需原料皆来之于京外，因而铜、铅等物能否顺利输京，便直接影响宝泉、宝源两局的制钱铸造。

2. 大钱

制钱制度的开始崩溃，可以追溯到咸丰三年（1853）的始铸大钱。其原因在于，咸丰初年，太平天国的军事力量占领了长江中下游一带的重要都市，使滇铜不能照常运到京师，故而清廷考虑到铸造大钱、铁钱、铅钱以节省铜斤。据《天咫偶闻》记载："咸丰三年，军旅数起，饷需支绌。东南道路梗阻，滇铜不至。刑部尚书周祖培、大理司卿恒春、御史蔡绍洛先后请改铸大钱，以充度支。下其议于户部，时

①②④⑤《清朝文献通考》卷十四《钱币二》。

③⑥《清朝文献通考》卷十七《钱币五》。

祁文端为权尚书，力赞成之。”①

咸丰三年（1853），清廷铸造大钱的机关有惠亲王、恭亲王等主持下的户工两局与庆惠、文瑞主管的铸钱局，不久就将后者合并于前者。②

咸丰三年（1853），“三月，先铸当十钱一种，文曰：咸丰重宝。重六钱，与制钱相辅而行。八月，增铸当五十一种，重一两八钱。十一月，因巡防王大臣之请，又增铸当百、当五百、当千三种。当千者重二两；当五百者重一两六钱，铜色紫；当百者重一两四钱，铜色黄，皆磨砺精工，光泽如镜，文曰：咸丰元宝。而减当五十钱为一两二钱，当十钱为四钱四分，继而又减为三钱五分，再改为二钱六分。四年正月，命宝源局铸当五钱一种，重二钱二分；三月，铸铁当十钱；六月，铸铅制钱，亦颇可行”。③

咸丰五年（1855）以后，当十、当五大钱与制钱并行。咸丰五年（1855）十一月，清帝谕：“着桂良严饬所属各州县，于民间交纳钱粮时，务遵前定章程，将当五当十大钱，按成搭收。”④

咸丰六年至七年（1856—1857），规定搭放搭收办法。咸丰六年（1856）五月，上谕：“制钱大钱，相辅而行，岂容任意低昂。近日大钱渐见流通，而各钱铺开发钱票，并不搭用制钱，以致民间零星日用，诸多窒碍，自应亟筹变通，以期尽利。嗣后京城各官号开放兵饷及开发宝钞，凡兵民到铺取钱，每京钱一串，均着搭用制钱十分之一。其民间钱铺开发钱票……不得专用大钱。”⑤ “顺天府各属征收丁粮，实银四成，宝钞三成，当十铜、铁大钱三成；其畸零小户，准以铜、铁大钱与铅、铁制钱搭配呈缴。”⑥ 咸丰七年（1857）四月，上谕：“令在京各局，增铸铁制钱，分成搭放，俾与铜铁大钱相辅而行，原为便民起见，并非置大钱于不用。”⑦

当十大钱使用几年之后，与当五十以上的大钱遭受同样迅速贬值的厄运，每一枚仅值制钱二文左右。咸丰九年（1859）九月，上谕：“御史徐启文奏，请严禁私销私铸，以通钱法一折。据称，‘京师现行

①③（清）震钧：《天咫偶闻》卷三《东城》。

② 杨端六：《清代货币金融史稿》，三联书店，1962 年，第 96 页。

④《清续文献通考》卷二十《钱币二》。

⑤《清续文献通考》卷二十《钱币二》。

⑥（清）周家楣、缪荃孙编纂：《光绪顺天府志》志五十九《经政志六 · 钱法》，北京古籍出版社，1987 年，第 2094—2095 页。

⑦《清文宗实录》卷二二四，咸丰七年四月下。

之铜当十钱，最为饶裕，近日骤行短绌，推原其故，京中铜当十钱一文，仅抵铜制钱二文，若改铸制钱，可得三四文。必有奸民牟利，盗销改铸之弊……'。"①

直至光绪十四年（1888），"阎敬铭为户部尚书，请废当十，仍用制钱，遂奉旨以三年为期，所有交官之项，以制钱出，以大钱入，期于三年内收尽。然大钱在市，虽名当十，仅作制钱二文，相沿已久。此令既下，市肆大扰，贫富交困。先是，咸丰初年，银一两，易钱七千余。同治初，易至十千。光绪初，至十七千，戊子（光绪十四年）以后，渐减至十二千，丁酉（光绪二十三年）以后，更减至十千零。大钱渐绝，市面乃稍定"。②

光绪二十八年（1902），"各省已竞设银铜元局厂，而京师犹铸大钱及制钱，故户工两局尚存在。至三十一年八月（1905 年 9 月），户部始奏裁撤宝泉宝源两局，停铸大钱"。③ 光绪三十一年（1905），"允户部奏，永远停铸当十大钱"。④

大钱发行以后，私铸现象十分严重。《清续文献通考》记载："大钱甫经行使，即形壅滞。前王大臣等饰词入奏，谓民间颇称利用，实则民不利用大钱，利用大钱之私铸耳。查旧行制钱每千重百二十两，熔之可得六十两，以铸当千大钱，可抵三十千之用。利之所在，人尽趋之，而谓能禁遏之乎？"⑤

在京师地区，大钱行使"未及一年，盗铸如云而起。通州所辖之张家湾及长辛店左近，西山之内，并有私炉鼓铸。利之所在，虽治以弃市之罪，趋者若骛"。⑥

私铸尤以通州一带盛行，如咸丰四年（1854）的通州河西务聚众私铸、咸丰七年（1857）的张家湾私铸当五铜钱、光绪七年（1881）的燕郊、三河私铸私销案，等等。

咸丰四年（1854）七月，上谕："有人奏，'通州河西务一带奸民聚众私铸，竟敢于白昼闹市之中，公然设炉制造，地方官畏其人众，

---

① 《清文宗实录》卷二九三，咸丰九年九月上。

② （清）徐珂：《清稗类钞》第 2 册，中华书局，1984 年，第 532 页。

③ 章宗元：《中国泉币沿革》，见财政部钱币司编：《币制汇编》第 4 册，1919 年，第 234 页。

④ 《清续文献通考》卷二十二《钱币四》。

⑤ 《清续文献通考》卷二十六《钱币四》

⑥ （清）周家楣、缪荃孙编纂：《光绪顺天府志》志五十九《经政志六·钱法》，北京古籍出版社，1987 年，第 2093 页。

不敢查问，请饬严密访拿’等语。通州等处地方，密迩京畿，现在贼氛未靖，奸宄尤易混迹。若如所奏，奸民聚众盘锯，私铸大钱，毫无忌惮，恐日久别生事端，亟应赶紧查拿，以杜奸萌。”①

咸丰七年（1857）三月，清帝谕：“据给事中龚自闳奏，‘访闻通州所属之张家湾地方，多有私铸当五铜钱，轮廓大小与制钱等，获利甚厚，运京甚近。以至京师当五钱顿形壅滞’等语。虾徒辈不畏法，胆敢在近畿地方私铸钱文，实于圜法大有妨碍，亟应从严究办。”②

光绪七年（1881）十月，上谕：“御史嵩林奏，请饬严缉私铸匪徒一折。据称，‘顺天通州之燕郊，及直隶三河县地方，向有回民勾串逃犯匪徒，于僻静处所，设炉私铸，潜运京城，以致私钱愈多，民间挑剔不用，贻害非浅’等语。私铸私销，向于例禁，该匪徒胆敢安设私炉，大肆销铸，殊属不法。”③

大钱滥发，不仅造成大钱铁钱不能流通，而且滥事鼓铸还引起京师及其周边地区社会经济生活的恶化。

大钱铁钱不能流通，咸丰四年（1854）七月，有奏折称：“现行大钱，当千及当五百者，京中已难行使，在外各州县，亦恐不能适用。”④《天咫偶闻》载：“初令大钱与制钱并行，其后，京城遂不用制钱。出城数十里，即不用大钱”。⑤

大钱滥发，人民深受其害。咸丰四年（1854）闰七月，有奏折指出：“近闻街巷贫民，将布衣等物只能当制钱一二百文者，该当店概以当百大钱与之，若与争竞小钱，即将原物掷还。一当店如是，各当店可知。贫民需钱甚急，无可如何，只得领大钱而去。及至持此大钱往买食物，而市中小卖，多半不用，即有愿用者，又不找回零钱。彼此争端，酿成人命者有之。”⑥ “京城百货仰给外省，即杂粮蔬果牲畜，亦来自各乡。大钱既不通行，货物又无由运（京），致市肆歇业不少，而粮店尤多。盖以村僻之中，大钱必无所用故也。至于肩挑背负之徒，情尤可悯。不受，则货滞无以为生；受之，则钱入而不能复出”。⑦ 可见，不仅有因行用大钱引起争端而酿成人命的，而且，由于大钱不能

① 《清文宗实录》卷一三六，咸丰四年七月中。

② 《清文宗实录》卷二二一，咸丰七年三月上。

③ 《清德宗实录》卷一三八，光绪七年十月。

④ 《清代钞档》：咸丰四年七月十一日，马兰镇总兵兼管内务府大臣庆锡奏折。

⑤ （清）震钧：《天咫偶闻》卷三《东城》。

⑥ 《清代钞档》：咸丰四年闰七月十五日，通政使李道生奏。

⑦ 《清代钞档》：咸丰四年闰七月十八日，江南道监察御史沈葆桢奏。

在京外流通，外省货物无法运至京城，因此，商店纷纷关门歇业，尤以粮店为多。

滥事鼓铸大钱还造成严重的通货膨胀。咸丰八年（1858）正月，有奏折曰："自鼓铸大钱以来，嗣又兼铸铁铅制钱，二八成搭放，以便行使，原期子母相权，不得畸轻畸重，立法极为周密，无如大钱止行于京城内外，出京数十里或百余里外，民间即不行使。其铁制钱可以搀入铜制钱内行使，每贯搀入数十文至数百文不等，渐次及远，并无壅滞，以致京城内大钱愈积愈多，而制钱行使出京，不能存留。现在每大钱一串，只抵铁制钱三百文，大钱愈多，则银价日昂，物价亦因之日增，日甚一日，米有底止。去岁（1857）春间，每粟米一石价京钱十余千，今则渐长至二十余千，他物称是。贫民小贸者，尚可加增物价，佣工者尚可倍长工钱，借资糊口，然已难于支持。"① 光绪四年（1878）三月，又有奏折指出："鼓铸制钱，国有定式。自咸丰年间，铜斤见绌，京师始铸当十大钱，为一时权宜之计，乃历久弊生，私铸充斥，银价与物价递增。昔用制钱换银一两，不过京钱三千。今当十钱换银一两，竟至京钱二十千。斗米值京钱五六百者，今不止京钱五六千，其它诸物皆然。名为以一当十，几至以十当一。当十钱行不及百里外，而受累者不知几千万家，是公私交病也。"②

3. 银两

有清一代，制钱虽然担任了最广泛的货币任务，但国家收支还不是用制钱而是用银两为计算单位。清政府对于钱文和银两的铸造，采取完全不同的两种政策。它对钱文的铸造，采取国家垄断政策，而对银两的铸造，则采取自由放任政策。③ 在实际生活中，"用银之处，官司所发，例以纹银；商民行使，自十成至九成八成七成不等"。④

铸造银币的银炉又称炉房，以铸造元宝银（马蹄银）为主。北京、汉口等地营此业者甚多。银炉冶银铸宝，或自购生银，改铸后转卖给钱庄；或受钱庄及各商店嘱托，以生银等改铸，而后者尤为通行。各地银炉的开业，必须取得户部的许可，并发给部照以为凭执。而且银炉的数目，清政府皆有规定，不能任意增设。北京只许有 26 家开业。⑤ 这些银炉实际上都是官炉。到了清代末期，由于法令逐渐松弛，对于

① 《清代钞档》：咸丰八年正月二十五日，浙江道监察御史陈鹤年奏。

② 《清代钞档》：光绪四年三月初一日，马相如奏。

③ 杨端六：《清代货币金融史稿》，三联书店，1962 年，第 63、72 页。

④ 《清朝文献通考》卷十六《钱币四》。

⑤ 阮湘等编：《第一回〈中国年鉴〉》，上海商务印书馆，1924 年，第 814 页。

私自设立的银炉不再干涉，因此才有私炉之称。

银炉铸造的银锭，在有公估局的地方，必须经过公估局的鉴定保证，方能通用。若该地无公估局，则须在银锭上刊刻铸造所在地的炉名，作为标识，以自负其责。①

就北京来看，共有七种银两。第一种是库平银，其正常标准是纯银成色 1000 重 575. 8 英厘，库平银实质上是一种虚银两。除库平外，还有公砝，重 555. 7 英厘；市平，重 552. 4 英厘；京平，或称二两平，重 541. 7 英厘；同时这三种银两又各有两种不同的成色，即 1000 与 980，因此，北京通用的银两一共有七种。② 北京市场上通用的是公估局估定 10 两重的锭银。

北京的银两，随着交易活动的频繁及范围扩大，逐渐统一成京公砝平银。吉田虎雄的《中国货币史纲》指出："到了后来，各地银两的种类渐次减少，尤其是现宝，一地方大概统一为一种了……例如北京，从前所用的平，有京公砝平、库平、京平、市平四种，至于银两，则有京公砝平、三六库平、二七京平、三六京平、三四库平、六厘京市平、七厘京市平银七种。但到了后来，只有京公砝平银了。"③

4. 银钱比价及其变动

研究清代北京的金融问题，离不开银钱比价。所谓银钱比价，就是白银与制钱的兑换比例。清政府虽然规定一两白银兑换一千文制钱，但在实际流通中，两种货币由于受到各自币材价值及市场规律的影响，从未遵循这一比价，总是围绕规定比价上下波动。当白银相对于制钱的比价低于一千时，习惯上称之为"银贱钱贵"，反之则是"银贵钱贱"。银钱比价有官定比价与市场比价之分。官定比价，自从顺治四年（1647）定下银一两兑换钱一千文的规定后，遂成定例进行兑换、计算，坚持到道光年间。市场比价，终清一代一直起伏不定，尤以嘉道以降为甚。

京师银钱比价在嘉庆朝中期以前总体上是银贱钱贵。虽然制钱重量和成色几经变化，但银钱兑换率基本维持在 1∶1000 以下。银钱比价虽有波动，但大致在八百文左右进行波动。顺治二年（1645），"定制钱每文重一钱二分……以制钱每七文准银一分，钱价日增"。④ 康熙九年（1670），给事中姚文然疏言："今京城钱值，约略每千文不过值银

---

① 阮湘等编：《第一回〈中国年鉴〉》，上海商务印书馆，1924 年，第 814 页。

② 杨端六：《清代货币金融史稿》，三联书店，1962 年，第 85 页。

③ 周伯棣编译，［日］吉田虎雄著：《中国货币史纲》，中华书局，1934 年，第 77 页。

④《清朝文献通考》卷十三《钱币一》。

八钱。”[①] 康熙二十三年（1684），吏部左侍郎陈廷敬又言：“民间所不便者，莫甚于钱价昂贵，定制每钱一千值银一两，今每银一两仅得钱八九百文”，于是，“更定钱制，每文重一钱”，[②] 以抑制钱价过贵。康熙六十一年（1722），户部议言京城制钱，“旧时每市银一两易钱八百八十文，今银一两易钱七百八十文。钱价日贵，民间日用以钱交易，资用甚艰”。[③]在此情况下，八旗月饷的发放，也采取了银钱各半的方法搭放。

雍正时期，钱价一度过贱，民间交易的价格必然使商民亏损，并导致奸弊兴起。雍正九年（1731），户部议言，京城“五城十厂粜卖成色米所得钱文，发五城钱铺，照定价九百五十文兑换……俟市价渐增，官价亦渐增，以银一两合大制钱一千文为率”。[④]

乾隆二年（1737），“京城每纹银一两换大制钱八百文，较之往时稍觉昂贵”；直到乾隆九年（1744）京城钱价仍然昂贵。[⑤] 乾隆三十二年（1767），京师宝泉局发放各匠工食，“按制钱八百三十文作银一两，交炉头易银给发”[⑥]。到了乾隆五十六年（1791）时，“因银少钱多，以致钱价日贱，物价愈昂”。[⑦] 乾隆六十年（1795），上谕：“前因京师及各省钱价日贱，由于小钱充斥，节经降旨饬禁，并立限收缴，乃自查禁以来，已逾年余，而京城钱价近又减落。”[⑧]

嘉庆前中期，京师钱价一度再趋高昂。嘉庆四年（1799），“因京师钱价较昂，曾将谕旨，令户、工二部，将所余之卯，量为增复。自增卯以来，钱价仍未甚平。所有户、工二局，俱著全复旧卯”。[⑨]嘉庆六年（1801），由于“京师钱价颇昂，兼值雨水连绵，食物甚贵”，[⑩]清政府只得在兵饷、官俸中搭放制钱。嘉庆九年（1804），“不但京城钱价过昂，民多不便”，外省更是“日贵一日，且有甚于京师”。[⑪] 嘉庆十一年（1806），清政府为平抑京城钱价，于五城设厂平粜钱文，易换银两解部。半个月后，钱价不降反升。兵科给事中汪镛上奏：“近来市价较昂，四月以前，每库平纹银一两易制钱九百二三十文不等，现

---

① 贺长龄：《皇朝经世文编》（近代中国史料丛刊第七十四辑）卷五十三《户政·请停鼓铸事宜疏》，台北文海出版社，1966 年，第 1957 页。

②③ 《清朝文献通考》卷十四《钱币二》。

④ 《清朝文献通考》卷三十二《市籴一》。

⑤ 《清朝文献通考》卷十六《钱币四》。

⑥ 《清朝文献通考》卷十八《钱币六》。

⑦⑧⑨ 《清朝续文献通考》卷十九《钱币一》。

⑩ 《钦定大清会典事例》卷二一四《户部·钱法·搭放京饷》。

⑪ 《嘉庆朝军机处录副奏折》，宗室禄康等嘉庆九年十一月二十四日奏。

在时价库纹一两易钱八百九十余文至九百一二文不等。”① 较未平粜前还要贵三十余文。清政府于是“将平粜钱文，于五六两月兵饷，再酌加一成搭放。此项钱文，兵丁零星使用，自然散布流通，钱价可期渐减”。②

就在清政府继续想方设法平抑钱价之时，京师钱价竟于嘉庆晚期逐渐跌落，且一发不可收拾。从嘉庆二十三年（1818）起，“银价增昂，每两换钱一千三百余文，即经奏请停搭”。③ 此前长期的“银贱钱贵”到这时一变而为“银贵钱贱”了。嘉庆末年，制钱与白银的价格比一般已超过制钱千文合银一两的官定比价。道光时期，尤其在道光朝的最后20年间，即鸦片战争前后各十年左右时间内，这一趋势进一步发展。道光二十五年（1845），“京中纹银每两易制钱几及二千文”。④ 咸丰二年（1852），冯桂芬忆曰：“二十年前，（银）每两易制钱一千二百文，十年以前易制钱一千五六百文，今易制钱几及二千文。”⑤ 咸丰四年（1854），银钱比价更增至2500文—2700文。⑥ 京师银价激烈上涨一直持续到咸丰中期，咸丰四年是银价的最高峰。此后，银价开始回落，在咸丰十年至咸丰十一年（1860—1861），京师银价曾下跌到1566—1300文⑦。

清末，京师银价再度上涨。光绪四年（1878）三月初一日，马相如奏：“昔用制钱换银一两，不过京钱三千。今当十钱换银一两，竟至京钱二十千。”⑧光绪十年（1884），户部等衙门会奏：“京师现在行使当十大钱，每银一两，大率换现钱七串上下，时而有增至八串上下，时而有减至六串上下。城外各市镇州县，每银一两，换制钱一串五百内外。若以当十大钱一个抵制钱两个，数略相当。”⑨ 光绪三十三年（1907）十一月，直督杨士骧奏京津铜元纷杂折称，“近时京师银价涨

① 《嘉庆朝军机处录副奏折》，兵科给事中汪镛嘉庆十一年四月二十五日奏。

② 《清仁宗实录》卷一六一，嘉庆十一年五月下。

③ 《皇朝政典类纂》卷六十一《钱币七》。

④ （清）刘良驹：《请饬定银钱画一章程疏》，盛康编：《皇朝经世文编续》卷五十八《户政三·钱币上》。

⑤ （清）冯桂芬：《校邠庐抗议》卷下《用钱不废银议》，载郑大华点校：《采西学议：冯桂芬马建忠集》，辽宁人民出版社，1994年，第90页。

⑥⑧ 彭泽益编：《中国近代手工业史资料（1840—1949）》第1卷，三联书店，1957年，第583页。

⑦ 王宏斌：《晚清货币比价研究》，河南大学出版社，1990年，第59页。

⑨ （清）周家楣、缪荃孙编纂：《光绪顺天府志》志五十九《经政志六·钱法》，北京古籍出版社，1987年，第2096页。

至十六七吊（即银一两合制钱一千六七百文）”。[①] 清末银价的飞速上涨造成了相当强烈的社会震动，这从当时官员的报告书可以得到说明。如有的说：“近以银价陡涨，物值增高……现时京城市面拮据，商民困苦。”[②] 有的说：“现在银贵钱贱，市面情形辄被牵动”。[③] 银价腾贵，百货价值随之日益飞腾。

影响银钱比价的因素很多，市场上白银、制钱的流通数量，银、铜的产量和价格，白银的流入和流出，民间的私铸私销、囤积居奇等都会发挥直接或间接的作用。京城银钱比价波动除了银两增加的影响之外，主要在于京城市场制钱的供给无量。京局铸钱虽有定数，但其发行量并非取决银两，很大程度上取决于滇铜输京的数量。

二、钱铺

钱铺，亦称钱店、钱庄、钱局或银号。北京的钱铺在明代便已存在，清代获得长足发展。自康熙年间到道光十年（1830）以前，先后开设的钱铺有389家。[④]。此后，到咸丰九年（1859），京城内外先后开设的挂幌钱铺共有511家。[⑤] 晚清文人齐如山称，在光绪末年，京城可以“出票之铺，尚有三百七十余家”。[⑥] 钱铺开始只单纯地经营银钱的兑换，随着经济的发展，钱铺的业务范围也在不断地扩大。首先发展起来的业务就是银两的成色鉴定与熔铸，其后还经营存放汇、贴现、兑换及其他信用业务。北京钱铺从经营兑换扩大到经营存款、放款、汇兑等信用业务，经历了一个很长的历史时期。到乾隆初年，钱铺的职能还是以银钱兑换为主。钱铺业务比较明显地出现变化，是在乾隆后期，钱铺逐渐从银钱兑换业转化为以经营存放款业务为主的信贷机构，其主要标志就是钱票的使用和流通。

清代北京的钱铺有官、私两类。官钱铺亦叫官钱局，按政府规定

---

① 章宗元：《中国泉币沿革》，经济学会，1915年，第40页。

② 《政治官报》第47号，《顺天府会奏京师当商困苦情形骤难规复旧制折》（光绪三十四年二月十六日）。载《奏设政治官报5》，台北文海出版社，1965年，第364页。

③ 《度支部奏请京饷筹解现银折》（光绪三十四年二月二十三日）。载上海商务印书馆编译所编纂：《大清新法令》（1901—1911）点校本第四卷，商务印书馆，2011年，第155页。

④ 《工部尚书兼管顺天府尹事务张祥河等奏》（咸丰九年九月十六日），《清代钞档》，中国社会科学院经济研究所藏。

⑤ 丁进军：《有关咸丰年间北京钱铺方面史料》，《中国钱币》，2006年第1期，第46页。

⑥ 齐如山：《故都三百六十行》，书目文献出版社，1993年，第21页。

进行银钱兑换，维持适当的银钱比价。咸丰三年（1853），设立官钱银号。光绪末年才设立新式金融机构。私人设立的钱铺，亦称钱店，或银号。

北京的银号，在康熙年间就已经开始活跃起来，最早是由浙江绍兴人创建于康熙六年（1667）的“正乙祠”，亦称“银号会馆”。“正乙祠”在正阳门左右列肆而居，“操奇赢，权子母，以搏博三倍之利”。①

清初雍正时，北京曾设有官钱铺，分别由户部和八旗设立。雍正九年（1731），京师钱价上涨，世宗谕八旗都统说：“八旗所设钱局，应照民间价值，逐渐减价，至每两换大制钱一千文而止。如此则钱价自平，于民生实有裨益。其随时减价之外，八旗务须画一办理。”② 同年户部提出疏通办法，其中提到，“五城十厂粜卖成色米所得钱文，发五城钱铺，照定价九百五十文兑换。俟此项兑完，即令官钱铺将所换银两照时价收钱，循环流转。至八旗米局粜卖钱文，亦交本旗钱铺，照五城例，循环收换”。③ 五城钱铺是户部设立的官钱铺，八旗所设钱铺亦称“钱局”。

清初官钱铺并非常设机构，其主要业务是通过发放钱文以平抑钱价，兼有管理银钱交易之责。官钱铺常设之后，遂以兑换银钱为要务。乾隆二年（1737），钱价又上涨，户部会同提督衙门奏称：“见在京城每纹银一两换大制钱八百文，较之往时稍觉昂贵。盖因兑换之柄操于钱铺之手，而官不司其事，故奸商得任意高昂，以图厚利。”④ 他们提出在京城内外开设官钱局10处，“东南西北四城共八处，东华门、西华门外各一处”，⑤用工部节慎库余钱八万串做本，以平钱价。

乾隆初期，京师民间的钱很缺乏，钱价腾贵。乾隆九年（1744）十月，内阁大学士鄂尔泰等奏：“钱市经纪，宜归并一处，官为稽查，以杜抬价。查钱市向设经纪十二名，各铺户有高抬钱价者，责成经纪，严谕平减，不许垄断；但该经纪等散居各处，早晚时价，难归画一，向无专员约束，或与钱铺通同勒索。查正阳门外，为商贾云集之地，应令经纪等，聚集一处，每日上市，招集买卖铺户商人，遵照官定市价，公平交易，以杜私买私卖之弊。”⑥ 文中的铺户即指钱铺，这里，已经把钱铺专门作为办理银钱兑换的店铺，而且强调防止高抬

① 李华：《明清以来北京工商会馆碑刻选编》，文物出版社，1980年，第15页。

② 《清世宗实录》卷一〇六，雍正九年五月己巳。

③ 《清朝文献通考》卷三十二《市籴一》。

④⑤ 《清朝文献通考》卷十六《钱币四》。

⑥ 《清高宗实录》卷二二六，乾隆九年十月上。

钱价。

京城钱铺中，私人钱铺占着相当的数量。私人钱铺主要经营银钱兑换和钱票发放，此外兼营存款、放款及捐官、放高利贷等业务。凡办钱铺者需向清朝步军统领衙门申报并交纳执照费，领得钱幌子（相当营业执照）挂出，即可营业。嘉庆十五年（1810），步军统领衙门及五城御史奉旨查办京城内外之钱铺。查出外城“旧有各铺多至三百五十余家”，内城八旗“左翼地面现开钱铺三百八十五座，右翼地面现开钱铺三百座，共六百八十五座。”①

私人钱铺往往不吝手段承揽金融业务，多有奸商“关铺潜逃”等欺诈谋财的事情发生。为了抑制屡次发生的钱铺诈骗之事，清政府开始引入五家联保制度实施对钱铺的监管。嘉庆十五年（1810）二月壬辰，清帝谕：“又给事中何学林请禁奸商一折。据称，‘京城钱铺与钱市通同一气，兑换钱文，每千多有短少，往往换钱之人向争不理，并有狡猾铺户多出钱票，陡然关闭逃匿，致民人多受欺骗’”。② 于是下令步军统领衙门及顺天府五城实力查禁，还规定：“开张钱铺者，必令五家互出保结。遇有关铺潜逃之事，即令保结之家照票分赔。”③嘉庆二十一年（1816），御史王维钰上奏“严禁钱铺短数并查辑逃骗一折”，仁宗认为，“京城市廛稠密，钱铺众多”，不可能都由官府查察，“如有假票诈骗，经被累之人首告者，著步军统领、顺天府五城各衙门查拿究办”。④

京城钱铺，每家签发的钱票，多者数十万吊，少者也有数万吊。由于钱铺资本不多，一般有一二千两白银，少者只几百两，发行超过资本几十倍甚至几百倍的钱票，对一些投机商人来说，则成为他们开设钱铺诓骗人们钱财的手段，流弊不断。⑤ “京城钱铺大半资本无多，所存之钱不敌所出之帖，加以奸民造言煽惑，以致此晚尚安然照常生理，次早已歇业关闭，并有请该司坊封条将门封闭，人携资远飏，故作经官情状。近日东城之天义，西城之悦来亨，南城之天顺昌各钱铺，十日间已三铺歇业，遂使钱价低昂无定，物价逐渐加增”。⑥ 因为钱铺借故关闭，诓骗钱财屡有发生，道光年间刊印的《都门纪略》一书中，

---

① 《金吾事例·章程二·城内开设关闭钱铺章程》，咸丰刊本。

②③《清仁宗实录》卷二二五，嘉庆十五年二月上。

④ 《清仁宗实录》卷三一八，嘉庆二十一年四月丙戌。

⑤ 黄鉴晖：《明清山西商人研究》，山西经济出版社，2002 年，第 173—174 页。

⑥ （清）济澂：《请饬查禁钱店舞弊疏》，《皇朝道咸同光奏议》卷三十八，光绪二十八年刊本。

也对初来京城的人告诫曰："京师钱铺，时常关闭。客商换银，无论钱铺在大街小巷，与门面大小、字号新旧，必须打听钱铺虚实。不然今晚换银，明日闭门逃走，所开钱帖尽成废纸。"①

道光五年（1825），因北京钱铺关闭过多，清政府再次强调五家联名互保。《大清律例》（续纂）中增加"贼盗律诈伪官私取财律"规定："京城钱铺，无论新开旧设，均令五家联名互保，报明该地方官存案。"②"遇有关闭钱铺，即令互保之四家代为开发票存钱文。若五家一同关闭，即系安心诓骗"，③除治罪外，还要向犯人家属追银。道光十年（1830），御史豫益上奏京城钱铺的局骗情况说："近来新开钱铺，并不实取联名保结，仅将字号钱铺捏称搪塞。各地方官并不查询真伪，关闭后或有远飏不获，日久案销。或事后被获，托人从中说合包揽。或因骗人钱数过多，自行到官投首，总以因人负累为辞，捏造账目呈出，以为减罪地步。"④同年都察院奏准，以后关闭钱铺，如能在限期内将所欠钱全数给发，照例免罪。否则按所折成数，减等治罪，但只给一二成的不准减等。"倘有坊役棍徒包揽，代为开发者，从重治罪，并将不查拿之司坊官咨参议处"。⑤道光二十年（1840），御史祥璋指出，"京城内外钱铺不下千余家，近年来关闭十有二三"，百姓的存款损失达数百万串，"大半无从追讨"。⑥清政府虽然采取了一些措施，如京师钱铺开业必须五家店铺联保，严禁钱铺宣布倒闭，逮捕逃亡钱铺老板，责其退还用户银钱者等，但收效甚微。

京师钱铺全部实行五家互保制度，从咸丰后期全面推行，从此有了顺天府登记注册"挂幌钱铺"的规定，从而为查办非法开设的钱铺提供了依据。咸丰九年（1859），工部尚书张祥河奏呈《酌议钱铺限制章程》中提出，京城内外挂幌钱铺"应有五家互保，不足者限期补足；对私自开设钱铺并发票者，照律治罪"。⑦同治元年（1862）九月，查获西直门外海淀四王府等处，未挂幌兑换银钱铺户王大等人，"开票换银，并无保结，实属有干例禁"，⑧被交坊审办。宣统元年（1909）六月初八日，度支部《通用银钱票暂行章程》再次强调，发行钱票的私

① （清）杨静亭：《都门纪略》，道光二十六年刻本。

② （日）加藤繁：《中国经济史考证》第3卷，吴杰译，商务印书馆，1973年，第33页。

③⑥《中国近代货币史资料》（第1辑）上册，中华书局，1964年，第127、139页。

④ 《清宣宗实录》卷一六九，道光十年五月己巳。

⑤ 《清宣宗实录》卷一八二，道光十年十二月下。

⑦ 丁进军：《有关咸丰年间北京钱铺方面史料》，《中国钱币》2006年第1期，第46页。

⑧ 清上谕档，同治元年九月二十九日。

商行号须有“殷实五家互保”。①

道光二十五年（1845），内务府在北京设天元、天亨、天利、天贞、西天五处官钱铺，统称“五天官号”，以发行钱票为主。官钱铺“分储户工两局卯钱。京师俸饷，照公费发票之案，按数支给，以钱代银”。② 五天官号发行的钱票，可以自由兑换现钱，在市场上流通较畅，所得利益，由内务府作为进款。

咸丰三年（1853），清政府为了推行户部官票和大清宝钞，在北京招商设官银钱号乾豫、乾恒、乾丰、乾益四所，经管八旗各营兵饷。次年又开设宇升、宇恒、宇谦、宇泰、宇丰五家官号，由部库拨银作本，发行钱票，承兑官票、宝钞。四乾官号的地址，乾豫在东四牌楼迤北路东，乾恒在东四米巷路北，乾丰在新街口路北，乾益在西单牌楼迤东路东。咸丰末年，由于户部官票与大清宝钞通货膨胀严重，继而五天、四乾、五宇官号的钱票亦不能兑现，从而引起挤兑，相继倒闭而裁撤。③

19 世纪末叶，京师钱庄“首称四恒号”，“皆设于东四牌楼左右，恒和号在牌楼北路西，恒兴号居其北、隆福寺胡同东口，恒利号在路东，恒源号在牌楼东路北”。④ 四大恒资本雄厚，都各自出银票、钱帖，在市面上流通。由于信用卓著，各界人士都以储存和使用四大恒银票和钱帖为荣，当时北京流行“头戴马聚源，身穿瑞蚨祥，脚踩内联升，腰缠四大恒”的顺口溜。

清末，北京发行钱票的手续仍沿用道光时期的办法，因此，各商号钱票在市场能否被接受全凭各自的信誉优劣了。“当时银票除四大恒（恒利、恒和、恒源和恒兴）之外，尚有泰原钱铺所出之银票，市面上均欢迎收存。其他出票家过多，不可胜计，因信用不如四大恒之著，其所出之银票，收票人随收随取，不愿留存，或即委托炉房钱铺代为取现”。⑤

19 世纪末的北京，“无论何项行业，只需买得步军统领衙门钱幌

① 席长庚编：《北京金融史料·典当钱庄票号证券篇》，中国人民银行北京市分行金融研究所，1994 年，第 469 页。

② 《清史稿》卷四百二十二《列传》二〇九《文瑞》。

③ 上海市钱币学会编，吴筹中著：《中国纸币研究》，上海古籍出版社，1998 年，第 26 页。

④ （清）崇彝：《道咸以来朝野杂记》，北京古籍出版社，1982 年，第 104 页。

⑤ 尚绶珊：《北京炉房、钱铺及银号琐谈》，《文史资料选辑》第 44 辑，中国文史出版社，1964 年，第 230 页。

子，即可随意发出银票钱票，既无任何条例与规章，且亦不加限制……北京每年发生银票挤现风波若干次，实为市面巨大祸患。政府不仅无何改良措施，且竟置若罔闻，听其自然，市民只有对于出银票字号无信用者不予收受”。①

光绪二十四年十二月，北京钱铺倒闭的案件“层见叠出，银价日落，粮价日长”。针对这一情况，朝廷宣布：“嗣后京城地面，开设钱铺、粮店商人，均应按照市价，公平贸易。倘仍藉口现钱短绌，任意居奇，再有诓骗倒闭、抬高粮价情事，即行严惩不贷。地方居民人等，如有藉此聚众，哄闹钱铺，致令匪徒乘机肆抢，即著一体严拿，从重究办，以安市面而恤民艰。”② 要求钱铺、粮店商人和居民双方都遵守法令，共同维护市场和社会的稳定。

庚子事变后，市面恐慌，金融混乱，四大恒突遭巨变，当时的清政府虽曾从“内帑”拨款 80 万两加以接济；但无济于事，四恒号先后歇业。

宣统二年（1910）上海源丰润票号总号倒闭，波及北京，倒闭的银钱商号达十五六家，市面震动，几乎停止交易。经度支部拨款 50 万两，全体炉房向大清银行借银 50 万两，京奉铁路局解到银 30 万两；市面始稍安静。③

进入 20 世纪，在推行新政中，清政府于光绪三十年（1904）在京师设立户部银行，“纠合官商资本四百万两，通用国币，发行纸币，官款公债皆主之”，④ 并且专为发行纸币开设纸厂、印刷厂。光绪三十四年（1908），将其改为大清银行，附设有储蓄银行，资本扩至 1000 万两。这是在京师设立的最早的本国银行。光绪三十三年（1908）十二月经邮传部奏请，在京师又设立了交通银行，资本为 500 万两，官股四成，商股六成。⑤ 现代银行的成立，使京师旧式金融机构渐趋衰微。

京师发行钱票、银票的机关，不唯钱铺、银号，此外还有香烛铺、烟蜡铺、酒馆等。据《清稗类钞》记载：“银钱二票，为票号、钱店、香烛铺（京师香烛铺亦兼兑钱，故得发行钱票）所发行，其数多寡无

---

① 尚绶珊：《北京炉房、钱铺及银号琐谈》，《文史资料选辑》第 44 辑，中国文史出版社，1964 年，第 232 页。

② 《清德宗实录》卷四三五，光绪二十四年十二月辛巳。

③ 叶世昌：《中国古近代金融史》，复旦大学出版社，2001 年，第 188 页。

④ 《清史稿》卷一百二十四《志》九十九《食货五》。

⑤ 齐钟久主编：《近代中国报道 1839—1919 插图本》，首都师范大学出版，社 2000 年，第 635 页。

定，而势之所趋，咸以多发纸币为扩充营业之张本。幸而获利者，其营业愈盛，而所发之票信用亦著。一旦拙于调度，营业失败，则受其害者，不知其几千百万矣。源丰、盛义、善源倒闭之情形其最显者也。钱店、香烛铺之资本，大者率在京松秤千两左右，小者仅一二百两，而发行钱票之金额往往以万计。钱票宽二寸许，长约五寸，中记钱额，盖方印，左角又盖发行各铺之图记。票额至不等，都凡七种：有一吊者，二吊者，三吊者，四吊者，五吊者，六吊者，并有十吊者。（吊者，等于南方之所谓百。一吊合大个儿钱五十枚。）”①

柳泉居是酒馆，亦兼存放业务。“资本厚而信誉坚，存款取息极微，都人以其殷实可靠，往往不责息。有存款多年，往取而银之曾未动者”。②

随处可见的香烛铺、烟蜡铺在一定程度上便利了商民的交易活动，免除了其马驮车载现钱进行交易的“盘运之烦”，然而，它们并非尽为诚信之家。在说到香烛铺发行兑换券的弊端时，《清稗类钞》指出：“钱票充塞，奸商多藉此获利。每届年终，或端午、中秋前歇业潜逃者往往而有。虽其影响不如各票号滥发纸币倒闭之甚，然于平民实有切肤之痛”。③《旧京琐记》载：“所谓烟蜡铺，亦兼兑换业，并出钱帖，往往出帖既多，随时关闭。”④庚子以后，因铜元滥发，钱票日渐消灭。

---

①③（清）徐珂：《清稗类钞》第5册《农商类》，中华书局，1984年，第2292—2293页。

②④（清）夏仁虎：《旧京琐记》卷九《市肆》，北京古籍出版社，1986年，第96页。

第八章　民国北京经济的多元化发展

清代中后期之后，受到皇权颓败与南方新兴商品经济的双重夹击，北京在全国城市体系中的地位呈下降之势。民国建立之后，经过南北各种力量的博弈，北京保留了“国都”地位，随着大批政治新贵、商业巨子以及新兴知识群体的涌入，北京再次成为国家权力中心，市政建设水平提升，城市风貌改观，城市化进程加速，社会经济发展趋向多元。南京国民政府建立之后，北京不再是“国都”，经济活力不足，市面萧条，北平市政府相继推出一系列措施，力图重振地方经济，也收到一定效果，但又被日军侵占北平打断。沦陷时期，日军以此作为侵略华北的中枢，对北京有所投入但因受战时政局影响而不能持续。抗战结束，内战再起，在历史的短暂缝隙中，北平作为支柱的财政金融体系无法独善其身，经济处于崩溃边缘。

第一节　民国北京经济发展总体态势

1900年的“庚子事变”给北京造成了巨大破坏，“经拳匪之烧毁，兵燹之摧毁，教堂之扩大，使馆之改建，地方情形，迥异从前”。[①] 同时，庚子年也成为北京城市发展史上的重要时间节点，正是八国联军的侵入，促使北京或主动、或被动地开启了一系列自我更新的步伐，

① 曹宗儒：《庚子役后北京城内之变迁》，《中和》第2卷第7期，1941年7月1日。

虽然缓慢，但毕竟已经出发：

> 北京一地，庚子前与庚子后，显有变迁。如能就有形与无形两方面，举出翔实之比较，最为有用。其有形者，如街道建筑之兴废，服饰用具之变更。其无形者，如职业风俗思想之变迁。①
>
> 庚子是北平历史上划分新旧之一年，许多旧迹在那一年烧毁的烧毁了，归并的归并了，改变的改变了。而旧日的市街交通如南北池子南北长街之类，也由隔绝而成为通畅，旧日的酒楼妓馆，也由西城而移于南城，旧日士大夫住宅，也由城外而移于城内，乃至学校之增设，警察之创办，公益捐之征收，工商团体之组织，新式娱乐新式服装新式交通器具之输入，无一不于此时开始。②

辛亥革命虽然实现了中央最高政权的更替，但对国都北京而言，基本属于平稳过渡，自清末以来已经开启的城市近代化进程并未中断。民国初年，虽然北京周边地区局势并不平稳，各派军事势力之间的冲突时有发生，但多未波及北京城内，城市工商业与居民生活所受影响不大。同时，北京还保留着一国之都的政治地位，由政治功能拉动的商业、娱乐消费、金融业务、文化教育等推动着人口、资金、各类资源在北京的聚集，从而为这一地区的经济发展带来了持续动力。

自元代以来，北京长期享有政经优势，因应皇亲国戚与政商权贵的众多需求，逐渐发展成为经济繁荣、高度依赖外来物资的消费型城市。民国建立之后，虽然上述优势逐渐弱化，但长期积淀的历史惯性依然发挥明显作用。由于“群集众多新旧权贵、富商巨绅、军阀政客，商界随着军政人物繁忙的交际活动起舞，社会经济活跃兴盛，各类消费行为热络，呈现出‘动’的、繁荣的北京景象。虽然1920年代进入军阀混战的阶段，战事时而波及北京市面及民生，却未影响权贵富户与政要人物的笙歌享乐。”③

民国北京作为一个典型的消费城市，经济以服务业为主，工业

---

① 《本刊征文启事·征求关于庚子之役之文献》，《中和》第1卷第3期，1940年。

② 铢庵：《北游录话》（七），《宇宙风》，1936年第26期。

③ 许慧琦：《故都新貌：迁都后到抗战前的北平城市消费（1928—1937）》，台湾学生书局印行，2008年，第31页。

发展相对滞后，程度不高，且多为轻工业、手工业。由于缺乏有力的产业支撑，经济推动力与城市规模不匹配，受消费市场影响，波动较大，发展动力不足。“平市原非直接出口之商埠，就本市各业中之输出品而言，只有古玩、玉器、景泰、珐琅、雕漆、玩具、地毯、灯、书帖、笔墨、球拍、磨光铜器、硬木小器、花边、花生、栗子、啤酒、白油、肠衣、鬃毛、金鱼、山羊皮等项，较为大宗。分析言之，多属好玩之品，手工艺术与少数原料，生产有限，而需求不急。偶受影响，便形滞销。如古玩玉器一类特殊物品，来源极有限制，且以就地售于外侨外商为多。如地毯肠衣，虽曾畅销一时，已渐失其固有之市场。至大量机器制品，或虽非机制而能大宗行销国外者，甚属寥寥，较之平市居民之衣食用大半仰给于舶来品者，殆有霄壤之别。”①

> 北平素称获利最厚之业，即为古玩商。历代珍贵之品，罗列炫奇，每岁交易，总计自数十万至数百万金不等。而名匠仿制，视同专业，商彝夏鼎，一经巧手，伪者几可乱真。自首都南迁，市况顿减，一般骨董之肆，或携其宝藏，远走津沪；或迁地为良，另图别计。去岁倒闭休业者，不下二十余家。②

清末民国以来，皇权衰微，与之相伴的是传统的官府手工业的逐渐衰落，而以1901年工艺局的设立为标志，北京的日常手工业和特色手工业开始得到较大发展，商业更加繁盛，近代化企业数量增加，以外资银行为代表的金融业进驻北京，具备近代市民社会自治组织雏形的商会也开始酝酿。

北京国都地位丧失，金融业、商业受到的冲击最为直接。中国银行和交通银行都将总部由北京迁往上海。北京证券交易所创建于1918年。至1920年代初，北京政府大量发行公债，证交所“每日定期买卖公债达数百万”。“政府南迁，市面萧条，加以发行公债集中沪市，各银行及资本相率徙去，以致本市现金多数外输，金融停滞，各种债券不能流通，华北各经纪人歇业大半”。③ 国都南迁还带

① 娄学熙：《北平市工商业概况》，北平市社会局印行，1932年。

② 履冰：《北平客语》，《申报》，1930年2月5日。

③ 吴廷燮：《北京市志稿》，卷三，北京燕山出版社，1998，第636页。

动了一批具有消费能力的富裕群体的迁出，“迁都确定后，一群依官为生的亡国大夫，都马上加鞭，直奔新都去了。可怜鸿运已过的北平，也无力挽留他们，只落得一天天消瘦下去”。①中央机构纷纷裁撤，一大批官员南下，北平消费规模明显下降，经济低迷，市面萧条，京城“深宅大院，空闲冷落，市面一片萧条景象，商铺频频倒闭”。②“北平市区，户口减少，货品滞销，商店亏累，歇业时有所闻。其尚能开门营业者，亦仅勉强支持，愁颜相对，市面疲敝，实有不可终日之势”。③《大公报》在“社评”中感慨：“近日北平衰落之象日著，其尤显而易见者为道路之败坏，长此放任，殆将回复二十年前之旧观，回念民国三四年间之繁华，固若隔世，即视张作霖时代沈瑞麟任市政督办时，修治东西长安街及王府井大街之举，亦不胜荣瘁异时之感。”④

手工业一般资本额度小，抗风险能力弱，与经济发展态势密切相关。国都南迁之后，北平“各类工厂中，机械、化学、饮食品工厂的工人数减少，凋敝固不必说，就是纺织和杂项工厂，也未见得兴盛”。据河北省工商厅视察员调查报告，地毯行业工人从前在3000人以上，1929年只有800人，不抵从前大工厂一处的人数，“织布工厂也因为工料昂贵，不是倒闭停办，就是减少工人”。⑤“逊至不能支持，相率呈报歇业者，月至数百户，尤以小手工营业之倒闭者，为数最多，衰落情形日见深刻，若不速图救济，势将全频［濒］破产”。1931年6月，北平市政府专门制定“北平市手工业奖励规则”14条，以期渐进改良，恢复繁荣。“各项办法施行后，市民激于政府奖励之殷，无不集其心力各有发明”，“各商制成品或自销或委他商代售行销以来，尚受市民欢迎，转销外埠者，亦复不少，现在本市商业逐渐恢复，小手工营业亦日有增加”。⑥

---

① 刘荫远：《北平的繁荣问题》，《大公报》，1928年9月7日。

② 孙健等编：《北京经济史资料》，北京燕山出版社，1990，第491页。

③ 《救济平市萧条》，《益世报》，1930年12月21日。

④ 《衰落之北平》，《大公报》，1929年7月4日。

⑤ 林颂河：《统计数字下的北平》。

⑥ 《北平市社会局1933年12月至1934年3月施政报告史料一组》，《北京档案史料》，2014年第1期，第29—30页。

1933 年度北平市开业与歇业商家统计①

业别	开业家数	开业资本额（银元）	歇业家数	开业资本额（银元）
饮食品贩卖及饮食店业	745	33986	491	48517
服装品贩卖及服装整容店	544	31238	351	42340
交通用品及旅行运输业	164	16876	96	14020
农林矿产品贩卖业	226	18060	152	16627
畜产水产品贩卖业	13	1000	4	950
五金电料贩卖业	100	6201	52	7030
化学工业品贩卖业	36	3025	27	3080
美术文化教育用品贩卖业	81	9636	85	14310
其他百货贩卖业	146	20700	78	27425
物品赁贷业	14	840	5	1210
金融业	8	4400	5	10000
娱乐场所业	18	1980	7	4700
其他行业	106	5880	34	2400
业务介绍及广告业	42	485	10	19
总　计	2243	154307	1397	192628

上述数据显示，1933 年北平大多行业的开业家数明显高于歇业家数，经济形势总体平稳，社会需求仍在增长。但新开业商家数普遍资本额度较小，规模萎缩，也反映出国都南迁之后北平经济结构发生变化，“北平繁荣顿减，各界失业、闲人仍较他处为多，生活日高，金融日紧，大买卖无不赔累不堪”，而以定位低端、消费廉价而闻名的天桥地区则因其迎合了特定的消费群体而繁荣异常，“各地商业不振，惟天桥商业发达”。② “而往游者非完全下层市民，至中上级亦有涉足其间者。因之艺人如蚁，游人如鲫，虽在此平市百业萧条、市面空虚中，而天桥之荣华反日见繁盛”。③ 有研究者曾概括这种趋势：“国都阶段政商高度结合的经济发展特色，以及权贵奢华的消费风格，到故都时期无从延续，转而发展出由广大中下阶层市民分摊，以量取胜的小额

① 北平市政府秘书处第一科统计股主编：《北平市政府二十二年度行政统计》，台北文海出版社，1993 年，第 1 页

② 秋生：《天桥商场社会调查》，《北平日报》，1930 年 2 月 16、17 日。

③ 马芷庠编著、张恨水审定：《北平旅行指南》，第 260—261 页。

平价消费模式。”①

另一方面，与经济发展曲线关系密切的房租价格也呈现相应变化：

北平市自民国元年至民国十三年，房租极高，为黄金时代。十四年至十六年，即渐趋衰落。十七年，政府迁南京，乃急转直下。二十一年后，复少升高。②

1935 年，由张恨水审定的《北平旅行指南》对民国北平商业兴衰有如下概括：

清末民初，东长安街，东安市场，新丰，西安市场，及地安市场，先后成立，始渐有电影院，及戏园之设立，如东长安街之平安，东安市场中之丹桂，中华，吉祥，西安市场之人和，地安市场之天和，颇能号召一时，但其繁荣中心，固仍在南城一带也，后因市面不振，北城更形衰落，东安市场，仍能争荣一时，而西安市场，及地安市场一蹶而不复振，仅有评书馆，茶社，聊资点缀，其人和天和等戏园，早已停业矣，至民国十七年，北伐成功，国都南迁，平市日渐凋敝。更以“九一八”事件，东三省沦亡，外患日亟，人心咸感不安，市况江河日下，益趋萎靡，尤以八埠营业，迥不如前，七零八落，门可罗雀，较民国初年，不胜今昔之感，现时平市人口，计百五十余万，较前增加一倍，而商业均勉力支持，除开门七件（即煤米油盐酱醋茶）外，均一落千丈。虽百般竞争，售卖，利用方法宣传，卒有人力不能挽回之叹，益觉畸形社会之可畏耳，惟目前王府井大街、东安市场、西单北大街、西单牌楼，西单商场一带，商业似有蒸蒸日上之势，崇内大街之光陆影院，灯市口之飞仙影院，西长安街新建之新新，长安两戏院，均见活泼气象，较诸前外大街、大栅栏、观音寺渐有起色。各银行并在东四西四西单及王府井大街，设办事处二十三所，以资吸收储户款项，而便商民，平市繁华重心，又由南城转移至东西城矣。③

① 许慧琦：《故都新貌——迁都后到抗战前的北平城市消费（1928—1937）》，第 107 页。

② 魏树东：《北平市之地价地租房租与税收》，台北：成文出版社有限公司、（美国）中文资料中心 1977 年印行，第 45 页。

③ 马芷庠编著、张恨水审定：《北平旅行指南》，经济新闻社，1937，第 9—10 页。

国都南迁之后，物价低迷，居住期间的生活成本亦相对更低。据倪锡瑛的观察，“那里有着各式最新最摩登的物质设备，可以用最低廉的代价去享受”。以当时市民重要的出行工具洋车为例，“在北平洋车的装饰得特别讲究，和南方私家的包车一样，可是价钱却特别便宜，在上海或南京至少要两三毛钱车资的路程，在北平只要花二十枚或二十六枚（合大洋四分或五分）便够了。”① 另一位从南京来到北平的钱歌川对比的范围更广：

> 自从国都南迁以后，就一落千丈，人口稀了下来，生活程度也随之更低了。现在却赢得成为一个住家的绝好的地方。……北平十几块钱一月可以租一个四合院；一两块钱可以招待朋友吃饭，有的一毛钱坐洋车，可以从城东拉到城西，天气冷了，买一件普通的羊皮统子也只花得十几块钱。衣食住行样样都贱，生活不能不算便宜了。市内除人力车外，又有电车，汽车等交通工具，田郊则有公共汽车，乘火车到海港的天津只消得一两个钟头，联运车直达上海两天也就够了，交通不为不便。②

由于商铺都必须按照铺捐章程，分等纳捐。因此，北平市商业盛衰情形，也可以由历年纳捐商铺的增减看出来，1928—1931，3 年时间内，这一数目减少了 1839 家，基本能够反映北平市面的衰落情况。

财政局 1928 年至 1930 年 6 月铺捐收数月报③

1928 年 9 月至 11 月平均	31252 铺
1929 年平均	30880
1930 年平均	30109
1931 年 1 月至 6 月平均	29413

另据北平市社会局 1931 年 6 月的调查数据，纳捐铺数共计 28410

① 倪锡瑛：《北平》，民国史料工程都市地理小丛书，南京出版社，2011，第 151 页。

② 钱歌川：《闲中滋味》，《北平夜话》，上海中华书局，1936 年。

③ 王晋伯：《平市工商业实况及其发展意见》，《市政评论》，第 3 卷第 5 期。

家，每月营业流水达到 20 万元者只有 1 家，80 元至 150 元间有 7398 家，如果平均计算，每家每月营业流水数目仅有 191 元。有一些商户每日营业流水数目只有六七元，“许多大规模商店门可罗雀，奈被市府强为撑支市面，不许关闭也。这种大小商铺分配的情形和每月营业流水平均数已足表明，平市商业之日趋微弱矣”。如果进一步分析，从 1928 年 6 月到 1929 年 6 月一年的时间内，商号职工 91476 人中有 29902 人失业，失业人数占总人数的 32.69%，“其紧缩情势，当谓严重”。“各业中失业人数的百分比，以饮食衣服两页为最多，北平市民购买力减少，与市面凋敝，可想而知”。①

据北平市各业行会失业人数统计，1928 年，商号职工有 91476 人，其中有 29902 人失业，占总数的 32.69%。在各行业中，失业人数的百分比以饮食与衣服两个行业最高，“这两业本是北平市民主要的消费，紧缩如此，全市的凋敝，也就可想而知。”②

民国时期北京各大学及中学的学生，大多来自社会中上层家庭，这是一个不可忽视的消费群体，尤其国都南迁之后，在低迷的经济形势中，一定数量的学生群体对于北平消费规模起到了重要的维系作用。1934 年《益世报》报道：“北平没有从前那样的派势了，机关没有那样的多，官员也没有那样的豪富，”“大城里边，有不少处官立私立的大学中学，每个学校多则千八百人，少有二三百人”，北平商家于是将挣钱的希望从官员的转向学生，“从学生身上找饭吃”，经营诸般事业。③《大公报》曾刊文表示：“自国都南迁后，平市之维持，首赖教育”，“是以直接间接，教育界所消费于北平之金钱，年不下数千万，此乃平市养命之源也”。④ 高校附近的公寓、饭铺等完全依赖学生生意，“与北平市之繁荣既有关系者，为学校林立。各校历史悠久，设备精良，教授学者云集。随成为中国之文化都市，南北青年负笈求学者数万人，其消费能力维持北平繁荣于不坠”。⑤对此，瞿宣颖曾算过一笔账：

北平为文化中心是十七年以后常听见的一句口头禅，名流学者之多，出版物之热闹，旧书之可买，一切设备之齐

①⑤ 魏树东：《北平市之地价地租房租与税收》，台北成文出版社有限公司，（美国）中文资料中心 1977 年印行，第 72—75、78 页。

② 林颂河：《统计数字下的北平》。

③ 《小饭铺投机，专靠学生找饭吃》，《益世报》，1934 年 9 月 19 日。

④ 《平津教育界之前途》，《大公报》，1935 年 11 月 21 日。

全，天然景物之可爱，人们之方以类聚物以群分，的确是求学最好的地方。当最盛的时候，国立研究院有两个（北平研究院及中央研究院之一部）。国立大学有三个，而专科尚不在内。私立大学有四五个，而独立学院尚不在内。全国最大的图书馆最大的医院各有一个，而其他专门的文化机关不能悉数。有人屈指算计，每年中央汇来的北平教育文化费是四百余万，加上清华燕京协和等等特殊财源以及其他零碎的学校机关，每年怕不要一千万。大中小学学生以十万人计，每人以一年消费一百元计，两下合起来，北平市面因教育事业而流通的金额，总在二千万元以上。这不能不说是北平的生命线。假如政府南迁，教育文化机关又要南迁，北平便不想活矣。①

据《申报》1931年12月的报道，“平市稍繁荣，上月报营业者一八八家，歇业者百二十四家”。②

因了中日双方连日的和平运动，极为积极，停战协定并且在五月三十一日签字，于是乎一般人们，都知道华北的战争，一时还不致再起，或者居然从此还会太平起来，也说不定。所以久经惶恐的人心，无形之中，竟安定了许多，各学校不但不打算迁移，并且各自筹备开学，通知各生，到校上课。那由东西两车站如水一般流去的阔人，又复一批批的搬回来。想不到这国难的酝酿，竟好了铁路上的买卖！

记者首先到西单商场，这里的繁荣，或者是任何市场所不及，东边和南边两所杂技场，黑压压地挤满了人。

中原公司，昨日新添女职员，记者进去观光了一下，她们一共六个人，但只看见四位，穿着蓝、粉，新花的衣服，在襟上佩着个小铜元大小的徽章，倒也很漂亮。一般醉翁们为“开眼”的问题而去买东西的人很多。所以小小的一座中原公司，游客竟觉到有摩肩接踵的情形。

天桥的整个地盘，差不多完全被武装同志们所占据，因为人多了，天气又热，地方虽然大，空气颇不好。

① 铁庵：《北游录话》，《宇宙风》，第22期，1936年8月1日。

② 《北平市面近稍繁荣》，《申报》，1931年12月17日。

> 六点多钟的时候，记者还在前外未回，顺便调查妓业的情形，走了七八家，姑娘都没有几个，小班更没有什么人。记者还以为是她们出门去了，后来问起，才知道一些南籍的妓女们，都下捐走了，本地人差不多也从良的从良，退捐的退捐，各谋其生活之路去了。
>
> 前门大街，到了七八点钟，热闹非常，汽车、马车、人力车、电车，叮叮当当、稀里哗啦的跑来跑去，善于指挥的交通警，也觉得忙不过来……
>
> 总而言之，现在的北平，因为停战协定成功，一切又渐渐的趋于安稳享乐的生活中去了！①

据北平市社会局统计，1935年北平登记工厂数为78家。按照业别，分为纺织工业、机器及金属品制造业、化学工业、服装用品制造业、造纸及印刷业、公用事业、饮食品制造业、土石玻璃制造业及其他工业九类。除化学工业、公用事业全部及纺织工业、造纸及印刷业、机器及金属品制造业等之一部分为新式工业外，其余都为旧式，年产值7334149元。②

1932年北平市社会局对全市工商业进行调查，虽经历国都南迁所导致的百业低迷，但凭借雄厚的积累，北平城的经济体量仍维持相当规模：

> 国都南迁，阅时五稔。拥有悠久历史、淹博文化、便捷交通、丰富物产之北平，依然保持其一百四十万人口之消费者，中有三万余商肆，十四万余商人，七百余工厂，七万余工人，六万余独立劳动者，及难以数计之各种肩贩浮摊，家庭工艺，同营其生产交易劳力生活。信乎其占有工商业上之深厚基础与优越地位。③

纵观1930年代上半期，北平经济虽有一定恢复，在某些领域也有兴盛景象，但整体上发展水平较低。工业以手工业、轻工业为主，近代机械化大工厂缺乏，吸纳人口就业能力有限，没有形成一定规模的

① 《平市人心渐趋安定，将重觅享乐生活》，《世界日报》，1933年6月2日。

② 《北平市1935年份各业工厂概况》，《晋察调查统计丛刊》第1卷第5期，1936年。

③ 娄学熙：《北平市工商业概况》，北平市社会局印行，1932，第1页。

产业工人群体。人口方面虽然一直增长，但中下层贫困群体所占比重偏高，具有较高消费能力的上层群体流失比较严重。

第二节 工业

晚清时期，一些近代工业开始在江浙、汉口、天津等地兴起并迅速发展，北京则以政治中心为定位，重商业、重消费，工业以轻型工业、手工业为主，如棉纺织、丝纺织、制革、毛纺织、造纸、印刷、水泥等，大型工业基本无从谈起。据农商部统计，1916 年京兆地区工厂总数为 233 家，其中注册公司 79 家，注册工厂仅为 12 家。①

一、重工业

19 世纪末期，铁路的兴起提升了不同区域人口与物资的流动，北京作为几条重要铁路的汇集之处，成为华北地区重要的交通枢纽。在国家层面，中央政府大力提倡工商业，中外各种资本在北京投资办厂，推动了北京近代工业的发展。煤炭、电力、冶金、建材等重工业初具规模，同时，依托原有的手工业积累，纺织、食品、印刷、工艺品等行业发展迅速，部分产品不仅占领国内市场，而且已经进入国际市场。沦陷时期，日本方面将北京作为侵略华北的区域性政治中心与经济中心，加大对北京工业的推进力度，在钢铁、纺织等优势产业原有基础上继续增加投资规模，在东郊地区兴建新型工业区。

产业结构方面，民国北京工业以轻型工业、手工业为主，总体工业规模与上海、汉口、天津、青岛等地差距比较明显。但在部分领域，北京工业亦表现出比较明显的优势，如纺织、皮革、地毯、火柴、啤酒以及一些工艺品等。

北京的重工业主要分布在京西的丰台、石景山及门头沟地区。尤其是门头沟与石景山，是北平重要的能源基地。自明代始，门头沟即以产煤著称。至清末民初，英国、比利时、日本等国相继在此经营煤矿。

① 陈真、姚洛编：《中国近代工业史资料》第一辑，三联书店，1957，第 20 页。

华北工厂数目分地统计表①

省市	厂数									
	1939					1940				
	华厂	日厂	中日合办	其他	合计	华厂	日厂	中日合办	其他	合计
天津特别市	85	54	2	9	150	105	115	7	9	236
北平特别市	44	19	3		66	55	47	4		106
青岛特别市	48	79	17	6	150	66	117	14	6	203
河北省	42	6	17	28	93	45	17	22	26	110
省市	厂数									
	1941					1942				
	华厂	日厂	中日合办	其他	合计	华厂	日厂	中日合办	其他	合计
天津特别市	147	131	8	9	295	255	225	17	3	500
北平特别市	65	60	5		130	98	89	6		193
青岛特别市	83	130	13	6	232	127	151	12		290
河北省	48	29	27	20	124	70	55	63	1	189

1872 年，京西门头沟地区出现了用机器提升原煤的通兴煤矿，初具近代工业的雏形。1883 年，清政府在京西三家店创办了神机营机器局，制造西洋枪炮和弹药，机器设备和原料均购于西欧。1901 年，法国人在北京西南长辛店设立铁路工厂（即后来的北京二七机车车辆厂），专门修理京汉线上的铁路机车。1905 年开设长辛店电器修缮工厂（即后来的北京二七通讯工厂），修理铁路调度电话。1906 年，詹天佑主持修建京绥铁路，在京张段上的重镇南口设立了南口铁路工厂，修理京张线上的铁路机车。除此之外，在私人机械厂中，以 1912 年创办的永增铁工厂为最大。创办之初资本仅 1 万元，至 1920 年代初，增购了机器，职工发展至 200 人。

1919 年，华商电灯公司在石景山地区修建发电厂，同一时期，官

① 引自汪敬虞：《抗日战争时期华北沦陷区工业综述》，《中国经济史研究》，2009 年第 1 期。

商合办的龙烟铁矿股份有限公司也在此建设炼厂，开启了北京近代黑色冶金工业的历史。由于资金短缺，整个工程被迫在1923年中断。南京国民政府建立之后，于1928年改组成立农矿部龙烟矿务局，并未对其所辖的石景山炼厂进行续建，但基本保留了原已建成的工业设施。1937年8月日军侵占北平后接管了这一企业，第二年4月改称“军管理石景山制铁所”，日本当局从其国内搬迁生产装置与设备，调用千余名技术人员，招收中国工人，并派驻军队进行强制管理，1938年11月，高炉投产出铁。从1940年12月起称石景山制铁矿业所，两年之后改称北支那制铁株式会社，成为日军掠夺华北资源的重要工厂。同时，日商还在北平先后组建浅香铁工厂、久保田铁工厂、锻造株式会社，并控制了中华汽炉行，将其改建为中华铁工厂。抗战期间，石景山炼铁厂累计产铁25万吨，成为日军在华北的炼铁基地。抗战胜利之后，北平的钢铁企业全部处于停产状态。南京国民政府行政院资源委员会收回该企业，并于1946年命名为石景山钢铁厂，北平另外4家钢铁企业也相继被政府接收，或脱离钢铁行业，或并入石景山钢铁厂。1947年，行政院资源委员会成立华北钢铁公司，管理石钢、宣化铁矿、天津炼钢厂、唐山制钢厂，着手恢复石钢的生产。1948年初，石景山钢厂正式恢复产钢。建国之后改组为首都钢铁厂。

国都南迁之后，北平地方当局对于当时经济发展分区的规划即着眼于“工业区之通县、交通区之丰台、矿山区之门头沟、游览区之温泉汤山”。①

1924年—1929年间三次有关北京工厂的调查数据对比表

	1924		1926		1929	
	调查厂数	工人数	调查厂数	工人数	调查厂数	工人数
纺织工厂	35	2884	30	2985	95	3168
机械工厂	8	589	6	776	16	676
化学工厂	11	1458	4	1160	9	751
饮食品工厂	3	595	2	280	4	184
杂工厂	3	691	14	918	21	2266
特别工厂	2	497	2	466		
总　计	52	6714	58	7885	145	7045

① 北平市工务局编印：《北平市都市计划设计资料》第1集，1947年8月，第73页。

严格说来，这三次调查都未把所有应当调查的工厂包括在内，同时，各次的调查机构与调查方法也有区别，不能简单对比，但将三次调查结果放在一起比对，还是能发现一些问题。以1926与1929两次调查对比，虽然工厂数量有明显增加，但工人人数却在减少。①

二、轻工业及特色手工业

民国时期北京的工业化水平很低，工厂和工人的数量几乎可以忽略不计，但北京却是全球工业经济的倾销市场，大量进口工业产品源源不断地流入北京。除此之外，北京还存在着一个前工业时代的经济体系，这个体系以手工业为支柱。

清代北京主要从全国各地输入产品，以满足帝都消费的需要，本地的产出并不显著，正是民国时期北京向全球工业经济网络的融合与开放，刺激了手工业的繁荣。许多手工业者都是为国际市场生产产品，他们没有置身于全球贸易体系之外。

在北京工业格局中，轻工业比重更高，以纺织、地毯、制革、食品、日用品等为主，至1930年代初期，北平生产的日用品主要包括：丝线袜、毛线手套、背心、汗衫、毛巾、浴衣、床单、裤衩、衬裙、衬衫、领带、领花、纱巾、运动衣、游泳衣、腰带、腿带、枕头、围巾、线毛呢毯、斗篷、发网、竹纱帘、手帕、皮鞋、呢缎便鞋、呢草缎帽、拖鞋、皮包、皮箱、马鞍、足篮球、武装带、皮呢大氅、布匹、哔叽、纱呢、油布、雨衣伞、对联、挂屏、垫子、刺绣物、戏衣、眼镜、耳坠、金银首饰、银盾、雪花膏、头油、香水、肥皂、猪胰、香碱、面粉、香烛、印泥、牙刷、筷子、铁骨针、发髻、梳篦、景泰蓝瓶盘罐、烟嘴、五供、竹扇、图章、纽扣、铅字、木桶、石砚、墨盒、笔墨、瓷壶碗、灯笼、徽章、墨汁、浆糊、油墨、油漆、粉笔、誊写板、广胶、车辆、蚊帐、锣鼓、月琴、胡琴、风琴、琵琶、笙管笛箫、桌椅箱柜、铜铁木床、象牙、虬角、刀剪、铜剑锤槊、玻璃用品、磅秤、荆条筐、荆条篮、扫帚、簸箕、筛子、炕席、鞋底、毛掸、驼绒、鸭绒、幸福绒、益母膏、雕漆玩具器物、刻竹扇骨、镶银丝香烟盒、镀金图章、铜锡器具、紫铜器具、水晶料花、国剧脸谱模型、料器、蓝红代字机器砖、火漆、各色墨水、脱脂棉花纱布绷带、帽结、仿宋铜模铅字、湛然墨汁、眼药、香水盘香、香水香、擦铜油、书钉、图钉、玫瑰葡萄酒、网球拍、杂毛球拍、烟丝、火柴、砖瓦、砂锅、油

---

① 林颂河：《统计数字下的北平》。

篓、杓、盆、缸。① 除少数官营企业规模较大、拥有一些现代机器设备以外，大多数工厂属于传统手工业，以手工作坊形式存在。

近代北京火柴制造业始于1904年，由官绅温祖筠等集资，在崇文门外创办，名为丹凤火柴厂，资本为6万9千元，机器、原料从日本进口，技师也从日本聘请，1906年增加资本。至1914年时，该厂已有成工和童工1000余人。1917年与天津华昌火柴厂合并，称丹华火柴股份公司，原丹凤、华昌两厂分别称为“京厂”、“津厂”。“京厂”有男工300人，女工200人。丹华火柴公司为1949年以前华北最大的一家火柴制造厂。

北京近代纺织业始于20世纪初。从1905年起，北京先后成立了永丰、启化、华盛、益华、同昌几家商办的纺织和织布工厂，这些工厂虽系近代使用动力的工厂，但其资本甚微，其中资本最大的华盛织布厂，资本也不过2万元。民国建立之初，又开设有穗善、裕华、德泉、祥聚等织布厂。在商办纺织厂开设前后，北京还有官办“工艺局”（1904年成立）和“首善工艺厂”（1908年建成）。此二厂内均设有织工科，织造各种“爱国布”。同时在农工商部办的“工艺局”中还织造各式床巾、毛巾。此乃是北京针织业之先河。1912年，又有华兴织衣公司成立。

在毛呢纺织业方面，1906年有商办京师毛织厂建立，其资本为42万元。次年以后补道台谭学裴为总办的溥利呢革厂开始筹建，1909年4月正式建成投产。厂址在清河。工厂性质为官商合办，资本为139.8万元。拥有机器180多台，线锭4800枚，为当时全国最大的一家毛纺厂。1916年全厂由陆军部接管。

近代北京印刷业始于1870年代，时有《中西见闻录》印刷厂和“同文馆印书处”成立，然而其规模甚小。进入20世纪后，1905年上海商务印书馆出资买下官营撷华书局（该局有近代印刷设备），易名为京华印书局，职工近30人，以印刷教科书为主。随后1937年，度支部拟在清河建印刷局，后因考虑交通不便，而改设于白纸坊。1908年开工兴建，1914年全部工程竣工，所用机器设备均购自美国，初名“度支部印刷局”，后改称“财政部印刷局”。局中设有锌版印刷机、印刷电机、过板机、切纸机、铅印机、石印机、五彩石印机、打孔机等多种机器。民国成立后，有职工近千人，不仅从事契约、文凭、证券的印刷，还印制纸币、印花税票、公债票等。该局为清末民初我国规模

① 马芷庠编著、张恨水审定：《北平旅行指南》，第296页。

最大的一家印刷企业。

近代机器面粉业在北京的出现，据《捷报》记载，当在 1891 年。北京附近的北通州现在已有一家机器面粉厂。1910 年，在北京西便门内设贻来牟和记面粉厂，资本 12 万元，开办之初设蒸汽机 1 台，石磨 4 部，至 1911 年才采用钢磨生产。民国成立后，在北京新成立的较大面粉厂为天民面粉公司，产品以双穗麦和绿喜为商标。

北京的近代玻璃业创建于 1904 年，时因慈禧欲建玻璃亭而拨官款 2 万两白银，于宣武门外老墙根处设厂，聘德国技师，购德国机器，曾集资 20 万。然而所制玻璃质量不佳，生产停顿。至 1909 年，官绅蒋唐佑开办京师玻璃厂，资本为 25 万元。1914 年，北洋官僚江朝宗又兴办光明玻璃料器厂，资本仅 5 万元。据 1920 年统计，该厂有职工 90 多人，日产玻璃片 7 箱。

1915 年，张廷阁在北京建成双合盛啤酒汽水厂，1921 年至 1930 年间进行了两次扩建，添置了自动式原料设备和大型糖化室，更换大型装酒机，扩充酒窖并开始自造酒瓶，职工人数从建厂初期的 60 多人增加到 500 多人，最高年产啤酒 10 万箱，大约 3000 多吨。1949 年之后，双合盛啤酒厂进行公私合营，成为北京首批公私合营的企业。

1933 年，汪传夫建立燕京造纸厂，使用国产圆网造纸，制作毛边纸、牛皮纸及各色宣纸等 50 余种。

地毯业是北京最为悠久的传统手工业之一，最早可追溯到元代。“有清初年，即已设厂织造，出品除宫廷富家贵人及庙堂之用外，每年销售于外洋者，总额达三百余万海关两”。① 1874 年，时“有喇嘛僧携徒弟二人，从西藏而甘肃，而绥远，而来北平，设地毯织制传习所于报国寺”。② 至清代后期之前，一直以宫廷供奉为主。1900 年，德商洋行曾向北京继长永地毯厂购地毯二张运至柏林，1904 年，北京地毯在美国圣路易斯万国博览会上获一等奖。此后，北京地毯以细软、色艳、耐久而逐渐打开销路。除德商外，美商亦与北京地毯厂家洽谈订购。据统计，截止到 1916 年以前，每年北京输出的地毯价值，一直在 10 万两白银左右。

由于国人对于地毯需求不大，其行业盛衰受出口影响较大。1914 年第一次世界大战爆发之后，因土耳其等国地毯出口大受影响，为中国地毯输出提供了良机，北京地毯业因此受益，发展速度加快，1916

① 赵万毅：《北平贫乏问题与产业》，《市政评论》，第 2 卷第 1 期。

② 娄学熙：《北平市工商业概况》。

年输出价值达77万余两白银。一战结束之后，北京地毯出口量亦有明显增加。到1920年，北京已开设了40家地毯厂，规模较大的地毯厂有仁立、开源、万成永、燕京、京隆、北京、金台、一得等。据甘博及步济时所著《北京社会考察》（Peking A Social Survey）一书，载有地毯业状况，声称1917年北京地毯也工人及学徒约各有2500人左右。限于各种因素，甘博的统计数据难言精确。北京基督教青年会于1923年5月至8月开展的一次关于北京地毯业调查，按照警区提供的报告，逐一调查：

> 北京普通一般地毯商行，大都系个人创办，资本较小，营业亦不大。此种商行，营业之发达与否，与国外贸易之盛衰大有关系。营业发达，技艺较精之工人，有起而开设此项毯行者，但营业衰颓，行主亏本降而为造毯工人，亦屡见不鲜。近来地毯商按照公司条例起而组织公司者，亦有数家，例如仁立公司及泰东地毯公司等。惟地毯公司事业，未见十分发展，半由业地毯者习惯上不便，半由无经验所致，且更无统辖及合作资本雄厚之地毯公司能力。兼之吾国商人，忸于旧习，以为公司营业计划、工人之招置以及公司中一切之设备，决非少数股东所得干涉，雅不欲以一已资本，供公司支配，所以地毯公司，不能十分发达。合股组织之地毯商行，在北京不过数家，大都股东不外亲戚及友朋，因亲友之关系，所以合股营业易于成立，一旦合股者意见不合，或其中一人病死，或他种原因，合股事业，亦易于解散。个人投资于北京地毯业者，按调查所得，有141家，其流动资本除租赁房屋外，自一百元至一千元不等，专为规模较大之地毯行做定货者，约在半数。有时羊毛线亦由定货厂家供给，因专做定货，门庄生意，遂无暇顾及，因之获利甚微，只够糊口，缘为同行做定货，工价较廉，兼之大地毯行对于定货，又百般挑剔，故意为难，借口减少工价，从中谋利者，时有所闻。现在大地毯行，利用货真价廉之小地毯行做定货者，日见其多，例如某地毯行有30余家小同行专为之做定货。另有一家亦有30余家小同行承做定货。即天津厂家，间有向北京小同行家定货者，而承做各地毯行，实无获利之可言。证诸其生活情形，终日营营，劳而无利，可见一斑。至小地毯行，星罗棋布于北京者，大都满期徒弟自立门户者居多数，或由其亲属资助少数资本，或借贷于亲朋，盖所需不过一二架木机及购毛线之资。且有时毛线亦可由定货厂家供给。间有业农者，于每年农事竣后，与

其家人从事工作于地毯，则亦为此项小毯行。①

地毯营业利益，以欧战前为最优，当时九十道者每方尺值四元有奇，战端开后，价骤落，每尺只八、九角，尚无人过问，战事既停，毯之出口至美国者日增，营业日渐发达，二三年前，市面最好每尺售至一元八九角，其后又因国外市场不稳，地毯需要减少，现在九十道毯每尺只一元五、六角。……毯价既无法增加，故营业者多异常困难，其成绩优者，尚略有利益，如万成永毯厂、燕京毯厂、开源呢绒工厂、林聚毯行等皆是，其营业成绩不良者，如仁立、继长永、祥聚等停机颇多，仁立毯机架数，在调查各家中，当推第一，然近正拟将拐棒胡同工厂之工人，一律辞退，全厂悉改学徒，以节工费。但毯业之不振，不独由于工本之昂贵，亦由家数太多，竞争甚烈，而粗制滥造，品质愈劣，而价值日跌，互为因果，遂致江河日下。②

国都南迁，地毯销路骤落，企业经营困难，大量工厂歇业。据河北省工商厅视察员调查报告，"北平地毯业工人，从前在三千人以上，十八年只有八百人，不抵从前大工厂一处的人数"。③ 加之工潮迭起，各厂主采取消极态度，或停止投资，或牺牲营业，有的干脆关闭工厂，放弃产业潜行避匿。④ 至新中国成立前夕，北平地毯行业一直没有恢复至高峰时期：

北平之地毯业，虽有同业工会之组织，然加入者仅57家，据同业估计，约为业地毯者实际家数之三分之二，其余三分之一，则属"地下商号"，未加入公会，亦未请领营业执照，以图逃避租税负担，此等厂坊类皆规模甚小，多替他家代作手工，少有自己从事织造者。公会57家会员中，已歇莱者6家，纺造毛线毡毯者17家，染线者1家，经售及织造他毯者仅33家，若将专营门市销售者不计外则地毯之制造家仅

① 包立德（Thomas C. Blaisdell）、朱积权编辑：《北京地毯业调查记》，李文海、夏明方、黄兴涛主编：《民国时期社会调查丛编二编》（近代工业卷·中），福建教育出版社，2010，第201—211页。

② 王季点、薛正清：《调查北京工厂报告》，《农商公报》，第122期，1924年9月。

③ 林颂河：《统计数字下的北平》，《社会科学杂志》，第2卷第3期，1931年9月。

④ 《平市织毯厂工人求利反而失业》，《顺天时报》，1929年3月10日。

有二十六。……33家从事地毯制造及销售者中，按其经营情形，可分为专营门市者、仅作外活者、自活兼作外活者、专作自活而有门市者、及专作自活而无门市者五类。①

据1940年代末期《全国主要都市工业调查初步报告提要》的数据，中国工厂工业与作坊工厂手工业家数总数为14078家，具体到北京，这个数字是272家，南京是888家，重庆是661家，汉口是459家，广州473家，沈阳275家，而上海则是7738家，邻近的天津也有1211家。可见北京的工业所占全国比重极小。在这272家中，“合于工厂法者”有49家，“不合于工厂法者”有223家。这些“不合于工厂法者”，基本等同于手工作坊，据此统计手工业占北京工业比重达到80%。实际上，在上述所列城市中，只有沈阳的这一数据是57%，其他城市的数据与北京基本一致，普遍反映出当时中国工业中手工业比重普遍过高，直接表现出中国经济发展的程度。②

北京特色手工艺相对发达，这也与北京作为消费型城市的定位密切相关。手工艺品类主要包括铜器、锡器、景泰蓝、雕漆、玉器、服饰、造花、首饰、酿酒、火柴等。由于以皇家为主要服务对象，其呈现高端、精致的特点。同时，其兴衰又受到国际市场的直接影响。

景泰蓝

景泰蓝源始于明代景泰年间，最初为宫廷制品，宫廷之外很少流传。至清代乾隆中期：“仿制之景泰蓝从而兴起。历嘉道而至咸丰，市肆之间，始有珐琅专业。”③ 一直到清末，由于价格高昂，一般市民无力购买，需求有限，景泰蓝的生产规模都不大，国内市场销售状况不佳。1904年，景泰蓝参加了在美国举办的国际博览会，获得一等奖，影响扩大，至此逐渐打开海外之路。

景泰蓝器皿种类很多，大者如鼎、炉、佛前五供、瓶罐等，小者如壶杯、烟具、文具、徽章等零星物品，均甚精致而耐用。所用原料主要为珐琅，有红、黄、绿、黑、紫、白等颜色。北平景泰蓝较有代表性厂家包括德鑫、老亨记、瑞源兴、天义和、天新成、永泰成、瑞祥生、宏兴、北中兴、南中兴、恒兴隆等。

1930年，北平景泰蓝业同业公会成立，据1932年统计，入会会员

① 刘宝忠、曹宗坎：《北平的手工业——地毯》，《工业月刊》，第5卷第1期，1948年1月。
② 引自彭泽益编：《中国近代手工业史资料》第4卷，中华书局，1962，第555页。
③ 娄学熙：《北平市工商业概况》。

58家，未入会者约20家。日军占据北平时期，景泰蓝行业一蹶不振。抗战胜利之后百废待兴，景泰蓝也一直未能实现出口。至新中国成立前，北平仅余15家。“前美军驻平，爱好者殊众，搜购者多，因之粗品充斥市面，商人仅图近利，摧毁信誉至深。至精细制品亦有制作，究因价值过昂，殊非普通人所可问津。胜利后曾时新银质点翠之制品，亦只限于小件之手镯、戒指等，外销有限。此业日趋衰落之原因亦不外为成本商昂，销路不畅，资本缺乏所致。”①

铜锡器业

1932年，《北平市工商业概况》提到：“当前清时，蒙汉贸易甚盛，安定门之外馆地方，铜店聚集，造铜器及铜质佛像，颇为驰名，专销于外蒙。又如文具烟袋等类，须由铜业专行制造者，其行销各省，为数亦巨。”② 抗战爆发前是北平铜锡器业发展的高峰。抗战胜利后的一项调查显示：“战前二百三十家商号中，纯作洋庄的有三十多家，现在只有十家作出口买卖了。锡器制品有文具、烟具、腊台、佛像等，近年销路最多的为锡啤酒瓶。”③ “平市铜锡器业衰微的原因，不外受战乱、交通、资金、原料各方面影响；而因时代推移，铜锡器每咸笨重，且易脏污，遂另有别种金属品代替，因之外销市场显狭窄，难以推广。战前最盛时年出产量在一万一千担，三十五年度减到一千七百余担，仅以昔日产量七分之一，可见衰颓一斑。”④

珐琅

1931年，北平制造珐琅器的作坊约有100家，“营业情形蒸蒸日上，销路极畅。第二次大战后，国外销路断绝，国内交通不便，于是相继倒闭，胜利后多已复业。惟因交通不便，物价不稳，作坊均不愿做细活，因为做细活成本高，需时久，需工多，售价较昂，销路不畅，不过粗糙的成品，目前虽然尚可行销，但对景泰蓝的信誉却很有妨碍。”⑤

玉器业

玉器包括种类繁多，除各色玉石外，诸如翡翠、玛瑙、珍珠、珊瑚、象牙、水晶、孔雀石、鸡血石、宝石，滑石等亦列在玉器部门。原料则来自国内外各地，如印度、日本、缅甸、南洋群岛及新疆、云南、陕西诸省。工人以计件论资为多，每种工资由二万元至十二万元

①④ 张延祝：《日趋没落的北平手工业》，《经济评论》，第1卷第16期，1947年7月。
② 《北平市工商业概况》，北平市社会局发行，1932，第430页。
③ 张光钰：《北平市手工艺生产合作运动》，1948，第7—8页。
⑤ 张光钰：《北平市手工艺生产合作运动》，1948，第5、2页。

不等，亦有计时者，因耗时费力，制品以件计算至不合理，工人难以生活。现时制作厂家为数甚少，不过十数家，金属作坊组织；而出售玉器商店则甚多，约有一百二十家左右，散处琉璃厂、廊房二条三条、王府大街一带，平时门可罗雀，然“三年不开张，开张吃三年”可为此种行业写照。至交易市场现以崇外青山居为中心，多为业中人彼此交易。此外并有古玩摊商兼营玉器买卖，多汇聚东安市场及北京、六国各大饭店。① 据联合征信所调查，1947 年 5 月北平尚有玉器业者 67 家，手艺作坊工厂 15 家。②

雕漆业

1949 年北平几种手工业作坊和手工工厂概况③

1949 年 6 月

	户数	职工数	资本额（万元）
窑盆业	21	190	1044
制革业	143	461	2957
造纸业	64	366	102
金属品冶制业	6	18	112
机器铁工业	527	1346	4886
织染业	463	2907	14322
针织业	276	1101	4349

清末民国时期，北京手工业发展兴衰主要受制于外部市场，只有仰仗外销才能得以发展。国际市场的开拓，使得这座素以城市消费为经济发展支撑的古老都市开拓出了新的经济产业形式。

第三节　商业

北京自元代确立了全国政治中心地位以来，就是一个以消费为主导的城市，经济发展对消费的依存度一直在提升，至清代中后期发展至顶峰。道光末年曾有记载说：“京师最尚繁华，市廛铺户装饰富甲天下。如大栅栏、珠宝市、西河沿、琉璃厂之银楼，缎号以及茶叶铺、

① 张延祝：《日趋没落的北平手工业》，《经济评论》第 1 卷第 16 期，1947 年 7 月。

② 张光钰：《北平市手工艺生产合作运动》，1948，第 5、2 页。

③ 资料来源：北平市人民政府工商局编：《北平市工业调查》（私营部分），第 81 页，1949 年 7 月。引自彭泽益编：《中国近代手工业史资料》第 4 卷，中华书局，1962，第 534 页。

靴铺皆雕梁画栋，金碧辉煌，令人目迷五色。至肉市酒楼饭馆，张灯列烛，猜拳行令，夜夜元宵，非他处可及也。”① 1915年，京师商会所辖店铺3264家，共分列31行，其中首饰、古玩、玉器、金银号、钟表、煤油洋货、绸缎、饭庄等八行，共有店铺795家，占所列总店铺的41%。

一、民国初年新商业区的兴起

清代北京由于受到政治制度、城市布局以及交通条件的限制，呈现出绝对封闭性的特点。内城中形成了诸多禁令，如不准经营商业、不准有娱乐场所等，几乎不具有日常居住的功能，绝大多数普通居民只能居住在外城，商业区多处南城，以前三门（即崇文门、正阳门和宣武门）地区最为集中。尤其是正阳门（也称前门），作为内城的正门，是内城与外城的重要连接点，沟通内外城居民往来，地理位置适中，周边地区聚集大量工匠作坊、茶楼和戏园，形成专门街市，商贸十分繁盛。“凡天下各国，中华各省，金银珠宝、古玩玉器、绸缎估衣、钟表玩物、饭庄饭馆、烟馆戏园，无不毕集其中。京师之精华，尽在于此，热闹繁华，亦莫过与此”。② 另据《宸垣识略》记载，正阳门外大街以东，“皆商贾匠作货栈之地”。以西，“皆市廛旅店、商贩、优伶丛集之所，较东城则繁华矣”。③

1901年，京汉铁路延伸至正阳门西侧，并于次年建成正阳门西车站，1902年，京奉铁路修至正阳门东面的使馆区，并于1906年建成正阳门东车站。这两处车站是多条铁路总汇之处，从此出发可直达东北、华南、华东、江南，形成了四通八达的货物中转站与集散地，同时，也使正阳门周边地区成为巨大的人口流动中心，旅店与货栈数量进一步增加。虽然几次遭遇大火，但都能迅速重建，体现了巨大的商业价值。

民国建立之后，京都市政公所对皇城实施改造，长安街畅通，前门地区不再是东西城之间的必经枢纽，交通地位下降，一定程度上影响客流。同时，前门周边的东交民巷化为使馆区、西交民巷逐渐形成为金融街，使前门商业范围缩小，辐射面也相应缩小。此外，王府井、西单等新兴商业街区的兴起对于一向商贸繁荣的南城地区形成了一定

---

① 杨敬亭：《都门纪略》卷三。

② 中国科学院历史研究所第三所编辑：《庚子记事》，科学出版社，1959年，第14页。

③ 吴长元：《宸垣识略》，北京古籍出版社，1983，第182页。

的冲击，“惟东西城繁荣之发达，即系南城之凋敝。盖城内一切商业，无不具备，顾主自可就近购办，无须再赴城外，而舍近求远。以故平市之繁荣，内城与外城适成一比例”。① 由于市政建设水准的不均衡性，前门大街所处的南城地区与内城的差距进一步拉大，“自内城街市改良，各商店多迁入王府井大街及西单牌楼，所以南城的繁华的中心，也就日见萧索气象”。② “前总商会会长孙学仕，联合北平市第十七、第二十一等自治街绅董，分别呈请公安社会两局，略谓城南一带，日见凋敝，市面萧索，住户减少，将成为僻地。兹为繁荣，以资救济失业商民起见，特呈请将江南城隍庙开为临时市场，并在该庙外设立西南晓市一处，以便商民交易，而资繁荣。闻公安社会两局，对于此事，正在核办中”。③ 不过，作为老牌的商业中心，拥有百年雄厚积淀，前门地区的繁盛程度仍维持一定水准。

北平商业热闹中心地，首推前门外、王府井大街、东安市场数处。前门外商铺，以资厚牌老胜，所谓“北京老住户”之购货，恒以该处购获者为讲究。近年世事推移，此辈老住户大半衰落，前门外之商业，已大呈颓势。王府井大街，以矞丽堂皇胜，其在平市观瞻上几可媲美上海之南京路。东安市场以小巧玲珑胜，摊肆夹道，百货杂陈，诱惑性且较王府井为甚。故一般顾客，摩登男女，多喜出入其间。外国人之来北平观光者，亦必以市场巡礼为必要之游程。④ 大栅栏是正阳门商业区的中心，泛指大栅栏街、廊房头条、粮食店街和煤市街。明清时期入夜实行宵禁，在街头巷尾设置栅栏，昼开夜闭，大栅栏因此得名。经过近百年的发展，前门大栅栏集中了绸布店、药店、鞋店、餐馆等数百家店铺和戏院。廊房头条、廊房二条曾是珠宝玉器市场；珠宝市街集中了二十九家官炉房，熔铸银元宝；钱市胡同、施家胡同、西沿河一带开设了许多钱市利银号；而王广福斜街、陕西巷等八条胡同则是妓院集中的地方，俗称“八大胡同”。《北平旅行指南》对此形容：“至大栅栏、观音寺、煤市粮食店、前外大街、珠市口、西柳树井一带，尤为繁盛之区，饭肆栉比、戏院林立。而八大胡同点缀其间，乃声色争逐之场。其南朝金粉、北地胭脂、琵琶巷里、楚馆秦楼，脂香粉腻之气，管弦盈耳之盛。每至夕阳西下，华灯初张，车马喧阗，熙来攘往，联翩填巷，而飞觞醉月，呼五猜六，门庭若市，应接不暇，

① 《北平市况：南城的繁荣已被东西城所夺》，《大公报》，1933 年 3 月 2 日。

② 扬：《南城繁荣计划之实现》，《市政评论》第 1 卷，1934 年 6 月。

③ 《北平南城荒凉，商民提议繁荣，请设临时市场》，《大公报》，1930 年 12 月 13 日。

④ 赓雅：《北上观感》，《申报》，1936 年 2 月 9 日。

全市之繁华，集于此矣。”①

1930 年代中期，清华大学的一位学生对于北平东、南、西、北四城的繁荣程度有一个基本描述：

> 北平城分外城与内城。内城为古城迭次改筑而成，清嘉庆三十二年，在内城南加建外城。现市民为便利计，复将北平城内分称东、南、西、北四城。大概所谓东城者，即指正阳门之北一带街市，如东、西交民巷、东长安街、王府井大街、东单及东四牌楼等。西城则指西长安街、西单及西四牌楼、宣武门大街一带。南城指正阳门附近及正阳门外一带街市。北城指地安门、鼓楼大街、安定门外一带之街市。各城之情形不同，如东城为北平市最繁荣之区域。各国商店汇聚于东交民巷，西交民巷亦为各大银行麇集之所，王府井大街、崇文门大街为中外饭店旅馆商店集中之地，形成北平市最热闹之地带。西城亦极热闹，但较殊东城略逊一筹耳，西单至西四绒线胡同宣内大街，商廛云集。北城以鼓楼大街一段为繁盛。南城以正阳门大街商店甚多，大街两侧之街巷如廊房头二条又皆为巨贾营业之所，此区在民国初年时为北平市金融中心，现之金融中心已移至东城，前外已呈腐旧落伍之象，所有之娱乐场，如劝业场及天桥亦皆为下等娱乐场。②
>
> 北平市有三个商业中心区及一个银行区。（一）前门位于北宁铁路及平汉铁路两总站之中央。前门大街有第一路第二路电车顺行通过。第六路电车于珠市斜交，且夜市亦集于此。故前门大街、大栅栏、珠宝市乃绸缎、布匹、洋货、皮货、五金、饭馆、杂货等业之繁盛市场。此外一区、外二区地价之所以贵也。（二）王府井大街有东安市场及中原公司等百货公司，故地价亦列特等。（三）四单及西四牌楼为洋杂货及饭馆之所在地，故地价列为甲等。至西郊民巷则为银行区，地价乃归特等。③

---

① 马芷庠编著、张恨水审定：《北平旅行指南》，经济新闻社，1937，第 9 页。

② 刘昌裔：《北平市电影业调查》，葛兆光主编：《学术薪火——30 年代清华大学人文学科社会科学毕业生论文选》，湖南教育出版社，1998 年，第 326—327 页。

③ 魏树东：《北平市之地价地租房租与税收》，台北成文出版社有限公司，（美国）中文资料中心，1977 年印行，第 37—38 页。

同一时期，瞿宣颖也对北平商业的地理分布有如下描述：

> 北平若以营业分区，则前门外是珠宝市场的区域。西河沿是旧式客店的区域。打磨厂是刀剑铜器的区域。花儿市是纸花的区域。头发胡同是售旧书摊的区域。西皮市是皮条店的区域。西交民巷是银行的区域。崇文门大街是洋行的区域。八大胡同是南北班妓的区域。船板胡同是洋妓的区域。最近几年西长安街又是饭馆的区域。王府大街是时髦商店的区域。而历史最久驰名最远的又莫过于琉璃厂书店区域。①

明清时期，庙会是北京城内最重要的商品交易场所，但受制于时间上以及地点上的限制，缺乏连续性效应。清代后期，内城不得经商、娱乐的禁令逐渐被打破，流动摊贩日渐增多，东四、西单、地安门、鼓楼、北新桥、新街口等地出现了一批地点相对固定、时间上具有连续性的商品集市。清末民初，现代意义上的“百货商场”开始在北京兴起，主要分为官方所设与商方所设。官方所设者，先后有劝业场、文化商场、东安市场、西安市场、广安市场、西单市场等，由官方机构派出人员进行管理。商方所设者包括前外之青云阁、第一楼、香厂之华兴市场、西单之西单商场，“由各商家独资或合资经营”。在这两种类型中，“以东安市场规模为最大，商业亦最为发达”。②

庚子事件之后，清政府开始在京师地区推进近代市政，王府井所处的东安门外区域成为北京最早进行道路建设的地方之一，“迨光绪末季，值肃王善耆司警政，始以其地改建市场。最初因陋就简，仅具雏形而已”。③ 由于庚子之前，这一带已经形成了一定规模的街市，因此，在整修道路过程中官方拆除了商贩沿街搭建的一些棚障，选中位于王府井大街北端的原八旗神机营操场，划出部分区域，将东安门外两旁的铺户迁至此地继续营业，逐渐形成了一处每日营业的固定商业场所，得名东安市场。其经营范围覆盖到日用百货、饮食、娱乐等与民众日常生活相关的各个方面。在这个固定的商业空间中，商户的经营者不再像以往在街道上随意，开始遵循既定的社会秩序，服从市场的统一规划和管理。1906 年，东安市场北部建立了吉祥茶园，园内每晚有京

① 铢庵：《北游录话》（二），《宇宙风》，1936 年第 20 期。

② 娄学熙：《北平市工商业概况》，第 684 页。

③ 马芷庠编著、张恨水审定：《北平旅行指南》，北平经济新闻社，1937 年，第 142 页。

戏演出，这是北京内城的第一家。内城的人们不用再绕道至前门就可以在此购物、娱乐。随后，东安电影院、会贤球社等娱乐设施在此纷纷开办，进一步增加了王府井地区的客流。宣统年间竹枝词形容："新开各处市场宽，买物随心不费难。若论繁华首一指，请君城内赴东安。"① 民初《京师街巷记》记载："其地址广袤宽敞，初为空场，蓬蒿没人，倾圮渣土，凸凹不平，自前清光绪三十年，改建市场，始惟有百般杂技戏场各浮摊商业等，旋经建筑铺面房屋，其内之街市为十字形，两旁商肆相对峙，曾经壬子兵燹所及，市肆墟燬，不数月，从事建筑，规模较前尤宏阔矣，商肆栉比，货无不备。"② 东安市场的出现具有开创意义，预示着北京城市化进程中消费革命的兴起。

东安市场建成之后几次失火，屡次重建，每次规模都有所扩大，商业益见发达。至1920年代初期，茶楼、酒馆、饭店、戏园、电影、球房以及各种技场、商店无不具备，"比年蒸蒸日上，几为全城之精华所萃矣"：

> 东安市场为京师市场之冠，开辟最先，在王府井大街路东，地址宽广，街衢纵横，商肆栉比，百货杂陈。……该场屡经失火，建筑数四，近皆添筑楼房，大加扩充，其中街市共计有四。南北一，东西三。商廛对列，街中羼以货摊，食品用器，莫不具备。四街市外，又有广春园商场、中华商场、同义商场、丹桂商场，及东安楼、畅观楼、青莲阁等，其中亦系各种商店、茶楼、饭馆，又各成一小市场矣。场中东部为杂技场，弹唱歌舞，医卜星象，皆在其中。南部为花园，罗列奇花异葩，供人购取。园之南舍，为球房、棋社，幽雅宜人，洵热闹场中之清静处所也。③

书肆也是东安市场的一大特色，"从全部的图书集成到单本的征东演义，从柏拉图的对话录，到艾里斯的《我的性生活》，从大英百科全书到标准国音字典，从宋人的手抄本到出版不久的《重访英伦》。还有

① 兰陵忧患生：《京华百二竹枝词》，路工编选：《清代北京竹枝词（十三种）》，北京古籍出版社，1982年，第129页。

② 郭海：《东安市场记》，林传甲编纂：《京师街巷记》，"内左一区卷三"，武学书馆，1919年，第1—2页。

③ 徐珂：《增订实用北京指南》，第一编：《地理》第5页；第八编：《食宿游览》，第22—23页，上海商务印书馆，1923年。

从魏晋的拓碑，到月份牌上的‘美女’。那一个读书人进去，他可以自尊自己的成就，却不能不承认自己的偏狭。夹杂在书肆里，还有许多琴行，倘若有兴趣可以进去翻翻琴谱、唱片，一本交响曲的总谱可以廉价购得，一切德国第一流的乐队与指挥演奏的唱片，可以整套发现。唱片演奏之好，种类之多，恐怕没有另一个中国的都市，可以与北平、与东安市场相并比”。①

至1930年代初期，东安市场摊商总计已达350余家，其中以书籍、玩具、杂货、糕点、糖果为最多，以社会中上层为主要服务对象，“比西单来得贵族些，就是那些水果摊、香烟铺，都带有华丽气派”。② 由北平市社会局组织编写的《北平市工商业概况》称东安市场在全市所有官办及商办商城中“规模最大，商业亦最为发达”。③

以东安市场的兴起为发端，王府井逐渐发展成为北京城内最重要的商业中心。由于地处皇城主要进出口的东安门外，靠近东交民巷使馆区，这里成为北京最早开启市政建设的区域之一，1914年京都市政公所成立之后，首先选择了以王府井大街所在的内城左一区为示范区域，开始道路改造工程，包括拓宽道路、房屋基准线测量、整修明沟、铺装工事，修筑沥青道路等。1915年，美国煤油大王洛克菲勒在豫王府旧址上建起协和医院，1917年，中法实业银行在王府井南口建成七层楼高的北京饭店，“道中宽阔清洁，车马行人，络绎不绝。……车马云集，人声喧阗，为京师最繁华之区也”。④ 1920年代之后，王府井地区开始设立有轨电车车站，1928年，王府井大街修建柏油马路，交通条件进一步改善。

在东安市场的示范作用下，原本繁盛的正阳门外一批店铺纷纷迁入王府井大街。即使在1928年国都南迁，北平消费市场陷入低迷之时，王府井借助于独一无二的区位优势仍能保持相当水准，“东单崇文门一带地方，距东交民巷甚近，外商林立，各国侨民杂居是处，东城繁荣，乃集于斯。加之东安市场，年来扩充，王府井大街，遂成东城荟萃之地。其富庶情况，不减于昔日之前门大街”。⑤ 至1930年代中期，王府井所在的东城已经取代南城，成为北京商贸最为繁盛的区域。

---

① 沈秋：《东安市场巡礼》，《新学生》，第4卷第5期，1948年。

② 《平市人心渐趋安定，将重觅享乐生活》，《世界日报》，1933年6月2日。

③ 娄学熙：《北平市工商业概况》，北平市社会局编印，1932年，第684页。

④ 崇普：《王府井大街记》，林传甲编纂：《京师街巷记》，“内左一区卷三”，京师武学书馆，1919年，第5—6页。

⑤ 《北平市况：南城的繁荣已被东西城所夺》，《大公报》，1933年3月2日。

一个值得注意的现象是，作为“畅销洋货大本营”，东安市场的商品来源其实与当时中国的政治时局以及国际关系密切相关。1920 至 1930 年代上半期，英国、法国、德国、瑞典等国竞相在此倾销自己的商品，1930 年代中后期，日本在中国及北京的势力日益扩张，直至全面侵华，作为商贸领域的一个反映，东安市场的日本货逐渐占据上风。

清末，西单地区已经聚集起一批流动性小商贩，经营范围包括日用品、小吃店以及一些戏园。民国初年，北京政府的许多机构都设立在西单附近，周边还有一些教育机构，由此带动了周边地区店铺、摊商的兴起。1913 年，由六家商店集资修建西单商场，一批洋行也纷纷进驻，各种商店不断增加，包括三友实业社、真光照相馆、长安大戏院、新新大戏院等，使西单商业“较诸前外大街、大栅栏、观音寺，渐有起色”。据 1934 年统计，西单地区共有铺商 157 家，摊商 280 余家。成为内城一处著名的商业中心。

1930 年 6 月，广东华侨黄树滉集资十万所创办西单商场，“最初营业平常，嗣后逐渐发达，因之西单大街市面亦日见繁华”。西单商场逐渐发展为南北两场，共计铺商 157 家，摊商 280 余家，同时也带动了周边地区，进一步提升了西单地区在北京商业体系中的作用。在民国时期的北京，“市场”一词专指“东安市场”，而“商场”一词在 1930 年代之后逐渐成为“西单商场”的代称。①

西单商场在 1930 年代开设之后，东安市场的客流被分流了一部分，但整体影响并不明显，主要缘于两家机构消费定位的差别：

> 东安市场在东城，多异邦街房，所以处处都带出点洋味来，（素称东城洋化，西城学生化，南城娼寮化，北城旗人化）因为他处在一个洋化区域之地，所以就得受洋化的传染，市场里的买卖，有的是专为买卖外国人而设的（如古玩玉器等），商人们也都能说两句洋话，来来往往的洋主顾，可占全市场内三分之二，逛市场的中国人，也以西服哥儿，洋式的小姐太太为最多，看来东安市场真是有点洋味和贵族化。拿西单商场一比空气就不相同了，西单商场在西城，处在文化区域之地，所以学生多，从来没有洋人光顾，商人不会洋话，阔人亦不多见，买东西讲经济，颇合学生的环境，毫无贵族气，而其特殊的营业，以修理破鞋的小买卖最兴盛且最多，

① 太白：《北平的市场》，《宇宙风》第 21 期，1936 年 7 月 16 日。

> 由此可见西单商场的主顾多半是些经济家，如东安市场的东来顺，润明楼，五芳斋，吉祥戏院，会贤，大彰球社，国强咖啡馆……及附近的中原公司这些贵族化的买卖一点没有。总而言之西单商场还比东安市场差得多呢！①

西单商场的顾客群体以普通平民为主，相对而言，规模和热闹都不如东安市场，后者更偏向中高端。“其营业种类多与东安市场同，亦以洋货商店、书店、布店、鞋店为多；糕点、纸店、茶庄、金珠首饰店次之。其一切布置，较之东安市场稍有逊色。游人均系普通人士，谓为平民商场，恰可名副其实”，总体而言，“其书籍纸张及各种刊物、物品诸色价格均较东安稍廉矣”。② 而在小说《离婚》中，老舍也比较了西单商场与东安市场的差异：

> 自迁都后，西单牌楼渐渐成了繁闹的所在，虽然在实力上还远不及东安市场一带。东安市场一带是暗中被洋布尔乔亚气充满，几乎可以够上贵族的风味。西单，在另一方面，是国产布尔乔亚，有些地方——像烙饼摊子与大碗芝麻酱面等——还是普罗的。因此，在普通人们看，它更足以使人舒服，因为多着些本地风光。③

除东安市场、西单商场之外，在民国初年的北京还先后有劝业场、首善第一楼、青云阁、宾宴华楼等商场数十处：

劝业场，在正阳门外廊房头条胡同，后门通西河沿，楼凡三层，上有屋顶花园，每层复分南北中三部，因屡次失火，故最新建筑除窗槅略用木料外，全部悉用水泥铁心，俨然一洋式大楼也。场中商业，如古玩玉器、景泰珐琅、铜器骨角、雕漆刺绣、书画笔墨、南货南纸，以及儿童玩物、茶楼饭馆，莫不有之，该场提介国货，故并不陈售洋货，门前左右为花厂，杂陈异卉，不唯售卖得所，且为场前点缀，洵商场之冠者也。

首善第一楼，在正阳门外廊房头条胡同，楼三层，南北八间，东西五间，合计全楼之屋，凡七十八间。上层之南为玉芳照相馆，北为

---

① 云：《东安与西单商场》，《市政评论》，第3卷第15期。

② 马芷庠编著、张恨水审定：《北平旅行指南》，第332页。

③ 老舍：《离婚》，《老舍全集（二）·小说》，人民文学出版社，2013年，第449页。

畅怀春茶楼，西南为球房。中层之南为中兴玉理发所，北为碧严轩茶楼，若东若西，则除电镀漆器茶店外，率为镶牙补眼之室。下层则货物杂陈，五光十色，灿然夺目，其品类，大率为古玩玉器珐瑯首饰笔墨书籍南纸南货盔头玩物，游人往来，络绎不绝，上层茶楼，座亦常满。

青云阁，在正阳门外观音寺街，壮伟瑰丽，足以俯视一切，屋三层，下一层门洞内之店，为估衣首饰皮货扇画，而鲜果店亦在焉，进内院，则南北东为洋货荷包及各种商店，西为球房，可于地上手抛大球，后院有北门，通杨梅竹斜街，中层之东四，各有对峙之照相馆，南为特别大餐之雅座，北亦商店，西北隅又有球台，盖台上竿击声之小球也。上层为玉壶春茶楼，其南北为通常座，东西为雅座，面东北隅又有特别雅座，可以瞭望外景，此楼居外城繁华之中心，故游人较他处为盛。

宾晏楼商场，在正阳门外观音寺，高楼三重，建筑壮丽，每层又分三段，下层之南北中各段，商店林立，洋货玉器为最多，而书籍笔墨南纸布匹首饰文玩等亦有之。中层之北，为美术馆及球房，南为齐阑阁理发所，东西率为镶牙室画相馆，各于门前悬大镜，上层之北为缘香园咖啡番菜馆，西为铸新照相馆，中央及南为第一茶社，游人极盛。①

国货运动是近代中国经济史上的重要事件，持续时间长，波及范围广。国货运动起始于庚子事件之后，政府从官方层面“提倡工艺”，鼓励商人参加国际博览会和在各地创设劝业场。至民国时期已产生了各种国货团体，他们宣传国货，提倡国货产销，改进工商业的生产与经营，促进民族经济发展。1905 年，清政府在前门外廊坊头条胡同开建“京师劝工陈列所”，翌年建成，“专供陈列中国自制各货，供人观览，以为比较改良之张本”。② 同时附设劝业场，销售部分商品，“层楼洞开，百货骈列，真所谓五光十色，令人目迷”。③ 当时的竹枝词形容：“忽见广安门大街，劝工陈列所新闻。吾华制品多如许，日日游人结队来。”“万户千们百尺楼，收罗货物萃神州。唯将劝业为宗旨，男女随心任意游。”④ 陈列所建成之后，经历几次大火，1923 年再次重

① 徐珂：《增订实用北京指南》，第八编，《食宿游览》，上海商务印书馆，第 22 页。

② 农工商部统计处编：《第二次农工商统计表》，《农政》，1910 年。

③ 陈宗藩：《燕都丛考》，第 496 页。

④ 兰陵忧患生：《京华百二竹枝词》，路工编选：《清代北京竹枝词（十三种）》，北京古籍出版社，1982 年，第 128 页。

建。整个建筑临街面为巴洛克式，内部三层，钢筋混凝土砖混结构加钢屋架，希腊传统的爱奥尼柱、花瓶杆阳台、圆拱形山花。内部设开敞式商店，装饰精良，是北京城内第一家带厢式电梯、游乐场的大楼。

1928 年 8 月，南京国民政府工商部将陈列所改组为“实业部北平国货陈列馆”，并将馆址改设在正阳门箭楼，11 月正式对外开放。北平国货陈列馆的主要职能是征集全国出口商品、接待参观、研究仿制外货、提倡国货等。初期陈列品中以日常生活用品和艺术品占绝大多数。1933 年至 1934 年，随着“国货年”活动的进行，陈列品逐渐丰富，最多时有 8000 多件，涉及 12 个门类，知名品牌包括“双妹牌”茉莉霜、“梅花牌”头蜡、“三星牌”白玉牙膏、“越王牌”牙粉等。北平沦陷之后，北平国货陈列馆于 1941 年初迁入北海蚕坛，1947 年正式撤销。

1936 年，“京师劝工陈列所”旧址改名“劝业场”，意为“劝人勉力、振兴实业、提倡国货”，主营百货，颇负盛名。鼎盛时期，劝业场经营范围覆盖 20 多个行业，180 多个货摊，并配有电影院、剧场、舞厅和台球厅，号称“京城商业第一楼”。民国余棨昌编的《故都变迁纪略》中收有《商品陈列所谣》：

杰阁凌霄汉，经营费万千。何人师卜式，慷慨纳金钱。
百丈鹅黄锦，千金狐白裘。明珠光百琲，更列最高楼。
制器师前代，犹传景泰名。蔚蓝天一色，仿造及东瀛。
采绿多休暇，同占五日期。游观不辞远，日暮趱城归。[①]

金融业，清末民初在东交民巷以及西交民巷地区已经出现了金融一条街，中国银行、大陆银行等集中于西交民巷，外资银行主要集中于东交民巷。1928 年国都南迁之后，许多银行总部也随之南迁，同时，这些银行纷纷在王府井一带开办分行或办事处，直接提升了这一地区的消费水平与等级。

天桥商业的日渐兴起与清末民初北京城市空间结构与市场体系的兴衰变动密切相关。当地安门、东四、崇文门、花市等曾一度繁盛的商业区域因诸多因素相继衰退之时，天桥则借助于靠近正阳门的区位优势，逐渐吸引一批摊贩以及曲艺、杂技卖艺者，“天桥南北，地最宏敞，贾人趁墟之货，每日云集”。[②]“正阳门街衢窄狭，浮摊杂耍场莫

① 余棨昌：《故都变迁纪略》，北京燕山出版社，2008 年，第 151 页。

② 震钧：《天咫偶闻》，北京古籍出版社，1982 年，第 135 页。

能容纳。而南抵天桥，酒楼茶楼林立，又有映日荷花，拂风杨柳，点缀其间。旷然空场，尤为浮摊杂耍适当之地。于是正阳门大街，应有而未能有之浮摊杂耍，遂咸集于此，此天桥初有杂耍之原因”。天桥市场初具雏形，但“未至十分发达”，“又以京津车站设于马家铺，京汉车站设于卢沟桥，往来旅客，出入永定门，均以天桥为绾毂。而居民往游马家铺者甚多，亦于此要约期会，此天桥发达最早之因”。① 庚子年间，天桥地区的商业受到一定冲击，但旋即恢复。

民国建立之后，天桥地区的商业功能更加丰富，除众多摊商之外，新增了戏园、落子馆等娱乐场所。“民国元年一月，厂甸改建街道，工程未竣，堆积砖瓦，无隙设摊，当局为谋维持摊贩利益，曾将厂甸年例集会，暂移香厂。时伶人俞振庭者，乘闲于厂北支一棚，演奏成班大戏，并约女伶孙一清串演，原定一月为期。期满，有人援例，移至金鱼池南岸上，赓续其业，未几，再由金鱼池迁至天桥，此实天桥有戏园之始，而同时继起者，亦比比矣”。②

1914 年京都市政公所建立之后对正阳门实施改造，督修工程处把围绕正阳门月墙的东西荷包巷各商铺房屋以及公私民房约 60 多处作价收购拆毁，这些工作至 1915 年基本完成。“而瓮城内两荷包巷商民，则合议将所拆存之木石砖瓦，移天桥西，建立天桥巷，凡七开，设酒饭镶牙各馆，并清唱茶社，暨各色商肆，以售百货，居百工，此又天桥渐成正式商场之始”。③

不过，天桥在日渐繁盛的同时，区域内环境也在恶化，“地势略洼，夏季积水，雨后敷以炉灰秽土，北隅又有明沟，秽水常溢，臭气冲天，货摊杂陈，游人拥挤。……由彼往西，地名香厂，夏季芦苇甚多。常年不断秽臭之气，所有商业者皆为臭皮局、臭胶厂，天桥臭沟泄其臭水，与香厂之名实决不相符”。④ 与前文齐如山所述之光绪年代景色已决然不同。

京都市政公所建立之后，平垫香厂，修成经纬六条大街，如华仁路、万明路等，开启了香厂新市区建设，很大程度上改善了天桥周边区域的环境：

> 六年，高尔禄长外右五区。督清道队削平其地，筑土路，

① 张次溪编：《天桥一览·齐序》，中华印书局，1936 年，第 3 页。
② 张次溪编著：《天桥丛谈》，中国人民大学出版社，2006 年，第 8 页。
③ 张次溪：《人民首都的天桥》，修绠堂书店，1951 年，第 12 页。
④ 秋生：《天桥商场社会调查》，《北平日报》，1930 年 2 月 16、17 日。

> 析以经纬。同时是区居民卜荷泉诸人，复捐资于先农坛之东坛根下，凿池引水，种稻栽莲，辟水心亭商场，招商营业。茶社如环翠轩、香园；杂耍馆如天外天、藕香榭；饭馆如厚德福，皆美善。沿河筑长堤，夹岸植杨柳。其西南，各启一门，皆跨有木桥。河置小艇，每届炎夏，则红莲碧稻，四望无涯。一舸嬉游，有足乐者。①

新世界商场、城南游艺园在香厂地区先后建成，也为天桥带来了大量客流，天桥的经营面积大大扩张，“香厂由草昧慢慢的开化，连带着天桥的面目也渐渐改变起来”。1924年电车开通后，天桥成为通往东西城的第一、二路电车总站，“东自北新桥，西自西直门，东西亘十余里，瞬息可至”，“交通既便，游人愈夥，而天桥遂极一时之盛矣”。②

天桥地区基本可以分为娱乐场和市场两部分，一般以一、二路电车总站为标志。“在东则率多布摊及旧货摊、估衣棚，北连草市，东至金鱼池。善于谋生之经济家，每年多取材于此。至其西面，则较东为繁盛，戏棚、落子馆为多，售卖货物者殊少”。“其北建有天桥市场，内多酒饭店、茶馆之属，其他营业总难持久，颇呈寥落状况。惟此处收买当票及占算星命者异常之多，亦殊为市场中之特色”。“天桥迤西，先农坛以东，近日成为最繁盛之区域，且自电车路兴修以后，天桥之电车站，更为东西两路之汇总，交通便利，游人益繁”，“即现在该处所有戏棚，已有五、六处之多，落子馆亦称是，茶肆酒馆尤所在多有”。“由此迤西，沿途均为市肆，茶馆为最多，饭铺次之，杂耍场与售卖货摊亦排列而下，洵为繁多之市廛”。③ 当时的《北平日报》有详细介绍：

> 天桥地基既然扩大十倍，商业亦已是日增多。近由该管外五区详查，即天桥西隅已有商店二百余家，并有浮摊四百三十余家，每日以天桥求生活者，当在数千人之上，天桥地方又岂可轻视哉。据对天桥商摊统计，布业七十九家，饭业三十七家。估衣八十三家，戏园大小九家，坤书馆七家，木器店二十一家，杂货店二十四家，煤商九家，茶馆三十家，

① 张次溪编著：《天桥丛谈》，中国人民大学出版社，2006年第11页。

② 张次溪编：《天桥一览·齐序》，中华印书局，1936年，第4、1、3页。

③ 陈宗蕃：《燕都丛考》，北京古籍出版社，1991年，第641页。

> 镶牙馆八家，卜相棚十九家，席箔店三家，洋货店七家，酒店三家，纸烟铺四家，钟表店三家，茶叶店一家，以上皆为纳月捐领商照之正式商店：其余各项货摊二百九十一家，食品摊四十九家，游艺杂技摊六十二家，卦摊、药摊等三十七家云。大致分布情况是：天桥东为纯粹商场。天桥西夹杂游艺，桥西有魁华、振仙、升平、吉祥等戏园，有振华、安乐、中华、合意等坤书馆，有忠义、宴乐、宾众、振兴等茶楼，又有先农、惠民等商场。上地各项杂技俱全，更有酒馆、饭馆等设备。而桥东除歌舞、燕舞、乐舞三家戏园外，即是估衣、布匹、木器以及各项货摊云。①

一种商业模式的繁荣需要与之匹配的消费群体的支撑，民国时期在交通条件还十分有限的情况下，特定消费群体与对应商业场所的空间距离不可能过远，因此地理位置的选择显得尤其重要。王府井的兴起与其周边的东交民巷使馆区、西交民巷金融街的拉动作用密不可分，西单地区的兴起也因其靠近政府机构、高等学府，集中了众多社会中上层。反面的例子是香厂地区，作为城市示范新区，一度在市政建设以及商业消费领域呈现繁盛景象，如著名的区域内标志性建筑新世界商场：

> 新世界商场，在正阳门外香厂。楼高数重，楼下之左为电影场，右为小有天菜场，中央为戏场。庭有水法池，池左之廊下为售花处，夏日游人恒多就此品茗。二层楼之左为茶社，中座售茶，四周杂陈货品，以印章、眼镜、靴鞋、纸烟、糕点、玩物为多。其右皆为茶社，中央有女子文明新剧场，其前罗列各种游戏玩具，如吹风筒、风景画片等，触目皆是。西北隅为京津杂耍馆，有八角鼓、十不闲、对口相声、双簧、快书，各种杂耍。三层楼上之左，亦有茶社，商场中央，有赠品摸彩处，四周为饮茶、理发、攒花、镶牙、命相各室。右为球房，正中为露台，其左端有亭，夏时售茶，并演露天电影，前为坤书馆，八埠名姬，唱二黄、秦腔者，率集于此馆，列哈哈镜六个。四层楼上，前半为番菜馆、咖啡馆，后右旁为照相馆。五层楼为屋顶花园，飞桥亭榭，高入青云，

---

① 秋生：《天桥商场社会调查》，《北平日报》，1930年2月16、17日。

远眺全城，万象森列。午后四时至十时，游人尤盛。①

1917年，商人卜荷泉等人在先农坛的东墙外建造水心亭商场。水心亭为木结构，玻璃窗，四周皆可以远眺。商场东北有茶社，兼营西餐。1918年5月，议员彭秀康在先农坛组建城南游艺园。园内占地30余亩，有戏园、茶社、咖啡馆、旱冰场、保龄球场、台球场、电影院、杂耍场、魔术场等，聚集了各种戏剧曲艺名角和能人异士。园外还建一方形高塔，顶上安装四面大时钟，节庆之日燃放焰火，成为京城市民重要的休闲去处。

但由于处在外城边缘区域，偏重高端的定位使其与周围的人口结构与消费水平并不匹配，像一座“孤岛”，虽然有官方的重点扶植，但缺乏长期发展的持续动力，在短暂的繁荣之后又陷入衰落。曾经繁华一时、层楼叠阁的新世界大楼已经“满目蒿莱”，“当年的粉黛丽影，燕语莺声，也不复见矣。破窗底下竟成了乞丐的睡处，买卖是一家也没有了。劝业场第一楼，青云阁……亦日渐萧条，简直买者不如卖者多，不久恐怕就要有‘乔迁之喜’”。② “香厂一带，近日市面尤为零落，新民戏院业被焚毁，城南游艺园亦已停办，大森里、平康里艳帜早撤，无复游人踪迹。固不仅新世界未能复整，徒有高楼耸立，供人怅望而已”。③ 即使是内城的西四、东四商场也“破败不堪，中上级人鲜涉足者”。④

二、庙市与集市

在20世纪初期固定性的商品市场出现之前，京城商品交易的主要场所就是庙会以及一些定期集市。清代“满汉分治”的空间格局使得北京的商业集市多散布内城四周，有“四大庙会”之说：“庙会者，陈百货于庙，以待顾客。岁有定时，历年不改，北方通行之俗也。……京师之市肆有常集者，东大市、西小市是也。逢三之土地庙，四、五之白塔寺，七、八之护国寺，九、十之隆福寺，谓之四大庙市，皆以期集”。⑤ 这一商业布局延续至清末民初：

① 张次溪编著：《天桥丛谈》，中国人民大学出版社，2006年，第12页。
② 《东安与西单商场》，《市政评论》第3卷第15期。
③ 陈宗蕃：《燕都丛考》，北京古籍出版社，1991年，第656页。
④ 铢庵：《东安市场》，《申报月刊》，1933年第2卷第10号。
⑤ 吴廷燮总纂：《北京市志稿·礼俗志》，卷六，庙集，第377—378页。

> 旧京庙会之说，乃每月定期借大寺院之广场，陈售百货，以便城郊居民、乡民于是日携其所制来此求售，便购所需以归，城中妇女，亦可不必远出而得其所需，兼有百技杂艺，足以娱耳目、遣景光。每至会期，少妇艳妆，粉香四溢。①

作为一种非常重要的商品交易场所，庙市在民国北京市民的日常生活中仍然不可或缺。1936 年 11 月至 1937 年 2 月间，北平民国学院经济系王宜昌带领 20 名学生，在参考众多文献基础上，对北平庙会进行了实地调查。其中表明，五大庙市分别为土地庙、花市集、白塔寺、护国寺、隆福寺，在民国北京地图中仔细分析庙市与新式百货商场的空间分布，可以发现规律性的现象。五大庙市“散布于北平城之四隅，如就地图上以南海瀛台为中，以五里为半径作一圆，则此五大庙会分布于此圆周界内外甚近之处。而百货大商业所在之东安市场、西单商场，及正阳门大街，以至天桥此一三角形区域，适包于此圆内。在此三角形区域中，无任何庙会之存在。盖此商业鼎盛之区，一方以人烟稠密，文化开通，无香火春场存在之可能；他方以商业繁兴，百货充斥，无庙市市集存在之必要。在此区域之外，则为城内边隅之区，隙地既多，市廛盖寡。而中下等人家，则多群居是等地带，其日用所需，须有市集为之供给，其低下智识，每藉宗教为之慰安，故有庙市香火存在之必要”。② 庙市的兴盛间接反映出民国北京商品经济发展程度低下的事实。

民国时期的北京，基于市场定位、服务对象、消费群体、职能等各种因素的不同，多个新兴商场与前门外传统商业集市、天桥以及各种庙市共同构成了基本的商业销售网络。各种不同的商业模式相互补充，对应不同的消费群体，并不存在严格意义上的竞争关系，各自发挥着不可替代的作用：“城中心三角形区域内之百货商业，为资本主义大商业，其货物来源，大抵为大工厂与大手工工厂，其购买者大抵为中上等人家。北平城内之小手工业与小手工工厂，及北平郊外农家之手工业，其产品每不能登大资本主义商场之堂。但此种货品，不惟为中下等人家所需，而中上等人家之家用什物，亦每于兹取给。于是在

---

① 《庙会》，《申报月刊》，1933 年第 2 卷第 10 号。

② 王宜昌：《北平庙会调查》，李文海主编：《民国时期社会调查丛编 · 宗教民俗卷》，福建教育出版社，2004 年，第 372 页。

附近城门又远距资本主义大商场之适宜地点，形成市集”。① 庙市的兴盛间接反映出的仍是民国北京商业发展程度的低下。

“庙会所售商品之中，最多者为旧式日常家用物品。购买者多为中下等人家。来会购买者则多家庭妇女。一以家用什物，最宜由妇女选择，乃便于用；二则北平中下家庭妇女，出外游乐时少，赴庙会购物，便作为出外游赏时期”。同时，“中下等人家妇女，僻居城隅，难以遄赴各大市街与商场，不得不就庙会”。“若以庙会和东安市场、西单商场比较，则后者所售商品，虽亦多日常用品，但多新式货物，其购买者亦为中上等人家之老爷、太太、少爷、小姐等人物，与前者迥然有别”。需要指出的是，由于庙市里的商品并不执行统一定价，而是随行就市甚至因人而异，因此其价格并不一定比东安市场、西单商场里的同样商品更低，由于缺乏严格的规章制度，因贪图便宜而在庙市里上当受骗者也不在少数。

庙市不仅是重要的商品交易方式，同时，还附带重要的娱乐与休闲功能：

> 京中的庙会比甚么地方都特别的多，城厢内外各广大些的庵堂寺观，不是遇着一定的时节烧香敬神（入白云观观音堂等处），便是轮流分期的摆着货摊开市（如土地庙、隆福寺等处），……逛庙的红男绿女，摩肩接踵，衣香汗臭，令人难闻。②

除了庙市之外，民国北京内外城散布着各种专门性的集市，“集市者，货物聚集于一地而相交易之谓也。北平此种集市，为数甚多。有以定时集合者，曰晓市，曰夜市”。晓市概皆寅集辰散，各行商贩均按时集合，作数小时之交易即行散去。一曰零物市，有两处，一在德胜门内，一在崇外唐洗伯街，行话呼为北市南市。大而木器布匹，小而

① 北平庙会，共分香火、春场、庙市、市集四种。香火大抵以宗教原因而兴，春场则以娱乐原因而起，庙市每由僧侣与官吏之征租便利，使商人聚于庙内及其附近，市集则由商业与手工工厂更进步，由庙市蜕化而出。以城乡交界之适中区域，便于农村工业品之向城市推销，及城市工业品之向城隅与郊外推广，故北平五大庙会，分布于城内之东北、东南、西南、西北四隅。春场多在郊外春夏风光明媚之区，香火则多散在城隅边僻处。参见王宜昌：《北平庙会调查》，收入李文海主编《民国时期社会调查丛编·宗教民俗卷》，福建教育出版社，2004 年。

② 宋化欧：《北京妇女之生活》，《妇女杂志》，第 12 卷第 10 号，1926 年 10 月。

洋钉报纸，贵而金珠玉器，贱而烂铁残铜，凡属食用之品，几无一不备，中以打鼓者向各处所收零星旧物为多。每日清晨，城中商伙及摊贩，前往觅购，如蚁赴膻。以售者皆欲低价脱手，购者即各抱其目的以求博得余利也。二曰果子市，有三处，一在德胜门内，一在崇外药王庙，一在前门外。外来之干果鲜果，皆先集其中，凡大小干鲜果业，胥于天将明时，携筐负袋，孜孜往购，不厌辛劳。三曰糖市，有两处，一在德胜门，一在朝阳门，多系本市糖房出品。唯螺丝糖棍糖，论斤发卖余则以块计。外有糕点饼干，或论块，或论包。一经贩售，约可得十分三之利。本小利大，小贩多趋之。四曰要货市，即附在前外果子市及两糖市，系采用竹木铝铁或玻璃纸张制成小孩玩耍之物，多出于贫家妇女之手，售价极贱，小贩日往贩卖，藉度生活。五曰粮市，有三处，一在西珠市口，一在广安门大街，一在西直门外，为粮栈与粮店交易之所。六曰菜市，有三处，一在广安门，一在天桥，一在阜成门，为菜户与菜贩常年交易之地。

夜市从午后五时起至九时止。乃摊贩由零物商市购来货品，于日间营业外，再赶夜市，以图增加收入。其货品多系由旧变新，价廉而不适用。各处夜市，均有定期。从前只西珠市口之一四七等日，前外大街之二五八等日，崇外大街之三六九等日，近添有西单一处其日期与崇外同。①

成书于日伪时期的《北京市志稿》亦记载："京师市各时日，在正阳门外者，曰银市，曰珠宝市，曰玉器市；在正阳门东者，曰估衣市，曰肉市，曰果子市；在南小市者，曰皮衣市；在金鱼池西者，曰鱼市；在东四牌楼南者，曰米市；在东四牌楼西者，曰猪市，曰羊市，曰马市；在宣武门外大街南者，曰菜市；在虎坊桥西者，曰骡马市；在西珠市南者，曰拆补市；在东直门外者，曰棉花线市；在隆福寺西者，曰雀儿市；在德胜门内者，曰耍货市；在花儿市西者，曰油壶卢市"。②

建于元代，兴盛于清代的护国寺庙会市场，是小商贩云集、游人最多的京城庙会市场。进入民国时期，传统的护国寺庙市发展成为西四商业街区的一部分，有别于其它商业街，本地始终是沿街摆摊的摊群商业街，包括风味小吃摊、布摊、鞋摊、估衣摊、农具摊、玩具摊、杂品摊，还有狗市、鸟市、鸽子市等。

东四、西四、鼓楼大街等地以小规模零售业为主。清代，东四商

---

① 娄学熙：《北平市工商业概况》，北平市社会局印行，1932年，第680—682页。

② 吴廷燮总纂：《北京市志稿·礼俗志》，卷六，庙集，第387—388页。

业街区的重心在南部的灯市口。随着王府井商业街区的兴起，灯市口一带的商铺逐渐向王府井商业街区移动，到民国时期，已形成以隆福寺市场区为核心的东四商业街区。东四商业街区由隆福寺市场和“四大恒”钱庄、永安堂药铺、合昌纸店、德祥益绸缎庄等著名商铺构成。

元、明时期，鼓楼地区本为人流密集的繁盛商业街区。清代内城的商业禁令使这一区域迅速衰落。不过，至清后期，逐渐出现饭庄、店铺，服务业开始发展。尤其是每年夏季，什刹海附近的荷花市场，游人众多，茶社林立，热闹非凡。民国时期，由于前清俸禄断绝，又缺少必要的谋生能力，大批王公贵族、八旗子弟纷纷没落，一部分人以变卖家藏古玩、字画等餬口度日，逐渐在鼓楼一带形成规模，带动了这一区域的商业繁荣。1919 年，鼓楼地区有古玩铺 11 家，钟表铺 5 家。①

另外，琉璃厂也是一处极为重要、繁荣的商业市场，当时包括有厂甸、新华街以及与其相通的东、西、南、北园等，“琉璃厂，在和平门外，为北平文化之荟萃处。古今中外图书，笔墨纸砚墨盒图章各种文具，均以此处为著名，市人称之。闻市政当局，有改此处为文化街之讯，至金石古玩一行，早年亦以此处为最盛。但今日已多移于廊房二条，及王府井大街一带矣。”②

从商号数量上看，珠宝、古玩业可以说达到了前所未有的程度。如琉璃厂在乾隆年间仅有店铺三十几家，而在民国初年则达到了几百家。以青山居为例，在光绪初年仅是供珠宝行业在这里串货的一个场所，而到民国初年，已在花市上、中、二、三、四条胡同等许多地方都开了内局，同时还具备加工能力，甚至朝鲜、泰国的客商都慕名而来，成为重要的珠宝玉器交易中心。

同时在民国前后兴起的珠宝玉器市场还有廊房头、二、三条，作坊和店铺达七八百户，从业人数有一两千人。仅廊房二条的玉器街上就有店铺 90 多家，代笔者有同义斋、宝权号。与琉璃厂、廊房二条等相近似的市场还有西城的烟袋斜街市场。辛亥革命后，这里成了八旗子弟变卖家产、古玩字画、金银珠宝的地方，这里曾出现过敏文斋、宝文堂、抱璞山房等有特色的古玩店。

另外，进入清末民初，琉璃厂也成为北京一个极为重要、繁荣的商业市场，它不仅有今人熟悉的琉璃厂文化街，还包括有厂甸、新华

① 徐珂：《实用北京指南》，上海商务印书馆，1923 年。

② 马芷庠编著、张恨水审定：《北平旅行指南》。

街以及与其相通的东、西、南、北园等。即使仅仅计算琉璃厂附近的文化街店铺，民国以后的数量也已是乾隆时的10倍左右。据1926年时的统计，这里有店铺230多家。这时正值战乱，政府已经南迁，是琉璃厂的经营情况不景气的时期，但即使这样，仍可看出作为外城商业街琉璃厂的巨大发展。这时它的书店铺占全市书店的60%，古玩店占到27%。

除集市外，民国北京还有一些综合性市场：

西安市场之繁盛次于东安，其地在西四牌楼马市，中有欣蚨来茶馆者，兼设评书场，面积至大，占其地之北半，余则南北路二，东西路一，则为酒馆书馆小饭铺笔墨莊洋货书籍等铺所在之地，中央有阅书处，供人阅览，为他市场所无，场北旧有戏园二，场之西南，为杂技场及食物摊，每日之晨，屠者于此售肉，门外则有菜市。

阜成市场，在阜成门内大街路北，地广屋少，其中仅一茶馆，余皆售卖旧物之冷摊，实不啻一故物市也。

新丰市场，在西城宝禅寺街，初甚繁盛，各种商店均备，且有戏园球房，旋以商业萧条，改为老天利工厂矣。

地安市场，在地安门外鼓楼前，地不广商店亦不甚多，以其中有天和戏园，故每届开演，北城士女，相率来观，夜亦开演电戏。

天汇大院，在地安门外桥南路东，中有估衣店袜店理发所小饭铺及其他商店，东北隅则多兼评书之沫茶馆，每日过午，游人咸集，此地乃天汇茶社旧址，因庚子后，无力建筑，遂俨成一小市场也。

公兴市场，在正阳门外西河沿，中分两区，东为菜市，西为鱼市，而鱼市之中，水族鸡鸭干鱼菜品，亦皆备具，盖皆昔日正阳门外大街之鱼市菜市所迁入者也，且地当卫途，凡正阳门左近居民，及客店饭馆中人之清晨购物，无不至此，商业之盛，可以想见。

广安市场，在宣武门外菜市口迤西，场门南向，外有铁牌楼，上标广安市场四大字，场中南北路二，东西路一，东路陈列鸡鸭鱼蟹海味野味，西路所售，大多数为猪肉，南北路皆有菜店对列，然亦有售鱼者，出场北门为一大院，各种青菜，堆积其中，购者云集，每日之晨尤盛。

华兴市场，在正阳门外香厂大川店路东，菜市也，而牛羊猪肉及鸡鱼亦有之。①

民国时期的北京，基于市场定位、服务对象、消费群体、职能等

① 徐珂：《增订实用北京指南》，第八编，《食宿游览》，上海商务印书馆，第23页。

各种因素的不同，多个新兴商场与前门外传统商业集市、天桥以及各种庙市共同构成了基本的商业销售网络。各种交易形式构成了有益的补充，满足城市不同阶层的需要。

三、洋行业

对于民国时期北平的洋行业，北平市社会局于1930年代初期进行了全市调查，基本情况如下：

> 洋行为洋货之所由来。北平非开放商埠，所有在平各洋行，大者皆属支行性质。其营业以定货为重，现货无几，并多含有特殊情形。次者则或系门市，或系包牌，办批发者甚少。再次则或为外人独立所经营，或为外商与华商所合办，或专为华人集资所开设，名实不尽相符，纷纭繁变，莫可究诘。故次者小者不皆为发货之源泉。此外则洋货庄实为第二洋行发行所，其洋货以上海为第一发源地，天津居其二，东洋居其三。故欲窥平市洋货之全豹，须将洋行洋货庄一并纪之。
>
> 平市洋行之最大者，英商有怡和，有安利，有通济隆，有鲁麟，有邓禄普。怡和办理机器轮船火车各大业务、每经年不办一事，如办一事，即获利甚丰，非他行所能比拟。美商有慎昌、有公懋，有美丰。慎昌以机器电器为大宗、公懋美丰则皆以经售汽车为主要。德商有禅臣、有礼和。禅臣设立年代最老、主售钢与机器及工业化学用品，礼和亦相类似。日商有三菱、有三井。三菱公司为民政党所自出、三井洋行为政友会所自出，资本各有五万万之巨。三菱在北平所设之出张所，专以调查大事业为务，如铁路矿业各种借款等类(沧石铁路龙烟铁矿三菱皆欲投资)、三井对于通县至北平之无线电台曾投资数百万元，财政部印刷局亦欠有二百余万元，大都属于投机事业，皆办理保火险事。又有大仓，在北平附设太平公司，专以卖军火为务。
>
> 平市东交民巷及附近各洋行，多属供给外侨之用品，如法商万隆之女西服洋货，大丰之酒与罐头，英商增茂之呢绒西服洋货鞋帽，义商维利勾那之烟酒，国籍待查之洋商骏利之马鞍及乘马所用各种皮制零件，类皆为外侨所购用，华人前往购货者甚属寥寥。又洋行中亦有专办出口货者，如美商先宁之收集古玩，美商费特尔公司之收买地毯，美商文达之

兼收玩具，日商林屋之收买古玩玉器，为数虽属无多，亦自独备一格。其农产物与皮张等之出口，则多系天津外商按时派人来各聚处收运，不由平市洋行办理。

平市小规模之洋行，日商为多。其他有以独资贩运西洋货者，如巴利洋行，原设在王府井，系在平汉路服务之法人所办，专采运法国化妆用品来平发售，并有时雇用跑外者向各店批发，此时已迁于台基厂，仍照常营业。又如吴鲁生洋行（总行在哈尔滨）住在东安饭店，系俄商所办，采运美国新式女服料化妆品来平发售，专以新货罕见居奇。又如义丰商行开设在二龙坑，系华人所办，采运德国钟表文具颜料及化妆品杂货（近闻亦有美国货）发售。凡此皆熟悉某国某地某公司某厂某货情形，或于某国有可委托之人，随时直接向西洋订货。所有订货方法、或由邮包，或由外国银行，均货款两交，颇称便利。

平市各洋行之货品，有单纯者，如胜家公司之缝纫机，卜内门之洋碱，英美烟公司之香烟，亚细亚美孚德士古之煤油，皆可屈指而计。其繁复者，则试举其概要，如普通服用之物，以英货为最多；钟表化妆品及女子服饰用具，以法货为最多；钢与机器及颜料，以德货为最多；汽车汽油，以美货为最多；纸张玻璃及糖与面粉，以日货为最多，而面粉又多系美国出品，由日商转售（三菱公司在天津所设之支店，大批运售美国面粉，年可至五百万袋）。

平市洋货，除直接由洋行来者之外，其余则皆由洋货庄所购运。洋货庄均系华商，并多为河北人，内有上海庄天津庄东洋庄之分。天津庄约有二十余家，长期有人在天津办货，资本较小，获利较薄。上海庄，约有十余家，长期有人在上海办货，资本较大，获利颇厚。东洋庄约有数家，长期有人在东洋办货，资本不必过多、获利亦较优。天津庄之货，皆来自上海，系华商发行。上海庄之货，亦有华商发行，然以由外国洋行公司批货为多，直接向西洋购货者殆无之。东洋庄则直接由东洋购货，例如海味则直接向东洋渔户订购，伞具则直接向东洋制伞厂订购，可不由洋行经手。此所以与西洋货不同之故，固由相距较近，亦其积习相沿，使之然也。

平市洋货庄之大者，天津庄有果子市之天源厚及顺通公司，有布巷子之庆顺奎，北孝顺胡同之万兴荣，抄手胡同之文泰生，长巷上头条之谦益诚，前门大街之公裕成。上海庄有花市上四条之德义公及三义厚，小齐家胡同之裕记，大齐家胡同之恒义，巾帽胡同之义庆长，薛家湾之华盛公，花市中四条之华庆公，布巷子之德珍。东洋庄有花市中四条之瑞丰，大齐家胡同之义聚永。凡此各家，多带门市，每家皆有跑外者分向大小洋货店接洽，其发货概由洋货庄备有手车自行车或即由工伙乘电车送往。又附有广货者，如大齐家胡同之德兴隆，布巷子之三义成，凡广货中之梳篦牙刷，硬木器皿，丸散药品，以及象牙乌木，竹货扇类，无一不备。

平市洋货庄之天津庄，多属次货及普通货、其细货皆来自上海庄。天津庄有经理唱片者，如高亭唱片，由庆顺奎经理，蓓开与胜利之唱，由文泰生经理。外亦有瑞记百代公司，专售百代公司之唱片及零件。上海庄有专办匹头者，有匹头与洋货并办者，如德义公原系栏杆庄，现则匹头洋货均有。恒义为绸缎洋货庄，以办匹头为主要。义庆长亦为栏杆南货庄，有匹头兼有洋货。再进而有专办细货者，惟裕记一家，凡各种精细优良之洋货，他家所无者，裕记多有之，其货高价亦较昂。东洋庄现憔义聚永专办理发器具及扑粉要货等，瑞丰祥已改为上海庄。他如日商所办之东洋庄，三志与隆华两洋行，现尚存在，廊房三条之久华洋行，则已改归华商经办。

平市洋货庄与各洋货店之交易，退货须在十日之内，普通皆于每月二十日结帐，能按次付半数即为及格，每年底则必须清结。凡不能付清者，应预先声明，否则失其信用。至上海庄之向外国洋行公司批货，其结帐每论大小月，大者一月，小者半月。如能信用素著。则其时期长短不齐。作为例外。又有小洋货庄，亦名为二道庄，在花市上四条地方一带，约有十余家。各乡镇小贩每晨群集其地批货，即由此二道庄经手发行。所谓二道庄者，不自至天津上海办货，即向大洋货庄取货转发，每亦自立字号，业此者多原系跑外之人。

市内洋货除各业兼营并蓄者外，其他尚有不带绸缎布匹之洋广杂货及绒线店，其货皆由洋货庄而来，全市约有五百余家，故洋货业约有四类：一洋行，二洋货庄，三二道庄，四洋货店。综合四类中外之商，约共有六百四十家，店员七千人，而乡镇市集庙会之洋货商贩不计焉。

近来平市各洋行业务，除香烟煤油汽油西药之类外，余均稍稍沉寂。德商世昌洋行，原以行销黑油机及钢针著称，现已归于停闭。日商三菱三井，及其他日人之小本营生者，表面不及当年，则九一八以后提倡国货之故也。各洋货庄，向以匹头毛线（英国毛线为学士牌蜜蜂牌凤凰牌，东洋毛线为麻雀牌）丝袜及化妆品等类，为最时尚最流行之货，近因种种关系，每遇有新鲜细货，即先送样本，采用订货办法，不必悉有现货，以易销则源源而来耳。

且凡小洋货摊之收益，每较洋货商店为可恃，故次等洋货最易销行，亦市民经济紧促之征象。然而无论市内大小工商业以及一般生产者消费者，鲜有不以洋货为其必需品，是则可为深长思者也。①

① 娄学熙：《北平市工商业概况》，北平市社会局印行，1932年，第665—680页。

参考文献

一、正史

（汉）司马迁：《史记》，中华书局标点本。
（汉）班固：《汉书》，中华书局标点本。
（汉）荀悦：《汉纪》，中华书局标点本。
（晋）陈寿：《三国志》，中华书局标点本。
（南朝宋）范晔：《后汉书》，中华书局标点本。
（唐）房玄龄等：《晋书》，中华书局标点本。
（唐）令狐德棻：《周书》，中华书局标点本。
（唐）魏征等：《隋书》，中华书局标点本。
（唐）李延寿：《北史》，中华书局标点本。
（后晋）刘昫等：《旧唐书》，中华书局标点本。
（宋）欧阳修等：《新唐书》，中华书局标点本。
（宋）薛居正等：《旧五代史》，中华书局标点本。
（宋）司马光等：《资治通鉴》，中华书局标点本。
（元）脱脱等：《金史》，中华书局标点本。
（元）脱脱等：《辽史》，中华书局标点本。
（元）脱脱等：《宋史》，中华书局标点本。
（明）宋濂等：《元史》，中华书局标点本。
（清）张廷玉等：《明史》，中华书局标点本。

二、政书、类书、实录

（唐）长孙无忌等：《唐律疏议》，中华书局，1985 年。

（唐）杜佑：《通典》，中华书局，1988 年。

（宋）王溥：《唐会要》，中华书局，1998 年。

（宋）郑樵：《通志》，中华书局，1987 年。

（宋）李焘：《续资治通鉴长编》，文渊阁四库全书本。

（元）马端临：《文献通考》，浙江古籍出版社影印本，1988 年。

（明）申时行等：《大明会典》，明万历十五年内府刻本。

《明实录》，台北“中央研究院”历史语言研究所影印本，1962 年。

蒋良骐：《东华录》，中华书局，1980 年。

《清实录》，中华书局，1985—1987 年影印本。

《大清会典》、《大清会典事例》，中华书局，1991 年影印本。

三、地书、方志

（北魏）郦道元：《水经注》，中华书局，2001 年。

《十三经注疏》，中华书局，1980 年。

（宋）宇文懋昭：《大金国志》，中华书局，1986 年。

（宋）洪皓：《松漠纪闻》，国学文库本。

（明）顾炎武：《昌平山水记》，北京古籍出版社，1980 年。

（明）李贤等：《明一统志》，国家图书馆出版社，2009 年。

（清）顾祖禹：《读史方舆纪要》，中华书局，2005 年。

（清）于敏中等：《日下旧闻考》，北京古籍出版社，1981 年。

（清）周家楣等：《光绪顺天府志》，北京古籍出版社，1987 年。

（清）吴廷燮等：《北京市志稿》，北京燕山出版社，1998 年。

《清一统志》，浙江古籍出版社，2000 年。

束载等：[嘉靖]《洪雅县志》，《天一阁藏明代方志选刊》本，上海古籍出版社，1981 年。

李鸿章等：[光绪]《畿辅通志》，上海古籍出版社 1991 年版。

吴存礼：[康熙]《通州志》，清康熙三十六年刻本。

吴景果：[康熙]《怀柔县新志》，1935 年重印本。

吴仲：《通惠河志》，《四库全书存目丛书》本，齐鲁书社，1996 年。

四、文集、杂著

（宋）徐梦莘：《三朝北盟会编》，文渊阁四库全书本。

（宋）苏辙：《栾城集》，文渊阁四库全书本。

（宋）李心传：《建炎以来系年要录》，中华书局，1956 年。

（宋）李心传：《建炎以来朝野杂记》，中华书局，1956 年。

（元）虞集：《道园学古录》，文渊阁四库全书本。

（宋）赵孟頫：《松雪斋集》，文渊阁四库全书本。

（明）李贽：《续藏书》，文渊阁四库全书本。

（明）顾炎武：《日知录》，岳麓书社，1994 年。

（清）魏源：《海国图志》，中州出版社，1999 年

（清）吴振棫：《养吉斋丛录》，北京古籍出版社，1983 年。

（清）赵翼：《檐曝杂记》，文渊阁四库全书本。

（清）刘献廷：《广阳杂记》，文渊阁四库全书本。

（清）谷应泰：《明史纪事本末》，中华书局，1970 年。

（清）恽毓鼎：《恽毓鼎澄斋日记》，浙江古籍出版社，2004 年。

（清）赵翼：《廿二史札记》，中华书局，1984 年。

（清）钱大昕：《廿二史考异》，商务印书馆，1937 年。

潘荣陛：《帝京岁时纪胜》，北京古籍出版社，1981 年。

沈榜：《宛署杂记》，北京古籍出版社，1980 年。

史玄：《旧京遗事》，北京古籍出版社，1986 年。

蒋一葵：《长安客话》，北京古籍出版社，1982 年。

李慈铭：《越缦堂日记补》，商务印书馆，1936 年。

刘侗、于奕正：《帝京景物略》，北京古籍出版社，1983 年。

沈德符：《万历野获编》，中华书局，1959 年。

孙殿起：《琉璃厂小志》，北京古籍出版社，1982 年。

吴长元：《宸垣识略》，北京古籍出版社，1983 年。

于慎行：《谷山笔麈》，中华书局，1984 年。

震钧：《天咫偶闻》，北京古籍出版社，1982 年。

五、今人著述

白寿彝主编：《中国通史》，上海人民出版社，1989 年。

罗琨等：《中国军事通史》，军事科学出版社，1998 年。

曹子西主编：《北京通史》，中国书店，1994 年。

［法国］沙海昂注、冯承钧译：《马可波罗行纪》，上海书店出版社，2001 年。

［瑞典］奥斯伍尔德·喜仁龙：《北京的城墙和城门》，许永全译，北京燕山出版社，1985 年。

白眉初：《中国人文地理》，建设图书馆，1928 年。

北京辽金城垣博物馆编：《元代北京史迹图志》，北京燕山出版社，2009 年。

北京市档案馆、中国人民大学档案系文献编纂学教研室编：《北京电车公司档案史料》，北京燕山出版社，1988 年。

北京市文物局编：《北京辽金史迹图志》（上），北京燕山出版社，2003 年。

北京图书馆金石组编：《北京图书馆藏中国历代石刻拓片汇编》，中州古籍出版社，1990 年。

娄学熙：《北平市工商业概况》，北平市社会局印行 1932 年印行。

味橄（钱歌川）：《北平夜话》，中华书局，1936 年。

张次溪编：《天桥一览》，中华印书局，1936 年。

张恨水审定：《北平旅行指南》，经济新闻社，1937 年。

李家瑞：《北平风俗类征》，上海商务印书馆，1937 年。

陈宗番：《燕都丛考》，北京古籍出版社，1991 年。

史明正著：《走向近代化的北京城——城市建设与社会变革》，王业龙、周卫红译，杨立文校，北京大学出版社，1995 年。

韩光辉：《北京历史人口地理》，北京大学出版社，1996 年。

姜德明编：《北京乎：现代作家笔下的北京（1919—1949）》，三联书店，1997 年。

北京市档案馆编：《北平历届市政府市政会议决议录》，中国档案出版社，1998 年。

陈乐人主编：《二十世纪北京城市建设史料集》，新华出版社，2007 年。

赵晓阳编译：《北京研究外文文献题录》，北京图书馆出版社，2007 年。

侯仁之、唐晓峰《北京城市历史地理》，北京燕山出版社，2000 年。

赵园：《北京：城与人》，北京大学出版社，2002 年。

李孝悌编：《中国的城市生活》，台湾联经出版事业股份有限公司，2005 年。

王亚男：《1900—1949 年北京的城市规划与建设研究》，东南大学出版社，2008 年。

许慧琦：《故都新貌：迁都后到抗战前的北平城市消费（1928—1937）》，台湾学生书局印行，2008 年。

陶孟和：《北平生活费之分析》，商务印书馆，2011 年。

倪锡瑛：《北平》，民国史料工程都市地理小丛书，南京出版社，2011年。

张远：《近代平津沪的城市京剧女演员（1900—1937）》，山西出版集团，2011年。

林传甲著，杨镰、张颐青整理：《大中华京兆地理志》，中国青年出版社，2012年。

丁芮：《管理北京：北洋政府时期京师警察厅研究》，山西人民出版社，2013年。

王煦：《旧都新造：民国时期北平市政建设研究》，人民出版社，2014年。

董玥：《民国北京城：历史与怀旧》，三联书店，2014年。

孙冬虎、王均：《民国北京（北平）城市形态与功能演变》，华南理工大学出版社，2015年。

陈宝良：《明代社会生活史》，中国社会科学出版社，2004年。

高寿仙：《北京人口史》，中国人民大学出版社，2014年。

韩光辉：《北京历史人口地理》，北京大学出版社，1996年。

何瑜主编：《清代三山五园史事编年》，中国大百科全书出版社，2014年。

雷梦水等编：《中华竹枝词》，北京古籍出版社，1997年。

李家瑞：《北平风俗类征》，北京出版社，2010年。

苏天钧主编：《北京考古集成》，北京出版社，2000年。

孙冬虎、许辉：《北京交通史》，人民出版社，2014年。

孙冬虎、许辉：《北京历史人文地理纲要》，中国社会科学出版社，2015年。

孙冬虎：《北京近千年生态环境变迁研究》，北京燕山出版社，2008年。

尹钧科、吴文涛：《历史上的永定河与北京》，北京燕山出版社，2005年。

尹钧科、于德源、吴文涛：《北京历史自然灾害研究》，中国环境科学出版社，1997年。

尹钧科：《北京郊区村落发展史》，北京大学出版社，2001年。

尹钧科编：《侯仁之讲北京》，北京出版社，2003年。

于德源：《北京灾害史》，同心出版社，2008年。

于璞：《北京考古史·辽代卷》，上海古籍出版社，2013年。

岳升阳主编：《侯仁之与北京地图》，北京科学技术出版社，

2011 年。

韩光辉：《辽金元时期北京地区人口地理研究》，《北京大学学报》（哲学社会科学版）1990 年第 5 期。

谭炳训：《日人侵略下之华北都市建设》，《北京档案史料》1999 年第 4 期。

王宏钧：《反映明代北京社会生活的〈皇都积胜图〉》，《历史教学》1962 年第 7 期。

王军：《城记》，生活·读书·新知三联书店，2003 年。

王毓蔺：《明北京营建物料采办研究——以采木和烧造为中心》，博士论文，北京大学，2008 年。

高松凡：《历史上北京城市场变迁及其区位研究》，《地理学报》第 44 卷第 2 期，1989 年 6 月。

麦倩曾：《北平娼妓调查》，《社会学界》1931 年第 5 卷。

钟少华：《近代北京市政建设史料》，《城市问题》1984 年第 2 期。

韩光辉：《民国时期北平市人口初析》，《人口研究》1986 年第 6 期。

黄铭崇：《八旗组织与北京的内城社区结构初探》，《建筑史》1988 年第 41 期。

章英华：《二十世纪初北京的内部结构》，台北：《新史学》（创刊号），1990 年。

彭泽益：《民国时期北京的手工业和工商同业公会》，《中国经济史研究》1990 年第 1 期。

《北平特别市公用局 1929 年度施政大纲》，《北京档案史料》1992 年第 1 期。

习五一：《民国时期北京社会风俗的变迁》，《北京社会科学》1993 年第 1 期。

果鸿孝：《清末民初北京的工商业》，《北京社会科学》1993 年第 2 期。

《1948 年北平各类商号一览》，《北京档案史料》1996 年第 6 期。

张福记：《清末民初北京旗人社会的变迁》，《北京社会科学》1997 年第 2 期。

司马城：《三十年代北平的华资银行》，《北京档案史料》1997 年第 5 期。

刘昌裔：《北平市电影业调查》，葛兆光主编：《学术薪火——30 年代清华大学人文学科社会科学毕业生论文选》，湖南教育出版社，

1998 年。

刘小萌：《清代北京内城居民的分布格局与变迁》，《首都师范大学学报》1998 年第 2 期。

王均、祝功武：《清末民初北京城市社会空间的初步研究》，《地理学报》第 54 卷第 1 期，1999 年。

董可：《袁良与北平的三年市政建设计划》，《北京档案史料》1999 年第 2 期。

《三十年代北平市政建设规划史料》，《北京档案史料》1999 年第 3 期。

《1947 年北平市工商业概况调查》，《北京档案史料》2000 年第 1 期。

王国华：《民国初年的北京新市区建设》，《北京档案史料》2000 年第 4 期。

樊铧：《民国年间北京城庙市与城市市场结构》，《经济地理》2001 年第 1 期。

郑忠：《试论影响近代北京城市转型的因素》，《北京社会科学》2001 年第 3 期。

张文武、张鹏选编：《民国初年京师地方检察厅及其所属机构变动情况史料》，《北京档案史料》2001 年第 3 期。

习五一：《民国时期北京的城市功能与城市空间》，《北京行政学院学报》2002 年第 5 期。

杜丽红：《20 世纪 30 年代的北平城市管理》，中国社会科学院研究生院博士论文，2002 年。

王均：《现象与意象：近现代时期北京城市的文学感知》，《中国历史地理论丛》2002 年第 2 期。

韩建识：《旧都文物整理委员会文物整理工作述略》，《北京档案史料》2003 年第 4 期。

胡光明：《北京近代城市文化演进历程与构成特质论略》，北京市档案馆编：《档案与北京史国际学术讨论会论文集》，中国档案出版社，2003 年。

袁熹：《近代北京商业格局及商业设施变迁研究》，《北京档案史料》2003 年第 4 期。

杜丽红：《20 世纪 30 年代北平人力车夫管理与救济》，《中国社会科学院近代史研究所青年学术论坛：2002 年卷》，社会科学文献出版社，2004 年。

叶向阳：《英国游记中的北京形象：历史的勾勒及流变》，汪介之、唐建清编：《跨文化语境中的比较文学：国际比较文学学术研讨会论文选》，译林出版社，2004 年。

杜丽红：《南京国民政府时期北平的交通管理》，《北京社会科学》2004 年第 2 期。

董玥：《国家视角与本土文化——民国文学中的北京》，陈平原，王德威：《北京：都市想象与文化记忆》，北京大学出版社，2005 年。

李少兵：《1927—1937 年的北京娱乐文化——官方、民间因素与新时尚的形成》，《历史档案》2005 年第 1 期。

王琴：《20 世纪 30 年代北平取缔女招待风波》，《北京社会科学》2005 年第 1 期。

王煦：《在传统与现代之间—1933 至 1935 年的北平市政建设》，《历史教学问题》2005 年第 2 期。

李微：《娱乐场所与市民生活——以近代北京电影院为主要考察对象》，《北京社会科学》2005 年第 4 期。

田尚秀选编：《1935 年北平市长袁良对市政府及各局处干部的新年讲话》，《北京档案史料》2005 年第 4 期。

习五一：《近代北京的庙会集市》，《北京档案史料》2005 年第 4 期。

李少兵：《1912—1937 年北京城墙的变迁：城市角色、市民认知与文化存废》，《历史档案》2006 年第 3 期。

孙刚选编：《民国时期香厂新世界商场筹建与修缮史料》，《北京档案史料》2006 年第 4 期。

杜丽红：《近代北京公共卫生行政的建立》，中山大学历史系博士后出站报告，2007 年。

刘季人：《旧都文物整理委员会及修缮文物纪实》，《北京档案史料》2008 年第 2 期。

刘季人整理：《行政院北平文物整理委员会及修缮文物纪实》，《北京档案史料》2008 年第 3 期。

鹿璐、梅佳整理：《二十世纪三十年代北平旧都文物整理计划实施意见及文物整理情形》，《北京档案史料》2008 年第 4 期。

宋亚文：《民国时期京津都市休闲文化述略》，《近代中国与文物》2008 年第 3 期。

王煦、李在全：《二十世纪二、三十年代北京民间市政建议和计划》，《北京档案史料》2008 年第 3 期。

姜省：《区域·社会·空间·文化——近代中国城市史研究的主要问题》，《城市问题》2008 年第 11 期。

汪敬虞：《抗日战争时期华北沦陷区工业综述》，《中国经济史研究》2009 年第 1 期。

鱼跃：《民国初年北京香厂新市区规划的背景原因研究》，《首都师范大学学报》2009 年第 1 期。

涂文学：《近代“市政改革”：影响 20 世纪中国城市发展的历史性变革》，《学习与实践》2009 年第 9 期。

陈蕴倩：《空间维度下的中国城市史研究》，《学术月刊》2009 年第 10 期。

邱仲麟：《水窝子：北京的供水业者与民生用水（1368—1937）》，李孝悌编：《中国的城市生活》，联经出版事业股份有限公司，2009 年。

孙希磊：《民国时期北京城市管理制度与市政建设》，《北京建筑工程学院学报》第 25 卷第 3 期，2009 年 9 月。

王大正：《老北京六国饭店考》，《北京档案史料》2010 年第 2 期。

齐春风：《北平党政商与济南惨案后的反日运动》，《历史研究》2010 年第 2 期。

齐春风：《党政商在民众运动中的博弈：以 1928—1929 年的北平为中心》，《近代史研究》2010 年第 4 期。

李自典：《警察与近代北京城市治安管理》，《北京社会科学》2010 年第 4 期。

周锦章：《论民国时期的北京商业铺保》，《北京社会科学》2011 年第 3 期。

潘鸣：《1930 年北平市隶属变动考》，《民国档案》2011 年第 3 期。

章永俊：《民国时期北京的手工业》，《北京档案史料》2012 年第 1 期。

杜丽红：《从被救济到抗争：重析 1929 年北平人力车夫暴乱》，《社会科学辑刊》2012 年第 1 期。

袁家方：《北京鼓楼商业街区的京味商文化》，《北京档案史料》2012 年第 3 期。

陈鹏：《试论 1928 年迁都后北平人对城市发展模式和路径的新思考》，《北京档案史料》2012 年第 4 期。

鲍宁、贾长宝：《从公共空间视角看清代北京的茶馆文化及其近代转变》，《农业考古》2013 年第 2 期。

陈争平、张顺周：《北京农业现代化的先声——民国时期清河经济建设实验概述》，《北京社会科学》2013 年第 3 期。

舒燕：《民国时期北京观音女庙与城市社会》，《广西师范大学学报》2013 年第 4 期。

葛以嘉：《从茶园到剧场：作为社会文本的 20 世纪早期中国戏园》，董玥主编：《走出区域研究——西方中国近代史论集萃》，社会科学文献出版社，2013 年。

季剑青：《1930 年代北平文化城的历史建构》，《文化研究》第 14 辑，2013 年。

林峥：《从禁苑到公园——民初北京公共空间的开辟》，《文化研究》第 15 辑，2013 年。

孔雪、岳永逸：《生计、文学与政治：被消费的身体》，《清华大学学报》2014 年第 1 期。

邱运华、王谦：《民初北京电车的开行与北京城市空间的变迁》，《北京社会科学》2014 年第 6 期。

卫才华：《民国时期北京寺庙、商业与城市民俗生活——以隆福寺档案为中心的考察》，《北京社会科学》2014 年第 10 期。

杜丽红：《近代中国国家与民间组织的互动——以北京公共卫生制度建构过程为中心的讨论》，《清华大学学报》2015 年第 1 期。

王谦：《民初北京正阳门的改造与北京城市空间的变迁》，《文化研究》2015 年第 2 期。

梅佳选编：《20 世纪 20 年代末 30 年代初北平社会调查史料》，《北京档案史料》2015 年第 3 辑。

周锦章：《清末民初北京铜器作坊的转型与发展》，《北京社会科学》2015 年第 6 期。

熊远报：《八大胡同与北京城的空间关系：以清代和民国时期北京的妓院为中心》，《近代史研究》2016 年第 1 期。

后 记

当今“中国经济奇迹”已经引起了世人的瞩目。究其原因，史学界基本有一个共识，那就是历史上的中国经济长期演变的结果是当今经济发展的一个重要原因，也就是铂金斯教授所说的“过去的继续”。历史时期的北京地区有着非常独特的历史地位，她的经济发展过程及特征有着历史的偶然性，又有诸多的必然因素。一直以来，北京作为都城的特殊地位使得她的面貌呈现出更多的政治性、文化性特征，而对于其经济发展的探索则相对薄弱。

北京市社会科学院是北京史研究的重镇，自建所以来，本所的诸位前辈学者们对于北京的政治、经济、文化等领域进行了诸多探索，并在相关领域也取得了较大的进展。此次，本课题组在前辈学者的基础上，经过三年多的努力，共同完成了《北京经济史》的书稿。本书的前言、概述与第五章由王岗研究员撰写；第一章由靳宝副研究员撰写；第二章由许辉副研究员撰写；第三章由孙冬虎研究员撰写；第四章由吴文涛副研究员及高福美副研究员撰写；绪论、第六章第一、三、四、五节及第七章第三节、第四节由高福美副研究员撰写；第六章第二节以及第七章一、二、五节由章永俊研究员撰写；第八章由王建伟研究员撰写；全书由王岗研究员及高福美副研究员统稿。

北京经济史的写作过程是艰辛的，现在将书稿提供给出版社，也未能如之前预想的那样放松下来。北京是一座曾有着辉煌历史的都城，她也是一座有着千姿百态面容的伟大城市。因此，对于北京经济史的探寻，这远不是一个结束，而应该是我们课题组借此进一步研究北京史，进一步探索北京过去经济状态的新阶段的开始。我们认为：北京经济史的复杂，也正是她的魅力所在！

《北京经济史》课题组

2019 年 9 月 15 日